Michael Schmidt-Salomon
Jenseits von Gut und Böse

PIPER

Zu diesem Buch

Moral steht in der aktuellen Wertedebatte wieder hoch im Kurs, und mit unseren Urteilen sind wir meist schnell bei der Hand. Doch setzen wir vielleicht auf das falsche Pferd? Michael Schmidt-Salomon, streitbarer Kämpfer gegen den (Un-)Geist unserer Zeit, entlarvt den freien Willen und die religiös verankerte Aufteilung in Gut und Böse als Illusionen. Aber was bedeutet es, Ernst zu machen mit dem Abschied von der Willensfreiheit? Und was heißt es tatsächlich, die Kategorien Gut und Böse hinter sich zu lassen? Der Autor zeigt nicht nur die fatalen Konsequenzen moralistischer Weltdeutungen auf, sondern vor allem, wie es uns in ihrer Überwindung gelingen kann, eine säkulare und menschenfreundliche Ethik zu entwickeln – mit erstaunlichen lebenspraktischen und gesellschaftlichen Folgen.

Michael Schmidt-Salomon, Dr. phil., geboren 1967, ist freischaffender Philosoph und Schriftsteller sowie Vorstandssprecher der Giordano-Bruno-Stiftung. Er ist häufiger Interviewpartner in Presse, Funk und Fernsehen. Zuletzt erschien »Leibniz war kein Butterkeks« (mit Lea Salomon).

www.schmidt-salomon.de

Michael Schmidt-Salomon

Jenseits von GUT und BÖSE

Warum wir ohne Moral die besseren Menschen sind

PIPER

Mehr über unsere Autoren und Bücher:
www.piper.de

Von Michael Schmidt-Salomon liegen im Piper Verlag vor:
Jenseits von Gut und Böse
Leibniz war kein Butterkeks
Hoffnung Mensch
Keine Macht den Doofen
Die Grenzen der Toleranz
Entspannt euch!

Ungekürzte Taschenbuchausgabe
ISBN 978-3-492-27338-1
1. Auflage April 2012
7. Auflage Dezember 2019
© Piper Verlag GmbH, München,
erschienen im Verlagsprogramm Pendo 2009
Umschlaggestaltung: semper smile Werbeagentur GmbH, München
Umschlagmotiv: Hauptmann und Kompanie Werbeagentur Zürich,
Teresa Mutzenbach
Satz: Fotosatz Reinhard Amann, Memmingen
Gesetzt aus der Bembo
Druck und Bindung: CPI books GmbH, Leck
Printed in the EU

IN MEMORIAM FRIEDRICH NIETZSCHE

Mithin, sagte ich ein wenig zerstreut, müssten wir wieder von dem Baum der Erkenntnis essen, um in den Stand der Unschuld zurückzufallen? Allerdings, antwortete er; das ist das letzte Kapitel von der Geschichte der Welt.   Heinrich von Kleist

Inhalt

EINLEITUNG

Das Böse ist eine Wahnidee, die zwar in unseren Köpfen herumspukt, für die wir in der Realität jedoch keine Entsprechung finden. Je genauer wir hinschauen, desto klarer erkennen wir: Gute und böse Menschen gibt es ebenso wenig wie gute und böse Katzen, Elefanten, Regenwürmer oder Delfine.

Als ich diese zugespitzte These vor etwa einem Jahrzehnt auf einer philosophischen Tagung vortrug, blickte ich in einigermaßen verstörte Gesichter. Von Gott und Teufel hatte sich das philosophisch gebildete Publikum, vor dem ich referierte, zwar weitgehend verabschiedet, doch an der Unterscheidung von Gut und Böse meinte es unbedingt festhalten zu müssen.

Und so stießen meine Argumente gegen das »moralische Schuldprinzip« auf hartnäckigen Widerstand – vor allem, als ich ausführte, dass sich auch Hitler und Stalin nicht aus »freiem Willen« für »das Böse« entschieden hatten. Dass die beiden Diktatoren, immerhin die Hauptverantwortlichen für die Abschlachtung von Millionen von Menschen, letztlich nur das *tun konnten*, was sie tragischerweise aufgrund ihrer jeweiligen Lebenserfahrungen *tun mussten*, war ein geradezu ungeheuerlicher Gedanke, den die meisten Zuhörer voller Entrüstung von sich wiesen. Wo kämen wir auch hin, wenn »derartige Bestien« moralisch entschuldigt würden?!

Reaktionen wie diese sind verständlich. Denn unsere Gehirne wurden über Jahrhunderte hinweg auf der Basis von »Schuld und Sühne« und »Gut und Böse« programmiert. Dass man die Welt auch auf eine völlig andere Weise wahrnehmen könnte, kommt vielen Menschen gar nicht erst in den Sinn. Deshalb setzt sich derjenige, der den Versuch unternimmt, diese Denkmuster infrage zu stellen, der Gefahr aus, grob missverstanden zu werden. Nur zu leicht kann man ihm unterstellen, dass er die Gräueltaten Hitlers oder anderer Diktatoren legitimieren wolle. So war es nach meinem Vortrag vor ungefähr zehn Jahren und ich befürchte, dass derartige Fehlinterpretationen auch die Aufnahme des vorliegenden Buches begleiten werden.

Dass ich trotz dieser Gefahr abermals den Versuch wage, eine *menschenfreundliche Philosophie jenseits von Gut und Böse* zu skizzieren, mag man als Ausdruck von Dickköpfigkeit interpretieren. Doch im Laufe der Jahre ist in mir die Überzeugung gewachsen, dass ein konsequenter Abschied vom moralischen Dreigestirn »Schuld – Sühne – Strafe« das Beste wäre, was uns passieren könnte. Friedrich Nietzsche sah in diesem Abschied sogar den »Fortschritt aller Fortschritte«.[1] Obgleich der »Philosoph mit dem Hammer« durchaus zu Übertreibungen neigte, mit dieser Einschätzung traf er voll ins Schwarze: In der Tat würde sich unser Verhältnis zur Welt in dramatischer Weise verbessern, wenn wir unsere altbackenen Moralvorstellungen endlich aufgeben könnten. Denn diese Vorstellungen haben uns summa summarum krank, kritikunfähig, selbstsüchtig und dumm gemacht.

Verlieren würden wir durch den Abschied von Gut und Böse nichts, worauf wir nicht gut und gern verzichten könnten. Denn das traditionelle Gut-und-Böse-Schema hat uns im Kampf um eine humanere Gesellschaft keineswegs geholfen. Im Gegenteil! Hinter der moralischen Maske lauerte immer schon der blinde Instinkt der Rache. Die Belegung »des Fremden«, »des Abweichlers«, »des Gegners« mit dem »Signum des Bösen« erlaubte erst jene Eskalation von Gewalt, die sich wie ein blutroter Faden durch die Geschichte der Menschheit zieht.

Ein Abschied von diesem archaischen Denkmuster würde

uns – so eine der Hauptaussagen des vorliegenden Buches – nicht nur *in ethischer Hinsicht* stärken, er würde uns auch zu einer *entspannteren Weltsicht* verhelfen. Dieser Perspektivenwechsel würde unser Verhältnis zu uns selbst und zu unseren Mitmenschen entkrampfen, ja, er hätte durchaus auch eine »spirituelle Dimension«: Denn was Gläubige tagaus, tagein in ihren Gebeten erflehen, die »Erlösung von dem Bösen«, liefert uns eine humanistische, rational-wissenschaftliche Weltsicht gewissermaßen »frei Haus«. Zu dieser »Erlösung« bedarf es nämlich keiner göttlichen Gnade, keines wie auch immer gearteten Beistands von oben, sondern lediglich einer kritischen Überprüfung unserer Annahmen über die Welt.

Sie sind skeptisch? Gut so! Würde ich einen Text lesen, der derartige »Welterlösungsformeln« enthielte, würden auch bei mir sofort sämtliche Alarmsirenen ertönen. Aber ich darf Sie beruhigen: Ich habe ganz gewiss nicht vor, eine neue Religion zu begründen. Als kritisch-rationaler Philosoph[2] liegt es mir fern, Versprechungen zu machen, die nicht in irgendeiner Form überprüfbar wären. Und so werde ich Ihnen auch ganz bestimmt nicht vorgaukeln, dass Sie bloß diese oder jene »Weisheit« berücksichtigen müssten und schon wären auf einen Schlag sämtliche Probleme der menschlichen Existenz gelöst.

Die in Aussicht gestellte Erlösung von dem Bösen meint deshalb auch keineswegs die Erlösung von allen Übeln. Selbstverständlich werden wir auch *nach* dem philosophischen Abschied von Gut und Böse nicht das »Paradies auf Erden« finden. Leid, Schmerz und Tod bleiben unsere ständigen Begleiter. Allerdings können wir sehr wohl lernen, mit diesen Widrigkeiten des Lebens etwas vernünftiger, etwas gelassener, etwas humorvoller umzugehen.

Paradoxerweise sind es gerade die von vielen als kränkend empfundenen Ergebnisse der modernen Naturwissenschaften, die uns bei der Bewältigung dieser Aufgabe helfen können. Ich bin überzeugt – nicht zuletzt aufgrund eigener Erfahrung: Wenn wir die Kraft der Wissenschaft nutzen, um den illusionären Ballast über Bord zu werfen, mit dem wir gewöhnlich durch die Stürme und

Flauten des Lebens schippern, so verhilft uns dies zu einer alternativen, heiter-gelassenen Lebenseinstellung, zu einer »neuen Leichtigkeit des Seins«.

Was hierunter zu verstehen ist, werde ich erst im Verlauf des Buches entfalten. So viel sei aber schon verraten: Es handelt sich um eine Lebensauffassung, die so manche negativen Emotionen, die uns als Einzelpersonen belasten und auch das Zusammenleben mit anderen erschweren – etwa Versagensängste, Minderwertigkeitskomplexe, Größenwahn oder Rachsucht –, gar nicht erst aufkommen lässt. Sie meinen, das sei unmöglich? Lassen Sie sich überraschen!

Allerdings: Bevor wir uns dieser »neuen Leichtigkeit des Seins« zuwenden können, müssen wir zunächst einen Parforceritt durch die Wissenschaften absolvieren und uns unter anderem mit der Hirnforschung, Evolutionsbiologie, Genetik, Soziologie und Psychologie beschäftigen. In der weltanschaulichen Verarbeitung dieser wissenschaftlichen Ergebnisse werden selbstverständlich auch Philosophen und Theologen zu Wort kommen. Damit das Ganze nicht zu trocken wird, werde ich zwischendurch immer wieder kleinere Anekdoten und Geschichten einstreuen, um die mitunter vielleicht etwas abstrakten wissenschaftlichen und philosophischen Erörterungen zu illustrieren und ein wenig verdaulicher zu machen.

Eine Geschichte wird uns dabei häufiger begegnen. Sie bildet gewissermaßen den roten Faden dieses Buches. Es handelt sich um jene berühmte Erzählung, die man auf den ersten Seiten des sogenannten Buches der Bücher findet: Die Geschichte von Adam und Eva und jener vermaledeiten Frucht, der wir der biblischen Legende zufolge den ganzen Schlamassel hier auf Erden zu verdanken haben …

Die Geschichte von Eva und dem Apfel, der keiner war

Als man mir zum ersten Mal – ich war wohl gerade fünf oder sechs Jahre alt – die Geschichte vom biblischen Sündenfall erzählte, war ich ziemlich erbost über das Verhalten Evas, die uns, wie ich dachte, bloß wegen eines schnöden Apfels ein Leben in ewiger Glückseligkeit verdorben hatte. Nicht dass ich ein prinzipieller Gegner des Apfelgenusses gewesen wäre, aber mir schien der Preis, den Eva und in ihrer Nachfolge auch ich für diese Frucht zahlen mussten, entschieden zu hoch zu sein.

Es hat einige Zeit gedauert, bis mir klar wurde, dass die Geschichte von Adam und Eva kein historisches Ereignis widerspiegelte, sondern bloß eine phantasievolle, literarische Erfindung war. Der Menschheit insgesamt erging es in dieser Hinsicht kaum anders. Über Jahrhunderte hinweg haben Christen in kindlicher Naivität an die biblische Schöpfungsgeschichte geglaubt. Wer Zweifel am Realitätsgehalt dieser Legende äußerte, lief Gefahr, als Ketzer verbrannt zu werden. Entsprechend verbissen wurde später von religiöser Seite der Kampf gegen die Evolutionstheorie geführt, die nach den Erschütterungen der kopernikanischen Wende dem biblischen Schöpfungsmythos auch noch die allerletzten empirischen Grundlagen entzog.

Wie wir fast täglich aus den Medien erfahren können, ist der Widerstreit zwischen Kreationismus (Schöpfungsglaube) und Evolutionstheorie noch längst nicht ausgefochten. So anachronistisch es auch erscheinen mag: Noch heute gibt es weltweit Abermillionen gläubiger Juden, Christen und Muslime, die die biblische Legende mit einem historischen Tatsachenbericht verwechseln. Man denke nur an die 120 Millionen bibeltreuer US-Amerikaner, die felsenfest davon überzeugt sind, dass das Universum zu einem Zeitpunkt entstanden sei, als die Mesopotamier schon das erste Bier brauten ...[3]

Im weitgehend säkularisierten Westeuropa ist der Glaube an die reale Existenz von Adam und Eva jedoch nur noch selten

anzutreffen. Die meisten Menschen haben in unserem Kultur-
raum den Erkenntnisfortschritten der letzten Jahrhunderte Tri-
but gezollt. Für sie ist der biblische Schöpfungsmythos nichts
weiter als ein Stück Weltliteratur, vergleichbar etwa mit den Werken Homers, Shakespeares oder der Gebrüder Grimm. Das heißt
natürlich nicht, dass dieser Mythos aus den Köpfen der Menschen verschwunden wäre, er ist weiterhin ein fester Bestandteil
unserer Kultur.

Man sieht das schon an recht profanen Dingen. Wo etwa wäre
der Grafiker oder Werbefilmer, der auf die Gestalt des Apfels als
Symbol der Verführung verzichten könnte? Die Bildmarke des
verführerischen Apfels hat sich weltweit etabliert (auch Schneewittchen fiel nicht zufällig einem vergifteten Apfel zum Opfer!),
obgleich in der Bibel von Äpfeln überhaupt nicht die Rede ist.
(Dies wäre auch schwerlich möglich gewesen, gelangten diese
Früchte doch erst im 20. Jahrhundert über den Importweg in den
Nahen Osten, den Entstehungsort der biblischen Legende.)[4]

Die Umstände, die dazu führten, dass unsere mythologischen
Urahnen ausgerechnet mit dem Genuss von Äpfeln assoziiert werden, verrät viel über die Art und Weise, wie »Meme« (kulturelle
Informationseinheiten wie Ideen, Bilder, Melodien etc.)[5] entstehen und sich unter günstigen Bedingungen weltweit fortpflanzen
können. Offenbar war es so, dass vor vielen Jahrhunderten ein uns
heute unbekannter Geistlicher beim Lesen der Vulgata, der lateinischen Bibelübersetzung, auf die (rein zufällige) Doppelbedeu-
tung des Wortes *malum* stieß, das man sowohl mit »böse« als auch
mit »Apfel« übersetzen kann.

Zwar wird der Mann erkannt haben, dass es unsinnig ist, den
Satz *Eritis sicut deus, scientes bonum et malum* (der Satz, mit dem die
Schlange Eva verführt) mit »Ihr werdet sein wie Gott, wissend
das Gute und den Apfel« zu übersetzen. Doch losgelöst von diesem direkten sprachlichen Kontext, scheint der anonyme Geistli-
che gedacht zu haben, endlich eine Möglichkeit zur Klärung der
brennenden Frage nach der Beschaffenheit jener mysteriösen
Frucht gefunden zu haben, welche Eva dank der Überzeugungs-
kraft der Schlange vom Baum der Erkenntnis pflückte.

Der Erfinder des »Eva-biss-in-den-Apfel-Mems« behielt offenbar seine »Entdeckung« nicht für sich, sondern erzählte sie weiter. Andere, die davon hörten, taten das Gleiche. Auf diese Weise breitete sich das Apfel-Mem wie ein Grippevirus aus. So brannte sich das Bild des verführerischen Apfels letztlich ins kollektive Gedächtnis der Menschheit ein, wurde zum Bestandteil von unzähligen Geschichten, Gemälden und Werbespots – ein wunderbarer memetischer Fortpflanzungserfolg, geboren aus einer banalen Fehlübersetzung.

Dieser sensationelle Erfolg des »Eva-biss-in-den-Apfel-Mems« muss uns jedoch nicht sonderlich beunruhigen, schließlich ist es völlig harmlos. Die Welt würde heute kaum besser oder schlechter aussehen, wenn sich an seiner Stelle das realistischere »Eva-biss-in-die-Feige-Mem« verbreitet hätte. Allerdings enthält die biblische Sündenfallgeschichte eine Reihe weiterer Meme, denen man solche Harmlosigkeit keineswegs attestieren kann. Sie haben das Gesicht der Welt nachhaltig mitbestimmt und beeinflussen es bis zum heutigen Tag. Von diesen Memen und ihren weitreichenden Folgen handelt das vorliegende Buch.

Das Sündenfall-Syndrom

Der biblischen Erzählung zufolge schuf Gott am Anfang aller Tage eine heile Welt, in der keine Not, keinerlei Übel existierte: »Gott sah, dass es gut war.«[6] Gewissermaßen als Krönung seiner heilen Schöpfung legte Gott in Eden einen wunderbaren Garten an, in den er den Menschen, den er zuvor aus Ackerboden geformt hatte, setzte. Gott erklärte dem Menschen, dass er von allen Bäumen des Gartens essen dürfe. Die einzige Ausnahme sei der »Baum der Erkenntnis von Gut und Böse«. Würde er von diesem Baum essen, drohte Gott, müsse der Mensch sterben.

Nun wissen wir ja (und diese psychologischen Grundkenntnisse sollte man eigentlich auch einem allwissenden Gott unterstellen), wie das so ist mit Verboten und dem aparten Reiz ihrer Übertretung. Salopp formuliert: Was der Mensch nicht haben kann, macht ihn ganz besonders an! So erging es offenbar auch Urmutter Eva. Die Schlange, »schlauer als alle Tiere des Feldes«[7], erklärte ihr, dass Gott gelogen habe. Eva müsse gar nicht sterben, wenn sie vom Baum der Erkenntnis esse, vielmehr würden ihr die Augen aufgehen. Sie würde sein wie Gott und könne Gut und Böse unterscheiden. Eva dachte sich daraufhin, dass es doch »köstlich wäre, von dem Baum zu essen« und dadurch »klug zu werden«.[8] Also griff sie kurzerhand zu und ließ fürsorglich, wie sie nun einmal war, auch ihren Gatten von den wundersamen Früchten naschen, auf dass dieser nicht ewig dumm bleibe.

Was auf den ersten Blick recht harmlos anmutet (ein Fall von Obstraub beziehungsweise unzulässiger Inanspruchnahme von Bildungsangeboten), ist aus theologischer Sicht *die* Freveltat schlechthin, gewissermaßen die »Mutter allen Übels«. Denn durch den Akt des Ungehorsams gegen Gott kam »das Böse« in die heile Welt der göttlichen Schöpfung.

Im *Katechismus der Katholischen Kirche*, dem aktuell gültigen Glaubensregelwerk für die mehr als 1,1 Milliarden Katholiken weltweit, heißt es hierzu: »Vom Teufel versucht, ließ der Mensch in seinem Herzen das Vertrauen zu seinem Schöpfer sterben, missbrauchte seine Freiheit und gehorchte dem Gebot Gottes nicht. Darin bestand die erste Sünde des Menschen … Seit dieser ersten Sünde überschwemmt eine wahre Sündenflut die Welt: Kain ermordet seinen Bruder Abel; infolge der Sünde werden die Menschen ganz allgemein verdorben.«[9]

Theologisch wird aus dem Sündenfall unter anderem die sogenannte Erbsünde abgeleitet. Während dieses spezielle theologische Mem jedoch in Europa keine große Rolle mehr spielt (nur die wenigsten Eltern glauben bei der Taufe ihrer Kinder tatsächlich, dass diese so unschuldig dreinblickenden Wesen mit der »Erbsünde« belastet sind), haben andere Bestandteile der Sündenfallgeschichte den Prozess der Säkularisierung (Verweltlichung) weitgehend unbeschadet überlebt.

So haben selbst areligiöse Menschen das »Sündenfall-Syndrom« nur in den allerseltensten Fällen überwunden. Unter dem Begriff »Sündenfall-Syndrom« fasse ich eine spezifische Normierung des Denkens, Handelns und Empfindens im Sinne des in der biblischen Paradieserzählung angelegten Konzepts von moralischer Schuld und Sühne. Die grundlegenden Axiome (Denkvoraussetzungen) dieses Syndroms lassen sich folgendermaßen formulieren:

1. Axiom: Es wird unterstellt, dass Menschen im Gegensatz zu anderen Lebewesen über »Willensfreiheit« verfügen. Grundlage dieser Idee ist das sogenannte »Prinzip der alternativen Möglichkeiten«. Dieses besagt, dass sich eine Person unter exakt den gleichen Bedingungen prinzipiell auch anders entscheiden könnte, als sie sich tatsächlich entscheidet. Bezogen auf die biblische Sündenfallgeschichte heißt dies: Eva hätte zum Angebot der Schlange unter exakt den gleichen Bedingungen auch »nein!« sagen können. Ihre Entscheidung, gegen die göttlichen Gebote zu verstoßen, wäre demnach also weder durch innere noch durch äußere Faktoren eindeutig bestimmt gewesen.

2. Axiom: Weiterhin wird unterstellt, dass »das Gute« und »das Böse« (beides jeweils im Singular!) als absolute moralische Kategorien existieren. Diese können, wie in der Bibel, im religiösen Sinne gedacht werden (Gott versus Teufel), aber auch als »über den Dingen schwebende« philosophische Ideen (»das Gute an sich« versus »das Böse an sich«). Auch wenn sich die meisten menschlichen Entscheidungen irgendwo auf dem Kontinuum zwischen diesen beiden absoluten Moral-Polen bewegen, also weder »absolut gut« noch »absolut böse« sind, wird der moralische Dualismus von Gut und Böse als sinnvolles, ja unaufkündbares Orientierungskonzept verstanden. Eben deshalb kommt dem »Baum der Erkenntnis von Gut und Böse« in der biblischen Erzählung auch eine so herausragende Bedeutung zu.

Zentral für die Logik des Sündenfall-Syndroms ist die enge Verzahnung beider Axiome: Nur weil Menschen angeblich über Willensfreiheit verfügen (Axiom 1), also die freie Wahl besitzen, sich sowohl für »das Gute« als auch für »das Böse« (Axiom 2) zu entscheiden, können sie in moralischem Sinne überhaupt verantwortlich gemacht werden. Besäßen sie solche Willensfreiheit nicht, würden sie vielleicht »böse Dinge« tun, könnten aber nicht selbst im moralischen Sinne »böse« sein. Erst aus dem Zusammenwirken beider Axiome entsteht somit die dritte, die letztlich entscheidende Säule des Sündenfall-Syndroms: das *moralische Schuld-, Sühne- und Sündenprinzip.*

Verdeutlichen wir uns dies anhand der biblischen Erzählung: Hätte Eva nicht die Alternative besessen, der teuflischen Versuchung, also *dem Bösen*, zu entsagen, so hätte man ihr gegenüber keinen moralischen Schuldvorwurf erheben können. Eva wäre in diesem Falle schlichtweg schuldunfähig gewesen. Da in der Logik des Sündenfall-Syndroms jedoch unterstellt wird, dass Eva sich prinzipiell auch anders hätte entscheiden können, als sie sich entschieden hat, beging sie mit ihrem Verstoß gegen Gottes Gebote eine schwerwiegende Sünde.

In eine etwas weltlichere Sprache übersetzt, heißt das: Durch die »freie Willensentscheidung« für »das Böse« lud Eva Schuld auf sich, verursachte also gewissermaßen ein Minus auf ihrem moralischen Konto, das ausgeglichen werden musste. Dieser Schuldausgleich geschah durch die (vermeintlich) »gerechte Strafe« Gottes, die freilich nicht nur Eva, sondern auch alle ihr nachfolgenden Frauen traf: »Zur Frau sprach er [Gott]: Viel Mühsal bereite ich dir, so oft du schwanger wirst. Unter Schmerzen gebierst du Kinder. Du hast Verlangen nach dem Mann; er aber wird dich beherrschen.«[10]

Adam, durch diesen göttlichen Beschluss zwar zum Beherrscher der Frau erkoren, erging es im Endeffekt auch nicht viel besser. Da er die »freie Entscheidung« getroffen hatte, auf seine Frau zu hören (statt ihr »Vergehen« umgehend dem Schöpfer zu melden) und von den verbotenen Früchten zu essen (statt ewig dumm zu bleiben), lud auch er Schuld auf sich. Als »Sühnestrafe« verfluchte Gott den Ackerboden, den der aus dem Paradies ausgeschlossene Adam von nun an zu bearbeiten hatte, und nahm dem Menschen die Gabe der Unsterblichkeit: »Im Schweiße deines Angesichts sollst du dein Brot essen, bis du zurückkehrst zum Ackerboden; von ihm bist du ja genommen. Denn Staub bist du, zum Staub musst du zurück.«[11]

Um die Tragweite des Sündenfall-Syndroms richtig einschätzen zu können, muss man verstehen, dass es in der Regel auch bei jenen wirkmächtig ist, die nicht an die Existenz eines personalen Gottes glauben. Wie ich schon zu Beginn ausführte, hatten sich die meisten Zuhörer meines Vortrags vor rund zehn Jahren vom Glauben an Gott und Teufel bereits verabschiedet. Dennoch hielten sie an der Überzeugung fest, dass sich Hitler und Stalin »aus freien Stücken« (Axiom 1) für »das Böse« (Axiom 2) entschieden und dadurch »große Schuld« (logische Konsequenz des Sündenfall-Syndroms) auf sich geladen hatten.

Dass die beiden Diktatoren trotz des immensen Minus, das sie durch ihr verbrecherisches Wirken auf ihrem moralischen Konto angesammelt hatten, niemals »Sühne« leisten mussten, bezeichnete einer der Zuhörer, ein religionsfreier, pensionierter Ingenieur, als den »unerträglichsten Verstoß gegen das Gerechtigkeitsprinzip«, den er sich überhaupt vorstellen könne. In seinem Versuch, einen akzeptablen moralischen Schuldausgleich für Hitler und Stalin zu finden, steigerte sich der ansonsten recht freundlich wirkende, ältere Herr in sadistisch anmutende Rachephantasien hinein. So meinte er, dass man Hitler und Stalin als Buße für ihre schrecklichen Verbrechen eigentlich über Jahrzehnte hinweg unablässig mit Elektroschlägen hätte foltern müssen. Bemerkenswerterweise stand er mit dieser Auffassung keineswegs alleine da.

Wir sehen: Akzeptiert man die beiden Grundaxiome des Sündenfall-Syndroms, Willensfreiheit und Gut/Böse-Dualismus, so sind die daraus resultierenden Folgen (Schuld- und Sühneprinzip) logisch stimmig – und zwar völlig unabhängig davon, ob man an einen personalen Gott glauben mag oder nicht. Das Sündenfall-Syndrom besticht durch seine inhärente Logik, allerdings hat es einen ganz entscheidenden Schwachpunkt: Die Axiome, die ihm zugrunde liegen, sind nicht wasserdicht.

Rückkehr zum Baum der Erkenntnis

Unsere Ernte der »neuen Früchte der Erkenntnis« im ersten Teil des vorliegenden Buches wird den Befund erbringen, dass weder die Idee der Willensfreiheit noch der Gut/Böse-Dualismus einer kritischen Überprüfung standhalten können. Stürzen aber diese Axiome des Sündenfall-Syndroms, fällt auch das auf ihnen aufbauende moralische Schuld- und Sühneprinzip wie ein Kartenhaus in sich zusammen.

Grämen sollten wir uns deshalb jedoch nicht! Im Gegenteil: Wie der zweite Teil meiner Untersuchung (»Die neue Leichtigkeit des Seins«) zeigen wird, sind mit dem Abschied von Gut und Böse, Schuld und Sühne vielfältige positive Konsequenzen verbunden – sowohl für das Individuum wie für die Gesellschaft.

Geben wir Adam und Eva also eine zweite Chance! Als sie das erste Mal die Früchte vom Baum der Erkenntnis pflückten, waren diese Erkenntnisfrüchte bedauerlicherweise noch höchst unreif. (Was auch durchaus verständlich ist, schließlich konnten die Verfasser der biblischen Legende nur auf den begrenzten Wissensstand einer archaischen Hirtenkultur zurückgreifen!) Jedenfalls hat sich das Versprechen der Schlange, wir würden durch die »Erkenntnis von Gut und Böse« zu Göttern, nicht erfüllt. Im Gegenteil! Diese vermeintliche »Erkenntnis« hat unseren Denkhorizont weiter verengt und hasserfüllte Rachefeldzüge gegen das vermeintlich »Böse« heraufbeschworen.

Es ist, wie ich meine, an der Zeit, die geheimnisvollen Früchte vom Baum der Erkenntnis neu zu ernten. Sie sind nämlich erst in jüngster Vergangenheit, Jahrtausende nach der Entstehung der biblischen Mär, reif geworden. Diese Reife zeigt sich nicht zuletzt darin, dass heute mit ihrem Verzehr keine unhaltbaren Versprechungen mehr verbunden sind. Klar ist: Die »Erkenntnis der Nichtigkeit von Gut und Böse« wird uns ganz sicher nicht zu »Göttern« machen, vielleicht aber doch – und das ist sicherlich alle Erntebemühungen wert! – zu etwas freundlicheren, kreativeren, humorvolleren Menschen.

Einer derer, die diese Chance erkannten, war Albert Einstein.

In seinem ebenso knappen wie bewegenden Aufsatz »Wie ich die Welt sehe« bekannte der große Physiker, dass er keineswegs an die Willensfreiheit und die aus ihr abgeleiteten Konzepte glaube. Dass der Mensch nicht nur aus *äußerem Zwang*, sondern auch aus *innerer Notwendigkeit* handle, dass der menschliche Wille also keineswegs *frei*, sondern durch *vielerlei Ursachen determiniert* sei, schreckte Einstein nicht. Im Gegenteil: Er sah darin eine »unerschöpfliche Quelle« der Toleranz und des Humors:

»Schopenhauers Spruch: ›Der Mensch kann zwar tun, was er will, aber nicht wollen, was er will‹, hat mich seit meiner Jugend lebendig erfüllt und ist mir beim Anblick und beim Erleiden der Härten meines Lebens immer ein Trost gewesen und eine unerschöpfliche Quelle der Toleranz. Dieses Bewusstsein mildert in wohltuender Weise das leicht lähmend wirkende Verantwortungsgefühl und macht, dass wir uns selbst und die andern nicht gar zu ernst nehmen; es führt zu einer Lebensauffassung, die auch besonders dem Humor sein Recht lässt.«[12]

Was Einstein hier in wenigen Worten umreißt, ist jene »neue Leichtigkeit des Seins«, die im vorliegenden Buch entfaltet wird.

Bevor wir nun in die Untersuchung einsteigen, noch ein Wort zu ihrer formalen Anlage: Ich habe mich bemüht, die Darstellung möglichst einfach zu halten, den Gebrauch wissenschaftlicher Fachausdrücke auf ein Minimum zu beschränken und weiterführende Fragestellungen, die wohl nur einen Teil der Leserschaft interessieren werden, im Anmerkungsapparat zu behandeln. Die Allgemeinverständlichkeit ist mir ein besonderes Anliegen, weil die Fragen, die wir diskutieren werden, zu wichtig sind, als dass man sie einem kleinen, exklusiven Kreis von Experten vorbehalten sollte. Schließlich geht es hier um Kernfragen unserer Existenz: Wer sind wir? Was wollen wir? Was können, was sollten wir wollen? Worauf dürfen wir hoffen?

Auch ohne die Hürden wissenschaftlicher Sprachpanzerung ist das Terrain, auf dem wir uns bewegen werden, unwegsam genug, gilt es doch, jahrtausendealte Denkmuster durch eine neue Sicht der Dinge zu ersetzen. Ein solcher Perspektivenwechsel wird vielen von uns schwerfallen. Wir sind es nicht gewohnt,

Interessenkonflikte moralinfrei zu beurteilen und uns selbst und unser Umfeld jenseits des Schuld- und Sühne-Prinzips zu bestimmen. Doch ich bin überzeugt, dass unser Gehirn sehr wohl in der Lage ist, neue Schaltmuster zu etablieren – Schaltmuster, die uns die Augen dafür öffnen werden, wie einfach und erfüllend das Leben eigentlich sein könnte.

Wenn das vorliegende Buch auch nur einen winzigen Beitrag zur Entwicklung einer solchen alternativen, lebensbejahenden Bewusstseinskultur leisten könnte, hätte es seine Aufgabe erfüllt …

Die neuen

FRÜCHTE DER ERKENNTNIS

TEIL I

ABSCHIED VON GUT UND BÖSE

KAPITEL 1

Die ganze Geschichte der Menschheit durchzieht ... ein harter Kampf gegen die Mächte der Finsternis, ein Kampf, der schon am Anfang der Welt begann und nach dem Wort des Herrn bis zum letzten Tag andauern wird.

Zweites Vatikanisches Konzil: Gaudium et spes (1965)[1]

Wir befinden uns in einem Konflikt zwischen Gut und Böse, und die Vereinigten Staaten werden das Böse beim Namen nennen.

George W. Bush (2002)[2]

Wenn du wüsstest, welche Überlegenheit die dunkle Seite der Macht verleiht!

Darth Vader in *Star Wars – Das Imperium schlägt zurück* (1980)

Harry Potter und die Achse des Bösen: Die Wiederkehr der apokalyptischen Matrix

Die »ganze Welt steht unter der Macht des Bösen«.[3] Was der Verfasser des Johannesbriefes einst mahnend der frühchristlichen Gemeinde verkündete, gilt Hollywoodproduzenten heute als Erfolgsrezept für veritable Blockbuster. Ob in Gestalt von Darth Sidious (*Star Wars*), Lord Voldemort (*Harry Potter*) oder Sauron (*Herr der Ringe*): »Die finstere Macht des Bösen« sorgt für Rekordumsätze an den Kinokassen. (Einspielergebnis allein dieser drei Spielfilmreihen: mehr als zehn Milliarden US-Dollar!)

Dass »das Böse«, und zwar das »abgrundtiefe, metaphysische Böse«, existiert, daran lassen diese Kassenschlager keinen Zweifel aufkommen. Und so ist es auch nicht verwunderlich, dass sie sich ausgiebig tradierter religiöser Bilder bedienen. Beispiel *Star Wars*: Anakin Skywalker wird von einer Jungfrau geboren und soll laut einer alten »Prophezeiung« die Welt vor der tödlichen Bedrohung durch die »finstere Seite der Macht« erlösen. Doch »das Böse« ist verführerisch: In der Hoffnung, seine schwangere Frau retten zu können, verlässt Anakin den Pfad der Tugend und stellt sich als Darth Vader in den Dienst des teuflischen Imperators Sidious.

Erst gegen Ende der sechsteiligen *Star Wars*-Saga wendet sich das Blatt: Als er seinem Sohn Luke Skywalker begegnet, der den Verführungskünsten des finsteren Imperators widersteht, entscheidet sich Vader/Anakin im finalen Kampf zwischen Gut und Böse für die »helle Seite der Macht« und opfert sich selbst, indem er den Imperator tötet. Als Lohn für dieses Sühneopfer, mit dem er »die Prophezeiung« erfüllt, verbleibt Anakin nicht im Reich der Toten, sondern wird unsterblich. Die Parallelen zur christlichen Mythologie sind kaum zu übersehen – auch wenn Anakin/Vader gewissermaßen Christus und Antichrist in einer Person verkörpert.

In den enorm erfolgreichen *Harry Potter*-Büchern und -Filmen finden sich ebenfalls deutliche Anleihen an religiöse Vorstellungen: Die Funktion des Teufels übernimmt hier der finstere Lord Voldemort, dessen Namen man nicht aussprechen darf (eine Umkehrung des jüdischen Verbots, den Namen Gottes im Munde zu führen). Kontrastierend dazu wird die Figur des »zur Rettung der Welt erkorenen Kindes« gesetzt: Harry, der »Heiland von Hogwarts«. Glücklicherweise versteht es die Autorin Joanne K. Rowling, diese religionsaffine Anlage immer wieder mit skurrilen, witzigen Einfällen ironisch zu brechen.

Tolkiens Fantasy-Klassiker *Herr der Ringe* ist gewiss nicht weniger skurril, doch dem Werk fehlt jener bodenständige, britische Humor, der die *Harry Potter*-Bücher und -Filme auszeichnet. Und so gerät die monumentale Verfilmung von Peter Jackson mitunter gefährlich an den Rand des Kitsches: Edle Helden, die todesmutig den Kampf gegen die bösen Mächte der Finsternis antreten (»Den Tod als Gewissheit, geringe Aussicht auf Erfolg: Worauf warten wir noch?«) – so etwas kann man eigentlich nur mit einer gewissen ironischen Distanz ertragen. Eines jedoch muss man Jackson zugestehen: Der archaische Mythos des Kampfes zwischen Gut und Böse wurde niemals so perfekt in Bild und Ton gesetzt wie in dem – mit insgesamt elf Oscars prämierten – Abschlussfilm der *Herr der Ringe*-Trilogie.

Wie erklären wir uns, dass gleich drei der erfolgreichsten Spielfilmreihen aller Zeiten das »metaphysische Böse« reaktivieren, dass Okkult-Thriller wie *End of Days* (*Nacht ohne Morgen*) Zuschauermassen anziehen, dass beliebte Fernsehserien wie *Buffy*, *Angel* oder *Charmed* um einen Konflikt kreisen, der mit dem Auftreten der Aufklärungsbewegung als längst überwunden galt, nämlich den Kampf mit »finsteren Dämonen der Unterwelt«, die sich der »Seelen« der Menschen bemächtigen wollen?

Ich meine, dass es sich hierbei nicht bloß um eine zufällige Modeerscheinung handelt, sondern um die kulturelle Widerspiegelung eines in Europa bislang nicht hinreichend beachteten religiös-politischen Phänomens, nämlich der Wiederkehr der »apokalyptischen Matrix«.

Was hierunter zu verstehen ist, haben Victor und Victoria Trimondi in ihrem Buch *Krieg der Religionen* herausgearbeitet.[4] Ihre detailreiche Studie verdeutlicht, dass Islamisten, fundamentalistische Christen und Juden, radikale Hindus und Buddhisten, obwohl sie sich gegenseitig bekriegen, eine gemeinsame »politische Theologie« teilen, die Religion und Politik miteinander vermischt und von der felsenfesten Überzeugung getragen ist, dass die finale Entscheidungsschlacht zwischen Gut und Böse kurz bevorstehe oder gar schon begonnen habe.

Das Geschichtsverständnis, das der apokalyptischen Matrix zugrunde liegt, speist sich aus den Endzeitprophezeiungen, die sich in den jeweiligen »Heiligen Schriften« finden lassen[5], bei Juden etwa in den Büchern der Propheten (insbesondere dem Buch Daniel), bei Christen vor allem in der *Offenbarung des Johannes*, bei den Muslimen in Passagen aus dem Koran und in zahlreichen Hadithen (den Sprüchen des Propheten Mohammed), bei den (lamaistischen) Buddhisten im sogenannten *Kalachakra Tantra* und bei den Hindus in der *Bhagavad-Gita* und dem *Ramayana*.

Als wesentlich für die apokalyptische Matrix arbeiten Victor und Victoria Trimondi unter anderem die folgenden Vorstellungen heraus:

Erstens: Apokalyptiker begreifen die Geschichte der Menschheit als »irdische(n) Ausdruck eines kosmischen Krieges zwischen Gut und Böse, zwischen Licht und Finsternis. In diesem universellen Kampf stehen sich Gott und Satan, Engel und Teufel, Oberwelt und Unterwelt als unversöhnliche Feinde gegenüber. Wenn sich die Weltgeschichte der apokalyptischen Entscheidungsschlacht nähert, ist jeder Mensch gezwungen, sich für oder gegen Gott zu entscheiden.«[6]

Zweitens: Aus apokalyptischer Sicht ist die gegenwärtige Welt gekennzeichnet durch eine »zunehmende Herrschaft des Bösen, die sich ausdrückt in sittlichem Verfall und sexuellen Exzessen, in Ungläubigkeit, Korruption, Krieg, Gewalt, Ungerechtigkeiten, Verbrechen, Seuchen, Naturkatastrophen und Wirtschaftskrisen. Die Gegenwart, so wie sie ist, wird radikal abgelehnt.«[7]

Drittens: Apokalyptiker erwarten, dass ein »Dämon, der Satan oder dessen Stellvertreter … die Gewaltherrschaft über diese

Welt der Niedertracht« ergreift: »Mit Vorspiegelungen, Betrug, Hinterhältigkeit, Manipulation, Terror und Mord zwingt er einen Großteil der Menschheit unter sein Kommando und wird zum Weltenherrscher. Dann versucht er nach dem Throne Gottes zu greifen.«[8]

Viertens: Hölderlins Vers »Wo aber Gefahr ist, wächst das Rettende auch« gilt nicht zuletzt für das apokalyptische Weltbild: »Kurz bevor der satanische Welt-Imperator alle seine Ziele erreichen kann, inkarniert sich im letzten Augenblick das Gute in der Gestalt eines ›Militanten Messias‹, der als Anführer einer ›kosmischen Armee‹ aus Menschen und Überwesen (Engeln, Göttern, Heroen) mit extremer Härte, mit Zorn und mit gnadenloser Grausamkeit gegen die ›Koalition des Bösen‹, den Teufel und sein Pandämonium antritt und diese dann endgültig vernichtet. Beide Parteien kämpfen mit allen Arten von Massenvernichtungswaffen und setzen auch Naturkatastrophen und Seuchen als Kampfmittel gegeneinander ein.«[9]

Fünftens: Die Unabwendbarkeit der finalen Schlacht zwischen Gut und Böse ruft einen neuen Märtyrerkult hervor: »Die Anhänger des ›Militanten Messias‹ bezeichnen sich als ›Gotteskrieger‹, die bereitwillig das Martyrium auf sich nehmen, um dadurch sofortige ›Erlösung‹ zu erlangen.«[10]

Gewiss: Im säkularisierten Westeuropa sind derartige Vorstellungen (noch?) nicht allzu stark verbreitet. In den USA, weiten Teilen Südamerikas, Afrikas und auch des Nahen Ostens sind apokalyptische Denkmuster dieser Art jedoch von großer Bedeutung. Eine Umfrage des *Time Magazine* aus dem Jahr 2002 ergab, dass 59 Prozent aller US-Amerikaner davon überzeugt sind, dass die in der Johannesoffenbarung beschriebenen Endzeit-Ereignisse dabei sind, sich zu realisieren. 1999 lag die Quote noch bei 40 Prozent, 1991 bei mageren 12 Prozent der US-Bevölkerung.[11]

Dieser starke Zuwachs der Endzeitgläubigen in den USA ist nicht allein auf die Bedrohung durch islamische Terroristen, etwa die Attentate des 11. September 2001, zurückzuführen, sondern vor allem auf die in den Neunzigerjahren intensivierte Missionsarbeit der Christlichen Rechten, die die Botschaft von Armageddon, der bevorstehenden Endzeitschlacht, auf allen erdenklichen medialen Kanälen verbreitete. Mithilfe des Fernsehens, des Internets und des Radios stimmten Prediger wie Pat Robertson und Jerry Falwell über Jahre hinweg ein Multimillionenpublikum auf den »Krieg gegen das Böse« ein. Sekundiert wurden sie dabei von reißerischen Filmen, Computerspielen, Comics und Okkult-Thrillern, die die zentralen Elemente der apokalyptischen Matrix eins zu eins übernahmen, jedoch mit der nötigen Prise zeitgemäßer Action würzten.

Von besonderer Bedeutung ist dabei die Science-Fiction-Buchserie *Left Behind* von Tim LaHaye und Jerry B. Jenkins, die mit ihren bislang über 65 Millionen (!) verkauften Exemplaren in den USA ähnlich bekannt ist wie *Harry Potter* hierzulande.[12] *Left Behind* beginnt im Stile eines Stephen-King-Thrillers: Während eines Linienflugs verschwinden auf mysteriöse Weise mehr als hundert Passagiere. Übrig bleiben nur Kleidung und Schuhe. Der Pilot der Maschine, Rayford Steele, stellt fest, dass nicht nur sein Flugzeug, sondern die ganze Welt von diesem unerklärlichen Phänomen betroffen ist. Vor allem sind sämtliche Babys und kleinen Kinder verschwunden, was weltweit Panik auslöst.

Während Wissenschaftler sich verzweifelt darum bemühen, rationale Erklärungen für das Phänomen zu finden, entdeckt Steele den wahren Grund für das Verschwinden der Menschen: Gott hat die unschuldigen Kinder sowie die wahrhaft Gläubigen zu sich genommen. Auf der Erde werden zurückgelassen (»*left behind*«): allzu lasche und zweifelnde Christen sowie alle anders- und ungläubigen Menschen. Sie sind gezwungen, sich entweder »dem Bösen« zu unterwerfen oder sich als neue gute Christen zum Kampf gegen Satan und seine Truppen zu rüsten.

Dabei entpuppt sich der frisch gewählte, charismatische UN-Generalsekretär Nicolai Carpathia als »der Antichrist«. Rayford Steele baut gemeinsam mit anderen *Left-Behind*-Christen die Untergrundorganisation *Tribulation Force* (Trübsalsstreitmacht) auf, um »das Böse« zu bekämpfen. Allerdings kann er nicht verhindern, dass durch Carpathias Schreckensherrschaft und die apokalyptischen Plagen Abermillionen von Menschen getötet werden. Letztlich jedoch kommt es, wie auch nicht anders zu erwarten, nach der finalen Entscheidungsschlacht zwischen Gut und Böse zum großen Happy End: zur Rückkehr Jesu Christi und der Auferstehung der Märtyrer.[13]

Das Problematische an dem Erfolg von *Left Behind* ist, dass viele Amerikaner die Bücher »nicht als Romane lesen, sondern als Tageszeitung von morgen«, bemerkte das *Time Magazine*.[14] Viele Millionen Leser sähen in der Reihe nicht nur einen »spirituellen Führer«, sondern »eine politische Agenda«.

Zu diesen Lesern zählen offenkundig auch weite Teile des wirtschaftlichen, politischen und militärischen Establishments Amerikas. Selbst der als »Büchermuffel« bekannte, ehemalige US-Präsident George W. Bush outete sich als *Left Behind*-Fan. Die Grundanlage des Romans entsprach nicht nur seinem Glauben als »wiedergeborener Christ«, sondern auch Bushs Überzeugung, dass es feste, unhinterfragbare moralische Standards in der Politik geben müsse. Nie zuvor hat ein amerikanischer Präsident so oft vom »Bösen« gesprochen wie er. In dieser Hinsicht übertraf George W. Bush sogar sein großes Vorbild Ronald Reagan, der einst die Metapher vom »Reich des Bösen« für die Sowjetunion eingeführt hatte.

Der australische Philosoph Peter Singer rechnete in seinem Buch *Der Präsident des Guten und Bösen*[15] vor, dass Bush in fast einem Drittel seiner Reden über »das Böse« sprach. Dabei benutzte er das Wort weit häufiger als Substantiv denn als Adjektiv. Nur in den seltensten Fällen ging es dem Präsidenten darum, mit dem Wort »böse« ein reales menschliches Verhalten zu bewerten. Vielmehr erschien »das Böse« in Bushs Reden als eine Macht, die »unabhängig von den grausamen, gefühllosen, brutalen und selbstsüchtigen Taten, zu denen Menschen fähig sind, eine reale Existenz besitzt«.[16]

Man muss sich dies bewusst machen, um verstehen zu können, was Bush meinte, als er im Januar 2002 im Hinblick auf islamische Terroristen, Nordkorea, Iran und Irak von einer »Achse des Bösen« sprach. In Westeuropa stieß diese Formulierung auf große

Irritationen. Denn was, um alles in der Welt, hatte Osama bin Laden mit dem Irak oder Nordkorea zu tun? Betrachteten sich Saddam Hussein und bin Laden nicht sogar als Erzfeinde? Der amerikanische Schriftsteller Norman Mailer brachte Licht ins Dunkel europäischer Interpretationsbemühungen, als er mit spöttischem Unterton anmerkte, dass Bush die Angelegenheit wohl »philosophisch« sehe: »Der 11. September war böse, Saddam ist böse, alles Böse hängt irgendwie zusammen. Also: der Irak.«[17]

Hinter dieser Formulierung steckt weit mehr als bitterer Spott. Denn in der Tat gehen Bush und seine Anhänger davon aus, dass »alles Böse irgendwie zusammenhängt«. Ja, es ist sogar die Grundfunktion der Kategorie »des Bösen«, einen solchen universellen Zusammenhang jenseits aller Fakten herzustellen! Die Fiktion »des Bösen« reduziert die komplexen Ursachen der Entstehung von Übeln auf die Wirkmacht einer einzigen diabolischen Kraft, konstruiert Zusammenhänge, wo keine vorhanden sind, und schafft so den Nährboden für Verschwörungstheorien jeglicher Art. Kurzum: »Das Böse« lässt sich mit Fug und Recht als Wahnidee beschreiben. Denn die mit großer Gewissheit, ja, Starrsinn, vorgetragene Fiktion einer hinter allen Übeln lauernden »finsteren Macht« steht, wie wir noch sehen werden, in krassem Widerspruch zu unserem Wissen über die realen Ursachen der Entstehung von Ungerechtigkeit, Grausamkeit und Not.

Das Wahnhafte an dieser Idee zeigt sich nicht zuletzt in der Austauschbarkeit der jeweiligen Selbst- und Fremdstilisierungen: Denn ob George W. Bush, Osama bin Laden, der iranische Präsident Mahmud Ahmadinedschad, ob Vertreter der Christian Coalition, der ultra-orthodoxen jüdischen Siedlerbewegung, der Hamas oder der Hisbollah: Sie alle sehen sich als heldenhafte Kämpfer in einer Entscheidungsschlacht zwischen Gut und Böse. Der Unterschied zwischen ihnen besteht allein in der jeweiligen Verortung der »Mächte der Finsternis«. Was dem einen als Inbegriff des Bösen schlechthin gilt, erscheint dem anderen als Ausdruck reiner Tugend. Gemeinsam ist allen Seiten, dass sie unverrückbar am moralischen Dualismus von Gut und Böse festhalten. Man könnte dies auch als eine Art kulturübergreifende Borderline-Störung[18] bezeichnen.

Halten wir fest: Dass der Kampf zwischen Gut und Böse derzeit in allen nur erdenklichen Varianten durchgespielt wird – nicht nur bei *Star Wars*, *Harry Potter* und *Herr der Ringe*, aber eben auch dort! –, ist nicht zuletzt der Ausdruck des Wiedererstarkens religiös-apokalyptischer Denkmuster, die zur Überraschung vieler auf die Bühne der Weltpolitik zurückgekehrt sind und die Dramaturgie der globalen Ereignisse munter mitbestimmen. Das heißt natürlich nicht, dass die Produzenten oder Konsumenten von *Star Wars* & Co. selbst notwendigerweise der apokalyptischen Matrix unterliegen. *Harry Potter* und die »Achse des Bösen« stehen keineswegs in einem eindimensionalen Verhältnis zueinander, was man auch an den wütenden Aktionen christlicher Fundamentalisten gegen Rowlands Bestseller ablesen kann.[19] Dennoch ist nicht zu übersehen, dass die kulturelle Prägekraft des imaginären Kampfes zwischen Gut und Böse stark genug war, dass sie bis nach Hogwarts reichte.

Wie weitreichend der Einfluss der apokalyptischen Matrix ist, zeigt sich auch darin, dass selbst seriöse Zeitungen und Nachrichtenmagazine sich immer wieder genötigt sehen, auf den Begriff des »Bösen« zurückzugreifen. Nur ein Beispiel unter vielen: Als Ende April 2008 das Doppelleben des Österreichers Josef Fritzl ans Tageslicht kam – Fritzl hatte seine Tochter vierundzwanzig Jahre lang im Keller eingesperrt, wo er sie vergewaltigte und insgesamt sieben Kinder mit ihr zeugte –, versah *Der Spiegel* seine ansonsten eher nüchterne Berichterstattung mit dem raunenden Titel »Das Böse nebenan«.[20] Zwar dürfen wir getrost annehmen, dass die *Spiegel*-Reporter keineswegs unterstellten, dass Fritzls Taten einer »metaphysischen Macht der Finsternis« zuzurechnen sind. Dennoch griffen sie bereitwillig auf eine Metapher zurück, die ohne derartige Unterstellungen nicht denkbar ist.

»Die Mächte der Finsternis«: Über die religiöse Konstruktion des Bösen

Felix D. war ein Musterknabe. Der Siebzehnjährige galt als wohlerzogen, verantwortungsvoll, vernünftig. Er grüßte die Nachbarn auf der Straße und schrieb gute Noten in der Schule. Felix trank nicht, nahm keine Drogen und geriet auch ansonsten mit dem Gesetz niemals in Konflikt – bis zum 13. Januar 2007. An diesem Tag metzelte er gemeinsam mit seinem Freund Torben ein ihm nur weitläufig bekanntes Ehepaar aus der Nachbarschaft nieder. Ein Blutbad, scheinbar aus heiterem Himmel, ohne ersichtliches Tatmotiv. Tatwaffe: die Messer aus der elterlichen Küche. Bei dem Gemetzel hatten sich die beiden Jungen offensichtlich in einen regelrechten Blutrausch hineingesteigert: Zweiundsechzig Messerstiche stellte der Gerichtsmediziner allein am Körper der ermordeten Frau fest.

Die Zeit berichtete, dass die schockierten Eltern des jugendlichen Mörders nach der Tat dachten, ihr eigentlich doch so netter, liebenswerter, sozial engagierter Sohn müsse wahnsinnig geworden sein und den Mord »im Zustand geistiger Umnachtung« verübt haben: »Psychiatrische Begriffe wie ›Psychose‹ und ›schizophrener Schub‹ erschienen den D.s plötzlich wie Worte des Trostes. Fachtermini aus der medizinischen Literatur, die dem Grauen, welches das eigene Kind ihnen einflößte, einen irgendwie wissenschaftlichen Rahmen setzten … Inzwischen wissen sie es besser … Felix ist vom Berliner Sachverständigen Hans-Ludwig Kröber untersucht worden, und der erfahrene Kriminalpsychiater hat bei ihm keinerlei krankhafte seelische Störung finden können. Seither versuchen die D.s an der Gewissheit, dass das Böse ihre Familie heimgesucht hat, nicht zugrunde zu gehen.«[21]

Dieser kurze Ausschnitt aus der gründlichen und einfühlsamen Berichterstattung der *Zeit* enthält zwei für unser Thema interessante Aspekte: Zum einen finden wir hier einen eigentümlichen Kontrast vor zwischen a) wissenschaftlichen Konzepten, die angesichts des Grauens irgendwie noch »Trost« spenden können, und b) der niederschmetternden Erkenntnis »des Bösen«, die übrig bleibt, sofern wissenschaftliche Konzepte versagen. Zum anderen wird uns »das Böse« gewissermaßen als eigenständiges Subjekt präsentiert, das Familien, ja ganze Ortschaften (der *Zeit*-Artikel trug den Titel: »Wie das Böse nach Tessin kam«) »heimsuchen« kann.

Analysieren wir kurz diese beiden Aspekte, die, wie wir noch sehen werden, für den Gebrauch des Begriffs des »Bösen« charakteristisch sind. Fragen wir uns zunächst, warum den D.s wissenschaftliche Begriffe wie »Psychose« und »schizophrener Schub« wie »Worte des Trostes« vorkamen. Der Grund hierfür ist einsichtig: Wenn Felix unter einer Psychose gelitten hätte, so wäre er für seine Tat nicht im klassischen Sinne verantwortlich gewesen. Man hätte den Mord an dem Ehepaar nicht auf eine »freie Willensentscheidung« des Siebzehnjährigen zurückgeführt, sondern auf anormale hirnorganische Zustände.

Unter dieser Perspektive wäre der Doppelmord gewissermaßen ein »tragisches Naturereignis« gewesen, vergleichbar einem Erdbeben. Konsequenz: Die D.s müssten sich heute nicht mit »dem Bösen« auseinandersetzen, sondern »bloß« mit den schrecklichen Begleitumständen einer zwar heimtückischen, aber doch profanen, mit wissenschaftlichen Kriterien irgendwie fassbaren Krankheit.

Was hieran auffällt, ist nicht nur die enge Verknüpfung der Idee des moralisch Bösen mit der Unterstellung von Willensfreiheit (mit diesem Thema werden wir uns im zweiten Kapitel ausführlich auseinandersetzen), sondern auch die offenkundig »exorzistische« (das Böse vertreibende) Wirkung wissenschaftlicher Konzepte.

In der Tat ist es auffällig, dass der von Politikern, Theologen und Philosophen immer wieder bemühte Begriff des »Bösen« aus dem wissenschaftlichen Sprachgebrauch weitgehend verbannt ist. So führt das *Diagnostische und Statistische Manual Psychischer Störungen (DSM)* zwar zahlreiche psychische Defekte auf, die mit einer Verletzung der Rechte anderer verbunden sind (beispielsweise im Fall der »Antisozialen Persönlichkeitsstörung«), das Etikett des Bösen fehlt dabei jedoch vollständig. »Das Böse« ist ganz offensichtlich eine Kategorie, die nur jenseits wissenschaftlicher Betrachtungsweisen denkbar ist.

Womit ist diese Verbannung des Bösen aus dem Bereich der Wissenschaft zu erklären? Hier muss man zwei Sachverhalte berücksichtigen:

Erstens: Die empirischen Wissenschaften arbeiten rein deskriptiv, das heißt, sie versuchen möglichst exakt zu beschreiben, wie die Welt, in der wir leben, beschaffen ist. Um Realität und Wunschvorstellung voneinander trennen zu können, vermeiden Wissenschaftler tunlichst präskriptive Aussagen, die vorschreiben, wie die Welt gemäß moralischer oder ethischer Erwägungen beschaffen sein sollte. In dieser Erkenntnisbeschränkung liegt eine der großen Stärken der Wissenschaft. Max Weber, der große Soziologe, bemerkte hierzu sehr richtig: »Eine empirische Wissenschaft vermag niemanden zu lehren, was er *soll*, sondern nur, was er *kann*.«[22] Nun ist das Böse jedoch eindeutig eine moralisch wertende Kategorie (»böse« Verhaltensweisen sollen schließlich vermieden werden) und somit außerhalb der nüchternen, wissenschaftlichen Beschreibungsebene angesiedelt. Von daher lässt sich »das Böse« zunächst einmal als eine nicht- oder außerwissenschaftliche Kategorie fassen.

Zweitens: Wissenschaftler führen sämtliche Erscheinungen in der Welt auf natürliche Ursachen zurück. Der große Erfolg der Wissenschaften, ihr deutlicher, sich unter anderem in der Entwicklung der modernen Technologie manifestierender Vorsprung gegenüber religiösen Welterklärungsmodellen, beruht nicht zuletzt auf der fruchtbaren (naturalistischen) Unterstellung, dass es im Universum »mit rechten Dingen zugeht«, dass weder Götter noch Dämonen noch Kobolde in die Naturgesetze eingreifen.[23] In dieser nüchternen, wissenschaftlichen Betrachtungsweise sind wir Menschen nichts weiter als eine im Verlauf der natürlichen Evolution zufällig entstandene Primatenart. Dabei sind die Eigenschaften, über die wir verfügen, wie auch die anderer Lebewesen, etwa der Fledermaus, ausschließlich über evolutionäre Selektionsprozesse zu erklären. Deshalb ist für eine spezielle Wirkmacht »des Bösen« als einer besonderen Kraft in der Geschichte des Menschen in der wissenschaftlichen Betrachtungsweise kein Platz!

Mit anderen Worten: Die Idee des Bösen, die ja nicht nur dazu herangezogen wird, um menschliche Handlungen zu bewerten, sondern auch um diese zu erklären, stellt aufgrund der in ihr enthaltenen übernatürlichen Unterstellungen (»Es gibt ein eigenes, über natürliche Ursachen nicht zu erklärendes Reich des Bösen!«) einen Verstoß gegen wissenschaftliche Erkenntnisprinzipien dar. Insofern ist »das Böse« nicht bloß eine *nicht* wissenschaftliche, sondern sogar eine *un*wissenschaftliche Kategorie.

Diese Unwissenschaftlichkeit spiegelt sich auch in der Formulierung der *Zeit* wider, dass »das Böse« die Familie D. »heimgesucht« habe. Wie, bitte schön, sollen wir uns dies konkret vorstellen? Ist »das Böse« eine eigenständige, aktive Kraft, die auf geheimnisvolle Weise, etwa per ultrafeinstofflicher Umprogrammierung von Hirnschaltkreisen, in das Leben von Menschen einbricht und deren Schicksal lenkt? Nun, wir dürfen mit einiger Gewissheit davon ausgehen, dass die Autorin des *Zeit*-Artikels derartige metaphysische Annahmen nicht vermitteln wollte.[24] Dennoch: In dem Moment, in dem sie auf »das Böse« zu sprechen kam, verfiel sie – in scharfem Kontrast zu ihrer ansonsten klaren Sprache – in den dunklen Jargon religiöser Metaphysik.

Dieser Rückgriff auf vormoderne Sprachmuster ist keineswegs erstaunlich, denn die Rede von »dem Bösen« ist notwendigerweise mit wundersamen, metaphysischen Unterstellungen verknüpft. Selbst derjenige, der beabsichtigt, den Begriff des »Bösen« in einem rein innerweltlichen Sinne zu gebrauchen, kann sich der religiösen Aufladung des Begriffs nicht entziehen. Wer vom »Bösen« spricht, tappt unweigerlich in die Falle der religiösen Metaphysik.

Warum dies so ist, wird verständlich, wenn wir uns die Entstehungsgeschichte des Begriffs des »Bösen« vor Augen führen. Zwar haben Menschen zu allen Zeiten zwischen *Wohl und Übel* unterschieden (ein zentrales Erbe der biologischen Evolution!)[25], und es bildeten sich auch schon recht früh komplexere Verhaltenskodizes heraus, die innerhalb menschlicher Gemeinschaften berücksichtigt werden mussten. (Wer dies tat, wurde ge*achtet*, wer dagegen verstieß, ge*ächtet*.) Doch die strikte Unterscheidung zwischen Gut und Böse, wie wir sie kennen, ist erst im Zuge der Entstehung monotheistischer Religionen entwickelt worden. Es handelt sich also um eine kulturelle Erfindung neueren Datums.

Den polytheistischen Religionen früherer Zeiten war die Abstraktionsebene einer Unterscheidung zwischen »dem Guten« und »dem Bösen« fremd. »Eingebettet« in die Natur versuchten sie (mehr schlecht als recht), konkrete Lebenshilfen in den Nöten des Alltags zu geben. Da die Menschen keine natürlichen Erklärungen für Phänomene wie Gewitter, Hagel, Regen, Hitze, Trockenheit, Krankheit oder Gesundheit besaßen, führten sie diese auf das Wirken übergeordneter Kräfte zurück. Und so gab es Götter für Gewitter und Regen, Hitze und Trockenheit, Fruchtbarkeit und Liebe. Durch mitunter komplizierte Rituale strebten die Menschen danach, die Götter gnädig zu stimmen, in der Hoffnung, auf diese Weise das Eintreffen schlimmer Übel vermeiden zu können.

Diese Götter der Frühzeit waren weder absolut gut noch absolut böse, sondern schrecklich und heilvoll zugleich – eine Ambivalenz, die noch heute für viele hinduistische Gottheiten charakteristisch ist.[26] Auch im jüdischen Glauben hatte Gott zunächst mehrdeutige Züge. Er war die Ursache allen Segens, aber auch aller Widrigkeiten des Lebens. Erst durch die Einflüsse des altpersischen Zarathustra-Glaubens, der bereits in einem sehr strikten, monotheistischen Sinne zwischen Gut und Böse, Himmel und Hölle unterschied, verlor Jahwe diese Ambivalenz. In der jüdischen Apokalyptik (später auch im Christentum und Islam) avancierte Gott mehr und mehr zum Inbegriff des absolut Guten, was im Umkehrschluss erst die Möglichkeit der Existenz des absolut Bösen eröffnete. Salopp formuliert: Der liebe Gott trägt den Teufel huckepack.

Mit dem Bremer Religionswissenschaftler Bernd Schipper ist

festzuhalten, dass erst »der radikale Glaube an einen guten Gott …
den Boden bereitet für die Vorstellung eines absoluten und autonomen Bösen«.[27] Wodurch zeichnet sich nun dieses »absolute,
autonome Böse« aus? Zusammenfassend lassen sich folgende vier
Wesensmerkmale der religiösen Konstruktion des Bösen heraus-
arbeiten:[28]

Erstens: Das Böse verfügt über eine Doppelnatur. Es ist nicht
allein in der menschlichen Sphäre angesiedelt, sondern existiert
zudem (in seiner Reinform) auf einer jenseitigen, metaphysischen Ebene (»Mächte der Finsternis«). Katholische wie evange-
lische Theologen sprechen in diesem Zusammenhang vom »numinosen Bösen«[29]. Im Kern bestimmt dieses »numinose«, auf
einer geheimnisvollen, verborgenen Wirklichkeitsebene behei-
matete »radikal Böse« das »menschlich Böse«. Das »an sich Böse«
ist also gewissermaßen die Richtschnur zur Konstruktion des
»für uns Bösen«.

Zweitens: Gut und Böse werden als absolute Kategorien begriffen. So wie das numinose Gute (Gott) das »absolut Gute«
darstellt, gilt das numinose Böse (Teufel) als das »absolut Böse«.
Dabei ist in dieser dualistischen Weltsicht eine wie auch immer
geartete Relativität oder Pluralität von Wertvorstellungen ausgeschlossen. Dies zeigt sich bereits auf sprachlicher Ebene: »Das
Gute« und »das Böse« existieren jeweils nur im Singular.

Drittens: Das Böse wird in erster Linie als »Preis der Freiheit«
aufgefasst: Das menschlich-sittliche wie auch das numinose Böse
beruhen (siehe die Schilderung des Sündenfall-Syndroms in der
Einleitung) auf freien Willensentscheidungen gegen Gott beziehungsweise das Gute. Ohne die Unterstellung solcher Willensfreiheit könnten Menschen und Engel keine »Sünden« begehen.
In diesem Fall würden sie vielleicht »böse Dinge« tun, jedoch
könnten sie selbst (vergleichbar mit Tieren, die angeblich »bloß
biologischen Programmen folgen«) nicht im eigentlichen Sinne
»böse« sein.

Viertens: Sofern freie Willensentscheidungen ausgeschlossen
werden können, kann »das Böse« auch als Ausdruck von »Besessenheit« wirkmächtig werden. Im Fall einer solchen »Besessen-

heit« wird die Persönlichkeit eines Menschen von numinosen »Mächten der Finsternis« bestimmt; er tut »böse Dinge«, ohne dass er dies verhindern könnte. Als Gegenmittel zur Besessenheit bieten die Kirchen den Exorzismus an, der etwa in der katholischen Kirche noch heute in zweifacher Weise Verwendung findet: Der »einfache Exorzismus« kommt bereits bei der Taufe zum Tragen (sie enthält eine Art »Standardschutz gegen satanische Einflüsse«), der »große Exorzismus« hingegen, der laut katholischem Katechismus darauf ausgerichtet ist, »Dämonen auszutreiben oder vom Einfluss von Dämonen zu befreien«[30], wird nur bei akutem »Dämonenbefall« angewandt und bedarf der ausdrücklichen Erlaubnis eines Bischofs.

Die hier beschriebenen vier Wesensmerkmale bestimmen nicht nur das religiöse Verständnis des Bösen, sondern auch den säkularen Sprachgebrauch: Zwar leiten philosophische Gegenwartsautoren wie Susan Neiman[31] oder Rüdiger Safranski[32] »das Böse« nicht mehr von der Existenz von Teufeln und Dämonen ab, dennoch meinen sie, am Begriff des »an sich Bösen« unbedingt festhalten zu müssen. Auf diese Weise existiert das numinose Böse weiter, wenn auch nicht mehr in Gestalt supranaturalistischer (übernatürlicher) Wesen, so doch in Form einer »über den Dingen schwebenden« philosophischen Idee. Selbstverständlich wird auch diese »reine Idee« *absolut* gedacht, sodass uns »das Böse« weiterhin ausschließlich im Singular gegenübertritt.

Ebenfalls erhalten geblieben ist die Konzeption des Bösen als »Preis der Freiheit« (Safranski sieht darin sogar die Quintessenz seines Buches), obgleich die Idee einer freien (naturgesetzlich unbestimmten) Willensentscheidung heute sowohl wissenschaftlich als auch philosophisch hinreichend widerlegt ist (siehe hierzu Kapitel 2 des vorliegenden Buches).

Doch auch das Konzept der Besessenheit hat im säkularen Gewand überlebt: Angewandt wird es auf jene Fälle, in denen man eine vollständig deterministische Erklärung »bösen Verhaltens« nicht ausschließen möchte. Allerdings führen säkulare Denker solche Besessenheit nicht mehr auf Dämonen zurück, sondern auf problematische biologische oder kulturelle Faktoren (pathologische Triebveranlagungen, traumatische Erfahrungen etc.), die in »Sonderfällen« (etwa bei sogenannten Triebtätern) verhindern, dass Menschen von der unterstellten Gabe der Willensfreiheit Gebrauch machen können.

Die besondere Bedeutung, die die Idee der Willensfreiheit für das Konzept des Bösen spielt, zeigt sich, wenn wir dem Begriff des »Bösen« den verwandten Begriff des »Übels« gegenüberstellen: Als Übel bezeichnen wir alle Formen von Leid, die wir als »nicht sein sollend« erleben (übermäßige Schmerzen, Ängste etc.) sowie alle Faktoren (etwa Krankheiten, Naturkatastrophen, Verbrechen), die zu solchem Leid führen.[33] Dabei wird in der Regel zwischen zwei großen Gruppen von Übeln unterschieden, nämlich dem natürlichen Übel (*malum physicum*) und dem moralischen Übel (*malum morale*).

Die Kategorie des natürlichen Übels umfasst Phänomene wie Krankheiten, Seuchen oder Naturkatastrophen, die nicht in direktem Zusammenhang mit moralisch-schuldhaften Handlungen von Menschen stehen. Hierzu zählen beispielsweise die Tsunami-Katastrophe vom Dezember 2004, die in acht asiatischen Ländern über 230 000 Menschenleben forderte, die Überschwemmungen des Jangtse in China, bei der 1931 etwa 1,4 Millionen Menschen starben, oder die Spanische Grippe, der zwischen 1918 und 1920 mindestens fünfundzwanzig Millionen, wenn nicht gar fünfzig Millionen Menschen zum Opfer fielen.

Natürliche Übel können zwar ebenso schreckliches Leid erzeugen wie moralische Übel, doch verarbeiten wir sie emotional auf andere Weise. Das liegt daran, dass wir für natürliche Übel niemanden direkt verantwortlich machen können. Wir sehen in ihnen nicht »das Böse«, sondern Schicksalsschläge, die uns zufällig getroffen haben. Und so verbreiten natürliche Übel »zwar Panik, Schrecken, Betroffenheit und Verwirrung, aber keine Verbitterung oder Rachegefühle«.[34]

Diese besonderen Emotionen (Verbitterung und Rachegefühle) sind kennzeichnend für unseren Umgang mit moralischen Übeln, denn diese werden nicht auf natürliche Ursachen, sondern auf schuldhafte Entscheidungen von Menschen zurückgeführt. Während wir einsehen, dass es völlig sinnlos ist, auf ein Erdbeben böse zu sein, auch wenn es uns vielleicht das Wertvollste genommen hat, was wir besitzen, sind wir moralisch bereits hochgradig empört über den Dieb, der uns bloß eine halb leere Brieftasche gestohlen hat.

Grund für diese unterschiedliche Reaktion auf natürliche und moralische Übel ist, dass wir intuitiv unterstellen, dass sich der Dieb auch *anders hätte verhalten können*, als er es tat. Hören wir jedoch im Nachhinein, dass der Dieb ein klappriger, alter Mann war, der schon seit Jahren unter Kleptomanie leidet, so mildert sich unsere moralische Empörung merklich. Zwar ist der Verlust der Geldbörse unter dieser Voraussetzung objektiv nicht weniger ärgerlich, doch subjektiv werden wir uns nicht mehr als Opfer eines moralischen Übels empfinden, sondern den Verlust auf ein natürliches Übel, nämlich die Krankheit eines alten Mannes, zurückführen.

In welchem Verhältnis steht also nun das Böse zum Übel? Es ist klar, dass eigentlich nur das moralische Übel mit »dem Bösen« in Verbindung gebracht werden kann. Hass, Grausamkeit, Selbstsucht, Habgier, Neid und ihre Folgen – all dies sind moralische Übel, die gemeinhin mit »dem Bösen« assoziiert werden. Dennoch kommt es hin und wieder vor, dass natürliche Übel wie Naturkatastrophen oder Krankheiten als »Manifestationen des Bösen« interpretiert werden. Derartige Interpretationen sind allerdings nur unter einer Voraussetzung möglich: Man muss unterstellen, dass diese Übel letztlich doch nicht durch natürliche Faktoren ausgelöst wurden, sondern durch übernatürliche, frei agierende, numinose Mächte.

So interpretierten evangelikale Christen – analog zur biblischen Sintflutgeschichte[35] – die Tsunami-Katastrophe in Südostasien als Strafe für sündhaftes Verhalten. Auch den Hurrikan »Katrina«, der 2005 an der amerikanischen Golfküste gigantischen Schaden anrichtete, verstanden sie als »gerechte Strafaktion« Gottes. Als Ursache verwiesen sie auf ein moralisches Übel, nämlich das angeblich zügellose Leben einer sittlich verrohten Bevölkerungsmehrheit, die »dem Bösen« huldige, und nicht auf natürliche Ursachen, etwa die meteorologischen Parameter, die im Golf von Mexiko den zuvor bereits merklich abgeklungenen Tropensturm »Katrina« mit neuer Energie versorgten.

Gewiss: Aufgeklärte Zeitgenossen werden angesichts solcher übernatürlicher Deutungen natürlicher Phänomene den Kopf schütteln. Doch sollten sie sich, bevor sie stolz verkünden, solche Interpretationsweisen längst überwunden zu haben, selbstkritisch fragen, ob die weithin akzeptierte Unterscheidung zwischen natürlichen und moralischen Übeln nicht auf ganz ähnlichen Denkmustern beruht. Denn greifen wir in Moralfragen nicht auch auf übernatürliche Deutungen natürlicher Phänomene zurück? Immerhin scheinen wir ja zu unterstellen, dass moralische Übel über natürliche Faktoren nicht hinreichend zu erklären sind, sonst hätten wir die Kategorie der moralischen Übel nicht eigens einführen müssen. Wie aber könnten moralische Übel andere als natürliche Ursachen haben? Sind menschliche Kultur, menschliche Sprache, menschliches Nachdenken über Handlungsalternativen in irgendeiner Weise übernatürliche Phänomene?

Liest man einschlägige Veröffentlichungen zu diesem Thema, kann man sich des Eindrucks nicht erwehren, dass die allermeisten Autoren eine solche Übernatürlichkeit des menschlichen Geistes irgendwie unterstellen, sich dies allerdings kaum je bewusst machen. In unseren Köpfen hat sich ein Common-Sense-Mythos etabliert, von dem die meisten Zeitgenossen im Sinne einer unausgesprochenen Denkvoraussetzung ausgehen. Dieser Mythos besagt, a) dass wir Menschen etwas völlig anderes sind als Tiere, nämlich frei und vernunftbegabt, sowie b) dass wir aufgrund dieser Voraussetzung, anders als alle anderen Lebewesen, überhaupt erst die Fähigkeit »zum Bösen« entwickeln konnten.

Greifen wir nur ein Beispiel unter vielen heraus: Der Psychiater Theo R. Payk schreibt in dem 2008 erschienenen Buch *Das Böse in uns*: »Das Tier lebt gemäß seinem angeborenen, lebenserhaltenden Instinkt- und Reflexprogramm jenseits von Gut und Böse. Mit der Menschwerdung vor einigen Millionen Jahren entwickelten sich aus dem ursprünglich lediglich auf die Selbsterhaltung und Fortpflanzung ausgerichteten Aggressionstrieb Verhaltensweisen, die darauf abzielen, andere zu schädigen, zu unterjochen oder sogar zu beseitigen. Das Repertoire der Intelligenz wurde nicht mehr zum bloßen Überleben eingesetzt, sondern darüber hinaus auch zu Betrug, Täuschung, Überfall, Raub und Eroberung ...«[36]

Payks Schilderung wird wohl bei den meisten Leserinnen und Lesern auf Zustimmung treffen. Doch ist wahr, was hier behauptet wird? Treten tatsächlich erst mit der Menschwerdung Verhaltensweisen auf, »die darauf abzielen, andere zu schädigen, zu unterjochen oder sogar zu beseitigen«? Gab und gibt es sogenannte moralische Übel wie »Betrug, Täuschung, Überfall, Raub und Eroberung« wirklich nur in menschlichen Gesellschaften? Oder finden wir, wenn wir etwas genauer hinschauen, derartige Phänomene nicht doch schon in der nicht menschlichen Natur?

Krieg der Schimpansen: Das sogenannte Böse in der Natur

»Im Mai 1977 hörten Fischer Kampflärm am Kahama-Fluss und entdeckten bald darauf die arg zugerichtete Leiche von Charlie ... Mitte 1977 drangen sieben Kasaleka-Männer in die ... 1,8 Quadratkilometer der Kahamas ein und attackierten Sniff, bis sein linkes Bein gebrochen war und er aus Mund, Nase, Stirn und Rücken blutete ... Dann griffen Satan und Sherry sich jeweils ein Bein, um Sniff kreischend einen Hang herunterzuschleifen. Sein Martyrium dauerte 35 Minuten, bevor ihn die Angreifer liegen ließen ... Als sich nach einigen Tagen in der Gegend ein starker Verwesungsgeruch einstellte, war klar, dass die Kahama-Gesellschaft aufgehört hatte zu existieren. Kurze Zeit später begannen die siegreichen Kasaleka-Männer samt Familien in jenem Areal zu schlafen und auf Nahrungssuche zu gehen, das in den fünf Jahren zuvor Kerngebiet der Kahamas gewesen war.«[37]

Was sich im ersten Moment wie eine Beschreibung militanter Auseinandersetzungen zwischen verfeindeten Eingeborenenstämmen anhört, ist in Wirklichkeit die Schilderung einer Episode aus dem mehrjährigen Eroberungs- und Vernichtungskrieg, den die Schimpansen der Kasaleka-Gruppe gegen die Kahama-Schimpansen am Ufer des Tanganjikasees in Tansania durchführten.

Ursprünglich hatten die verfeindeten Gruppen einer gemeinsamen Kommunität angehört, die sich jedoch Ende der Sechzigerjahre spaltete. Ein Teil der Schimpansen lebte weiter am Lauf des Kasaleka-Flüsschens, der andere Teil wanderte ab gen Süden zum Kahama-Bach. In den Siebzigerjahren wuchsen die Spannungen zwischen beiden Schimpansengruppen dramatisch an. Sie mündeten in einen systematischen Ausrottungsfeldzug, den die Kasalekas von 1974 bis 1977 gegen die südlichen Dissidenten durchführten und in dessen Folge sämtliche Männer der Kahama-Gruppe auf verstörend grausame Weise liquidiert wurden.

Jane Goodall, die in ihrem 1971 erschienenen Buch *In the Shadow of Man* (*Wilde Schimpansen*) den Schimpansen noch als eine Art »besseren Menschen« beschrieben hatte, musste in ihrem 1986 erschienenen Werk *The Chimpanzees of Gombe. Patterns of Behavior* einräumen, dass unsere nächsten biologischen Verwandten unter spezifischen sozialen Konstellationen eine erschreckende Brutalität aufweisen. »Wenn sie Feuerwaffen gehabt hätten und jemand hätte ihnen beigebracht, damit umzugehen«, bemerkte Goodall einmal, »ich vermute, sie hätten sie zum Töten genutzt.«[38]

Der in London lehrende Primatologe Volker Sommer resümiert: »Bei dem Territorialverhalten der wilden Schimpansen geht es … nicht nur darum, Eindringlinge fortzuscheuchen, sondern darum, sie zu verletzen, zu schwächen oder gar auszutilgen. Es geht nicht nur darum, das eigene Wohngebiet mitsamt den Schlafplätzen, Nahrungs- und Wasservorräten zu verteidigen und zurückzuerobern, sondern es auf Kosten schwächerer Nachbarn zu vergrößern. Es geht schließlich nicht nur darum, eigene Weibchen zu schützen, sondern aktiv und aggressiv Sexualpartner aus Nachbargruppen zu rekrutieren … Man kommt nicht umhin, die Schimpansenschlachten mit jenem Konflikt zu vergleichen, der gemeinhin als Erfindung des Menschen gilt: dem Krieg. Ist es nicht ein Charakteristikum des Krieges, dass statt einzelner Kontrahenten einander Gruppen gegenüberstehen? ... Sind die effektiven Ausrottungen benachbarter Schimpansengruppen nicht jenen Genoziden ähnlich, von denen wir so überreichlich aus der jüngeren Geschichte wissen? Haben nicht Kriege – gerade jene, die unter der Fahne von Religionen, Kulturwerten oder Ideologien ausgefochten wurden – immer dazu gedient, die Sieger letztlich ökologisch zu stärken, indem sie Lebensraum und Ressourcen sicherten?«[39]

Klar ist: Die populäre Vorstellung, dass Verhaltensweisen, »die darauf abzielen, andere zu schädigen, zu unterjochen oder sogar zu beseitigen«, erst mit der Menschwerdung aufgetreten seien, lässt sich empirisch nicht aufrechterhalten. Mittlerweile liegen unzählige Belege dafür vor, dass die vermeintlich nur beim Menschen anzutreffenden Übel »Betrug, Täuschung, Überfall, Raub und Eroberung« im Tierreich weitverbreitet sind – und zwar nicht nur bei höheren Säugetieren.

So liefern die Skorpionsfliegen der Gattung Panorpa ein schönes Beispiel für Betrug und Täuschung in der Natur. Während der Fortpflanzungszeit müssen sich die Männchen als Kavaliere erweisen, denn ohne üppiges Brautgeschenk kommen sie bei den Weibchen normalerweise nicht zum Zug. Da es aber für sie recht mühsam ist, ein Hochzeitsgeschenk »legal« zu erwerben (sie müssten beispielsweise ein Insekt erbeuten), haben sich einige Männchen eine kostengünstigere Variante einfallen lassen: Sie tarnen sich als Weibchen und warten auf ein Männchen, das auf sie hereinfällt. Der kanadische Biologe Adrian Forsyth beschrieb den betrügerischen Transvestismus männlicher Skorpionsfliegen wie folgt: »Sie nehmen die typische Lockhaltung eines fortpflanzungsbereiten Weibchens ein, und sobald ein Männchen mit dem Hochzeitsgeschenk heranfliegt, reißt der falsche Transvestit die Gabe an sich und macht sich davon. Vermutlich wechselt er dann wieder das Kostüm und schlüpft in die Rolle eines herkömmlichen Männchens.«[40]

Die Skorpionsfliegen zeigen mitunter noch eine andere, unfeine Fortpflanzungsstrategie. Neben »ehrlichen Kavalieren«, die in Brautgeschenke investieren, und »betrügerischen Transvestiten«, die anderen Brautgeschenke auf gerissene Weise abjagen, gibt es unter den Skorpionsfliegen »Vergewaltiger«, die auf charmante Avancen gänzlich verzichten.[41] Sie stürzen sich auf die widerwilligen, sich wehrenden Weibchen, packen sie mit ihren großen Genitalzangen und versuchen sie mit aller Kraft in eine kopulationsgerechte Lage zu bringen, um sie zu besamen.

Solche erzwungenen Kopulationen sind in der Natur keine Seltenheit. Vergewaltigungen wurden bei vielen Arten beobachtet, selbst bei den von Konrad Lorenz einst als besonders treu und sittsam beschriebenen Graugänsen. Bei Schwänen, die wie die Graugänse für ihre Dauerehen bekannt sind, kommt es infolge erzwungener Kopulationen durch fremde Männchen häufig zur Verwundung, ja sogar zur Tötung der Weibchen. Oft sind es unverpaarte Männchen, die über die Strategie sexueller Gewalt den Fortpflanzungserfolg erzwingen wollen, aber »auch verpaarte Männchen verspüren zuweilen den Drang, andere Weibchen zu vergewaltigen«.[42]

Eine recht hohe Vergewaltigungsquote ist auch bei den allgemein als sanft und behäbig wahrgenommenen Orang-Utans festzustellen. Der Grund für die Häufigkeit von »Sexualdelikten« bei unseren biologischen Vettern ist wohl, dass Orang-Utans ausgeprägte Einzelgänger sind, denen sich sexuelle Gelegenheiten nur selten bieten. Sind die Weibchen in diesen wenigen Momenten nicht willig, so stehen die Männchen offenbar unter gehörigem Druck, was dazu führt, dass sie ihre sexuellen Interessen mitunter in einer sehr brachialen Weise durchsetzen.

Bei genauerer Betrachtung finden wir in der Natur nicht nur Betrug und Täuschung, Krieg und Eroberung, Raub und Vergewaltigung vor, sondern auch eine Verhaltensweise, die wir in der Regel als besonders grauenhaft empfinden, nämlich die Tötung von Kindern. Der Infantizid, so die nüchtern klingende wissenschaftliche Bezeichnung, ist im Tierreich weitverbreitet, etwa bei den Berggorillas, bei denen mehr als ein Drittel (!) des Nachwuchses bis zum Alter von drei Jahren Kindstötungen zum Opfer fällt[43], aber auch bei solch unterschiedlichen Tierarten wie Dungkäfern, Fischen, Amphibien, Mäusen, Löwen, Kamelen oder Pferden.[44]

Hierbei spielen sich mitunter wahrhaft grausame Szenen ab. Volker Sommer berichtet vom Fall der Schimpansendame Wantendele, die sich 1982 mit mindestens neun Männchen ihrer Gruppe gepaart hatte – »Vielmännerei« ist für Schimpansenweibchen typisch – und schwanger wurde. Die letzten drei Monate vor der Geburt ihres dritten Sohnes verschwand Wantendele plötzlich, was wohl der Auslöser für das darauffolgende Drama war. Als Wantendele am 5. Juli 1983 mit ihrem frisch geborenen Baby zur Gruppe zurückkehrte, machten sich gleich mehrere Männchen über Kind und Mutter her: »Dem ranghöchsten, Ntologi, gelang es schließlich, der Kauernden das Baby unter dem Bauch wegzureißen. Er rannte mit dem Kleinen zwischen den Zähnen ins Unterholz – und begann, von dessen Körper abzubeißen, zunächst das linke Handgelenk, dann einen Teil des Gesichts. Die meisten Bissen vermengte er mit Blättern. Und auf dem Höhepunkt des kannibalischen Gelages paarte er sich nebenbei mit dem Weibchen Wakapala. Schließlich brach Ntologi den Schädel des Leichnams auf, um das Gehirn zu verzehren. Die Reste samt den Eingeweiden ließ er dem gemeinen Volk, das sich mit ausgestreckten Händen bettelnd um ihn geschart hatte … Wantendele … verschwand von der Stätte des Grauens und tauchte erst einen Monat später wieder auf.«[45]

Wie Wantendeles Sohn erging es insgesamt neun Schimpansenbabys am Ufer des Tanganjikasees. Wie lassen sich diese Kindstötungen durch Mitglieder der eigenen Gruppe erklären? Volker Sommer schreibt: »Offenbar ist das Verhalten der Mütter während der Schwangerschaft entscheidend. Nur die kleinen Söhne solcher Mütter wurden umgebracht, die vor der Niederkunft mehr oder weniger lange verschwunden waren und zumindest in einigen Fällen nachweislich das Territorium der Gruppe verlassen hatten. Die Weibchen waren erst kurz zuvor eingewandert und kannten offenbar noch nicht jene Grenzen, die für ›anständige‹ Schimpansenfrauen tabu sind. Zwar schied Fremdbefruchtung bei den zeitweise Verschollenen eigentlich aus, da sie bereits schwanger waren. Aber die Männer der eigenen Gruppe könnten einem simplen Irrtum aufgesessen sein, indem sie ›dachten‹, die Zurückgekehrte trüge nun das Kind eines Fremden am Bauch. Infantizid wäre dann eine Maßnahme, mit der sie absolut sicherstellen, dass kein fremdes Erbgut eingeschleppt wird.«[46]

Die weitverbreitete Praxis des Infantizids widerlegt die alte These, dass das Verhalten der Tiere am sogenannten Artwohl orientiert sei. Vor allem Konrad Lorenz hatte sich für diese These stark gemacht und behauptet, dass innerartliche Aggression einem »höheren Ziel« diene. In seinem Bestseller *Das sogenannte Böse* formulierte Lorenz seine Vorstellungen wie folgt: »Der Lebensraum wird unter den Artgenossen in solcher Weise verteilt, dass nach Möglichkeit jeder sein Auskommen findet. Der beste Vater, die beste Mutter wird zum Segen der Nachkommenschaft ausgewählt. Die Kinder werden beschützt … Niemals haben wir gefunden, dass das Ziel der Aggression die Vernichtung der Artgenossen sei, wenn auch durch einen unglücklichen Zufall gelegentlich im Revier- oder Rivalenkampf ein Horn ins Auge oder ein Zahn in die Halsschlagader dringen kann …«[47]

Vor dem Hintergrund der uns heute vorliegenden empirischen Daten lassen sich derartige Vorstellungen nicht mehr halten. Denn erstens werden Kinder, wie wir gesehen haben, keineswegs immer beschützt, sondern häufig genug liquidiert. Zweitens müssen wir festhalten, dass Kämpfe unter Rivalen mitunter sehr wohl die Vernichtung des Gegners zum Ziel haben. Dies ist nicht nur bei kriegerischen Schimpansen zu beobachten, sondern vor allem auch bei Insekten- und Spinnenarten, für die es angesichts ihrer kurzen Lebensspanne gar keinen Grund gibt, sich und den Gegner zu schonen.

Und so kippt auch die scharfe Trennlinie, die Konrad Lorenz zwischen dem »sogenannten Bösen« in der Natur und dem »wirklich Bösen« beim Menschen gezogen hatte. Wir wissen heute, dass es in der Natur keineswegs so ritterlich zugeht, wie der Wiener Verhaltensforscher sich das vorstellte. Und von einem natürlichen »Arterhaltungstrieb« kann schon gar nicht die Rede sein! Folglich ist auch Lorenz' Diagnose falsch, dass sich der *Homo sapiens* durch Kultur und Technik von dem biologisch sinnvollen Instinkt der »innerartlichen Tötungshemmung« entkoppelt habe.

Wahr ist vielmehr, dass menschliches Denken, Empfinden, Handeln auch heute noch fest verankert ist in jenem über Jahrmilliarden sich erstreckenden natürlichen Prozess, den wir Evolution nennen. Die Ungerechtigkeiten, Grausamkeiten, Nöte, die wir Menschen Tag für Tag aufs Neue produzieren, beruhen daher keineswegs auf einem »Kollaps der biologisch angepassten Verhaltensregulation«, wie Lorenz mutmaßte, sondern sind im Gegenteil Folgen eines biologischen Prinzips, das *Homo sapiens* mit allen anderen Spezies auf diesem Staubkorn im Weltall teilt: dem Prinzip Eigennutz.[48]

Wer die Übel, mit denen wir zu kämpfen haben, besser verstehen will, der ist gut beraten, sich mit diesem (leider häufig fehlinterpretierten) Grundaxiom des Lebens auseinanderzusetzen. Eigennutz ist nämlich nicht nur die Ursache unserer Probleme, sondern auch ein unverzichtbarer Bestandteil jeder sinnvollen Lösungsstrategie.

Prinzip Eigennutz: Die Matrix der biologischen Evolution

»Vor einem großen Walde wohnte ein armer Holzhacker mit seiner Frau und seinen zwei Kindern … Er hatte wenig zu beißen … und einmal, als große Teuerung ins Land kam, konnte er das tägliche Brot nicht mehr schaffen. Wie er sich nun abends im Bette Gedanken machte und sich vor Sorgen herumwälzte, seufzte er und sprach zu seiner Frau: ›Was soll aus uns werden? Wie können wir unsere armen Kinder ernähren, da wir für uns selbst nichts mehr haben?‹ ›Weißt du was, Mann‹, antwortete die Frau, ›wir wollen morgen in aller Frühe die Kinder hinaus in den Wald führen, wo er am dicksten ist. Da machen wir ihnen ein Feuer an und geben jedem noch ein Stückchen Brot, dann gehen wir an unsere Arbeit und lassen sie allein. Sie finden den Weg nicht wieder nach Haus, und wir sind sie los.‹ … Die zwei Kinder hatten vor Hunger auch nicht einschlafen können und hatten gehört, was die Stiefmutter zum Vater gesagt hatte. Gretel weinte bittere Tränen und sprach zu Hänsel: ›Nun ist's um uns geschehen!‹«[49]

Mit diesen Worten beginnt das Märchen »Hänsel und Gretel« aus der Sammlung der Kinder- und Hausmärchen der Brüder Grimm. Interessanterweise war es in der ersten Fassung von 1812 noch die eigene Mutter, die vorschlug, die Kinder im Wald zurückzulassen. Offensichtlich schien dies den beiden Herausgebern im Nachhinein aber nicht stimmig zu sein. Und so änderten sie das Märchen in der zweiten Auflage von 1819: Aus der Mutter wurde eine Stiefmutter.

Das Motiv der bösen Stiefmutter taucht in erstaunlich vielen Märchen auf. So wird Aschenputtel von der Stiefmutter gedemütigt, Schneewittchen wird von ihr vergiftet und Brüderchen und Schwesterchen fliehen vor ihr »in die weite Welt«, wofür sie offensichtlich gute Gründe haben, denn: »Seit die Mutter tot ist, haben wir keine gute Stunde mehr; die Stiefmutter schlägt uns alle Tage, und wenn wir zu ihr kommen, stößt sie uns mit den Füßen fort. Die harten Brotkrusten, die übrig bleiben, sind unsere Speise, und dem Hündlein unter dem Tisch geht's besser: Dem wirft sie doch manchmal einen guten Bissen zu.«[50]

Woher stammt dieses nicht gerade vorteilhafte Bild der Stiefmutter im Märchen? Darüber ist viel gerätselt worden. In der Tradition der Analytischen Psychologie C. G. Jungs versuchte man die Figur der bösen Stiefmutter im Sinne eines »negativen Mutterarchetyps« zu deuten. Jungianer erklärten, dass die »Große Mutter« im kollektiven Unterbewussten zwar vorwiegend mit Schutz, Wärme und Fruchtbarkeit assoziiert werde, dass es aber auch die negative Kehrseite der »zerstörenden, verschlingenden, übermächtigen Mutter« gebe, die im Märchen als Stiefmutter wiederkehre. Die Anhänger Sigmund Freuds waren anderer Meinung: Sie vermuteten hinter den Erzählungen einen verschärften ödipalen Konflikt. Demzufolge konkurrierten Tochter und

Stiefmutter in besonderer Weise um die Gunst des Vaters. Im Märchen werde dieser meist unbewusste Konflikt literarisch verarbeitet.

Die Erklärung, die Evolutionsbiologen in den letzten Jahren für die Figur der bösen Stiefmutter vorgeschlagen haben, ist weit weniger spekulativ. Sie wiesen darauf hin, dass es »böse Stiefmütter« keineswegs bloß im Märchen gibt, sondern dass es sich dabei um ein sehr reales Phänomen handelt. In der Tat haben zahlreiche Untersuchungen in traditionellen wie modernen Gesellschaften gezeigt, dass Stiefkinder im Durchschnitt (in vielen Einzelfällen sieht das selbstverständlich völlig anders aus!) signifikant schlechter behandelt werden als leibliche Kinder.[51] So ist das Risiko, von den Eltern umgebracht zu werden, für Stiefkinder laut neuerer Untersuchungen aus den USA, Kanada und Großbritannien um ein Vielfaches (in der Altersgruppe bis zu vier Jahren sogar um das Vierzigfache!) höher als für leibliche Kinder. Stiefkinder weisen im Durchschnitt höhere Konzentrationen des Stresshormons Cortisol auf, sind häufiger krank und schlechter ausgebildet.

Warum ist das so? Antwort: Weil uns das Prinzip des genetischen Eigennutzes nahelegt[52], in nicht verwandte Kinder weniger zu investieren als in echte biologische Nachkommen. »Blut ist dicker als Wasser«, heißt es dazu im Volksmund. Diese Redensart lässt sich auch in wissenschaftliche Formelsprache übersetzen. Dann sieht sie so aus:

$$K < rN$$

Diese unscheinbare Formel, bekannt als Hamilton-Ungleichung, ist gewissermaßen das $E = mc^2$ der modernen Evolutionsbiologie. So wie Albert Einstein Energie (E), Masse (m) und Lichtgeschwindigkeit (c) in Beziehung zueinander setzte, stellte der englische Biologe William D. Hamilton 1964 den mathematischen Zusammenhang zwischen den Kosten eines altruistischen Aktes (K), dem Nutzen auf der Seite des Empfängers (N) und dem Verwandtschaftsgrad (r) zwischen Vorteilsgeber und Vorteilsnehmer her.[53]

Die Hamilton-Regel beschreibt die Verwandtenselektion. Sie erklärt, in welchem Ausmaß sich Tiere aufgrund ihrer genetischen Verwandtschaft gegenseitig unterstützen. Und zwar verhält sich ein Individuum nach der Hamilton-Ungleichung immer dann altruistisch (verzichtet also auf Vorteile zugunsten anderer), wenn die Kosten (K) des Verhaltens für den Altruisten geringer sind als der Nutzen (N) des Bevorteilten, wobei dieser Nutzen gewichtet wird mit dem Verwandtschaftskoeffizienten (r)[54] zwischen Vorteilsgeber und Vorteilsnehmer.[55] Das klingt einigermaßen kompliziert, ist eigentlich aber recht einfach zu verstehen. Der amerikanische Evolutionstheoretiker Stephen Jay Gould verdeutlichte den Sachverhalt folgendermaßen:

»Meine Schwester hat die Hälfte der Gene mit mir gemeinsam, und das bedeutet nach darwinistischer Rechnung, dass sie die Hälfte von mir ist. Nun nehme ich an, ich gehe mit drei Schwestern die Straße entlang. Es nähert sich ein Monstrum mit eindeutig mörderischer Absicht. Meine Schwestern sehen es nicht. Ich habe nur zwei Möglichkeiten: Entweder ich gehe auf das Ungeheuer zu, unter Ausstoßung von Verbalinjurien, wodurch ich mein eigenes Schicksal besiegele; oder ich verstecke mich und schaue zu, wie sich das Ungeheuer über meine Schwestern hermacht. Was sollte ich als geübter Spieler des Darwinschen Spiels tun? Die Antwort muss sein: weitergehen und schimpfen – denn dann habe nur ich mich selbst verloren, während meine drei Schwestern mich anderthalbfach repräsentieren. Es ist besser, wenn sie weiterleben und 150 Prozent meiner Gene fortpflanzen. Mein scheinbar altruistischer Akt ist genetisch ›selbstsüchtig‹, denn er maximiert den Betrag meiner Gene in der nächsten Generation.«[56]

Empirische Untersuchungen haben gezeigt, dass man anhand der Hamilton-Ungleichung erstaunlich präzise Vorhersagen über die Wahrscheinlichkeit altruistischen Verhaltens im Tierreich treffen kann. Vor allem hat die Formel geholfen, einige große Rätsel bezüglich des Sozialverhaltens von Hautflüglern (Hymenoptera) – Ameisen, Bienen und Wespen – zu lösen.[57] So war es zuvor einigermaßen unverständlich, was Arbeiterinnen in Ameisen-, Bienen- und Wespenstaaten dazu veranlasst, auf eigene Fortpflanzung zu verzichten und stattdessen ihre Mutter (die Königin) bei der Aufzucht weiterer Schwestern zu unterstützen.

Des Rätsels Lösung liegt in den genetischen Besonderheiten der Hautflügler. Während die meisten Tiere, die sich geschlechtlich fortpflanzen, diploid sind, das heißt, über zwei Chromosomensätze verfügen, einem vom Vater und einem von der Mutter, sind Hautflügler haplodiploid. Zwar gehen die Weibchen – wie andere Insekten auch – aus befruchteten Eiern hervor und besitzen somit zwei Chromosomensätze, die Männchen jedoch entwickeln sich aus unbefruchteten Eiern und sind deshalb haploid, verfügen also nur über einen Chromosomensatz, der von der Mutter stammt. Dies hat zur Folge, dass Weibchen im Durchschnitt mit ihren Brüdern nur zu einem Viertel genetisch übereinstimmen (r = 0,25), mit ihren Schwestern jedoch zu drei Vierteln (r = 0,75).[58] Wenn also eine Arbeiterin ihre Schwestern aufzieht, so trägt sie damit stärker zur Verbreitung der eigenen Gene bei (Schwestern repräsentieren ja durchschnittlich drei Viertel ihrer Gene), als wenn sie sich selbst fortpflanzen würde (ihre Kinder besäßen nur die Hälfte [r = 0,5] ihrer Erbinformation).[59] Kurzum: Der Fortpflanzungsverzicht der Arbeiterinnen, ihr scheinbar selbstloses Engagement zugunsten der Gemeinschaft, ist bei genauerer Betrachtung eine genetisch eigennützige Tat. Sie stärkt die Repräsentanz der eigenen Gene in den nachkommenden Generationen.

Schauen wir uns das soziale Engagement der Arbeiterinnen noch etwas genauer an: Auf der Basis der Hamilton-Ungleichung wäre zu erwarten, dass Arbeiterinnen in ihrem Fütterungsverhalten stark differenzieren sollten zwischen Schwestern und Brüdern, schließlich sind sie ja mit Ersteren zu drei Vierteln, mit Letzteren nur zu einem Viertel verwandt. Also sollten sie bei der Fütterung ihrer Schwestern dreimal mehr Energie (die Kosten altruistischer Handlungen) aufbringen als für ihre Brüder. Und tatsächlich: Untersuchungen an einundzwanzig verschiedenen Ameisenarten kamen zu dem Ergebnis, dass das Verhältnis des Gewichts der weiblichen und männlichen Nachkommen bei 3 : 1

lag – exakt das Ergebnis, das man angesichts der vorliegenden Verwandtschaftsverhältnisse erwarten durfte.

Bei sklavenhaltenden Ameisen – wie der Krieg ist auch die Sklaverei keine genuine Erfindung der Menschheit! – sah dies interessanterweise anders aus: Hier lag das Verhältnis des Gewichts von Männchen und Weibchen bei 1 : 1. Auch dies entspricht den Erwartungen der Hamilton-Ungleichung. Denn die gefangenen Arbeiterinnen waren weder mit den Männchen noch mit den Weibchen verwandt – und somit gab es für sie keinen Grund, in ihrem Fütterungsverhalten geschlechtsspezifisch zu diskriminieren, also den Weibchen mehr Nahrung zukommen zu lassen.

Halten wir fest: Das unter anderem von William Hamilton beschriebene Konzept des genetischen Eigennutzes, das Richard Dawkins mit seinem Buch *Das egoistische Gen* erfolgreich systematisierte und popularisierte[60], ist keineswegs bloß eine fixe Idee der Biologen, wie manche Kultur- und Geisteswissenschaftler meinen. Es handelt sich vielmehr um eine durch unzählige empirische Untersuchungen untermauerte wissenschaftliche Hypothese, die ein maßgebliches biologisches Faktum erklärt, welches wir nicht ignorieren dürfen, wenn wir ein adäquates Bild der Welt zeichnen wollen.

Dank der genzentrierten Perspektive verfügen wir erstmals über eine schlüssige Erklärung für die sich über Jahrmilliarden erstreckende Evolution des Lebens auf unserem Planeten. Dieses Schauspiel verlief zunächst einmal (im nächsten Unterkapitel werden wir das Bild erweitern) in drei Akten:

1. Akt (Die Entstehung des Lebens): Vor etwa vier Milliarden Jahren entstanden in den warmen Urozeanen der Erde die ersten organischen Moleküle, insbesondere Amino-, Nuklein- und Fettsäuren, die Grundbausteine des Lebens.[61] Die wasserunlöslichen (hydrophoben) Lipidmoleküle (griechisch: *lipos* = Fett) wurden durch das umgebende Wasser aneinandergedrückt, wodurch sich einzelne Vesikel, also mikroskopisch kleine Bläschen (lateinisch: *vesicula* = Bläschen) bildeten, die in ihrem Inneren einen zufällig entstandenen Satz an Biomolekülen trugen. Die meisten dieser Protozellen waren weder zu Selbsterhalt noch zu Replikation

(Verdopplung) fähig und gingen rasch nach ihrer Entstehung zugrunde. Einige Protozellen enthielten jedoch zufällig einen Satz von Nukleinsäuren, die in der Lage waren, Kopien von sich selbst anzufertigen. Durch Mutationen (Veränderungen der Nukleinsäurenketten und der in ihnen enthaltenen Erbinformationen) und Selektionsprozesse (unterschiedlich starke Vermehrungsraten unter den vorherrschenden Umweltbedingungen) entstanden so die ersten »echten« Einzeller (Urbakterien). Dies war der eigentliche Startschuss zum Beginn des darwinischen Spiels, des Wettbewerbs um das genetische Überleben, wenn auch noch auf einem sehr niedrigen Niveau.

2. Akt (Die Entstehung mehrzelliger Lebewesen): Vor etwa 2,2 bis 1,5 Milliarden Jahren kam es zum »Schlüsselereignis der Zell-Evolution«[62]: der Entstehung von Eucyten, von Zellen mit (membranumgrenztem) Zellkern und Organellen, die die Grundlage für die Entstehung mehrzelliger Lebensformen (Algen, Pilze, Pflanzen und Tiere) bilden. Die Eucyte entstand durch die primäre Endosymbiose 1, durch die Einverleibung zuvor frei lebender Urbakterien in eine Wirtszelle. Vor rund 1,2 Milliarden Jahren entwickelten sich aus den einzelligen Eukaryoten (einzelligen Organismen mit Zellkern) die ersten mehrzelligen Algen, die aufgrund ihrer Photosynthesefähigkeit zu einem Anstieg des Sauerstoffgehalts in den Urozeanen beitrugen. Das wiederum war die Voraussetzung für die Entstehung mehrzelliger Tiere.

3. Akt (Die Entstehung der Sexualität): Vor 600 Millionen Jahren kam es zu einem weiteren Schlüsselereignis mit weitreichenden Folgen für die Evolution des Lebens: der »Erfindung« der Sexualität. Während Lebewesen, die sich asexuell, also durch einfache Zellteilung vermehren, in der Regel genetisch identische Nachkommen erzeugen, führt die sexuelle Fortpflanzung durch die Neukombination des Erbmaterials – ein Teil stammt von der Mutter, der andere vom Vater – zu genetisch unterschiedlichen Nachkommen (Ausnahme: eineiige Zwillinge). Sexualität ist also unweigerlich mit einem Anstieg der genetischen Variabilität verbunden. Von daher ist es auch nicht erstaunlich, dass es »kurz« nach der Entstehung der Sexualität zu einem explosions-

artigen Anstieg der Artenvielfalt kam (»Kambrische Explosion«). Innerhalb von wenigen Jahrmillionen entstanden unzählige Arten wirbelloser Tiere und Fische. Und so dauerte es auch nicht lange, bis die ersten Lebewesen das Ökosystem der Urozeane verließen. Vor 450 Millionen Jahren siedelten sich die ersten Pflanzen außerhalb des Meeres an, die ersten Landwirbeltiere traten vor 416 Millionen Jahren auf.

Wichtig für das Verständnis der Evolution ist, dass dieses Schauspiel trotz seiner ungeheuren Komplexität einer sehr einfachen Dramaturgie folgt: nämlich dem Prinzip des genetischen Eigennutzes. Wie etwa Richard Dawkins darlegte, erschließen sich uns die Gesetzmäßigkeiten der biologischen Evolution erst dann, wenn wir begreifen, dass es in ihr vor allem um genetischen Wettbewerb geht: Tatsächlich sind Gene, das heißt die in der Desoxyribonukleinsäure (DNA) gespeicherten Erbinformationen, die Hauptakteure der biologischen Evolution – und zwar nicht nur im ersten, sondern auch im zweiten und dritten Akt dieses Schauspiels. Die Organismen dienen den Genen in dieser Perspektive (wir werden diese Sichtweise unten wieder einschränken) bloß als Vehikel, um das eigene »Überleben« in der Zukunft zu sichern.

Zugegeben: Die Vorstellung, dass Gene Organismen erschaffen, um auf diese Weise für die eigene Fortexistenz zu sorgen, klingt einigermaßen absurd. Denn Nukleinsäuren besitzen natürlich kein Bewusstsein, haben keinerlei »Interessen«. Adenin, Thymin, Guanin und Cytosin, die vier Basen der DNA, können deshalb auch keine »eigennützigen Ziele« im engeren Sinne verfolgen. Dergleichen haben Dawkins & Co. aber auch nie behauptet. Die Metapher des egoistischen Gens will auf etwas anderes hinaus, nämlich auf das lange Zeit übersehene, jedoch zentrale biologische Faktum, dass in der Evolution prinzipiell nur Gene weitergegeben werden, nicht Individuen oder Gruppen.

Betrachten wir unsere eigene Existenz: Am Anfang, neun Monate vor unserer Geburt, stand eine einzelne, befruchtete Eizelle, die die Erbinformationen enthielt, auf deren Basis unser Organismus erschaffen wurde. Wenn wir sterben, wird dieser individuelle Organismus unwiederbringlich verloren gehen. Von uns als Individuen wird biologisch nichts bleiben – außer jene Teile unserer Erbinformation, die in unseren Kindern weiterleben und von ihnen vielleicht an kommende Generationen weitergegeben werden. Insofern sind tatsächlich die Gene – nicht die Individuen – das Alpha und das Omega der Evolution. Während Individuen sterben, Gruppen zerfallen und Arten untergehen, setzt sich das vor Jahrmilliarden gestartete Spiel der genetischen Vervielfältigung kontinuierlich fort.

Die ersten genetischen Replikatoren entstanden, wie wir gesehen haben, durch Zufall im ersten Akt der biologischen Evolution. Sie vervielfältigten sich, ohne dass dabei so etwas wie ein »Wille zur Fortpflanzung« vorherrschte. Es war wie ein Uhrwerk, das, einmal aufgezogen, einen kontinuierlichen Prozess in Gang setzte.[63] Gene, die sich erfolgreich fortpflanzen konnten, überlebten, weniger erfolgreiche schieden aus dem Wettbewerb aus.

An diesem Prinzip hat sich bis heute nichts geändert. Die Gene treiben seit Jahrmilliarden das immer gleiche Spiel, ohne Unterbrechungen, nach den ewig gleichen, eintönigen Spielregeln. Die Evolution wäre demzufolge auch kein sonderlich aufregender Prozess, wären auf der Ebene der genetisch hervorgebrachten Organismen nicht doch gravierende Neuerungen aufgetreten:

Alles begann mit der Entwicklung von Zellmembranen, die zu einer Abgrenzung von Innenwelt und Außenwelt führten. Hierdurch wurden die Voraussetzungen für »echten Eigennutz« geschaffen, denn dieser beruht notwendigerweise auf einer *Abgrenzung*, nämlich der Differenz zwischen dem, was *eigen* ist (sich also innerhalb der eigenen Körpergrenzen befindet), und dem, was nicht zum Eigenen dazugehört.

Während es Genen völlig egal war und ist, ob sie erfolgreich sind oder nicht, trat bei den von ihnen erzeugten Organismen früh eine Art *Protobewusstsein für Wohl und Wehe* auf. Wie wir wissen, können schon einfachste Lebewesen wie Amöben zwischen vorteilhaften, neutralen und aversiven Reizen (etwa zu großer Hitze) unterscheiden und auf Letztere reagieren, indem sie sich zurückziehen. Der evolutionäre Vorteil dieser Wahrnehmungs-

und Reaktionsmöglichkeit liegt auf der Hand: Ein Lebewesen, das schädlichen Reizen ausweichen kann, ist weit eher in der Lage, sich selbst intakt zu erhalten und fortzupflanzen, als wenn es diese Möglichkeit der Reizreaktion nicht besäße.

Dies bedeutet, dass Genkonstellationen, die Organismen befähigten, zwischen vorteilhaften und negativen Reizen zu differenzieren, gegenüber Genkonstellationen, die dies nicht vermochten, deutliche Selektionsvorteile besaßen. Und so förderte die natürliche Auslese – obgleich selbst völlig unempfindlich gegenüber Wohl und Wehe – die Ausbildung von Empfindlichkeit. Hierzu der englische Evolutionstheoretiker Nicholas Humphrey:

»Zunächst bedeutete dies nichts anderes, als lokale Reizbarkeit auszuprägen: das Tier reagierte auf einen Oberflächenreiz. Schon bald indes entwickelten sich differenziertere Formen der Empfindlichkeitsreaktion. Die Sinnesorgane waren in der Lage, unterschiedliche Reize zu unterscheiden, und die Palette möglicher Reaktionen wurde erweitert … Man kann nicht behaupten, auf diesem Empfindungs- und Reaktionsniveau hätten die Vorgänge, die auf das Individuum einwirkten, schon eine größere Bedeutung gehabt. Dennoch veränderte sich auch in diesem Stadium schon der Zustand der biologischen Welt. Die Reaktion auf bestimmte Dinge setzte diese *als* gut oder schlecht, *als* essbar oder ungenießbar, *als* für ›mich‹ von Bedeutung.«[64]

Die sinnliche Unterscheidung von Wohl und Wehe war ein entscheidender Schritt in der Evolution, denn erst mit ihr kam *Bedeutung* in die Welt. Führt man sich diese evolutionäre Grundkonstellation vor Augen, so stellt die Erklärung des Bewusstseins, von vielen als unlösbares Problem begriffen[65], keine allzu große theoretische Herausforderung mehr dar. Zwar ist es vom Protobewusstsein der Amöbe bis hin zum Empfindungsreichtum der Säugetiere oder gar zum Ich-Bewusstsein des Menschen noch ein weiter Weg, doch alles spricht dafür, dass es sich hier um einen kontinuierlichen evolutionären Prozess handelt, der bei genauerer Betrachtung nicht rätselhafter ist als etwa die Evolution des Balzverhaltens von Auerhähnen. Schließlich lässt sich zeigen, dass die Differenz von Wohl und Wehe auch beim Menschen die Basis jeder Bedeutungszuschreibung ist. Ich werde darauf noch zurückkommen.

Zunächst müssen wir uns mit einem scheinbaren Paradoxon auseinandersetzen: Obgleich Gene, wie gesagt, kein Wohl und Wehe kennen, sind letztlich sie es, die bestimmen, was Organismen als Resultat evolutionärer Prozesse als Wohl und Wehe empfinden. Wie kann das sein? Nun, ganz einfach: Bestimmte Wohl- und Weheempfindungen führen dazu, dass der ihnen zugrunde liegende Gensatz erfolgreich kopiert wird, wodurch sie von Generation zu Generation verstärkt werden, andere Empfindungen hingegen wirken sich negativ auf die genetische Fortpflanzungsrate aus und sterben so über kurz oder lang aus.

Ein simples Beispiel: Nehmen wir an, Gensatz A erzeugt riesige Lust beim sexuellen Akt, Gensatz B hingegen unerträgliche Schmerzen. Welcher Gensatz wird aufgrund der Wohl- und Weheempfindungen des Organismus häufiger kopiert werden? Keine Frage: A! Gene, die Organismen für Fortpflanzungsbemühungen mit Unlustgefühlen »bestrafen«, haben wahrlich schlechte Karten im Spiel der Evolution! Das Gleiche gilt natürlich auch für Erbinformationen, die fortpflanzungsschädigendes Verhalten »belohnen«: Ein masochistischer Löwe, der positive Empfindungen hat, wenn er von Rivalen aus seinem Rudel vertrieben wird, wird seine Erbinformationen schwerlich an die nächste Generation weitergeben können.

Halten wir fest: Die Rede vom egoistischen Gen beziehungsweise vom genetischen Eigennutz ist zwar hilfreich, um die Welt zu verstehen, man darf aber nicht übersehen, dass sie auf einer zweifachen metaphorischen Verkürzung beruht. Zum einen können Gene selbstverständlich nicht egoistisch sein, da sie über kein Ego verfügen, das irgendwelche Interessen haben könnte. Zum anderen besitzen Tiere zwar Interessen, was sie zum Eigennutz befähigt, doch sie wissen selbstverständlich nichts davon, dass sie Vehikel im Kopierspiel der Gene sind.

Natürlich stellt kein Tier komplizierte statistische Berechnungen an, wie es einen möglichst optimalen Fortpflanzungsertrag erreichen kann. Auf der Ebene der Individuen geht es nicht um Verwandtschaftskoeffizienten, sondern um Wohl und Wehe. »Eigennutz« – diesen Begriff kann man, wie gesagt, sinnvoll nur auf Individuen, nicht auf Gene anwenden! – bedeutet nichts anderes als das *intuitive Streben jedes Organismus, das Beste für sich selbst herauszuholen*, also eigene Lustgefühle zu mehren und Unlustgefühle aufzuheben. Erst auf den zweiten Blick zeigt sich, wie sehr diese Lust-Unlust-Ökonomie mit genetischen Programmen verknüpft ist: Schließlich können nur solche Gene erfolgreich kopiert werden, die Lust- und Unlustempfindungen fördern, welche sich positiv auf die Fortpflanzungsbilanz auswirken.[66]

Wenn wir also sagen, dass Arbeiterinnen in einem Ameisenstaat aufgrund der Verwandtschaftsverhältnisse ein Interesse daran haben sollten, dreimal mehr Energie in ihre Schwestern als in ihre Brüder zu stecken, so heißt das nicht, dass wir unterstellen, dass die Arbeiterinnen solche Entscheidungen bewusst treffen würden.[67] Gemeint ist vielmehr, dass Arbeiterinnen, die sich aufgrund entsprechender Triebkräfte auf diese Weise verhielten, einen Selektionsvorteil gegenüber anderen besaßen. Ihre Gene wurden schlichtweg häufiger kopiert als die Gene jener Arbeiterinnen, die ihre Schwestern und Brüder gleichberechtigt behandelten. Man muss sich über solche sprachlichen Verkürzungen im Klaren sein, will man das Konzept des genetischen Eigennutzes nicht falsch interpretieren. Doch ist dies nicht das einzige Missverständnis, das das »Prinzip Eigennutz« heraufbeschwört, wie wir im nachfolgenden Abschnitt sehen werden.

Vom Nutzen des Altruismus: Warum uns fremdes Leid berührt

»Du Egoist!« – Wenn wir einen Mitmenschen so betiteln, wollen wir ihm kein Kompliment machen in dem Sinne, dass er die grundlegenden Spielregeln der Evolution gut begriffen hat, wir meinen vielmehr, dass er viel zu häufig nur an sich selbst denkt und die Bedürfnisse anderer unzulässig ausblendet. Im alltäglichen Sprachgebrauch neigen wir dazu, Eigennutz (»egoistisches Verhalten«) in einen scharfen Kontrast zum Altruismus (»Unterstützung anderer«) zu stellen. Bei genauerer Betrachtung ist dies jedoch unzulässig, denn Eigennutz ist nicht nur die Quelle selbstsüchtiger Handlungen, sondern auch die Kraft, die uns zu altruistischen Verhaltensweisen motiviert.

Das Prinzip Eigennutz ist ethisch neutral, da es allen Handlungen zugrunde liegt, die wir Menschen ausführen. Es ist die Grundlage von Hass und Liebe, Krieg und Frieden, Ausbeutung und Solidarität. Wir sind eigennützig, wenn wir unseren WG-Kumpanen den Kühlschrank leer räumen, aber auch, wenn wir für den Weltfrieden hungern. Die unleugbare Tatsache, dass jeder sich selbst am nächsten ist, bedeutet keineswegs, dass uns andere nicht doch sehr nahekommen können! Im Extremfall sind wir sogar bereit, unser eigenes Leben für unsere Mitmenschen zu opfern. Warum? Weil wir uns unter bestimmten Bedingungen genau davon als Individuen den größeren Nutzen versprechen, da uns ein Weiterleben in dem Bewusstsein, dass wir uns vor einem wichtigen, jedoch gefährlichen Engagement (etwa einer Lebensrettungsaktion) gedrückt haben, als ein größeres »Wehe« erscheint als das Risiko des eigenen Todes.

Schon in der nicht menschlichen Natur tritt Eigennutz in höchst unterschiedlichen Formen auf – keineswegs bloß als rücksichtsloses Durchsetzen eigener Interessen auf Kosten anderer, wie es uns im vorletzten Abschnitt etwa in Gestalt kindstötender Schimpansen oder betrügerischer Skorpionsfliegen begegnet ist. So lernten wir im vorangegangenen Abschnitt schon das altruistische Engagement im Sinne der Verwandtenselektion am Beispiel von Ameisenarbeiterinnen kennen. Doch wäre es falsch, zu meinen, dass in der Natur nur verwandte Individuen Unterstützung fänden. Sozial lebende Tiere zeigen nämlich altruistisches Verhalten auch gegenüber genetisch nicht näher verwandten Artgenossen.

Wie aber ist ein solcher Altruismus evolutionär zu erklären? Mit der Hamilton-Regel kommen wir hier nicht weiter. Doch es gibt eine andere, elegante Erklärungsmöglichkeit: Evolutionsbiologen sprechen in diesem Zusammenhang von »reziprokem Altruismus« oder »altruistischem Eigennutz«. Was steckt dahinter? Es hat sich gezeigt, dass es für das Individuum auf lange Sicht gewinnbringender ist, sich kooperativ nach dem Reziprozitätsprinzip (»Wie du mir, so ich dir«) zu verhalten, also Ressourcen mit anderen zu teilen, als Kooperationspartner rücksichtslos zu übervorteilen. Individuen, die sich stets unkooperativ zeigen und sich nur auf den kurzfristigen Gewinn hinorientieren, werden in Gruppen schnell isoliert und stehen am Ende oft viel schlechter da als jene Artgenossen, die bereit sind, andere zu unterstützen. Auf lange Sicht lohnt es sich also, freundlich zu sein, mithin zugunsten anderer kurzfristig auf eigene Vorteile zu verzichten. Und so ist die Welt voller »cleverer Egoisten«, die nach der Devise: »Eine Hand wäscht die andere!« gute Nachbarschaftshilfe leisten, in der »Erwartung«[68], dass sie selbst einmal in einer Notlage von solcher Unterstützung profitieren werden.[69]

Doch gibt es altruistisches Verhalten wirklich nur dann, wenn sich Individuen zählbare Vorteile davon versprechen können? Zumindest, was uns Menschen betrifft, meinen wir doch, dass es so etwas wie »selbstlose Hilfe« geben müsse. Schließlich werden Mitglieder der reichen Industriestaaten, wenn sie Geld für die Ärmsten der Armen in den Entwicklungsländern spenden, kaum damit rechnen, irgendwann ausgerechnet Unterstützung aus der Sahelzone zu erhalten, wenn ihr eigener Keller durch das Übertreten des örtlichen Flusses überschwemmt wurde! Warum also investieren manche Menschen so viel Zeit und Geld in karitative Projekte, ohne hierfür je irgendeine Gegenleistung erwarten zu können? Weshalb geht Frau Schubert von nebenan regelmäßig zum Blutspenden? Und warum steckt der ehemalige Microsoft-Chef Bill Gates seine Milliarden in wohltätige Projekte? Sind solche Handlungen nicht in höchstem Maße selbstlos, uneigennützig, edel?

Evolutionsbiologen sind auch hier skeptisch. Getreu dem soziobiologischen Motto: »Trau keinem erhabenen Motiv, wenn sich nicht auch ein handfesteres finden lässt!«, weisen sie darauf hin, dass derjenige, der sich außergewöhnlich edel zeigt, möglicherweise nicht direkt von dem belohnt wird, der die Hilfe erfuhr, wohl aber indirekt durch die Gemeinschaft, in der er lebt. Matthias Uhl und Eckart Voland schreiben hierzu in ihrem heiteren, evolutionsbiologisch argumentierenden Buch *Angeber haben mehr vom Leben*: »Jemand, der viel gibt, sendet auf diese Weise ein unmissverständliches Signal an seine Umwelt: ›Ich bin gut. Auf mich kannst du dich verlassen.‹ Wenn man diese Botschaft dauerhaft und überzeugend propagiert, so ist der Effekt ein Gewinn an Prestige in den Augen der Mitmenschen. Aufgrund der Selbstlosigkeit, die man immer wieder zur Schau stellt, wird man geschätzt. Man wird zum attraktiven Sozialpartner.«[70]

Wie wir wissen, zahlt sich eine solche über Altruismus erworbene soziale Attraktivität aus — sowohl auf der Ebene des Individuums, das für gute Taten mit guten Gefühlen belohnt wird, als auch auf der Ebene der genetischen Replikation, schließlich besitzen sozial attraktive Individuen größere Fortpflanzungschancen. Es gilt also tatsächlich: *Wer gibt, dem wird gegeben*. Insofern müssen wir uns nicht darüber wundern, dass sich die Strategie: »Tue Gutes und rede darüber!« bis zum heutigen Tage evolutionär bewährt hat.

Doch reicht dies wirklich als Erklärung für unser altruistisches Verhalten aus? Was ist mit den vielen guten Taten, die anonym bleiben? Vor allem: Wie erklären wir uns jene altruistischen Taten, die eben nicht mit einem Gewinn an Prestige verbunden sind, die vielmehr im Geheimen erfolgen müssen, da bei ihrer Offenlegung der Hilfegeber sozial geächtet, wenn nicht gar liquidiert würde?

Betrachten wir den Fall Oskar Schindler, der durch den Steven-Spielberg-Film *Schindlers Liste* weltweit bekannt wurde: Was trieb den Industriellen Schindler, einen zuvor prinzipienlos-opportunistischen, nur am eigenen guten Leben interessierten Kriegsgewinnler, in den Vierzigerjahren dazu, nicht nur sein gesamtes Vermögen zu opfern, sondern auch sein Leben aufs Spiel zu setzen, um über tausend von der Vernichtung bedrohte jüdische Männer, Frauen und Kinder zu retten? Schindler konnte ganz gewiss nicht der Maxime folgen: »Tue Gutes und rede darüber!« – das hätte seinen sicheren Tod bedeutet. Was also veranlasste ihn zu seiner Rettungstat?

Folgt man der Schindler-Biografie des australischen Autors Thomas Keneally[71], waren es keineswegs ideologische Gründe[72], die das NSDAP-Mitglied Oskar Schindler in die Opposition zum Naziregime trieben, es war vielmehr sein Erschrecken über die Brutalität, mit der gegen die hilflose jüdische Bevölkerung vorgegangen wurde. Mit anderen Worten: Schindler handelte aus Mitleid – ein Motiv, das vielen altruistischen Aktionen zugrunde liegt.

Handlungen aus Mitleid oder aus Mitfreude stellen eine besonders interessante Form eigennützigen Verhaltens dar. Wie bei jeder anderen Form des Eigennutzes geht es auch beim *empathischen* (mitfühlenden) *Eigennutz* um Wohl und Wehe, allerdings wird hier fremdes Leid als eigenes Leid und fremde Freude als eigene Freude wahrgenommen. Schindler ging das Leid der Menschen offenbar so sehr »an die Nieren«, dass es zu einem eigenen Wehe wurde, gegen das er ankämpfen musste.

Dass Menschen zu einem solchen Einfühlungsvermögen fähig sind, geht maßgeblich auf die evolutionäre Errungenschaft der Spiegelneuronen in unseren Köpfen zurück.[73] Spiegelneuronen werden bei der Beobachtung anderer aktiv, sie simulieren (spiegeln) gewissermaßen die hirnphysiologischen Vorgänge, die stattfinden würden, wenn das Individuum von der wahrgenommenen Aktion selbst betroffen wäre. Untersuchungen zeigen, dass sensorische Zellen im Gehirn, die auf Schmerzsignale reagieren, auch dann »feuern«, wenn Menschen bloß mit ansehen müssen, dass eine andere Person mit einer Nadel gepiekst wird.

Mitleid ist also *tatsächliches Leid* – und als solches hirnphysiologisch nachweisbar. Ebenso ist Mitfreude echte Freude, die auf entsprechenden Reaktionsmustern im Gehirn beruht.[74] Von daher liegt es in unserem ureigenen Interesse, notleidenden Mitmenschen zu helfen. Denn durch die Beseitigung fremden Leids entgehen wir eigenem Leid. Indem wir anderen eine Freude machen, erfreuen wir uns selbst. Dass auf der Ebene des Individuums solches altruistische Verhalten eigennützig ist, lässt sich leicht nachvollziehen: Würden wir beim Betrachten fremden Leids nicht selbst leiden, so würden wir uns auch nicht für die Behebung dieses Leids einsetzen.

Das heißt: Jeder Helfer hilft in erster Linie sich selbst, was allerdings keinesfalls gegen die Helfer spricht. Wie der Wiener Evolutionstheoretiker Franz M. Wuketits zu Recht anmerkte, sollte es »für den, der Hilfe empfängt, der gerettet wird … keinen Unterschied machen, ob seine Rettung auf edle Motive oder auf die Selektion zurückführbar ist«.[75]

Die Frage ist allerdings, wie es überhaupt zur Entstehung einer solchen Sonderform des individuellen Eigennutzes kommen konnte. Widerspricht der empathische Eigennutz, den wir auf der Ebene der Individuen beobachten können, nicht den Selektionsmechanismen auf der Ebene der genetischen Replikation?

Im konkreten Fall kann dies durchaus so sein. Manche über Empathie geborene Hilfeleistung reduziert tatsächlich den Kopiererfolg der Gene, die die Voraussetzungen für diese Hilfeleistung geschaffen haben. Dennoch muss man festhalten, dass das besondere Empathievermögen des Menschen und die hierdurch ermöglichte Erweiterung des Eigennutzprinzips letztlich auch nur Ergebnisse evolutionärer Überlebensstrategien sind.

Wie ich bereits in meinem Buch *Manifest des evolutionären Humanismus* darlegte, ist das stete Wachstum des Gehirnvolumens im Verlauf der hominiden Evolution vor allem darauf zurückzuführen, »dass die Träger komplexerer Gehirne wegen ihrer höheren *sozialen Intelligenz* Vorteile gegenüber einfacher strukturierten Artgenossen besaßen. Die Fähigkeit, die vielschichtigen Rollendifferenzierungen innerhalb einer sozialen Gruppe zu durchschauen und für sich nutzbar machen zu können, bedeutete einen entscheidenden Überlebensvorteil. Nur wer sich in die Bedürfnislagen seiner Artgenossen hineinversetzen konnte, wusste, wann er mit wem wie kooperieren musste, wen man gefahrlos übers Ohr hauen konnte und wen man besser umschmeicheln sollte, um seinen Zielen näher zu kommen. Das evolutionär gewachsene Empathievermögen war die Voraussetzung für erfolgreiches Lügen, Betrügen, Kooperieren und Intrigen-Spinnen und schuf –

quasi als Nebenwirkung – die Basis für ein durch Mitleid (und Mitfreude!) motiviertes altruistisches Verhalten.«[76]

Fokussiert auf »das Böse«, auf Grausamkeit und Ausbeutung in der menschlichen Geschichte, übersehen wir leicht, wie vielfältig die altruistischen Hilfen sind, die wir im Alltag erfahren dürfen. Es gibt in der Tat eine »hellere Seite der menschlichen Natur«, wie der amerikanische Autor Alfie Kohn in seinem Buch *The Brighter Side of Human Nature* betont: »Die Heldentaten kommen in die Zeitung (›Mann taucht in Teich, um ertrinkendes Kind zu retten‹) und drängen die Dutzende weniger altruistischer Handlungen in den Hintergrund, die jeder von uns jede Woche erlebt und ausführt. Nach meiner Erfahrung drehen Autoräder auf dem Eis nicht lange durch, bis jemand hält, um zu schieben. Wir bringen unsere Zeitplanung durcheinander, um einen kranken Freund oder eine kranke Freundin zu besuchen, bleiben stehen, um Leuten weiterzuhelfen, die sich verfahren haben, wir fragen Weinende, ob wir ihnen irgendwie helfen können…«[77]

Die besondere Fähigkeit des Menschen zu empathischem Eigennutz ist sicherlich einer der sympathischsten Wesenszüge unserer Spezies. Allerdings ist nicht zu verkennen, dass diese besondere Form des Eigennutzes, der uns immer wieder zu altruistischen Taten motiviert, auch an deutliche Grenzen stößt. Dies hat verschiedene Gründe.

Zunächst einmal ist zu beachten, dass es selbstredend einen bedeutsamen Unterschied ausmacht, ob wir Leid selbst erfahren müssen oder es bei anderen bloß beobachten. Es fühlt sich durchaus anders an, ob man persönlich von einer Hooligangruppe zusammengeschlagen wird oder ob man Derartiges aus der Entfernung verfolgt. (Unsere Spiegelneuronen simulieren fremdes Leid keineswegs im Maßstab 1 : 1!) In der Regel ist das Maß unseres Mitleids wie auch unserer Mitfreude geringer als das tatsächliche Leid beziehungsweise die tatsächliche Freude, die jene empfinden, die wir beobachten. Wir mögen uns zwar ausgiebig mit unserem Freund darüber freuen, dass er den Hauptgewinn bei der Lotterie gewonnen hat, lieber wäre es uns aber trotzdem, wir hätten statt seiner das große Los gezogen. Den skeptischen Philosophen Ludwig Marcuse animierte die hier zum Vorschein kommende Differenz zu einem trefflichen Bonmot: »Mit-Leid ist häufiger als Mit-Freude. Weshalb? Weil wir uns leichter mit fremdem Leid identifizieren als mit fremder Freude. Weshalb? Weil im Mit-Leid die Freude dabei ist, dass wir nur teilzunehmen brauchen; in der Mit-Freude hingegen das Leid, dass wir nur teilnehmen dürfen.«[78]

Ein weiterer Grund für die Begrenzung des empathischen Eigennutzes besteht darin, dass die unter Kleingruppenverhältnissen entstandene Empathiefähigkeit abhängig ist von konkreten Erfahrungen, weshalb sie nur schwer auf abstrakte Größenordnungen übertragen werden kann[79]: »Die vielen Hunderttausende von Kindern, die Jahr für Jahr an den Folgen von Unterernährung sterben, bleiben für uns eine abstrakte Zahl, die wir leicht verdrängen können; nicht so hingegen die Opfer der Flutkatastrophe von 2004, die über das Fernsehen gewissermaßen direkt in unsere Wohnzimmer gespült wurden. Durch die allgegenwärtigen Bilder wurden sie zu einem virtuellen Teil unserer *emotionalen Bezugsgruppe*, was fast zwangsläufig eine hohe Anteilnahme und Hilfsbereitschaft auslöste.«[80]

Last but not least muss Folgendes berücksichtigt werden: Auch wenn das Empathievermögen ein universelles Erbe unserer biologischen Evolution ist, so kann es doch auf ideologischem Wege leicht ausgeschaltet werden. Man muss bloß den Eindruck erwecken, dass diejenigen, denen man mitleidslos zu Leibe rücken will, es »auch nicht anders verdient haben«, dass sie bei genauerer Betrachtung »gar keine Menschen« sind, sondern vielmehr »Bestien«, dass sie all das repräsentieren, was »gute Menschen« aus »guten Gründen« abgrundtief verachten müssen. Wenn »die Fremden« auf diese Weise dehumanisiert werden, werden sie zum »universellen Wehe«, gegen das die Individuen aufbegehren. So treten an die Stelle von Mitleid und Mitfreude Hass und Verachtung. Wie wir in den nachfolgenden Abschnitten sehen werden, war die Idee »des Bösen« für diese ideologische Scharfmachung des Menschen von herausragender Bedeutung.

Die Hölle sind die anderen:
Der Dualismus der Ethik

Wer ist der mysteriöse Mister X? Verraten sei, dass X zu den prominentesten Personen der Gegenwart gehört. Wenn er sich zu Problemen der Zeit äußert, wird dies von Zeitungen, Fernseh- und Radiostationen rund um den Globus kommentiert. Viele Millionen Menschen verehren ihn wie einen Heiligen. T-Shirts mit seinem Porträt sind in Teilen der Welt überaus beliebt, was nicht zuletzt an seiner außerordentlich charismatischen Ausstrahlung liegt. X wird im persönlichen Umgang als äußerst charmant, höflich, zuvorkommend und sanftmütig beschrieben. Obgleich er ein Leben in Luxus führen könnte, hat er es vorgezogen, in bescheidenen Verhältnissen zu leben. Er spendete ein wahres Vermögen an Witwen und Waisen, sorgte für humanitäre Versorgung in Kriegsgebieten, gründete schon während seines Studiums eine Wohlfahrtsorganisation.

Sein außergewöhnliches altruistisches Engagement begründet X mit seinen tiefen religiösen Überzeugungen. Die Religion, für die er eintritt, sei, so schreibt X in einer seiner aufsehenerregenden Veröffentlichungen, »die Religion der Ehrlichkeit …, der Barmherzigkeit, der Ehre, der Reinheit, der Frömmigkeit. Es ist die Religion der Nächstenliebe, der Gerechtigkeit zwischen den Menschen. Die Religion, die jedem Menschen sein Recht zuspricht und die Unterdrückten und Verfolgten verteidigt. Die Religion, die das Gute belohnt und das Böse verbietet mit Hand, Zunge und Herz … Und die Religion der Einigkeit … und der völligen Gleichstellung aller Menschen, unabhängig von ihrer Hautfarbe, ihrem Geschlecht oder ihrer Sprache.«[81]

Um welchen Zeitgenossen handelt es sich? Wer warb im November 2002 mit solch anheimelnden Worten für seine Weltanschauung? Wenn Sie auf den Dalai Lama, Papst Benedikt, Nelson Mandela oder Bischof Tutu tippen, liegen Sie daneben: Der gesuchte Menschenfreund heißt Osama bin Laden und ist Chef des Terrornetzwerks al-Qaida.

Sie werden sich vielleicht fragen, wie ein Mann, der Terrorakte gegen Zivilisten anordnete, für sich reklamieren kann, im Sinne von Barmherzigkeit, Gerechtigkeit und Ehrlichkeit zu handeln. Sind das alles bloß hohle Worte, Ausflüsse einer zynischen politischen Propaganda? Keineswegs! Man wird Osama bin Laden nicht gerecht, wenn man unterstellt, dass er seine Worte nicht ernst meinen würde. Der sanftmütige Philanthrop Osama bin Laden ist ebenso authentisch wie der kaltblütige Mörder. Für ihn besteht überhaupt kein Widerspruch darin, einerseits die Werte der Milde, der Freundlichkeit, der Gerechtigkeit in Anspruch zu nehmen und andererseits Angst und Schrecken unter »den Ungläubigen« zu verbreiten.

Mit dieser Doppelmoral steht bin Laden in der Geschichte keineswegs alleine da. »Die Hölle, das sind die anderen«, heißt es in Jean-Paul Sartres Theaterstück *Geschlossene Gesellschaft*.[82] Mit diesem Zitat[83] lässt sich treffend ein Muster beschreiben, das in der menschlichen Geschichte notorisch wiederkehrt und das auch in der nicht menschlichen Natur häufig genug zu beobachten ist: Wohin wir auch schauen, fast überall finden wir eine strikte Unterscheidung vor zwischen dem Verhalten gegenüber den Mitgliedern der eigenen Gruppe (Ingroup) und dem Umgang mit »den Fremden« (Outgroup).

Schon 1885 hatte der russische Ethnologe Michail Kulischer diesen bemerkenswerten »Dualismus der Ethik« festgestellt. In seiner Auswertung der Reiseberichte früher europäischer Völkerkundler kam Kulischer zu dem Ergebnis: »Aus allen bisher angeführten Tatsachen leuchtet hervor, dass auf den primitiven Kulturstufen und auch später zwei diametral entgegengesetzte Sittensysteme sich geltend machen: Das erste umfasst die Angehörigen einer Gemeinschaft und regelt die Verhältnisse der Mitglieder derselben gegeneinander. Das andere beherrscht die Handlungsweise der Mitglieder jeder anderen. Das erste schreibt Milde, Güte, Solidarität, Liebe und Frieden vor, das andere – Mord, Raub, Hass, Feindschaft. Das eine gilt für die Zugehörigen, das andere – gegen die Fremden.«[84]

Die von Kulischer beobachtete Doppelmoral kennzeichnet

nicht zuletzt auch die »Heiligen Texte« der sogenannten Hochreligionen. So heißt es im Alten Testament zwar: »Du sollst nicht morden«[85] und »Du sollst nicht stehlen«[86], doch wenige Zeilen später wird klar, dass solch noble Verhaltensweisen nur gegenüber den fest integrierten Mitgliedern der eigenen Gruppe gefordert sind. Wer nämlich gegen die Gemeinschaftsregeln verstößt, der wird zum Outsider und muss eliminiert werden: »Eine Hexe sollst du nicht am Leben lassen … Wer einer Gottheit außer Jahwe Schlachtopfer erbringt, an dem soll die Vernichtungsweihe vollzogen werden.«[87] Bezogen auf den Umgang mit anderen Gruppen, verheißt Gott seinem auserwählten Volk: »Ich sende meinen Schrecken vor dir her, ich verwirre jedes Volk, zu dem du kommst, und alle deine Feinde lasse ich vor dir Flucht ergreifen. Ich lasse vor dir Panik ausbrechen; sie wird die Hiwiter, Kanaaniter und Hetiter vor dir hertreiben … Nur allmählich will ich sie vor dir zurückdrängen, bis du so zahlreich geworden bist, dass du das Land in Besitz nehmen kannst.«[88]

Mit Mitgefühl dürfen »die Feinde« nicht rechnen. Denn es steht geschrieben: »Du wirst alle Völker verzehren, die der Herr, dein Gott, für dich bestimmt. Du sollst in dir kein Mitleid mit ihnen aufsteigen lassen … Du wirst ihren Namen unter dem Himmel austilgen. Keiner wird deinem Angriff standhalten können, bis du sie schließlich vernichtet hast.«[89]

Und man fühlt sich schon fatal an die von Jane Goodall geschilderten Schimpansenkriege erinnert, wenn man im alttestamentarischen Buch Jesaia liest: »Ich selbst habe meine heiligen Krieger aufgeboten, ich habe sie alle zusammengerufen, meine hochgemuten, jauchzenden Helden, damit sie meinen Zorn vollstrecken … Man sticht jeden nieder, dem man begegnet; wen man zu fassen bekommt, der fällt unter dem Schwert. Vor ihren Augen werden ihre Kinder zerschmettert, ihre Häuser geplündert, ihre Frauen geschändet.«[90]

Ingroup-Outgroup-Denken ist auch für das *Neue Testament* charakteristisch. Zwar findet man hier das bemerkenswerte Gebot der »Feindesliebe«[91], dies verhindert jedoch nicht, dass die Bestrafung »der anderen«, nämlich »der Bösen«, immer wieder in schillerndsten Farben ausgemalt wird. So heißt es im Matthäus-evangelium: »Der Menschensohn wird seine Engel aussenden, und sie werden aus seinem Reich alle zusammenholen, die andere verführt und Gottes Gesetz übertreten haben, und werden sie in den Ofen werfen, in dem das Feuer brennt. Dort werden sie heulen und mit den Zähnen knirschen.«[92]

Mit dem unablässig wiederholten Hinweis, dass diejenigen, die Jesus nicht folgen wollen (Outsider jeder Art), dem ewigen Höllenfeuer anheimfallen werden, führt das *Neue Testament* eine Strafandrohung ein, die bei genauerer Betrachtung alles in den Schatten stellt, was im *Alten Testament* an Gräuel für »die anderen« vorgesehen war. Der Entwicklungspsychologe Franz Buggle hat hierin zu Recht den eigentlichen Skandal der neutestamentarischen Ethik erkannt: »Man versuche, sich von aller Gewöhnung durch religiöse Erziehung einmal frei und sich klarzumachen, was eine Drohung mit ewig andauernden extremen Qualen psychologisch bedeutet; dagegen verblassen alle sonst bekannten Folterungen und Strafen, weil diese immerhin zeitlich endlich sind.«[93]

Im Römerbrief des Apostels Paulus kommt die moralische Abgrenzung der »guten Gottgläubigen« von den »bösen anderen« besonders deutlich zum Vorschein. Die, die sich weigern, (den christlichen) Gott anzuerkennen, sind, so der Apostel, »voll Ungerechtigkeit, Schlechtigkeit, Habgier und Bosheit, voll Neid, Mord, Streit, List und Tücke, sie verleumden und treiben üble Nachrede, sie hassen Gott, sind überheblich, hochmütig und prahlerisch, erfinderisch im Bösen und ungehorsam gegen die Eltern, sie sind unverständig und haltlos, ohne Liebe und Erbarmen ... Wer so handelt, verdient den Tod.«[94]

Dass im *Neuen Testament* sympathischerweise nicht dazu aufgerufen wird, dieses Todesurteil selbst zu vollstrecken, liegt daran, dass die frühen Christen einem kolossalen Irrtum unterlagen: Sie gingen nämlich von einem baldigen »Ende der Welt« aus und meinten daher, die Verurteilung »der Bösen« dem nahenden »Strafgericht Gottes« überlassen zu können. Was sie sich unter diesem »Jüngsten Gericht« vorstellten, verrät die Offenbarung des Johannes, mit der die Bibel endet – eine atemberaubende Orgie der Gewalt: Ich kenne kaum ein Werk aus der gesamten Weltliteratur, das von solch grenzenlosem Hass gegenüber »den anderen« gekennzeichnet ist.

Angesichts der kolossalen Schwarz-Weiß-Zeichnung der *Offenbarung* ist es nicht unverständlich, dass die zuvor recht zahme Christengemeinde, nachdem sie feststellte, dass das Jüngste Gericht doch auf sich warten ließ, die Sache mehr und mehr selbst in die Hand nahm, also anstelle Gottes bereits auf Erden »die Bösen« richtete. Die dramatischen Folgen dieser (durch die »Konstantinische Wende« forcierten) »Neubesinnung« hat der Religions- und Kirchenkritiker Karlheinz Deschner in seiner *Kriminalgeschichte des Christentums* eindrucksvoll beschrieben.

Eine scharfe Differenzierung entsprechend des Ingroup-Outgroup-Schemas kennzeichnet auch den Koran. Barmherzig, gütig und milde zeigt sich Allah nur jenen gegenüber, die sich gehorsam seinen Geboten fügen. Alle anderen erwartet am »jüngsten Tag« nicht bloß das »ewige Feuer«, sie werden in der Hölle mit »Eiterfluss« und »Jauche« getränkt[95], sie erhalten einen »Trunk aus siedendem Wasser«[96], das ihnen die »Eingeweide zerreißt«[97], werden mit »eisernen Keulen« geschlagen[98], müssen Kleidungsstücke aus flüssigem Kupfer und Teer tragen[99] und vieles mehr.

Doch beschränkt sich Allah im Koran nicht bloß auf sadistische Jenseits-Verheißungen, er erteilt auch praktische Anweisungen fürs Diesseits, etwa: »Wenn ihr (auf einem Feldzug) mit den Ungläubigen zusammentrefft, dann haut (ihnen mit dem Schwert) auf den Nacken! Wenn ihr sie schließlich vollständig niedergekämpft habt, dann legt (sie) in Fesseln, (um sie) später entweder auf dem Gnadenweg oder gegen Lösegeld (freizugeben).«[100]

Immer wieder wird im Koran betont, wie sehr Allah die Ungläubigen hasst[101], dass es für jeden gläubigen Muslim eine heilige Pflicht sei, die Rache Gottes an den Ungläubigen zu vollziehen. Wer sich vor dieser Pflicht zum Heiligen Krieg drücke (ausgenommen sind allein kranke, blinde, lahme oder schwache Männer sowie Frauen und Kinder[102]), der werde unweigerlich zur Hölle fahren und mit den schlimmsten Strafen Allahs belegt werden.[103]

Wer den Koran kennt, der weiß, dass Osama bin Ladens Terrordoktrin sich durchaus elegant über den moralischen Dualismus im Koran legitimieren lässt. Der Al-Qaida-Chef selbst verweist in seinen Stellungnahmen besonders gern[104] auf den berühmten »Schwertvers«: »Und wenn nun die heiligen Monate abgelaufen sind, dann tötet die Heiden, wo (immer) ihr sie findet, greift sie, umzingelt sie und lauert ihnen überall auf! Wenn sie sich aber bekehren, das Gebet verrichten und die Almosensteuer geben, dann lasst sie ihres Weges ziehen! Gott ist barmherzig und bereit zu vergeben.«[105]

Wie gesagt: Der ethische Dualismus in der Behandlung von Outgroup- und Ingroup-Mitgliedern ist keineswegs eine Spezialität der »abrahamitischen Hochreligionen« Judentum, Christentum und Islam. Wie Kulischer feststellte, finden wir diesen Dualismus auch in den Sitten und Gebräuchen »primitiver«, oder wie wir heute sagen würden: indigener Völker. Womit ist dies zu erklären?

Evolutionstheoretiker verweisen in diesem Zusammenhang auf Parallelen in der nicht menschlichen Natur. Maria und Franz M. Wuketits schreiben hierzu in ihrem Buch *Humanität zwischen Hoffnung und Illusion*: »In der Gruppe lebende Tiere behandeln gruppenfremde Artgenossen in der Regel nicht mit ausgesuchter Freundlichkeit. Der ›Fremde‹ wird zunächst beschnuppert und nur allmählich akzeptiert oder überhaupt gleich davongejagt. Eine geschlossene Gruppe von Tieren ist eine mehr oder weniger stabile Einheit, die ›fremde Elemente‹ nicht duldet. Ein Wolf, der seine Gruppe verlässt, wird nicht von jedem anderen Rudel gleich aufgenommen. Bei den staatenbildenden Insekten sind vor allem Ameisen und Bienen extrem intolerant gegenüber Artgenossen, die nicht zu ihrer Kolonie gehören, sodass sie sogar eigene sogenannte Soldaten haben, die für Gruppenkonflikte ausgestattet sind.«[106]

Stichwort Gruppenkonflikte: Wie wir bereits am Beispiel der Schimpansenkriege gesehen haben, spielt sich Aggression innerhalb von Gruppen deutlich anders ab als Aggressionen zwischen Gruppen. Fremde Kontrahenten, so stellte Jane Goodall fest, werden nicht wie Artgenossen, sondern eher wie Beutetiere behandelt.[107] Goodall sprach in diesem Zusammenhang von einer regelrechten »Deschimpansierung« des Gegners – und sah darin deutliche Parallelen zum Phänomen der »Dehumanisierung« des Gegners beim Menschen.

Eckart Voland kommentiert den Sachverhalt folgendermaßen: »Die mentale Ausgrenzung des Gegners vermindert bekanntlich Tötungshemmungen, und dies gelingt nur, weil aus den Grundüberzeugungen der eigenen Moral die Gewissheit des eigenen Gutseins erwächst, dem das Nicht-Gutsein der anderen gegenübersteht.«[108] Die Schlussfolgerung des an der Universität Gießen lehrenden Soziobiologen: »Doppelte Moral ist kein Unfall der Evolution, kein Erbschaden also, sondern zwangsläufiges Ergebnis eines an sich einfachen Zusammenhangs: Je kooperativer Gesellschaften sind, je enger ihre Mitglieder durch eine sie verpflichtende Binnenmoral zusammengehalten werden, desto kampfesstärker vermögen diese nach außen hin aufzutreten. Moral wird erst dann als Moral verstanden, wenn sie einen Feind, gleichsam einen lebenspraktischen Gegenentwurf zu sich selbst, konstruiert. Es ist deshalb auch kein Zufall, dass die lautesten Moralisten nicht anders können, als immer wieder Feindbilder zu schüren und den Kampf gegen die anderen für das vermeintlich Gute und Gerechte zu predigen. Moral tritt zwangsläufig als Doppelmoral in Erscheinung, weil sie gerade und vor allem in sozialen Auseinandersetzungen mit Andersinteressierten zur Gewinnstrategie wird. Je höher die Binnenmoral, desto kohäsiver die Gruppen und desto größer das Durchsetzungsvermögen nach außen.«[109]

Heißt dies nun, dass wir von Natur aus zu doppelter Moral und Xenophobie verurteilt sind? Keineswegs! Trotz aller Skepsis gegenüber den Humanisierungspotenzialen von *Homo sapiens* betonen Maria und Franz M. Wuketits: »Jeder Mensch kann lernen, seine Distanz gegenüber Fremden abzubauen, indem er persönliche Kontakte zu ihnen unterhält und ihre Kultur und Tradition zu verstehen versucht. Aber jeder Mensch kann auch lernen, Fremde zu hassen, wenn sie ihm von Kindesbeinen an als minderwertig präsentiert werden und er sich schließlich davon überzeugen lässt, dass sie seinem eigenen Land, vor allem aber seiner Familie und seinen Freunden, etwa wirtschaftlichen Schaden zufügen.«[110]

Mit anderen Worten: Ob »der andere«, »der Fremde«, vom Individuum als Wohl oder als Wehe empfunden wird, ist nicht allein das Produkt biologisch evolvierter Verhaltensroutinen, sondern vor allem auch eine Frage kultureller Lernerfahrungen. Bislang habe ich *Kultur* noch nicht als zentralen Ursachenfaktor für menschliches Verhalten eingeführt. Dies soll nun nachgeholt werden. Denn die Entwicklung der Kultur ist nach der Entstehung des Lebens (1. Akt), der Entstehung mehrzelliger Lebewesen (2. Akt) und der Erfindung der Sexualität (3. Akt) der maßgebliche vierte Akt im Schauspiel der Evolution.

Exkurs: Kulturelle Evolution und der Memplex des Bösen

»Entfremdet und entwürdigt ist nicht nur der, der kein Brot hat, sondern auch der, der keinen Anteil an den großen Gütern der Menschheit hat.« Mit diesen Worten umschrieb einst Rosa Luxemburg die herausragende Bedeutung, die wir der Teilhabe an der Kultur zumessen. Doch was meint der Begriff »Kultur«?

Im weiten Sinne lässt sich Kultur als »sozial weitergegebenes Verhalten«[111] definieren. Biologisch angeborene, also über bloße genetische Replikation übermittelte Verhaltensweisen sind demnach nicht als »kulturell« zu bezeichnen. Im engeren Sinne (bezogen auf den Menschen) meint Kultur die über soziale Lernprozesse entstandenen und stets neu entstehenden Begehren (Wünsche, Interessen, Neigungen, Ziele, Ansprüche ...), Einstellungen (Werte, Normen, Meinungen ...), Kenntnisse (Sach-, Personen-, Interaktions-, Handlungswissen), Empfindungen (Stimmungen, Gefühle ...), Verhaltensweisen (Handlungen, Gewohnheiten ...) und Produkte (Sprache, Kleidungsstücke, Speisen, Transport- und Kommunikationsmittel, Religionen, Weltanschauungen, Institutionen, Künste, Sportarten usw.), die für eine Gruppe von Individuen charakteristisch sind.[112]

Wie die Natur, so unterliegt auch die Kultur einer Evolution. Voraussetzung der kulturellen Evolution sind Lebewesen, die die Fähigkeit besitzen, Neuerungen in ihrem Verhalten einzuführen (Innovationsfreude) und diese an andere Subjekte weiterzugeben (Traditionsbildung). Die Dynamik der kulturellen Evolution wird dabei enorm verstärkt, wenn die Lebewesen zusätzlich in der Lage sind, absichtsvoll zu planen (Intentionalität) und die Welt in abstrakten Zeichen zu repräsentieren (Symbolbildung). Letzteres ermöglicht es, kulturelle Informationen nicht nur direkt von Individuum zu Individuum weiterzugeben (etwa durch Eltern, die ihren Kindern beibringen, »was sich schickt«, beziehungsweise durch Kinder, die ihren Eltern zeigen, was »cool« oder »uncool« ist), sondern auch indirekt durch Medien wie Bücher, Zeitschriften, Fernsehen, Radio, Internet etc.

Ein wesentlicher Unterschied zwischen biologischer und kultureller Evolution besteht in der Prozessgeschwindigkeit: Während die biologische Evolution langsam voranschreitet (je komplexer die Art, desto langsamer in der Regel die biologischen Veränderungsprozesse), legt die kulturelle Evolution ein geradezu atemberaubendes Tempo vor. Nachhaltige Umgestaltungen in der Natur erstrecken sich in der Regel über Zeiträume von Tausenden, Hunderttausenden oder gar Millionen von Jahren, im kulturellen Rahmen braucht es hierfür oftmals nur wenige Jahrzehnte, mitunter noch weniger. Hierin liegt ein entscheidender Selektionsvorteil der Kultur: Anpassungen an veränderte Umweltbedingungen erfolgen im kulturellen Kontext weit schneller als über das blinde Walten von genetischer Rekombination, Mutation und Selektion.

Wie dynamisch der Prozess der kulturellen Evolution im Fall des *Homo sapiens* verlaufen ist, zeigt ein kurzer historischer Überblick: Unsere Spezies entstand nach heutiger Kenntnis vor zirka 200 000 Jahren.[113] Davon haben Menschen die weitaus meiste Zeit, nämlich 190 000 Jahre, als Jäger und Sammler verbracht. Erst vor rund 10 000 Jahren wurde die Menschheit im Zuge der

»Neolithischen Revolution« (Neolithikum = Jungsteinzeit, von griechisch *neos* = neu, jung und *lithos* = Stein) sesshaft und begann Ackerbau und Viehzucht zu betreiben, was den Individuen größere Voraussicht, strategisches Denken, später auch berufliche Spezialisierung (Arbeitsteilung) abverlangte.[114] Innerhalb weniger tausend Jahre entstanden so die ersten Hochkulturen in Ägypten und Vorderasien. In der Folge differenzierten sich Religionen, Philosophien, Wissenschaften und Künste zunehmend aus – ein Prozess, der vor allem im antiken Griechenland und Rom (parallel dazu auch in China) erste bedeutsame Höhepunkte erreichte.

Nach dem Untergang des römischen Imperiums stockte die kulturelle Evolution in Europa ein paar Jahrhunderte (auf vielen Gebieten fiel die Zivilisation hinter den Entwicklungsstand der antiken Hochkulturen zurück, die kulturelle Evolution ist also nicht notwendigerweise mit Fortschritt verbunden!), doch mit der Renaissance nahm sie wieder an Fahrt auf. Erfindungen wie der Buchdruck (15. Jahrhundert) führten zu einer entscheidenden Weiterentwicklung der Kommunikation. Mit der Verbesserung der Dampfmaschine durch James Watt (1769) trat die Menschheit schließlich in das industrielle Zeitalter ein. Ab dem 19. Jahrhundert folgte eine wegweisende Erfindung auf die andere: 1825 die öffentliche Eisenbahn, 1826 die Fotografie, 1837 der Morsetelegraf, 1876 das Telefon, 1877 der Phonograph, 1879 die elektrische Lokomotive, 1885 der Wechselstrom, 1886 das Automobil, 1887 die Schallplatte, 1888 der Film, 1896 das Radio, 1903 das Flugzeug, 1923 das Fernsehgerät, 1935 die Lochkartenmaschine, 1941 der erste funktionsfähige Digitalcomputer, 1967 der Taschenrechner, 1970 der Mikroprozessor, 1972 E-Mail, 1974 das Internet, 1979 die CD, 1980 der PC, 1991 das World Wide Web.

An der Entwicklung des Internets lässt sich gut ablesen, wie schnell sich technische Erfindungen gesellschaftlich durchsetzen und das Alltagsleben der Menschen prägen: 1981 waren gerade mal zweihundert Rechner mit dem Internet verbunden, mit der Einführung des auch für Laien leicht handhabbaren World Wide Web Anfang der Neunzigerjahre stieg die Zahl der Rechner von

313 000 (1990) auf über sechs Millionen (1995). Heute haben rund 600 Millionen Computernutzer Zugriff auf das globale Datennetz. Man kann das Internet, dessen Breitenwirkung erst vor fünfzehn Jahren begann, wohl mit Fug und Recht als die größte Neuerung des Informationswesens seit der Erfindung des Buchdrucks bezeichnen. Nie zuvor waren Informationen so umfassend zugänglich wie in unseren Tagen. Die Wirkungen dieser digitalen Revolution auf das Denken, Handeln und Empfinden der Menschen sind kaum zu überschätzen.

Obgleich wir uns biologisch von unseren Vorfahren vor 100 000 Jahren kaum unterscheiden, leben wir (und dies gilt insbesondere für die Mitglieder der Industrienationen) kulturell in einer völlig anderen Welt. Wir entwickeln andere Wünsche als die Menschen früherer Epochen (kein Jäger und Sammler hat je das Bedürfnis verspürt, sich einer Diät zu unterziehen) und gehen auch von anderen Wertvorstellungen aus (etwa wenn wir an die universellen Menschenrechte appellieren, die in der kulturellen Evolution erst spät entwickelt wurden). Wir besitzen andere Kenntnisse (Shakespeare wusste noch nichts von den Tücken moderner Textverarbeitungsprogramme), haben andere Empfindungen (Gladiatorenkämpfe auf Leben und Tod würden heute eher Entrüstung als Begeisterung hervorrufen) und zeigen auch andere Verhaltensweisen (bei starken Gewittern besänftigen wir nicht mehr die »Donnergötter«, sondern ziehen uns in unsere Häuser zurück und vertrauen auf die Funktionstüchtigkeit unseres Blitzableiters).

Nun könnte man meinen, dass wir dank der Segnungen der Kultur den Geltungsbereich der Natur verlassen haben, doch dies wäre ein Irrtum. Denn Natur und Kultur sind unaufhebbar miteinander verwoben.[115] Zwar gibt es Natur auch ohne Kultur (Stubenfliegen profitieren nicht von sozialen Lernprozessen, weshalb sie von Generation zu Generation immer wieder gegen die gleichen Fensterscheiben donnern), aber es gibt keine Kultur jenseits der Natur (so künstlich von Menschen erzeugte Artefakte auch erscheinen mögen, widersprächen sie tatsächlich den Naturgesetzen, gäbe es sie erst gar nicht).

Es macht daher keinen Sinn, Natur und Kultur als Gegensatzpaare zu betrachten. Kultur ist, wie der Ethnologe Christoph Antweiler formuliert, »keine ›Kruste‹, ›Schale‹ oder ... bloßes ›Furnier‹, das die menschliche Natur ergänzt, sondern ihr integraler Bestandteil«.[116] Um es in den klassischen Worten von Arnold Gehlen auszudrücken: Menschen sind Kulturwesen von Natur aus.[117] Kulturfähigkeit und -bedürftigkeit zählen zur biologischen Grundausstattung unserer Spezies, sind also keineswegs zusätzliche (supranaturale) Extras. Einen Menschen ohne Kultur (wie auch immer diese aussehen mag!) kann man sich ebenso wenig vorstellen wie einen Adler ohne Flügel oder eine Giraffe ohne Hals.

Das heißt allerdings nicht, dass wir Menschen die einzigen (im weiten Sinne) kulturfähigen Lebewesen auf diesem Planeten wären. Auch andere Spezies geben einmal entstandene Neuerungen (etwa eine besondere Art der Nahrungsbeschaffung) über soziale Lernprozesse weiter und bilden dadurch lokal unterschiedliche kulturelle Traditionen aus. Besonders ausgeprägt ist diese kulturelle Variabilität bei Primaten, insbesondere bei Schimpansen. Schimpansengesellschaften weisen untereinander erstaunlich viele kulturelle Unterschiede auf: Sie zeigen verschiedene Methoden der Körperpflege, stellen unterschiedliche Werkzeuge her, entwickeln andere soziale Umgangsformen usw. Bei einigen Schimpansengemeinschaften ist es beispielsweise üblich, sich bei der Begrüßung von Handfläche zu Handfläche zu berühren, andere Gesellschaften bevorzugen den Kontakt über die Handgelenke.[118] Volker Sommer bemerkt hierzu: »Ähnlich wie wir bei Menschen von einem ›japanischen‹ oder ›französischen‹ Kulturkreis sprechen, können Primatologen Schimpansen anhand ihres jeweils spezifischen Straußes an Verhaltensmustern der ostafrikanischen ›Gambe-Kultur‹ oder der westafrikanischen ›Taï-Kultur‹ zuordnen.«[119]

Schimpansen sind also wie wir in der Lage, neue Verhaltensweisen zu erfinden, an folgende Generationen weiterzugeben und dadurch kulturelle Traditionen zu begründen. Doch warum sind – trotz dieser prinzipiellen Gemeinsamkeit – menschliche

Kulturen de facto um ein Vielfaches komplexer als Schimpansen-kulturen? Dies hat, so der Biologiehistoriker Thomas Junker, wesentlich damit zu tun, dass Menschen besser »nachäffen« können als andere Primaten: »Vergleicht man das Lernverhalten von Schimpansen und Kindern, so zeigt sich bei Kindern eine höhere Kopiergenauigkeit. Während Schimpansen in ihrem Verhalten eher pragmatisch auf das Ziel orientiert sind, versuchen Kinder das Verhalten anderer genau nachzuahmen, auch wenn das im Einzelfall weniger effektiv ist ... Demnach scheint bei Schimpansen die kumulative Entwicklung der Kultur durch die ungenaue Wiedergabe kultureller Informationen blockiert zu werden. Menschen dagegen sind sowohl willens als auch fähig, Handlungen präzise nachzuahmen. Eine präzise Imitation ist aber notwendig, damit Worte und andere abstrakte Symbole als Informationsträger dienen können und komplexe kulturelle Gebilde ... möglich werden.«[120]

Dass die kleinen biologischen Unterschiede im Imitationsverhalten zwischen Mensch und Schimpanse letztlich so große kulturelle Divergenzen hervorrufen würden, wie wir sie heute beobachten können, war am Anfang der hominiden Entwicklung kaum absehbar. Die ersten Menschenarten unterschieden sich in ihrem Verhalten nicht allzu sehr von Schimpansen, Bonobos oder Gorillas. Und selbst beim anatomisch modernen Menschen trieb die kulturelle Evolution anfangs noch keine allzu exotischen Blüten, verbrachte er doch, wie wir gesehen haben, 95 Prozent seiner bisherigen Existenz (190 000 von 200 000 Jahren) als Jäger und Sammler.

Dass vor wenigen Jahrtausenden die Zivilisation entstand und die kulturelle Evolution der Menschheit einen völlig anderen Verlauf nahm, ist wesentlich darauf zurückzuführen, dass damals erstmals Systeme entwickelt wurden, die es erlaubten, Lernerfahrungen in präziserer Weise an nachkommende Generationen weiterzugeben. In erster Linie sind hierbei die Erfindung der Schrift und der mathematischen Zahlensysteme zu nennen. Während die Worte der gesprochenen Sprache im Raum verhallen und bei der Übermittlung von A nach B häufig Kopierverluste auftreten (man denke an das Prinzip der »Stillen Post«), ermöglicht die Schriftsprache eine nachhaltige Konservierung des originalen Inhalts über Raum und Zeit hinweg. Gleiches gilt für die schriftliche Fixierung mathematischer Berechnungen. So können wir noch heute von dem vor über 2300 Jahren entstandenen mathematischen Lehrbuch des Euklid (*Die Elemente*) profitieren.

Die Erfindung von Medien war also das kulturelle Schlüsselereignis in der Geschichte der Menschheit. Sie erst brachte den kulturellen Evolutionsprozess richtig in Schwung. Warum dies so war, versteht man, wenn man sich bewusst macht, was »kulturelle Evolution« bedeutet. Erinnern wir uns: Evolutionäre Prozesse in der Natur beruhen auf der Funktionsweise von Replikatoren, die erstens vererbt (kopiert), zweitens variiert und drittens selektiert werden können. Als den universellen Replikator in den ersten drei Akten der Evolution hatten wir *das Gen* identifiziert. Im vierten Akt tritt nun ein weiterer Replikator hinzu: *das Mem*.

Richard Dawkins prägte den Begriff des »Mems« (abgeleitet von dem griechischen Wort *mimeisthai* = nachahmen, möglich wäre auch eine Ableitung von dem englischen Wort *memory* = Erinnerung) 1976 als kulturelles Gegenstück zum Begriff des »Gens«. Meme sind, wie schon erwähnt, kulturelle Informationseinheiten, also Ideen, Werke, Verhaltensweisen oder Fähigkeiten, die auf andere durch direkte Imitation oder über Trägermedien übertragen werden können. Man kann sich Meme als »geistige Viren« vorstellen, die von Gehirn zu Gehirn springen und die Gedanken, Einstellungen und Wünsche der Menschen »infizieren«. Manche Meme sind in dieser Hinsicht sehr erfolgreich. Hierzu zählen etwa die Werke Beethovens (das Eröffnungsmotiv seiner 5. Sinfonie ist sicherlich eines der erfolgreichsten musikalischen Meme aller Zeiten), Leonardo da Vincis *Mona Lisa* und Chaplins *Moderne Zeiten*, aber auch italienische Pizza und türkisches Fladenbrot, die Abseitsfalle, der Bikini, Fernseh-Talkshows und der Blumenstrauß zum Muttertag. Es gibt viele erfolgreiche Meme, die das ausmachen, was wir Kultur nennen. Die überwiegende Mehrzahl der Meme findet jedoch keinen großen Verbreitungsgrad. Die allermeisten Songs werden keine Hits und

99,99 Prozent aller Bücher landen nicht auf der Bestsellerliste, sondern bestenfalls im Ramschverkauf.

Wie Gene, so konkurrieren auch Meme miteinander um den Fortpflanzungserfolg, wenngleich sie selbst natürlich – analog zu den Genen – *keine eigenständigen Interessen* verfolgen. Einem Pastarezept beispielsweise ist es völlig egal, ob das auf seiner Grundlage gekochte Essen mundet oder nicht. *Wenn* es aber schmeckt, wird es wahrscheinlich *häufiger kopiert werden* als das fade Konkurrenzrezept vom Vorabend, d. h., es wird im Wettstreit um den memetischen Fortpflanzungserfolg eher »überleben«.

Meme sind also ebenso wenig »egoistisch« wie Gene. Auch im vierten Akt der Evolution finden wir *Eigennutz* nur bei den Individuen vor. Allerdings ist das, was kulturell geprägte Individuen subjektiv als Wohl oder Wehe erleben, im höchsten Maße bestimmt vom Kopiererfolg memetischer Replikatoren.

Nehmen wir als Beispiel die Ausbildung des Musikgeschmacks, der wesentlich von den Medien abhängig ist, die dem Individuum bis zu seiner Erwachsenenreife zugänglich sind: In meinem Elternhaus lief, soweit ich mich erinnern kann, ganz selten Radio (ich wusste als Kind also nicht, was »in« ist), doch es wurde viel selbst musiziert (Medium: Noten). Und was noch wichtiger war: Im Schallplattenschrank fand sich u. a. Karajans Einspielung der Beethoven-Sinfonien. Diese auf Tonträger gepressten Meme aus der Vergangenheit eroberten mein Hirn im Sturm und lösten eine regelrechte Musiksucht aus. Ich war als Kind derart auf sinfonische Musik programmiert, dass ich fast mein ganzes Taschengeld in Aufnahmen von Bruckner- und Mahler-Werken investierte, die ich zum Ärger der Nachbarn, wenn ich nicht gerade Fußball spielte, von morgens bis abends in voller Lautstärke über meine Stereoanlage abspielte.

Mit Popmusik konnte ich zu dieser Zeit überhaupt nichts anfangen. Das änderte sich erst allmählich, als mir Klassenkameraden ihre Lieblingsmusik vorspielten[121] (echte Musikfans wollen ihre Hörgenüsse unbedingt mit anderen teilen, was zu regelrechten musikalisch-memetischen Epidemien führen kann). Manche musikalische Brücken freilich konnte ich aufgrund meiner memetischen Vorprägung niemals überschreiten. Volkstümliche Blasmusik etwa schmerzt meine Gehörgänge noch immer wie Wespenstiche – ein starkes, memetisch erzeugtes »Wehe«: Schon wenige Takte lösen in mir Fluchttendenzen aus, sodass ich eine komplette Sendung des *Musikantenstadl* kaum ohne heftige Nervenzuckungen überstehen würde.

Wenn man die Kopiermechanismen der Meme bedenkt, ist einsichtig, warum die kulturelle Evolution durch die Erfindung der Schrift (später auch durch die Erfindung des Buchdrucks, des Radios, des Fernsehens und des Internets) zu völlig neuen Dimensionen vorstieß: Denn selbstverständlich können sich Meme über Medien weit besser verbreiten, als wenn sie auf zwischenmenschliche Kommunikation allein angewiesen wären. Hätte Beethoven die berühmte Eröffnung seiner 5. Sinfonie nicht Anfang des 19. Jahrhunderts auf Notenpapier gebannt, wäre ich 170 Jahre später nicht vor dem Schallplattenspieler meiner Eltern in Entzückung geraten. Und hätte Joanne K. Rowling die *Harry Potter*-Geschichte nur ihren eigenen Kindern am Bett erzählt, so wäre auch der Verbreitungsgrad des Potter-Mems oder genauer: des *Harry Potter*-Memplexes (Memplexe sind Gruppen von Memen, die zusammen auftreten und sich gegenseitig bei der Replikation »unterstützen«[122]) sehr bescheiden gewesen. Da dieser Memplex jedoch über Bücher, Zeitschriften, Filme etc. transportiert wurde, fand er Zugang zu Millionen von Kinder- und Erwachsenenköpfen, die dem memetischen Zauber von Hogwarts erlagen.

Der erstaunliche Erfolg des *Harry Potter*-Memplexes rührt nicht zuletzt daher, dass er viele vorangegangene Meme, vor allem Elemente der Fantasy-Literatur, des Kriminal- und Entwicklungsromans sowie der Internatsliteratur auf originelle Weise miteinander kombinierte und variierte. Es ist dieser Stilmix und die dadurch ermöglichte Bandbreite von Themen, die die *Potter*-Manie entfacht haben. Gerade weil der *Potter*-Memplex sich an viele bereits etablierte Meme andocken konnte, war er in der Lage, sich so rasend schnell in unserer Kultur auszubreiten. Und so bietet *Harry Potter* beinahe für jeden etwas: das für Jugendliteratur typische Thema »Erwachsenwerden«, das für Kriminalgeschichten charakteristische Rätselraten um dunkle Geheimnisse sowie nicht zuletzt – und damit kehren wir wieder zum Ausgangspunkt des vorliegenden Kapitels zurück – den für viele erfolgreiche Fantasy-Romane kennzeichnenden Kampf zwischen Gut und Böse.

Fragen wir uns: Warum war der Gut-versus-Böse-Memplex nicht nur für die Fantasy-Literatur im Speziellen, sondern für die menschliche Geschichte im Allgemeinen von so großer Bedeutung? Warum konnte sich dieser Memplex so häufig kopieren, so viele menschliche Gehirne infizieren? Die Antwort ist einfach: Die Kategorisierung nach dem Gut-Böse-Schema war in der kulturellen Evolution der Menschheit gegenüber Alternativmodellen mit deutlichen Selektionsvorteilen verbunden. Kulturen, die »die anderen«, »die Fremden«, »die Abweichler« mit dem Signum des Bösen versahen, konnten sich im globalen Wettstreit besser durchsetzen (das heißt: ihre Meme erfolgreicher kopieren) als jene, die mehr oder weniger unvoreingenommen auf Fremde zugingen.[123] (Man denke hier etwa an die Massaker, die die europäischen Invasoren in Amerika an der indianischen Urbevölkerung verübten.[124])

Der in der Geschichte wirksam gewordene Selektionsvorteil des Gut-versus-Böse-Memplexes ist darauf zurückzuführen, dass er mit zwei miteinander verzahnten Wirkungen verbunden ist: Erstens grenzt er den empathischen Eigennutz auf Ingroup-Mitglieder ein, was den Gruppenzusammenhalt stärkt. Zweitens setzt er das Empathievermögen gegenüber Outgroup-Personen so weit herab, dass diese im Interesse der eigenen Gruppe hemmungslos ausgebeutet, versklavt, ja wie Vieh abgeschlachtet werden können. Den amerikanischen Zoologen George C. Williams reizte dieser Sachverhalt zu der zynischen Bemerkung, dass die »Präferenz einer Gruppenmoral gegenüber der Unbarmherzigkeit des individuellen Kampfes« nichts weiter heiße, »als den Völkermord dem einfachen Mord vorzuziehen«.[125]

Man muss dieser düsteren Diagnose nicht unbedingt zustimmen. Es ist durchaus möglich (und aus humanistischer Sicht natürlich auch zu hoffen!), dass sich der alternative Memplex des »Weltbürgertums im globalen Dorf« letztlich doch gegen das Idiom der sich nach außen feindlich abgrenzenden Gruppenmoral (»Wir gegen den Rest der Welt!«) durchsetzen kann. Allerdings ist nicht zu übersehen, dass die Gut-Böse-Kategorisierung auch heute noch im Sinne einer kulturellen Verstärkung der bereits biologisch angelegten Unterscheidung zwischen den Mitgliedern der eigenen Gruppe und »den Fremden« wirkt. Die gesellschaftliche Funktion des Bösen besteht also weiterhin in einer memetischen Verfestigung der Doppelmoral.

Insofern muss man sich nicht darüber wundern, dass in der Geschichte Nächstenliebe und Fernstenhass nur in den seltensten Fällen als Widersprüche betrachtet wurden. In der Regel ging beides miteinander Hand in Hand – getreu der Devise: »Und willst du nicht mein Bruder sein, so schlag ich dir den Schädel ein!« So war es bei den Hexen- und Ketzerverfolgungen damals, so ist es bei Djihadisten wie Osama bin Laden heute. Zu welch verheerenden Folgen der doppelmoralische Gut-versus-Böse-Memplex führen kann, zeigt nicht zuletzt ein Blick in die jüngere deutsche Geschichte …

»Ihr habt den Teufel zum Vater!«: Der Nationalsozialismus und das Böse

»Die Juden sind die rechten Lügner und Bluthunde … Darum, wo du einen rechten Juden siehst, magst du mit gutem Gewissen ein Kreuz vor dich schlagen und frei und sicher sprechen: Da geht ein leibhaftiger Teufel! … Was wollen wir … nun mit diesem verworfenen und verdammten Volk der Juden? … Ich will meinen treuen Rat geben: 1. dass man ihre Synagoge oder Schule mit Feuer anstecke, und was nicht brennen will, mit Erde überhäufe und beschütte, dass kein Mensch einen Stein oder Schlacke davon sehe ewiglich …; 2. dass man auch ihre Häuser desgleichen zerbreche und zerstöre … Dafür mag man sie etwa unter ein Dach oder einen Stall tun wie die Zigeuner, damit sie wissen, sie seien nicht Herren in unserem Lande ...; 3. dass man ihnen nehme alle ihre Betbüchlein und Talmudisten ...; 4. dass man ihren Rabbinern bei Leib und Leben verbiete, hinfort zu lehren; 5. dass man den Juden das Geleit und Straße ganz und gar aufhebe ...; 6. dass man ihnen den Wucher verbiete und nehme ihnen alle Barschaft und Kleinod an Silber und Gold ...; 7. dass man den jungen starken Juden und Jüdinnen in die Hand gebe Flegel, Axt, Karst, Spaten, Rocken, Spindel und lasse sie ihr Brot verdienen im Schweiß der Nasen ... Sorgen wir uns aber, dass sie uns an Leib, Weib, Kind, Gesinde, Vieh usw. Schaden tun möchten ... so lasst uns ... mit ihnen abrechnen, was sie uns abgewuchert haben, sie aber für immer zum Lande austreiben. Denn ... Gottes Zorn ist so groß über sie, dass sie durch sanfte Barmherzigkeit nur ärger und ärger, durch Schärfe aber wenig besser werden. Darum immer weg mit ihnen!«[126]

Was im ersten Moment wie eine Hasstirade aus dem antisemitischen Naziblatt *Der Stürmer* klingt, entstammt einem Aufsatz Martin Luthers aus dem Jahr 1543. Luthers Schrift *Von den Juden und ihren Lügen*, die einen Großteil der nationalsozialistischen Maßnahmen vorwegnahm, war in der Nazizeit überaus populär. Und so entbehrte es auch nicht einer gewissen Logik, dass sich *Stürmer*-Herausgeber Julius Streicher am 29. April 1946 im Rahmen des Nürnberger Prozesses ausgerechnet mit dem Verweis auf Luther zu verteidigen versuchte: »Dr. Martin Luther säße heute sicher an meiner Stelle auf der Anklagebank, wenn dieses Buch von der Anklagevertretung in Betracht gezogen würde. In dem Buch *Die Juden und ihre Lügen* schreibt Dr. Martin Luther, die Juden seien ein Schlangengezücht, man solle ihre Synagogen niederbrennen, man soll sie vernichten ...«[127]

Weiter kam Streicher nicht. Er wurde vom Gericht ermahnt, nicht abzuschweifen. Hätte Streicher weiterreden dürfen, hätte er vielleicht noch auf den merkwürdigen historischen Zufall hingewiesen, dass die »Reichspogromnacht« (die Nacht vom 9. zum 10. November 1938), in der Luthers »treuer Rat«, die Synagogen niederzubrennen, in Nazideutschland umgesetzt wurde, ausgerechnet am Geburtstag des Reformators (10. November) stattfand. Der evangelisch-lutherische Landesbischof von Thüringen, Martin Sasse, jedenfalls machte sich diesen Umstand zunutze, um wenige Tage nach dem Pogrom im Vorwort zu seiner Abhandlung *Martin Luther über die Juden. Weg mit ihnen!* triumphieren zu können: »Am 10. November 1938, an Luthers Geburtstag, brennen in Deutschland die Synagogen … In dieser Stunde muss die Stimme des Mannes gehört werden, der als der Deutsche Prophet im 16. Jahrhundert einst als Freund der Juden begann, der getrieben von seinem Gewissen, getrieben von den Erfahrungen und der Wirklichkeit, der größte Antisemit seiner Zeit geworden ist, der Warner seines Volkes wider die Juden.«[128]

Wie viele seine Mitstreiter war auch Streicher längst schon zum glühenden Antisemiten avanciert, bevor er zu den Nationalsozialisten stieß. Durch Hitlers *Mein Kampf* habe er bloß die »geschichtlichen Zusammenhänge in der Judenfrage« besser verstanden, erklärte der Nürnberger Gauleiter vor dem Nürnberger Militärgericht. Die Wahnvorstellung, dass die Juden »Teufel in Menschengestalt« seien, wie es unter anderem in dem *Stürmer*-Kinderbuch *Der Giftpilz* hieß, hatte sich schon viel früher in seinem Kopf festgesetzt. Es war nicht bloß ein Propagandatrick, Streicher glaubte tatsächlich, dass die Juden »mit dem Teufel im Bunde« stünden und das Ziel verfolgten, »alle anderen Völker zu zerstören«.

Dies kommt bereits in einer Streicher-Rede von 1925 zum Ausdruck, die zugleich einen der frühsten faschistischen Aufrufe zur Vernichtung des jüdischen Volkes enthält: »Seht doch ein, dass der Jude den Untergang unseres Volkes will … Seit Jahrtausenden vernichtet der Jude die Völker … Macht heute den Anfang, dass wir den Juden vernichten können!«[129]

Infiziert vom absurden, jedoch hochwirksamen Memplex der »jüdischen Weltverschwörung« begriff Streicher seine antisemitische Agitation – so schwer es auch fallen mag, dies nachzuvollziehen – als einen Akt der Selbstverteidigung. Daher verstand er sich selbst auch keineswegs als Hetzer, sondern als »Aufklärer«, der einen notwendigen Kampf gegen die »Agenten des Bösen« führen musste. Um die Dringlichkeit dieses Abwehrkampfes gegen die Juden zu begründen, stützte sich Streicher keineswegs nur auf Hitlers *Mein Kampf*, sondern häufig genug auch auf biblische Quellen. Hier nur drei Beispiele unter vielen:

»Nicht aus Leichtsinn oder gar zum Spaß kämpfe ich gegen den jüdischen Feind, sondern weil ich die Erkenntnis und das Wissen in mir trage, dass das ganze Unglück nur durch den Juden über Deutschland gebracht wurde … Der Jude will die Herrschaft nicht nur im deutschen Volk, sondern in allen Völkern … Wissen Sie nicht, dass der Gott des *Alten Testaments* den Juden befiehlt, dass sie die Völker der Erde fressen und versklaven sollen?«[130] An anderer Stelle predigte der *Stürmer*-Herausgeber: »Ihr seid verblendet und dient dem Gott der Juden, der nicht der Gott der Liebe, sondern der Gott des Hasses ist. Warum hört Ihr nicht auf Christus, der zu den Juden sagte: Ihr seid Kinder des Teufels.«[131] Auf den Vers aus dem Johannesevangelium (Joh. 8,44), in dem es heißt, die Juden hätten den Teufel zum Vater, griff Streicher immer wieder gern zurück, so auch in seiner Ansprache an die Hitlerjugend vom 22. Juni 1935: »Buben und Mädel! Schaut auf etwas mehr als ein Jahrzehnt zurück. Ein großer Krieg – der Weltkrieg – war hinweggerast über die Völker der Erde und hat am Ende einen Trümmerhaufen zurückgelassen. Ein einziges Volk blieb in diesem furchtbaren Krieg Sieger, ein Volk, von dem Christus sagte, sein Vater sei der Teufel. Dieses Volk hatte das deutsche Volk an Leib und Seele zugrunde gerichtet. Da stand Adolf Hitler aus dem Volk als Unbekannter auf; wurde ein Rufer zu heiligem Kampf und Streit. Er rief hinein in das Volk, jeder möge sich wieder ermannen und möge aufstehen und mithelfen, dem deutschen Volk den Teufel zu nehmen, auf dass die Menschheit wieder frei werde von jenem Volk, das mit einem Kainszeichen seit Jahrhunderten und Jahrtausenden über den Erdball hinwandert.«[132]

Wie wahnhaft Streichers Vorstellungswelt war, belegt eine Bilddokumentation, die er 1937 im *Stürmer* veröffentlichte. Die Fotografie zeigte den brennenden Rumpf des Luftschiffes »Hindenburg«, das im Juni 1937 in Amerika in Flammen aufgegangen war. Streicher glaubte allen Ernstes, in der Rauchwolke die Umrisse eines jüdischen Gesichts erkennen zu können: »Das erste Funkbild aus USA zeigt uns ganz deutlich, dass hinter der Explosion unserer ›LZ. Hindenburg‹ der Jude steht. Die Natur hat hier den Teufel in Menschengestalt klar und absolut korrekt gezeichnet.«[133] (Einer ähnlichen Wahrnehmungsverzerrung unterlagen 2001 übrigens christliche Fundamentalisten in Amerika, die in der Rauchwolke nach dem Attentat auf das World Trade Center unbedingt die »Fratze des Teufels« sehen wollten …)

Um den antisemitischen Wahn Streichers und seiner Gesinnungsgenossen zu verstehen, muss man sich die geschichtlichen Hintergründe vor Augen führen, denn der memetische Nährboden für den Holocaust ist über viele Jahrhunderte hinweg aufgebaut worden. Die Fiktion, dass die Juden »Gottesmörder«, »Teufelskinder«, »Agenten des Bösen« seien, hatte schon lange vor dem Nationalsozialismus zu fürchterlichen Pogromen in Europa geführt. Ein entscheidender Grund dafür, dass sich der antijüdische Memplex so erfolgreich von einer Generation zur nächsten kopieren konnte, war, dass er sich als erstes Trägermedium ausgerechnet das am weitesten verbreitete Buch aller Zeiten »ausgesucht« hatte – die Bibel.

Im *Neuen Testament* finden sich zahlreiche antijüdische Meme, die die Vorlagen für die Verfolgung der Juden über die Jahrhunderte hinweg lieferten. Hier ist etwa das Gottesmörder-Mem zu nennen, das zwar auf historisch falschen Voraussetzungen beruht (Jesus wurde von den Römern, nicht von den Juden gekreuzigt, insofern hätten eigentlich die Italiener als »Tätervolk« in die Geschichte eingehen müssen). Doch durch die Erfindung der Barabbas- und Pilatus-Episode[134] (der römische Statthalter Pilatus will Jesus angeblich nicht hinrichten, doch er wird dazu durch das jüdische Volk gezwungen) wurde die Last von den Römern auf die Juden verlagert. Und so kommt es im Matthäusevangelium zur geschichtlich verhängnisvollen Selbstverfluchung der Juden angesichts der Kreuzigung Jesu: »Sein Blut komme über uns und unsere Kinder!«[135]

Auf das Teufelskindschafts-Mem aus dem Johannesevangelium habe ich bereits oben verwiesen, doch es lohnt sich, die Stelle im

Kontext zu betrachten, da sie zwei weitere Vorwürfe enthält, die gegenüber den Juden immer wieder erhoben wurden, nämlich Mörder und Lügner zu sein. Der Jesus des Johannesevangeliums schmettert jenen Juden, die seinen Worten keinen Glauben schenken wollen, entgegen: »Ihr habt den Teufel zum Vater, und ihr wollt das tun, wonach es euren Vater verlangt. Er war ein Mörder von Anfang an. Und er steht nicht in der Wahrheit, denn es ist keine Wahrheit in ihm. Wenn er lügt, sagt er das, was aus ihm selbst kommt; denn er ist ein Lügner und ist der Vater der Lüge.«[136]

Den antijüdischen Memplex (Version 1.0) komplettiert das Mem des heuchlerischen Schacherjuden, des geldgierigen Verräters. Es tritt uns entgegen in Gestalt des Judas, der für schnöde »dreißig Silberlinge« (eine Währung, die zu Jesu und Judas Zeiten übrigens schon dreihundert Jahre nicht mehr im Umlauf war!) den Heiland per Judaskuss ans Messer liefert. Es war zwar nur ein Zufall, dass der Antiheld der Evangelien ausgerechnet Judas hieß, doch die sprachliche Nähe von Judas und Jude führte zu einer zusätzlichen Verstärkung des antijüdischen Memplexes. Denn der vom Teufel besessene[137], auf ewig verdammte Judas Ischarioth wurde zum Synonym *des* Juden schlechthin. Der Religionswissenschaftler Pinchas Lapide bemerkte hierzu in seinem Buch *Wer war schuld an Jesu Tod?*: »Hätte jener Ischarioth Jakob, David oder Jonathan geheißen statt Judas – ein Name, der nur allzu leicht zur Symbolgestalt aller Juden verallgemeinert werden konnte, wer weiß, wie vielen Juden vielleicht der Martertod von Christenhand erspart geblieben wäre.«[138]

Fest steht: Über die Figur des Judas wurde »der« Jude zum Inbegriff des Bösen, der Niedertracht, der Geldgier. Diese Dämonisierung konnte nicht ohne politische Folgen bleiben. Schon der erste christliche Kaiser, Konstantin der sogenannte Große (römischer Kaiser von 308 bis 335), bezeichnete die Juden in einem an alle Kirchen gerichteten Brief als »durch gottloses Verbrechen befleckt«, beschimpfte sie als »verhasstes Volk« und erließ weitreichende antijüdische Gesetze. Karlheinz Deschner schreibt: »Das Betreten Jerusalems, das er und seine Mutter mit Kirchen füllten, gestattete er Juden bloß an *einem* Tag im Jahr. Christliche Sklavenhaltung verbot er ihnen ganz, womit ihre folgenschwere Verdrängung aus der Landwirtschaft beginnt. Die Judaisierung eines Christen kostete das Leben. Auch erneuerte Konstantin ein Gesetz Trajans ..., das die Konversion eines Heiden zum Judentum mit dem Feuertod bedroht. Dabei dehnte der christliche Kaiser diese Strafe auf jede jüdische Gemeinde aus, die einen bekehrten Heiden aufnahm sowie auf alle, die den Übertritt eines Juden zum Christentum verhinderten. Konstantins ältester Sohn, Konstantin II., setzte die antijüdische Gesetzgebung seines Vaters noch rigoroser fort; wie überhaupt dessen Judenfeindschaft auch die Politik seiner Nachfolger prägt.«[139]

Im Mittelalter wurde der antike antijüdische Memplex weiter ergänzt (Version 2.0). Man unterstellte den Juden, Ritualmorde zu begehen, Christen sexuell zu verführen, Hostien zu schänden, Brunnen zu vergiften und Krankheiten wie die Pest zu verbreiten, was immer wieder zu Massakern an der jüdischen Bevölkerung führte.[140] Etwa im gleichen Zeitraum entstand auch das stereotype visuelle Mem des Juden, auf das Julius Streichers *Stürmer* ebenso zurückgriff wie auf die mittelalterlichen Ritualmordfiktionen: »Erhard Reuwich, Hans von Cöln und Hans Holbein der Jüngere, um nur drei der spätmittelalterlichen Maler zu nennen, stellen Judas als unmissverständliche Karikatur des ›Wucherjuden‹ dar: lange, krumme Nase, spitzes Kinn, stechender Blick, geldhungrige krallende Hände ... Kurzum, von Judas her ist das Vorurteil da. Dies beweisen ... zahllose Gemälde, Skulpturen und Kirchenbilder, die ihn mit Hakennase und jüdischem Spitzhut porträtieren ...«[141]

So schlimm der antijüdische Memplex über viele Jahrhunderte auch wütete, die Gehirne vergiftete[142] und zu Gewalttaten animierte, seine tödlichste Fassung (Version 3.0) entwickelte dieser geistige Virus erst Anfang des 20. Jahrhunderts. Damals erschien zunächst in Russland (zwischen 1903 und 1905), später in vielen anderen Ländern (so 1920 in Deutschland, ebenfalls 1920 in Amerika, veranlasst durch den Automobilbauer Henry Ford, 1926 mit bis heute fatalen Wirkungen im arabischen Sprachraum) ein Text, der (je nach Sprache und Layout) gerade mal vierzig bis sechzig Seiten umfasst, der aber als eines der weltweit meistverbreiteten Pamphlete aller Zeiten katastrophalste politische Konsequenzen nach sich zog: »Die Protokolle der Weisen von Zion«.[143]

Der gesamte Text war frei erfunden (wer der eigentliche Verfasser dieses *Fakes* war, ist bis heute noch nicht vollständig geklärt[144]), doch er wurde als Sammlung echter Protokolle der Geheimtreffen eines jüdischen Verschwörerkreises, nämlich »der Weisen von Zion«, ausgegeben. Der über weite Strecken reichlich verworrene Text stellt dar, welche Strategien »die Juden« angeblich nutzen, um die Welt letztlich unter ihre Kontrolle zu bringen, sowie die Prinzipien der jüdischen Weltregierung nach dem Umsturz der alten Ordnung. Der Historiker Wolfgang Wippermann fasst den Inhalt der Protokolle in seinem Buch *Agenten des Bösen* so prägnant zusammen, dass ich mir hier eine eigene Synopse ersparen kann:

»Im ersten, verschwörungsideologischen Teil wird ausführlichst beschrieben, wie ›die Juden‹ die ›Weltherrschaft‹ erringen wollen: Sie beriefen sich dabei auf das ›Recht des Starken‹ und stützten sich auf ihre ›Herrschaft des Geldes‹. Sie nützten die Dummheit der ›Massen‹ und ihren ›Parteienhader‹ aus und bekennen sich ohne Wenn und Aber zum Einsatz des schrankenlosesten ›Terrors‹. Durch die Anzettelung von ›Wirtschaftskriegen‹ im außen- und durch die ›Verteuerung der Lebensmittel‹ im innenpolitischen Bereich hetzten sie die ›Massen‹ auf, um schließlich selber die Macht zu übernehmen. Dabei scheuten ›die Juden‹ vor Terroranschlägen gegen einzelne Personen und Staaten nicht zurück … Doch noch wirkungsvoller als diese Terroranschläge seien das ›Gift des Freisinns‹ wie die Idee der ›Selbstbestimmung‹ und des ›allgemeinen Wahlrechts‹, das dem ›christlichen Staatskörper … eingeflößt‹ werde, um den kommenden ›Umsturz‹ vorzubereiten, der von den ›Nichtjuden‹ wie von einer ›Hammelherde‹ hingenommen werde, in die die ›Wölfe‹ einbrechen.«[145]

Obgleich die »Protokolle« schon 1921 als Fälschungen enttarnt wurden, machten sie auf das nach dem Ersten Weltkrieg wachsende Heer der Antisemiten ungeheuren Eindruck (leider ist die giftige memetische Wirkung des Textes etwa in Russland oder in den islamischen Ländern bis heute ungebrochen!). Adolf Hitler schrieb in *Mein Kampf* über »Die Protokolle der Weisen von Zion«: »Wie sehr das ganze Dasein dieses Volkes auf einer fortlaufenden Lüge beruht, wird in unvergleichlicher Art in den von Juden so gehassten ›Protokollen der Weisen von Zion‹ gezeigt. Sie sollen auf einer Fälschung beruhen, stöhnt immer wieder die *Frankfurter Zeitung* in die Welt hinaus: der beste Beweis, dass sie echt sind. Was viele Juden unbewusst tun mögen, ist hier bewusst klargelegt. Darauf aber kommt es an. Es ist ganz gleich, aus wessen Judenkopf diese Enthüllungen stammen, maßgebend aber ist, dass sie mit geradezu grauenerregender Sicherheit das Wesen und die Tätigkeit des Judenvolkes aufdecken und in ihren inneren Zusammenhängen sowie den letzten Schlusszielen darlegen.«[146]

Hitler hielt, so Wippermann, »die ›Protokolle‹ nicht nur für echt, er sah in ihnen gleichsam die letzte Bestätigung seiner schon vorher gefassten These von einer Verschwörung ›der Juden‹, die schon immer nach der ›Weltherrschaft‹ gestrebt hatten«.[147] Erinnern wir uns an diesem Punkt an eine weiter oben getroffene Feststellung, dass es eine Grundfunktion »des Bösen« sei, einen universellen Zusammenhang jenseits aller Fakten herzustellen. Die Fiktion »des Bösen«, so hatte ich geschrieben, reduziere die komplexen Ursachen der Entstehung von Übeln auf die Wirkmacht einer einzigen diabolischen Kraft, konstruiere Zusammenhänge, wo keine vorhanden sind, und schaffe so den Nährboden für Verschwörungstheorien jeglicher Art.

Wir hatten dies am Fall Georg W. Bushs gesehen, der über die Kategorie des Bösen einen völlig wirklichkeitsfernen Zusammenhang zwischen Saddam Hussein, Osama bin Laden und Kim Jong-il, dem Diktator von Nordkorea, konstruierte. Bei Adolf Hitler freilich trug diese Form der Wirklichkeitsverzerrung noch weit absurdere Züge: In seinem Wahnbild der »jüdisch-bolschewistischen Weltverschwörung« machten Kapitalisten wie Rothschild und Kommunisten wie Marx gemeinsame Sache. Mehr noch: Hitler konstruierte unter der Klammer des im »jüdischen

Geist« angeblich verankerten »absoluten Bösen« einen Zusammenhang über Jahrtausende hinweg, von Moses bis Lenin.

In der von Dietrich Eckart, Hitlers frühem Mentor und Kampfgefährten, verfassten Schrift *Der Bolschewismus von Moses bis Lenin. Zwiegespräche zwischen Hitler und mir*[148], erläuterte der »Führer« in spe, das jüdische Streben nach der Weltherrschaft habe bereits mit Moses begonnen und über Paulus, Spinoza, Heine, Marx, Lassalle, Rothschild bis hin zu Lenins Bolschewismus und Einsteins Relativitätstheorie geführt. Man könne »den Juden« nur verstehen, so Hitler in dem 1924 veröffentlichten Dialog, wenn man wisse, »wohin es ihn letzten Endes drängt. Über die Weltherrschaft hinaus, zur Vernichtung der Welt.«[149] Alle sozialen Ungerechtigkeiten von Bedeutung, die es auf der Welt gebe, gingen auf den »unterirdischen Einfluss des Juden« zurück. »Das Schönste« jedoch sei, meinte Hitler ironisch, dass die von jüdischen Kapitalisten ausgebeuteten Arbeiter nun absurderweise versuchten, »mithilfe des Juden (bedeutet hier: des angeblich »jüdischen Bolschewismus«, MSS) zu beseitigen, was kein anderer als der Jude zielbewusst eingeführt hat.«[150]

Diesem ewigen jüdischen Verhängnis könne man, so Hitler weiter, leider mit Luthers »treuem Rat«, die Synagogen anzuzünden, kaum entgegenwirken: »Mit dem Verbrennen ... wäre uns verdammt wenig geholfen. Das ist es ja: Auch wenn nie eine Synagoge, nie eine jüdische Schule, nie das *Alte Testament* und nie der Talmud existiert hätte, der jüdische Geist wäre doch da und täte seine Wirkung. Seit Anbeginn ist er da; und kein Jude, nicht einer, der ihn nicht verkörperte.«[151]

Deshalb gebe es keinen anderen Ausweg, als »den Juden« selbst zu beseitigen. Das Judentum müsse »weg; und geht es nicht mit Gewalt, so geht es mit List. Ein starkes Führertum, und dem Juden bleibt der Schnabel sauber ... ich behaupte: Es wird einmal eine Zeit kommen, wo alle Kernvölker der Welt so geführt sein werden; und dann wird man mit Verwunderung erkennen, dass sie, statt sich wie bisher einander aufzureiben, sich gegenseitig achten und schonen. Denn dann hat es ein Ende mit dem Aufpeitschen der Ländergier, des Machtkitzels, des Argwohns ...; hat es ein Ende mit dem verlogenen Anpreisen einer wahllosen Menschenverbrüderung, welche, wenn überhaupt, nur unter der Voraussetzung möglich wäre, dass man den ewigen Störenfried, den Juden, von vornherein ausschlösse.«[152]

Die Eliminierung »des Juden« erscheint aus der Perspektive des antijüdischen Memplexes, der die Vorstellungswelt Hitlers prägt, als die entscheidende Maßnahme zur Sicherung des Friedens und zur Herstellung sozialer Gerechtigkeit. Die Entfernung des »im Juden« verkörperten »radikal Bösen« gilt ihm als Schlüsselweg zum Sieg »des Guten«. Hitler selbst sah sich dementsprechend auch keineswegs als der »Satan«, als der er später geschildert wurde.[153] Er begriff sich vielmehr als eine Art neuer Messias, der die heilsgeschichtliche Mission einer Erlösung von »dem Bösen« zu erfüllen habe. In *Mein Kampf* kommt dies deutlich zur Geltung: »So glaube ich heute im Sinne des allmächtigen Schöpfers zu handeln: Indem ich mich des Juden erwehre, kämpfe ich für das Werk des Herrn … Die Aufgabe, mit der Christus begann, die er aber nicht zu Ende führte, werde ich vollenden.«[154]

Tragischerweise spukte die Wahnidee, dass Hitler von der »Vorsehung« dazu auserkoren war, »das Böse« in Gestalt »des Juden« zu bekämpfen, nicht nur im Kopf des »Führers« herum, sie wurde über die Propagandamaschine des NS-Staates höchst effizient über alle erdenklichen medialen Kanäle weiter verbreitet. Auch wenn an dieser Stelle selbstverständlich keine Analyse der vielfältigen Ursachen der nationalsozialistischen Gräueltaten erfolgen kann, so ist doch festzuhalten, dass die nationalsozialistische Ideologie (beziehungsweise der nationalsozialistische Memplex) hierbei eine nicht zu unterschätzende Rolle spielte. Gerade sie nämlich sorgte dafür, dass sowohl die Verantwortlichen als auch die Mitläufer des Regimes bei aller Grausamkeit, die sie an den Tag legten, gar nicht erst auf den Gedanken kamen, etwas Unrechtes zu tun, vielmehr glaubten sie – so schwer es uns heute auch fällt, dies nachzuvollziehen –, einer »großen, guten, gerechten Sache« zu dienen.

Hierauf hat etwa Dieter Wisliceny, ein SS-Hauptsturmführer aus dem Umfeld Adolf Eichmanns, hingewiesen, als er in der

Nachkriegszeit die Gründe für den Erfolg des Nationalsozialismus kritisch reflektierte. Wisliceny zufolge speiste sich die nationalsozialistische Ideologie maßgeblich aus der »mystisch-religiösen Vorstellung, dass die Welt von guten und bösen Kräften gelenkt« werde:

»Das böse Prinzip stellten nach dieser Ansicht die Juden dar, deren Hilfsorganisationen die Kirche (Jesuitenorden), Freimaurerei und Bolschewismus waren. Die Literatur dieser Richtung ist bekannt, das ältere Schrifttum der NSDAP wimmelt von dieser Vorstellungswelt. Von den ›Protokollen der Weisen von Zion‹ bis zur Rosenbergs ›Mythos‹ führt eine gerade Linie … Dieser Vorstellungswelt ist mit logischen oder Vernunftgründen absolut nicht beizukommen, sie ist eine Art Religiosität, die zur Sektenbildung drängt. Millionen von Menschen haben unter dem Einfluss dieser Literatur an diese Dinge geglaubt, ein Vorgang, der nur mit ähnlichen Erscheinungen des Mittelalters verglichen werden kann, etwa dem Hexenwahn. Gegenüber dieser Welt des Bösen stellten die Rassenmystiker die Welt des Guten, des Lichtes, verkörpert im blonden, blauäugigen Menschen, von dem allein die kulturschöpferische, staatenbildende Kraft ausgehen sollte. Diese beiden Welten lagen nun angeblich im ständigen Kampf und der Krieg von 1939, den Hitler begonnen hat, stellte nur die endgültige Auseinandersetzung zwischen diesen Kräften dar.«[155]

Die Attraktivität der nationalsozialistischen Ideologie rührte daher, dass es ihr gelang, den traditionellen religiösen Judenhass mit einer damals nicht nur in Deutschland populären, wissenschaftlich verbrämten Form des normativen Biologismus (Rassismus, Eugenik) zu kombinieren. Besonders wirksam wurde diese Mixtur dadurch, dass sie mit der gruppennarzisstischen Fiktion einer »schicksalhaften Auserwähltheit des deutschen Volkes« angereichert wurde, was angesichts des verlorenen Ersten Weltkriegs und den ökonomischen Schwierigkeiten der späten zwanziger Jahre viele in ihrem Selbstwertgefühl gekränkte »Volksgenossen« ansprach.

Dieser Fiktion der »Auserwähltheit« (»Am deutschen Wesen soll die Welt genesen!«) wurde ein finsteres Bedrohungsszenario (siehe die »Protokolle der Weisen von Zion«) gegenübergestellt, das jede noch so drastische Maßnahme gerechtfertigt erscheinen ließ, welche darauf abzielte, der angeblich von Juden, Kommunisten, Schwulen etc. intendierten Vernichtung des »an sich Guten« entgegenzuwirken. Konsequenz: Das Engagement für den Nationalsozialismus musste memetisch derartig geprägten Menschen keineswegs als eine Entscheidung *für* »das Böse« erscheinen, sondern weit eher als eine Entscheidung *gegen* »das Böse«, welches sie in Gestalt der »jüdisch-bolschewistischen Weltverschwörung« erkannt zu haben glaubten.[156]

Statt also die nationalsozialistischen Verbrechen als Belege für die vermeintliche Existenz des »an sich Bösen« heranzuziehen, wie dies gemeinhin geschieht, sollten wir uns bewusst machen, dass erst die Unterstellung der Existenz eines solchen »an sich Bösen« die Grundlagen für die nationalsozialistischen Gräueltaten schuf. Denn ohne Rückgriff auf die Idee des Bösen, die in der Nazipropaganda in vielen Facetten durchgespielt wurde[157] und eine weitreichende Dehumanisierung »des anderen« (vornehmlich »des Juden«) bewirkte, hätten die meisten SS-Männer gar nicht das psychische Rüstzeug besessen, um ihrem mörderischen Handwerk nachgehen zu können. Es war ja nicht so, dass diese Leute bei ihrem Treiben keinerlei Mitleidsregungen empfanden, doch sie sahen es als ihre »Mannespflicht« an, solchen Empfindungen des empathischen Eigennutzes vor dem Hintergrund der ominösen Bedrohung durch »das Böse« im Dienste der »gerechten Sache« zu widerstehen.[158]

Heinrich Himmler sprach gerade diesen Aspekt in seiner berüchtigten Posener Geheimrede vom 4. Oktober 1943 an: »Es gehört zu den Dingen, die man leicht ausspricht. – ›Das jüdische Volk wird ausgerottet‹, sagt ein jeder Parteigenosse, ›ganz klar, steht in unserem Programm, Ausschaltung der Juden, Ausrottung, machen wir.‹ Und dann kommen sie alle an, die braven 80 Millionen Deutschen, und jeder hat seinen anständigen Juden. Es ist ja klar, die anderen sind Schweine, aber dieser eine ist ein prima Jude. Von allen, die so reden, hat keiner zugesehen, keiner hat es durchgestanden. Von Euch werden die meisten wissen, was es heißt, wenn 100 Leichen beisammen liegen, wenn 500 daliegen oder wenn 1000 daliegen. Dies durchgehalten zu haben, und dabei – abgesehen von Ausnahmen menschlicher Schwächen – anständig geblieben zu sein, das hat uns hart gemacht. Dies ist ein niemals geschriebenes und niemals zu schreibendes Ruhmesblatt unserer Geschichte … Wir hatten das moralische Recht, wir hatten die Pflicht gegenüber unserem Volk, dieses Volk, das uns umbringen wollte, umzubringen. Wir haben aber nicht das Recht, uns auch nur mit einem Pelz, mit einer Uhr, mit einer Mark oder mit einer Zigarette oder mit sonst etwas zu bereichern. Wir wollen nicht am Schluss, weil wir einen Bazillus ausrotteten, an dem Bazillus krank werden und sterben … Insgesamt aber können wir sagen, dass wir diese schwerste Aufgabe in Liebe zu unserem Volk erfüllt haben. Und wir haben keinen Schaden in unserem Inneren, in unserer Seele, in unserem Charakter daran genommen.«[159]

Himmlers Rede zeigt, wie notwendig das Mem des »im Juden« verkörperten »Bösen« war, um die über Spiegelneuronen in unserer biologischen Grundausstattung angelegten Mitleidsreaktionen zu unterdrücken. Denn die Liquidierung von Menschen kann nur dann als moralische Pflicht erscheinen und vor allem in die Praxis umgesetzt werden, wenn »der andere« nicht mehr als Mensch mit typisch menschlich-allzumenschlichen Eigenschaften, mit individuellen Träumen, Hoffnungen, Bedürfnissen, Nöten, Ängsten etc. wahrgenommen wird, sondern als depersonalisierte Marionette des Bösen.[160]

Aus Auschwitz lernen, heißt daher, auf den Memplex des Bösen zu verzichten, der in der Geschichte der Menschheit immer wieder zur Eskalation von Ingroup-Outgroup-Konflikten führte und auch maßgeblich zum Völkermord unter Hitler beitrug.

Wie wir noch sehen werden (Kapitel 3), läuft der geforderte Abschied vom Bösen keineswegs auf ethischen Relativismus (Beliebigkeitsdenken) oder Nihilismus hinaus. Auch ist es nicht so, dass uns nach diesem Abschied die Worte fehlen, um die Verbrechen Nazideutschlands angemessen zu beschreiben. Im Gegenteil: Wir sollten uns endlich dazu durchringen, diese Geschehnisse jenseits aller metaphysischen Nebelbomben als das zu betrachten, was sie in Wirklichkeit waren: schreckliche Verbrechen an der Menschheit, insbesondere in Form eines mit bürokratischer Akribie durchgeführten Massenmordes. Mystifizierende Begriffe wie »das Böse« helfen uns nicht weiter, wenn wir die Ursachen dieses Grauens verstehen wollen. Sie reaktivieren sogar ungewollt einen Teil jener Meme, die den Holocaust erst möglich machten.

Erste Zwischenbilanz: Die Banalität von Gut und Böse

1963 erschien Hannah Arendts berühmtestes Werk: *Eichmann in Jerusalem. Ein Bericht von der Banalität des Bösen*. Das Buch, in dem die Philosophin ihre Eindrücke als Beobachterin des Prozesses gegen Adolf Eichmann wiedergab, löste eine lang anhaltende internationale Debatte aus. Vor allem die Formulierung »von der Banalität des Bösen« sorgte für Irritationen. Wollte Arendt mit diesem Terminus etwa die Taten Eichmanns, des maßgeblichen Beauftragten für die Judendeportationen, oder gar das aus ihnen resultierende unermessliche Leid bagatellisieren?

Nichts lag Hannah Arendt ferner. Sie versuchte, mit der »Banalität des Bösen« lediglich die im Gerichtssaal offensichtlich werdende Diskrepanz zwischen dem so gewöhnlich erscheinenden Persönlichkeitsprofil des Täters und der außergewöhnlichen Schwere seiner Taten zu fassen. Denn »beim besten Willen« konnte Arendt dem Angeklagten Eichmann keine »teuflisch-dämonische Tiefe abgewinnen«.[161] Das Beunruhigende an seiner Person sei gerade gewesen, »dass er war wie viele und dass diese vielen weder pervers noch sadistisch, sondern schrecklich und erschreckend normal waren und sind«.[162] Eichmann, so Arendt, »war nicht Jago und nicht Macbeth, und nichts hätte ihm ferner gelegen, als mit Richard III. zu beschließen, ›ein Bösewicht zu werden‹. Außer einer ganz ungewöhnlichen Beflissenheit, alles zu tun, was seinem Fortkommen dienlich sein konnte, hatte er überhaupt keine Motive; und auch diese Beflissenheit war an sich keineswegs kriminell, er hätte bestimmt niemals seinen Vorgesetzten umgebracht, um an dessen Stelle zu rücken. Er hat sich nur, um in der Alltagssprache zu bleiben, *niemals vorgestellt, was er eigentlich anstellte* ... Es war gewissermaßen schiere Gedankenlosigkeit – etwas, was mit Dummheit keineswegs identisch ist –, die ihn dazu prädestinierte, zu einem der größten Verbrecher jener Zeit zu werden.«[163]

Hannah Arendt zeigte am Fall Eichmann auf, dass die Motive selbst der schlimmsten Nazischergen meist trivialer Art waren, dass einige der grausamsten Verbrechen von Menschen begangen wurden, die als Personen gar nicht bösartig erschienen. Nach dem bisher in diesem Buch Vorgetragenen sollte uns das nicht sonderlich verwundern: Denn auch in der Zeit der Nazidiktatur wählten die Menschen nicht »das ominöse Böse«, sondern machten das, was sie unter dem Diktat des Eigennutzprinzips zu allen Zeiten taten und wohl auch bis zum Aussterben unserer Spezies tun werden: *Sie versuchten, unter den gegebenen Rahmenbedingungen das Beste für sich selbst herauszuschlagen.* Also: die eigene Karriere voranzubringen, sich soziales Prestige zu erarbeiten, passende Lebenspartner zu finden, die eigene Familie bestmöglich mit Ressourcen zu versorgen etc. Wer sich etwa zum Lagerdienst in einem KZ meldete, machte dies weniger aus der Motivation heraus, dort Juden quälen zu können, als aus der durchaus rational erscheinenden Überlegung, dass ein solcher Dienst dem gefährlicheren Einsatz an der Front vorzuziehen sei. Wie Arendt am Beispiel Eichmanns zeigte, waren selbst die Handlungen der Nazielite eher bürgerlichem Karrierismus geschuldet als einem genuinen Interesse am Massenmord.

Damit soll die handlungsweisende Relevanz des oben geschilderten antijüdischen Memplexes selbstverständlich nicht geleugnet werden. Wie wir heute unter anderem dank Irmtrud Wojaks Nachforschungen[164] wissen, war auch Eichmann, anders als Arendt auf Grundlage der ihr damals zugänglichen Dokumente noch meinte, nicht bloß ein dienstbeflissener technokratischer Erfüllungsgehilfe des »Verwaltungsmassenmordes« gewesen, sondern zugleich ein glühender antisemitischer Gesinnungstäter, der sich fanatisch an den Dogmen des nationalsozialistischen Glaubenssystems orientierte.

In dem im argentinischen Versteck geführten, dreiundsiebzig Tonbänder umfassenden Interview mit dem holländischen SS-Mann Willem Sassen erklärte Eichmann, dass er keineswegs nur ein »vorsichtiger Bürokrat« gewesen sei, sondern ebenso ein »fanatischer Kämpfer für die Freiheit meines Blutes«: »Was meinem Volk nützt, ist für mich heiliger Befehl und heiliges Gesetz. Jawohl … Mich reut gar nichts. Ich krieche in keinster Weise zu Kreuze … Das kann ich nicht, weil ich nicht bereit bin, weil sich mir das Innere sträubt etwa zu sagen, wir hätten etwas falsch gemacht. Nein. Ich muss Ihnen ganz ehrlich sagen, hätten wir von den 10,3 Millionen Juden, die Korherr ausgewiesen hat … 10,3 Millionen Juden getötet, dann wäre ich befriedigt und würde sagen, gut, wir haben einen Feind vernichtet … Unsere Aufgabe für unser Blut und unser Volk und für die Freiheit der Völker hätten wir erfüllt, hätten wir den schlauesten Geist der heute lebenden menschlichen Geister vernichtet. Denn das ist's, was ich Streicher sagte, was ich immer gepredigt habe, wir kämpfen gegen einen Gegner, der durch viel, viel tausendjährige Schulung uns geistig überlegen ist … Allein, wir konnten als wenige Leute gegen den Zeitgeist nicht anstinken. Wir haben getan, was wir konnten. Selbstverständlich, muss ich Ihnen sagen, kommt dazu menschliche Regung. Auch ich bin nicht frei gewesen davon, auch ich unterlag derselben Schwäche, das weiß ich, auch ich bin schuld mit daran, dass die vielleicht von irgendeiner Stelle vorgesehene oder mir vorgeschwebte Konzeption der wirklichen, umfassenden Eliminierung nicht durchgeführt hat werden können … Ich war ein unzulänglicher Geist und wurde an eine Stelle gesetzt, wo ich in Wahrheit mehr hätte machen können und mehr hätte machen müssen.«[165]

So grauenerregend und menschenverachtend diese erst vor Kurzem ans Licht der Öffentlichkeit geratenen Ausführungen Eichmanns sind, auch sie vermögen nicht, der Person Eichmann eine »teuflisch-dämonische Tiefe« zu verleihen. Sie zeigen vielmehr, wie sehr Eichmann in der Vorstellungswelt eines absurden antijüdischen Memplexes gefangen war, der, wie wir gesehen haben, über viele Jahrhunderte hinweg kopiert, variiert und leider bis in die Gegenwart hinein (siehe islamische Welt) erfolgreich selektiert wurde.

Eichmann konnte schon allein deshalb keine »teuflisch-dämonische Tiefe« besitzen, weil es derartige »Tiefen« nicht gibt. Denn das Böse ist bloß eine Fiktion. »Mächte der Finsternis« haben niemals und nirgendwo existiert, es sei denn als geistige Viren in unseren Köpfen. Es ist an der Zeit, diesen Spuk zu beenden! Öffnen wir also die Augen für die nüchterne Erkenntnis, dass es in der menschlichen Kultur wie auch in der nicht menschlichen Natur zwar unermesslich viel Grausamkeit, Leid und Not gibt, dass dies aber nicht auf *das ominöse Böse* zurückzuführen ist, sondern auf die profanen Verhaltensweisen eigennütziger Organismen sowie auf die Kopiererfolge der in ihnen wirkenden genetischen und memetischen Replikatoren.

Gut und Böse sind banale, substanzlose Begriffe, die die Wirklichkeit weit eher verschleiern, als dass sie diese erhellen. Dies allein wäre schon Grund genug, sie aufzugeben. Wichtiger jedoch ist, dass der Gut-versus-Böse-Memplex in der menschlichen Kulturgeschichte immer wieder dazu diente, Menschengruppen gegeneinander aufzuhetzen. Ja, ich möchte behaupten, dass die Erfindung des Bösen für die Entwicklung der »Kriegskunst« mindestens ebenso bedeutsam war wie die Erfindung der Steinschleuder, des Schießpulvers und der Mittelstreckenrakete.

Denn so banal die Begriffe »Gut und Böse« auch sind, ihre Folgen sind alles andere als banal. Wenn der Gut-versus-Böse-Memplex erst einmal erfolgreich in das Denksystem integriert ist, so ist keine Gewalttat grausam genug, als dass sie nicht doch noch im Dienste der »großen, gerechten Sache« verübt werden könnte. Die größten Verbrecher aller Zeiten waren keine »Dämonen«, sondern wähnten sich wie Eichmann als »Idealisten«, ja verstanden sich als Vertreter »einer Armee des Guten« im Kampf gegen das »universelle Böse«.

Was Richard Dawkins unlängst bezogen auf islamische Terroristen formulierte, trifft in ähnlicher Weise auch auf Hitler, Eichmann, Streicher & Co. zu: »Es ist einfach, diese neunzehn Männer, die Mörder des 11. Septembers 2001, als bösartige Barbaren zu betrachten … Aber ich hoffe niemanden zu beleidigen, wenn ich sage, dass diese neunzehn Männer nicht ›böse‹ waren. Im Lichte ihrer Religion betrachtet waren sie rechtschaffend, gut, sie führten einen Streich für Allah aus und begaben sich damit auf die Überholspur zum Paradies, indem sie für Allah den Märtyrertod starben … Diese neunzehn Männer, und andere wie sie, waren nicht ungebildet, nicht dumm, einige von ihnen hatten sogar eine Ausbildung als Ingenieure. Sie verstanden etwas von Mathematik, Physik, von der wissenschaftlichen Methode. Die Männer, welche die jüngeren Himmelfahrtskommandos in Großbritannien geplant hatten, waren Ärzte. Ihre Köpfe waren gefüllt mit detaillierten Fakten über Anatomie, Physiologie, zelluläre Biochemie. Sie kannten die genauen anatomischen Details der Arme und Beine, die sie von Körpern trennen wollten, einschließlich ihrer eigenen. Sie hatten gute Gehirne, die sie dazu befähigten, schwierige medizinische Prüfungen zu bestehen. Aber diese guten Gehirne waren vom Glauben entführt worden. Genau wie ein Passagierflugzeug, das von Terroristen entführt wird … Nach den Bombenanschlägen vom 7. Juli 2005 in London waren die britischen Zeitungen gefüllt mit erstaunten Äußerungen von Nachbarn und Bekannten der Attentäter. Das waren nette, anständige, junge Männer, sie arbeiteten in Jugendvereinen, und sie liebten es, Krocket zu spielen … Die Sorte junger Männer, mit denen man gerne einen Abend verbringt. Aber wie nett sie auch gewesen sein mögen, ihre Gehirne waren von einem schrecklichen Parasiten entführt worden, von dem Virus des religiösen Glaubens … Die biologische Fachliteratur ist gefüllt mit … Beispielen von Parasiten, die ihren Wirt entführen, die ihren Wirt zu ihrem eigenen Vorteil manipulieren. Das menschliche Gehirn scheint leider ebenfalls furchtbar anfällig dafür zu sein, auf diese Weise entführt zu werden …«[166]

Religionen, so Dawkins weiter, seien »Meister der Entführungskunst«, womit er zweifellos recht hat. Dies gilt jedoch für *jede* Ideologie, die mithilfe des Gut-versus-Böse-Memplexes das

Individuum dazu verführt, sein Leben für die vermeintlich »höheren Ideale« der »Heilsgemeinschaft« aufzuopfern. Hat das Opfer den Köder, nämlich zur Gruppe der »auserwählten Kämpfer gegen das Böse« zu gehören, erst einmal geschluckt, gibt es kaum ein Entrinnen: Unter ungünstigen Umständen wird es selbst zum Täter, wie etwa im Falle Eichmanns, Streichers, Hitlers oder auch Osama bin Ladens geschehen.

An dieser Stelle tauchen einige weiterführende Fragen auf. Einige sind ethischer Natur, andere betreffen unser Selbstverständnis als Menschen. Ethisch müssen wir uns beispielsweise fragen, ob es legitim sein kann, einen Mann wie Adolf Eichmann damit zu »entschuldigen«, dass er als »Gefangener des antijüdischen Memplexes« angeblich gar nicht die Möglichkeit besaß, sich der nationalsozialistischen Vernichtungsideologie zu widersetzen. Entzieht eine solche Perspektive nicht jeder Ethik ihre Grundlagen?

Noch grundlegender wäre zu fragen, ob eine Perspektive, die den Menschen gewissermaßen zu einer Marionette biologischer Gene und kultureller Meme macht, überhaupt richtig sein kann. Widerspricht dies nicht diametral unserem subjektiven Gefühl von Freiheit? Haben wir denn nicht allesamt die freie Wahl, zu entscheiden, welche Richtung wir im Leben einschlagen möchten, welche Weltanschauung wir vorziehen, welche ethischen Werte wir vertreten? Und besteht nicht gerade in diesem Vermögen, frei wählen zu können, unsere Menschenwürde? Drängende Fragen, mit denen wir uns in den nachfolgenden Kapiteln auseinandersetzen werden.

ABSCHIED VON DER WILLENSFREIHEIT

KAPITEL 2

... ein Mensch, der unter eindeutig gegebenen äußeren und inneren Umständen genauso gut so wie anders handeln könnte ... gehört nicht ins Zuchthaus, auch nicht in eine Irrenanstalt, sondern in einen Glaskasten ... auf dass ihn jeder anstaune als die abnormste und unbegreiflichste Bildung, die ein Menschenauge bisher geschaut hat.

Eduard Kohlrausch (1905)[1]

Wenn ich Gutes tue oder Böse; wenn ich am Morgen tugendhaft bin und lasterhaft am Abend: immer liegt der Grund in meinem Blut: es macht mich heiter, ernst, unternehmungslustig oder übermütig ... bestimmt mein Wollen und mein ganzes Sein ... Und davon, ob es diesen oder jenen Weg nimmt, hängen die Gedanken ab, die im Mark meines Gehirns gebildet und in meine Nerven eingespeist werden, hängt ab, ob ich etwa in einem Park nach rechts oder nach links abbiege. Dennoch glaube ich hinterher, eine »freie« Wahl getroffen zu haben ... Doch auch die freisten unserer Handlungen ... sind einer unausweich-lichen Determination unterworfen ...

Julien Offray de La Mettrie (1750)[2]

Wer also glaubt, dass er nach freiem Entschluss des Geistes rede oder schweige oder irgendetwas tue, der träumt mit offenen Augen.

Baruch de Spinoza (1675)[3]

Das Gehirn und sein Ich: Warum die Hirnforschung unser Selbstkonzept erschüttert

Es war ein Albtraum. Für John nicht weniger als für seine Familie. Der treu sorgende Familienvater wandelte sich mehr und mehr zu einem gefährlichen Pädophilen. John wusste, dass das, was er tat, nicht in Ordnung war, aber er hatte es einfach nicht unter Kontrolle. John begann Kinderpornos zu sammeln, und irgendwann näherte er sich seiner vorpubertären Stieftochter in eindeutiger Weise, woraufhin seine Frau ihn anzeigte. John wurde per richterlichen Beschluss aus dem Haushalt entfernt und wegen sexueller Belästigung von Kindern verurteilt. Vor die Wahl gestellt, entweder ins Gefängnis zu gehen oder eine Verhaltenstherapie zu absolvieren, entschied er sich für die Therapie. Doch auch dort konnte er seine Triebe nicht kontrollieren und belästigte sowohl das Personal als auch andere Patienten. So wurde John von der Behandlung ausgeschlossen, was bedeutete, dass er nun mit der unliebsamen Alternative Gefängnis konfrontiert war.

Am Vorabend des Tages, an dem er seine Haftstrafe antreten sollte, so berichten Hans J. Markowitsch und Werner Siefer in ihrem Buch *Tatort Gehirn*, bekam er »heftige Kopfschmerzen und wurde ins Krankenhaus eingeliefert. Dort äußerte er Selbstmordgedanken und die Sorge, er könnte seine Vermieterin vergewaltigen. Als Gleichgewichtsprobleme hinzukamen, entschieden sich die Ärzte endlich zu einer neurologischen Untersuchung ... Klarheit schaffte schließlich ein Bild des Magnetresonanztomografen: In Johns Kopf breitete sich ein Tumor aus, der sich vom Stirnhirn hinter den Augen bis hin zum Scheitel erstreckte. Der Patient wurde operiert, nahm erfolgreich an einem Programm der Anonymen Alkoholiker und Sexsüchtigen teil. Gutachter bescheinigten ihm daraufhin, dass er keine Gefahr mehr für seine Tochter darstellte, und so wurde er sieben Monate nach seiner Operation zu seiner Familie nach Hause entlassen.«[4]

Doch damit war das Drama für John und seine Familie noch immer nicht ganz durchgestanden: »Im Oktober 2001 begann John erneut, heimlich Pornoheftchen zu sammeln. Auch der Kopfschmerz kehrte zurück: Im MRT zeigte sich, dass die Geschwulst abermals gewachsen war. John wurde erneut operiert – und diesmal konnte sein Albtraum, der auch der seiner Frau und Stieftochter war, endlich gestoppt werden.«[5]

Johns Geschichte ist nur eine unter vielen. Die Wissenschaft hat eine Fülle von Fällen gesammelt, die den engen Zusammenhang zwischen Hirn- und Verhaltensanomalien aufzeigen. So kam eine amerikanische Meta-Studie, die siebzehn Einzeluntersuchungen mit über sechshundert Auffälligen und knapp vierhundert Kontrollpersonen auswertete, zu dem Ergebnis, dass Psychopathen, Straftäter, gewaltbereite Menschen ausnahmslos Veränderungen in bestimmten Hirnregionen aufwiesen, vor allem in Teilen des Stirnhirns und des Schläfenlappens.[6]

Dass Hirnschädigungen keineswegs bloß negative Konsequenzen nach sich ziehen müssen, zeigt der Fall von Tommy McHugh.[7] Der englische Bauarbeiter, der mehrfach wegen Schlägereien und Drogendelikten im Gefängnis gelandet war, erlitt im Alter von einundfünfzig Jahren Hirnblutungen in beiden Hirnhälften. Dadurch kam es zu einer Schädigung des Nervengewebes im Stirnhirn, die durch eine gerade noch rechtzeitig erfolgte Operation örtlich begrenzt werden konnte. Als McHugh nach Hause kam, war er nicht nur emotional weit ausgeglichener als je zuvor, er erlebte geradezu eine künstlerische Explosion. Er begann zu malen, Skulpturen zu fertigen und Gedichte zu schreiben. Seine Kunstwerke werden mittlerweile in großen britischen Galerien gezeigt.

»Hirnschäden können also nicht nur für die kriminellen Taten der Betroffenen ›verantwortlich‹ sein«, kommentieren Markowitsch und Siefer, »sondern auch dafür, dass aus Kriminellen umgekehrt geläuterte Menschen werden. Beide Richtungsänderungen zeigen aber, dass ein geändertes Gehirn eine verwandelte Persönlichkeit nach sich ziehen kann. Der menschliche Körper und Geist wird – wie könnte es auch anders sein – getrieben von der Aktivität seiner Nervenzellen. Greifen Geschehnisse in deren Aktivitätsstruktur ein – durch eine Hirnschädigung beim Autounfall, durch elektrische Stimulation … durch Geschwulste oder falsche Vorbilder –, so hat dies in jedem Fall Konsequenzen für Denken und Verhalten.«[8]

Die moderne Hirnforschung zeichnet ein Bild vom Menschen, das unserer Intuition zuwiderläuft. So meinen wir, über unser Gehirn ähnlich verfügen zu können wie über andere Körperteile. Wir sagen etwa: »Schalt doch mal dein Hirn ein!«, wenn jemand offensichtlichen Unsinn daherredet. Bei genauerer Betrachtung beruhen derartige Redewendungen jedoch auf einer kolossalen Verdrehung der Tatsachen. Denn es ist keineswegs so, dass das Gehirn in irgendeiner Weise abhängig wäre vom »Ich«. Es ist umgekehrt: *Das »Ich« ist eine Konstruktionsleistung des Gehirns.*

Treten gravierende Fehler in den entsprechenden neuronalen Schaltkreisen auf, verliert das Individuum seine Ich-Identität. Es fühlt sich entweder von »fremden Kräften gesteuert« oder entwickelt statt *eines* Ichs gleich *mehrere,* miteinander konkurrierende Ich-Identitäten. Auch partielle Einschränkungen der Ich-Identität sind klinisch belegt. So erleben manche Personen eigene Körperteile (etwa ihr rechtes Bein) nicht als »zu sich selbst gehörig«. Die fixe Vorstellung, jemand habe über Nacht das Bein eines Toten an den eigenen Körper angenäht, treibt einige dieser Patienten zu wahren Verzweiflungstaten: Lieber amputieren sie sich eigenmächtig ihre Gliedmaßen, als dass sie weiter »mit dem Bein eines Fremden« durchs Leben schreiten.[9]

Halten wir fest: Das, was uns als Personen auszeichnet, was wir denken, wie wir empfinden, was wir lieben und verachten, was uns erfreut und abschreckt, was wir können und was uns beim besten Willen nicht gelingt etc. – all dies ist bestimmt von neuronalen Prozessen, die unter unserer Schädeldecke ablaufen, ohne dass wir dies (außerhalb eines neurologischen Labors) wahrzunehmen vermögen. Den alten Dualismus zwischen Körper und Geist beziehungsweise Leib und Seele, der die abendländische Geschichte so stark prägte, hat die Hirnforschung bereits jetzt überwunden: Die Belege sprechen eindeutig dafür, dass es keinen über den körperlichen Prozessen schwebenden Geist gibt. Wir müssen uns daher wohl oder übel damit abfinden, dass *Gedanken*, für die es keine Hirnschaltmuster gibt, *nicht gedacht* und *Emotionen*, die neuronal nicht abgedeckt sind, *nicht empfunden* werden können.

Doch die Irritation geht weiter: So täuschen wir uns bereits, wenn wir meinen, dass unser Wollen unserem Tun vorausgeht. Auch wenn es seltsam klingt: Die Forschung hat gezeigt, dass wir in Wirklichkeit nur dann etwas bewusst wollen, wenn wir es auf der Basis unbewusster Prozesse ohnehin schon zu tun im Begriff sind. Noch bevor sich etwa ein Schüler dazu entscheidet, sich zu melden, um dem Lehrer mitzuteilen, dass er die Toilette aufsuchen möchte, hat sein Gehirn bereits damit begonnen, die Bewegung des Arms vorzubereiten. Nichts anderes geschieht, wenn Sie auf einer Party nach einem Sektglas greifen oder mit der Fernbedienung Ihres Fernsehers auf ein anderes Programm umschalten. Sie meinen vielleicht, sich in diesem Moment bewusst für Volker Panzers *nachtstudio* zu entscheiden, in Wirklichkeit aber hat dieser Entscheidungsprozess schon Millisekunden zuvor auf neuronaler Basis stattgefunden.

Die ersten Belege für diesen merkwürdigen Sachverhalt lieferten 1979 die viel zitierten Untersuchungen des amerikanischen Neurophysiologen Benjamin Libet.[10] Libet hatte Versuchspersonen dazu aufgefordert, eine einfache Bewegung der Hand auszuführen, wenn sie Lust darauf verspürten, und sich den Zeitpunkt ihrer Entscheidung anhand der vor ihnen postierten Uhr genau zu merken. Währenddessen maß Libet die neurologischen Aktivitäten (Bereitschaftspotenziale) im Gehirn. Dabei stellte er fest, dass das Bewusstsein, beispielsweise die Finger krümmen zu wollen, fast eine halbe Sekunde nach dem Moment einsetzte, in dem das Gehirn bereits die Vorbereitungen für die Aktion begonnen hatte. Libet, der mit seinen Untersuchungen eigentlich den Dualismus von Körper und Geist bestätigen wollte, versuchte später, seine brisanten Ergebnisse mit der Behauptung zu entschärfen, dass das »Ich« eine Art »Vetorecht« besitze und somit in der Lage sei, bereits unbewusst initiierte Vorgänge zu unterbinden.

Dieser Hinweis scheint durchaus plausibel zu sein. Schließlich kennen wir alle Situationen, in denen wir Handlungsimpulse unterdrücken, etwa wenn wir im letzten Moment doch noch davon absehen, ein weiteres Stück Marzipantorte zu verspeisen. Allerdings muss man hier gleich hinterherschicken, dass sowohl das »Ich« als auch die Überlegungen, die das »Ich« dazu bringen, Handlungsimpulsen nicht nachzugeben, selbstverständlich nicht im luftleeren Raum existieren, sondern neuronal kodiert sind. Diese neuronalen Kodierungen wiederum werden von unzähligen äußeren wie inneren Faktoren beeinflusst, vor allem (siehe Kapitel 1) von den Kopiererfolgen genetischer und memetischer Replikatoren. Um beim obigen Tortenbeispiel zu bleiben: Wäre unser Gehirn nicht von »hundsgemeinen«, ernährungswissenschaftlichen Memplexen befallen, die uns lehrten, dass zu viel Fettiges und Süßes schädlich sei und vor allem dick mache (das ultimative Wehe aus der Perspektive des modebewussten Schlankheits-Mems!), würden wir wohl kaum Anstalten machen, den »Willen zur Torte« zu unterdrücken.

Libets klassische Versuche sind auch außerhalb der Fachöffentlichkeit breit diskutiert worden, wobei mitunter die Versuchsanordnung und die Interpretationen der Ergebnisse mit teils berechtigten Einwänden infrage gestellt wurden.[11] Allerdings machten sich viele Kritiker die Sache zu leicht, indem sie Libets Untersuchung isoliert betrachteten. Stünden seine Studien wirklich allein da, könnte man aus ihnen in der Tat keine weitreichenden Schlüsse ziehen. In Wirklichkeit ist jedoch das Gegenteil der Fall: Libets Untersuchungen sind eingebettet in einen riesigen, neurowissenschaftlichen Forschungskontext, der die ersten Studien von 1979 mittlerweile in weiten Teilen bestätigt hat und dessen Ergebnisse das traditionelle Menschenbild mehr und mehr ins Wanken bringen.

Verschafft man sich einen Überblick über die beeindruckenden Forschungsresultate, die in den letzten Jahren auf dem boomenden Gebiet der Neurowissenschaft erzielt wurden, wundert man sich nicht über die Heftigkeit, mit der mitunter über mögliche und unmögliche Konsequenzen der Hirnforschung gestritten wird. Der Journalist Christian Geyer fasste die Lage trefflich zusammen, als er im Vorwort zu dem von ihm herausgegebenen Sammelband *Hirnforschung und Willensfreiheit* schrieb: »Der Stachel sitzt tief, den Hirnforscher in unsere Kopfhaut getrieben haben. Anders ist es kaum verständlich, dass sich so viele Philosophen, Juristen, Literaturwissenschaftler herausgefordert fühlen, wenn in der Hirnforschung die Revolution des Menschenbildes erprobt wird.« Die Neurowissenschaftler, so Geyer weiter, haben »die Szene« mit einem »lapidaren Befund« aufgemischt, nämlich dass unser Leben bloß eine Illusion sei: »Sie sagen: Wenn du denkst, du denkst, dann denkst du nur, du denkst. ›In Wirklichkeit‹ denke niemand, sondern das Gehirn spiele ein Spiel der Neuronen, bei dem das Selbst kein Wörtchen mitzureden habe. Umso schlimmer, heißt es, dass das Selbst auch noch auf die Illusionen hereinfällt, die ihm vom Neuronenspiel permanent vorgeführt werden. Zu diesen Illusionen gehört das Selbst selbst und die ganze Art, wie es seine Lebenswelt erlebt – also nicht nur sein Denken, sondern auch sein Fühlen und Wollen, sein Glauben, Hoffen und Lieben.«[12]

Entzündet hat sich die bis heute anhaltende Debatte über die Hirnforschung vor allem an der Frage der Willensfreiheit des Menschen, einem altehrwürdigen Thema der Philosophie. Renommierte Forscher wie Wolf Singer, Gerhard Roth, Hans J. Markowitsch und Wolfgang Prinz schockierten die Öffentlichkeit mit Stellungnahmen, in denen sie die Vorstellung des freien Willens ohne Umschweife als Fiktion entlarvten. Die grundlegende Funktion des Bewusstseins sei es nicht, das Verhalten zu steuern, wie man gewöhnlich annehme, es habe vielmehr die Aufgabe, dem Ich und seiner Umgebung einleuchtende Begründungen dafür zu liefern, warum es sich so und nicht anders verhalte beziehungsweise verhalten habe.

Eine solche Sichtweise hat natürlich Konsequenzen für die Beurteilung menschlicher Verhaltensweisen. Insbesondere scheint der üblichen Differenzierung zwischen willensfreien und dadurch schuldfähigen und nicht willensfreien, also schuldunfähigen Personen, wie sie etwa vor Gericht vorgenommen wird, die Grundlage entzogen zu sein. Denn auch (vermeintlich) geistig gesunde Personen können, so die empirisch belegte Sicht der Hirnforscher, schlichtweg nicht anders handeln, als sie es de facto tun.

Der Direktor des Frankfurter Max-Planck-Instituts für Hirnforschung, Wolf Singer, schreibt hierzu: »Eine Person begeht eine Tat, offenbar bei klarem Bewusstsein, und wird für voll verantwortlich erklärt. Zufällig aber entdeckt man einen Tumor in Strukturen des Frontalhirns, die benötigt werden, um erlernte soziale Regeln abzurufen und für Entscheidungsprozesse verfügbar zu machen. Der Person würde Nachsicht zuteil. Der gleiche ›Defekt‹ kann aber auch unsichtbare neuronale Ursachen haben. Genetische Dispositionen können Verschaltungen hervorgebracht haben, die das Speichern oder Abrufen sozialer Regeln erschweren, oder die sozialen Regeln wurden nicht rechtzeitig oder tief genug eingeprägt, oder es wurden von der Norm abweichende Regeln erlernt, oder die Fähigkeit zur rationalen Abwägung wurde wegen fehlgeleiteter Prägungen ungenügend ausdifferenziert. Diese Liste ließe sich nahezu beliebig verlängern. Keiner kann anders, als er ist.«[13]

Diese Einsicht könnte, so Singer weiter, »zu einer humaneren, weniger diskriminierenden Beurteilung von Mitmenschen führen, die das Pech hatten, mit einem Organ volljährig geworden zu sein, dessen funktionelle Architektur ihnen kein angepasstes Verhalten erlaubt. Menschen mit problematischen Verhaltensdispositionen als schlecht und böse abzuurteilen, bedeutet nichts anderes, als das Ergebnis einer schicksalhaften Entwicklung des Organs, das unser Wesen ausmacht, zu bewerten.«[14]

Singers Bremer Kollege, Gerhard Roth, stieß ins gleiche Horn: »Das bewusste, denkende und wollende Ich ist nicht im *moralischen* Sinne verantwortlich für dasjenige, was das Gehirn tut, auch wenn dieses Gehirn ›perfiderweise‹ dem Ich die entsprechende Illusion verleiht … Das Gefühl der persönlichen Schuld, das wir häufig empfinden, wenn wir etwas Unrechtes getan haben, resultiert aus der irrtümlichen Annahme, wir als bewusstes Ich hätten das Unrecht verursacht ... Was eine Person tut, ist neben genetischen Faktoren im Wesentlichen das Produkt eines Lernprozesses, vermittelt durch das Limbische System. Dieses System bewertet ... alles nach gut/angenehm und schlecht/unangenehm. Es bestimmt die Handlungen nicht danach, was das bewusste Ich will, sondern danach, ob dieselben oder ähnliche Handlungen positive oder negative Konsequenzen hatten und deshalb wiederholt oder vermieden werden sollen.«[15]

Dass derartige Auslassungen für Aufregung sorgen würden, war absehbar. Vor allem Geisteswissenschaftler fühlen sich durch den naturwissenschaftlichen Anschlag auf die Willensfreiheit in ihrer akademischen Existenz bedroht. Denn ist es nicht vor allem die Willensfreiheit des Menschen, die ihn vom Tier unterscheidet und die aus ihm ein besonderes – mit naturwissenschaftlichen Methoden eben nicht erfassbares – Objekt der geisteswissenschaftlichen Forschung macht? Und ist nicht zu befürchten, dass unsere gesamten ethischen Vorstellungen zusammenbrechen würden, wenn wir nach dem Abschied von der Willensfreiheit unterstellen müssten, dass sich ein Mensch zu einem bestimmten Zeitpunkt gar nicht anders verhalten konnte, als er sich de facto verhalten hat? Könnten wir auf dieser Basis einen Mörder überhaupt noch für schuldig befinden? Müssten wir nicht am Ende sogar Adolf Hitler als unschuldiges Opfer fehlgesteuerter neuronaler Schaltkreise begreifen? Und würden wir, falls wir tatsächlich so denken sollten, nicht irgendwann jedes Gespür für Humanität verlieren?

Der Freiburger Literaturhistoriker Gerhard Kaiser brachte diese Bedenken auf den Punkt, als er in der Debatte anmerkte, dass »die Folgen der deterministischen Sicht des Menschen viel radikaler« seien, »als die deterministischen Neurobiologen zu meinen scheinen«: »Ohne Wollen gibt es kein Sollen, und ohne Urteilen und Handeln nach Gründen – und nicht lediglich nach Ursachen – kein Richtig und kein Falsch ... Wir würden nicht toleranter und demütiger gegenüber Abweichlern, sondern es gäbe keine Abweichler mehr oder wir wären alle welche.«[16]

Ein konsequenter Determinismus, so Kaiser weiter, würde nicht nur sämtliche ethischen Prinzipien untergraben, er führe auch im Bereich des wissenschaftlichen Urteilens zu »absurden Konsequenzen, denn dann fielen die Prinzipien *trial and error*, alle Argumentationsregeln, alles Wissen und alle Wissenschaften, also auch die Hirnforschung, in sich zusammen. Es wäre determiniert, dass sich der Determinismus durchsetzt, und es wäre auch determiniert, wie wir darauf reagieren. Die Hirnforscher wären zum Hirnforschen determiniert, und sie argumentierten nicht mehr für den Determinismus, weil sie diese These für richtig halten, sondern weil sie dazu determiniert sind, sie für richtig zu halten. Die Welt wäre eine schnurrende deterministische Maschine, und die Hirnforscher wären die eingebauten Scheinwerfer für eine ewige Nachtfahrt der Vernunft.«[17]

Ich halte diese Ausführungen für sehr hilfreich, da sie die zentralen Probleme offenlegen, die mit einer deterministischen Sichtweise verbunden sein *können*, aber, wie wir noch sehen werden, nicht notwendigerweise verbunden sein *müssen*. Im dritten Kapitel werde ich eine Lösung skizzieren, die einerseits berücksichtigt, dass selbstverständlich auch menschliches Denken, Empfinden, Verhalten naturgesetzlich bestimmt (determiniert) ist, die durch diese Feststellung jedoch andererseits die Möglichkeit einer vernunftgeleiteten Unterscheidung von *wahr und falsch* beziehungsweise *ethisch angemessen und illegitim* nicht untergräbt.

Doch bevor wir uns diesen weiterführenden Problemen zuwenden können, ist es erforderlich, jenen Begriff genauer zu fassen, um den die mitunter heftig geführte Debatte über die Ergebnisse der Hirnforschung kreiste: den Begriff der »Willensfreiheit«.

»Tun können, was man will!« – Die Freiheit, die wir meinen

Arthur Schopenhauer zählt ganz gewiss nicht zu den besonders anheimelnden Gestalten der Philosophie. Der Großmeister des philosophischen Pessimismus hatte geradezu notorisch an allem etwas auszusetzen, war im privaten Umgang ebenso empfindlich wie arrogant und zudem auch noch ein arger Zyniker und politischer Reaktionär. Und doch verdanken wir diesem unverbesserlichen Griesgram, diesem literarischen Grobian ersten Ranges, einige der bemerkenswertesten Einsichten der gesamten abendländischen Philosophie. Dies betrifft nicht zuletzt auch das Thema »Willensfreiheit«. Denn Schopenhauers 1839 erschienene »Preisschrift über die Freiheit des Willens« besticht noch heute durch ihre ungewöhnlich klare Diktion, auch wenn einige Aspekte seiner Abhandlung, etwa die verhängnisvolle These vom angeblich »angeborenen Charakter« des Menschen, längst widerlegt sind.[18]

Schopenhauer definierte das »Freie« als »das in keiner Beziehung Notwendige«, das heißt »von keinem Grunde Abhängige«. Der »freie Wille« sei demnach ein Wille »ohne vorhergegangene Ursache«, »ohne Notwendigkeit«.[19] Das Problem einer solchen Vorstellung von Willensfreiheit, so machte der Philosoph unmissverständlich klar, bestehe darin, dass ein von Ursachen unabhängiger (also freier!) Wille gegen das Kausalitätsprinzip der Natur verstoße: »Unter Voraussetzung der Willensfreiheit wäre jede menschliche Handlung ein unerklärliches Wunder –, eine Wirkung ohne Ursache. Und wenn man den Versuch wagt, ein solches *liberum arbitrium indifferentiae* sich vorstellig zu machen; so wird man bald innewerden, dass dabei recht eigentlich der Verstand stille steht; er hat keine Form, so etwas zu denken.«[20]

Wer für die klassische Idee der Willensfreiheit eintrete, so Schopenhauer 150 Jahre vor Roth und Singer, der verlasse den Bereich der logischen Argumentation. Die Idee des freien Willens sei schlichtweg *undenkbar*. Doch wenn sie undenkbar ist, warum bestimmt sie dennoch so sehr das Denken und Handeln der Menschen? Schopenhauers Antwort: Weil die Menschen aus dem Erleben von *Handlungsfreiheit*, nämlich der Freiheit, *tun zu können, was man will*, auf die Existenz von *Willensfreiheit* schließen, also der Freiheit, auch *beliebig wollen zu können, was man will*.

Um dies zu demonstrieren, gab Schopenhauer das Beispiel eines Mannes, der abends in der Gasse steht und zu sich selbst spricht: »Es ist sechs Uhr abends, die Tagesarbeit ist beendigt. Ich kann jetzt einen Spaziergang machen; oder ich kann in den Klub gehen; ich kann auch auf den Turm steigen, die Sonne untergehen zu sehen; ich kann auch ins Theater gehen; ich kann auch diesen oder jenen Freund besuchen; ja, ich kann auch zum Tor hinauslaufen, in die weite Welt, und nie wiederkommen. Das Alles steht allein bei mir, ich habe völlige Freiheit dazu; tue jedoch davon jetzt nichts, sondern gehe ebenso freiwillig nach Hause, zu meiner Frau.«[21]

Schopenhauer folgert: »Das ist gerade so, als wenn das Wasser spräche: ›Ich kann hohe Wellen schlagen (ja! nämlich im Meer und Sturm), ich kann reißend hinabeilen (ja! nämlich im Bette des Stroms), ich kann schäumend und sprudelnd hinunterstürzen (ja! nämlich im Wasserfall), ich kann frei als Strahl in die Luft steigen (ja! nämlich im Springbrunnen), ich kann endlich gar verkochen und verschwinden (ja! nämlich bei 80° Wärme); tue jedoch von dem Allen nichts, sondern bleibe freiwillig, ruhig und klar im spiegelnden Teiche.‹ Wie das Wasser jenes Alles nur dann kann, wenn die bestimmenden Ursachen zum Einen oder zum Anderen eintreten; ebenso kann jener Mensch, was er zu können wähnt, nicht anders, als unter derselben Bedingung. Bis die Ursachen eintreten, ist es ihm unmöglich: dann aber *muss* er es, so gut wie das Wasser, sobald es in die entsprechenden Umstände versetzt ist.«[22]

Was aber erzeugt den Willen des Menschen und die damit verbundenen Handlungen? Auf keinen Fall sind es die äußeren Reize alleine, erklärt Schopenhauer. Wie der eine Reiz »Wärme« ganz unterschiedliche Reaktionen bei verschiedenen Materialien hervorrufe – Wachs werde erweicht, Ton verhärtet[23] –, so könne ein und derselbe äußere Reiz bei verschiedenen Menschen völlig verschiedene Reaktionen bewirken. Es komme, so Schopenhauer, ganz darauf an, aus welchem Holz der Mensch geschnitzt sei, also welchen Charakter er habe – oder wie man heute vielleicht sagen könnte, welche spezifische neuronale Matrix seiner Ich-Identität zu einem gegebenen Zeitpunkt zugrunde liegt.

In Schopenhauers Diktion klingt dies so: »Ich kann tun, was ich will: Ich kann, *wenn ich will*, Alles, was ich habe, den Armen geben und dadurch selbst einer werden, – wenn ich *will*! – Aber ich vermag nicht, es zu *wollen*; weil die entgegenstehenden Motive viel zu viel Gewalt über mich haben, als dass ich es könnte. Hingegen wenn ich einen andern Charakter hätte, und zwar in dem Maße, dass ich ein Heiliger wäre, dann würde ich es wollen können; dann aber würde ich auch nicht umhin können, es zu wollen, würde es also tun müssen.«[24]

Schopenhauers Widerlegung der Willensfreiheitsidee richtet sich vor allem gegen jenes Denkmuster, das zeitgenössische Philosophen mit dem Begriff »Prinzip der alternativen Möglichkeiten« belegen. Der Philosoph Michael Pauen definiert dieses für den Willensfreiheitsbegriff konstitutive Prinzip folgendermaßen: »Wenn wir das Handeln einer Person als frei bezeichnen, dann setzen wir damit in der Regel voraus, dass die Person unter den gegebenen Umständen auch anders hätte handeln können. Besteht diese Möglichkeit nicht, dann sprechen wir normalerweise nicht mehr von einer freien, durch die Person zu verantwortenden Handlung ...«[25]

Das Problem, das mit dem »Prinzip der alternativen Möglichkeiten« verbunden ist, ist offensichtlich: Es verlangt einen Riss im universalen Kausalgefüge der Welt. Denn für materielle Körper (oberhalb der Quantenebene) gilt notwendigerweise, dass *identische Ursachen* auch *identische Folgen* nach sich ziehen. Wie also könnte sich eine natürliche Person X zum Zeitpunkt Y unter den just zu diesem Zeitpunkt vorherrschenden Bedingungen anders verhalten, als sie sich de facto verhält?

Ein Mensch, der unter exakt gleichen Bedingungen (also identischen äußeren Reizen und inneren Verarbeitungsmustern!) sowohl Handlung A wie Handlung B durchführen könnte, wäre ein größerer Magier als alle David Copperfields der Erde zusammengenommen. Der Strafrechtler Eduard Kohlrausch fasste diesen Sachverhalt bereits vor einem Jahrhundert in die klassischen Worte: »... ein Mensch, der unter eindeutig gegebenen äußeren und inneren Umständen genauso gut so wie anders handeln könnte ... gehört nicht ins Zuchthaus, auch nicht in eine Irren-anstalt, sondern in einen Glaskasten ... auf dass ihn jeder anstaune als die abnormste und unbegreiflichste Bildung, die ein Men-schenauge bisher geschaut hat.«[26]

Es bedarf also, das zeigen die Beispiele Schopenhauer und Kohlrausch, keineswegs der Ergebnisse der modernen Hirnfor-schung und schon gar nicht der Libet-Experimente, um das Prin-zip der alternativen Möglichkeiten beziehungsweise das Willens-freiheitspostulat zu entkräften. Denn diese Ideen stehen nicht allein im Konflikt mit den Ergebnissen der Hirnforschung, son-dern widersprechen dem wissenschaftlichen Forschungsprinzip schlechthin, worauf etwa Wolfgang Prinz, der Direktor des Max-Planck-Instituts für Kognitions- und Neurowissenschaften in München, hingewiesen hat: »Die Idee eines freien menschlichen Willens ist mit wissenschaftlichen Überlegungen nicht zu ver-einbaren. Wissenschaft geht davon aus, dass alles, was geschieht, seine Ursachen hat und dass man diese Ursachen finden kann. Für mich ist unverständlich, dass jemand, der empirische Wissenschaft betreibt, glauben kann, dass freies, also nichtdeterminiertes Han-deln denkbar ist.«[27]

In der Tat: Bei genauerer Betrachtung zeigt sich, dass der »freie Wille« weder in der Soziologie noch in der Psychologie je ein forschungsrelevantes theoretisches Konstrukt war.[28] Sosehr sich Sigmund Freud, der Begründer der Psychoanalyse, und Burrhus Frederic Skinner, der Begründer des Behaviorismus, in ihren theoretischen Konzepten unterschieden, in *einem* Punkt waren sie doch einer Meinung, nämlich in der Einschätzung, dass es so etwas Merkwürdiges wie einen »freien Willen« gar nicht geben könne. Ähnlich verhielt es sich auch auf dem Gebiet der Sozio-logie, etwa bei Karl Marx oder Max Weber. Trotz aller Unter-schiede konnten beide Großdenker der Gesellschaftsanalyse mit dem Begriff der »Willensfreiheit« nichts anfangen.

Nicht viel anders geht es heutigen empirischen Sozialfor-schern. Wenn man etwa nach Studien sucht, die die Persönlich-keitsunterschiede zwischen Geschwistern zum Thema haben[29], so wird man in diesen Untersuchungen zahlreiche Tabellen finden, in denen die diversen Bestimmungsfaktoren aus Anlage und Umwelt pedantisch miteinander verrechnet werden. Man erfährt dabei etwas über genetische Prädispositionen und auch über die Prägung durch Peergroups (Gleichaltrigengruppen), nichts aber über den »freien Willen«. Dieses angeblich so wichtige Konzept taucht in empirischen Untersuchungen schlichtweg nicht auf. Man muss Wolfgang Prinz zustimmen, wenn er erklärt, dass »für Willensfreiheit als theoretisches Konstrukt im Rahmen der wissenschaftlichen Psychologie kein Platz ist«.[30]

Roth, Singer, Markowitsch oder Prinz stellten mit ihrer Kritik der Willensfreiheit also keineswegs die etablierte wissenschaftliche Denktradition auf den Kopf. Im Gegenteil, sie lieferten bloß weitere Belege für eine Auffassung, die im Rahmen der empirischen Natur- und Sozialwissenschaften längst etabliert ist. Vielleicht entstand der öffentliche Wirbel um die Thesen der Neurobiologen auch dadurch, dass sie diese stillschweigend akzeptierte, in der Regel kaum reflektierte Übereinkunft der empirischen Forscher bewusst machten. Eines jedoch steht fest: Wer wie Roth oder Singer Thesen vertritt, die auf ähnliche Weise schon bei Freud und Skinner, bei Marx und Weber, bei Darwin, Haeckel und Einstein – und nicht zu vergessen: auch bei Spinoza, La Mettrie, Hume, Schopenhauer und Nietzsche – zu finden sind, der kämpft ganz bestimmt nicht allein auf verlorenem Posten.

Kehren wir nach diesen notwendigen Klarstellungen noch einmal zu Schopenhauer zurück. Der Philosoph brachte seine Überlegungen zur Willensfreiheitsproblematik folgendermaßen auf den Punkt: »Du kannst *tun*, was du *willst*: aber du kannst, in jedem gegebenen Augenblick deines Lebens, nur *ein* Bestimmtes *wollen* und schlechterdings nichts Anderes, als dieses Eine.«[31] Wenn diese Aussage richtig ist (und ich wüsste kein vernünftiges Argument, das sie entkräften könnte!), so müssen wir uns fragen, welche Konsequenzen aus diesem Sachverhalt zu ziehen sind. Schränkt diese Aussage Schopenhauers irgendeine der fundamentalen Freiheiten ein, für die Menschen im Verlauf der kulturellen Evolution so erbittert gestritten haben? Steht sie in irgendeinem Widerspruch zu den uns heute in »offenen Gesellschaften« erfreulicherweise garantierten Freiheitsrechten, etwa dem Recht auf freie Meinungsbildung und -äußerung, der Kunst- und Weltanschauungsfreiheit?

Ganz gewiss nicht! Denn die Freiheit, die wir meinen, wenn wir diesen Begriff emphatisch benutzen, ist stets eine *Freiheit des Tuns*, das heißt eine Handlungsfreiheit. *Frei sein bedeutet, tun zu können, was man will – es bedeutet nicht, zu einem bestimmten Zeitpunkt etwas anderes wollen zu können als das, was man will.* Wer für Freiheit kämpft, der versucht, innere und äußere Zwänge zu überwinden, die Handlungsfreiheiten einschränken. Niemand wird seine »Freiheit« ernsthaft in der Ursachenlosigkeit seines Willens erblicken, in dessen Loslösung von äußeren Reizen und inneren, neuronalen Verarbeitungsmustern, also in jenen Fiktionen, die mit der Idee der Willensfreiheit notwendigerweise verbunden sind.

Die Differenz von Willensfreiheit und Handlungsfreiheit zeigt sich nicht zuletzt darin, dass nur Letztere sinnlich erfahrbar ist. Momente, in denen uns Handlungsfreiheit plötzlich ermöglicht wird, werden von uns in der Regel als höchst beglückend erlebt. (Denken Sie etwa an den Klang der Pausenklingel in Ihrer Schulzeit.) Während wir die Zwänge, die unsere Handlungsfreiheit beschneiden, sehr deutlich spüren, verfügen wir über keinerlei Sensorium, um eine Beschränkung der bloß fiktiven Willensfreiheit zu erspüren. Keiner von uns wird sich in seiner Freiheit dadurch gestört sehen, dass er aufgrund der unzähligen Determinanten seiner Lebensgeschichte ausgerechnet *das will, was er will, beziehungsweise das ablehnt, was er nicht will.* Es ist uns normalerweise herzlich egal, ob unsere Vorliebe für Brecht möglicherweise dadurch gefördert wurde, dass Tante Erna beim Zubereiten des leckeren Vanillepuddings immer »Mackie Messer« trällerte, oder ob wir Bayern München vielleicht deshalb nie leiden konnten, weil uns die Nase von Uli Hoeneß fatal an den fiesen Nachbarn von nebenan erinnerte.

Allerdings sollte uns dies nicht darüber hinwegtäuschen, dass es neben den offensichtlichen Beschränkungen unserer äußeren

Handlungsfreiheit (beispielsweise, wenn wir als Kinder »Stuben-arrest« bekamen) auch gravierende innere Begrenzungen gibt: Mir fällt in diesem Zusammenhang das Beispiel eines Bekannten ein, der jahrelang unter massiven Zwangsstörungen litt, die ihn nachhaltig daran hinderten, das zu tun, was er liebend gern getan hätte: nämlich unter Menschen zu gehen, einen Kinofilm oder ein Konzert zu besuchen. Der Unterschied zwischen ihm und mir bestand keineswegs darin, dass ich im Gegensatz zu ihm über »Willensfreiheit« verfügte. In dieser Hinsicht waren wir beide gleichermaßen »unfrei«, denn keiner von uns konnte sich von den offensichtlich höchst unterschiedlichen Determinanten seiner Lebensgeschichte abkoppeln. Doch im Unterschied zu ihm hatte ich das Glück, *innere Handlungsfreiheit* zu besitzen. Während ich tun konnte, was ich wollte (nämlich mich im Kino mit Freunden zu treffen), war er dazu aufgrund widerstrebender innerer Zwänge bedauerlicherweise nicht in der Lage.

Wenn wir also von Handlungsfreiheiten sprechen, so müssen wir uns vergegenwärtigen, dass es nicht nur *äußere*, sondern eben auch *innere* Handlungen gibt, die empfindlichen Beschränkungen unterworfen sein können. In der Regel neigen wir dazu, nur solche Verhaltensweisen als Handlungen zu begreifen, die wir von außen beobachten können. Aber selbstverständlich ist ein Mensch, der intensiv über einen Sachverhalt nachdenkt, keineswegs untätig.

Bewusste Denkakte sind innere Handlungen. Wenn wir über abstrakte Inhalte nachdenken, so können wir dies nur, indem wir mit uns selbst sprechen. (Dies gilt auch fürs Lesen: Versuchen Sie einmal, diese Zeilen zu verstehen, ohne dabei die einzelnen Worte vor Ihrem inneren Ohr zu artikulieren!) Der einzige Unterschied zwischen einem inneren Denkprozess und einem Sprechakt besteht darin, dass das Gehirn in dem einen Fall nicht die Anweisungen gibt, das Gedachte für andere hörbar über die Stimmbänder herauszuposaunen. Ähnliches ist auch bei nicht verbalen Denkprozessen festzustellen: So braucht ein erfahrener Musiker kein Instrument, um ein Stück zu komponieren. Ihm genügt eine imaginäre Aufführung im Kopf. Ebenso kann ein bildender Künstler in einem inneren Schaffensprozess eine Skulptur entwerfen, ohne dabei äußerlich aktiv zu wirken. Noch bevor er zum Hammer greift, ist aus dem Steinblock vor dem inneren Auge bereits ein Monument geworden.

Diese Überlegungen führen zu einer bedeutsamen Ausdifferenzierung des Freiheitsbegriffs. Handlungsfreiheit umfasst, wie wir gesehen haben, nicht nur eine, sondern zwei Dimensionen: *Äußere Handlungsfreiheit* liegt vor, wenn wir nicht durch äußere Zwänge davon abgehalten werden, das zu tun, was wir tun wollen (beispielsweise weil wir in einer Diktatur leben, die die von uns angestrebte freie Meinungsäußerung unterdrückt). *Innere Handlungsfreiheit* besitzen wir, wenn wir nicht durch innere Zwänge (beispielsweise irrationale Ängste) daran gehindert werden, unseren Willen in die Tat umzusetzen.

Fallen innere und äußere Handlungsfreiheit zusammen, sind wir »frei« im wahrsten Sinne des Wortes. Dies ist die Freiheit, die wir meinen, wenn wir den Begriff sinnvoll (das heißt nicht zuletzt auch: in einer sinnlich erfahrbaren, nicht bloß herbeihalluzinierten Weise) verwenden. Mehr als *diese* Freiheit brauchen wir nicht – und haben wir auch nicht zu erwarten.

Jaqueline, Elliot und Mr. Spock: Wie Gefühle unser Verhalten bestimmen

Als Kind schlich ich mich eines Abends heimlich ins Wohnzimmer, um Alfred Hitchcocks Thriller *Die Vögel* zu schauen. Im Nachhinein musste ich feststellen, dass diese Idee doch nicht so famos war, wie ich ursprünglich angenommen hatte. Denn in der Nacht plagten mich arge Albträume, und auch noch am nächsten Morgen war mir beim Anblick des »lieben Federviehs« in den Bäumen einigermaßen mulmig zumute. Glücklicherweise verschwand dieses Gefühl der Beklommenheit jedoch schon am darauffolgenden Tag.

Jaqueline Kelly hatte solches Glück nicht. Über viele Jahre hinweg wurde sie von einer heftigen Vogelphobie geplagt.[32]

Schon der Anblick einer Feder versetzte Jaqueline in heillose Panik. Ihre Phobie war so stark ausgeprägt, dass sie kaum noch in der Stadt einkaufen konnte, geschweige denn, dass sie mit ihrer Tochter Angelina in den Park hätte gehen können, um Enten zu füttern.

Natürlich wusste Jaqueline, dass ihre Angst vor Vögeln irrational war. Aber dieses Wissen half ihr nicht, die Panik zu reduzieren. Selbst eine Psychotherapie, bei der sich klärte, wodurch ihre Phobie ausgelöst wurde – als Kind hatte sie gesehen, wie ein Vogel ins Haus ihrer Großmutter flog und dabei wild um sich schlug –, brachte sie in der Bewältigung ihrer Angst kein Stück weiter. Sosehr sie sich auch bemühte, eine gute Mutter zu sein, die ihrer kleinen Tochter die Welt zeigt: Die Todesängste, die Jaqueline erschütterten, wenn sie sich vorstellte, dass außerhalb ihres Hauses Vögel umherfliegen, machten ihr immer wieder einen Strich durch die Rechnung.

Sie litt, um es in der oben vorgeschlagenen Terminologie auszudrücken, unter einer massiven Beeinträchtigung ihrer inneren Handlungsfreiheit. Ein starker, innerer Zwang, der Wunsch, die Konfrontation mit Vögeln unbedingt zu vermeiden, hinderte sie daran, das zu tun, was sie eigentlich unbedingt tun wollte, nämlich gemeinsam mit ihrer Tochter ein normales Leben zu führen. Das traumatische Erlebnis in der Kindheit bewirkte, dass Jaquelines Gehirn Reaktionsmuster entwickelte, die Vögel als »universelles Wehe« interpretierten. Schon Fotografien von Federn oder Vögeln reichten aus, um ihren Hippocampus (eine zentrale Schaltstelle in dem für Emotionen zuständigen limbischen System des Gehirns) so zu erregen, dass ihr Puls zu galoppieren begann und ihr Gesicht wie Feuer brannte.

Dass sie alles tat, um die Konfrontation mit Vögeln zu vermeiden, ist angesichts eines solchen neuronalen Wohl-und-Wehe-Reaktionsmusters nur allzu verständlich. Setzte sie sich den vermeintlich tödlichen Gefahren der Außenwelt aus, geriet ihr Hirn in Aufruhr, igelte sie sich hingegen in ihrem Haus ein, wurde sie von ihrem Gehirn mit dem wohligen Gefühl der Sicherheit belohnt. Allerdings führte genau dieses Vermeidungsverhalten zu einer weiteren Verstärkung ihrer Angst, zur Festigung der ihrer Phobie zugrunde liegenden neuronalen Verschaltungen. Denn indem Jaqueline vermied, mit Vögeln in Kontakt zu kommen, konnte sie beziehungsweise ihr Gehirn nicht empirisch überprüfen, inwieweit die neuronal eingravierten Vorstellungsmuster mit der Wirklichkeit übereinstimmten oder nicht.

Aus dieser Spirale der Angst gab es nur einen einzigen Ausweg: Sie musste sich irgendwann dem Auslöser ihrer Ängste stellen. Nachdem viele psychotherapeutische Gespräche und selbst Hypnosesitzungen nicht geholfen hatten, entschloss sie sich zu einer konfrontativen Verhaltenstherapie bei Professor Paul Salkovskis, einem der großen Pioniere auf dem Gebiet der Behandlung von Angststörungen.

Nach einem kurzen Vorgespräch nahm Salkovskis eine kleine Feder aus einem Umschlag und legte sie auf einen Tisch, der etwa eineinhalb Meter von Jaqueline entfernt stand. Sie schrie auf, fürchtete, augenblicklich sterben zu müssen. Doch anders, als sie geglaubt hatte, stieg ihre Angst nicht weiter an, sondern legte sich allmählich. Salkovskis schob die Feder langsam an seine Patientin heran – immer nur so weit, wie sie es eben noch ertragen konnte. Auch hier zeigte sich das gleiche Phänomen: Jaquelines Angst wurde mit der Zeit geringer, denn ihr Gehirn machte die Lernerfahrung, dass es sinnlos war, bei diesem Reiz Alarm zu schlagen. Daraufhin zog Salkovskis eine große, von ihm als »romantisch« beschriebene Feder aus der Schreibtischschublade. Auch hieran gewöhnte sich Jaqueline allmählich. Und bereits nach fünfundvierzig Minuten therapeutischer Sitzung geschah das, womit sie nie gerechnet hätte: Sie nahm die große Feder selbst in die Hand.

Heute ist Jaqueline nach vielen Jahren der Qual von ihrer Phobie befreit. Ihr Hippocampus weist beim Betrachten von Vogelbildern keine ungewöhnlichen Aktivitäten mehr auf. Und so konnte sie endlich auch den größten Wunsch ihrer Tochter Angelina erfüllen, nämlich gemeinsam mit ihr in den Park zu gehen und Enten zu füttern.

Zweifellos hat die Therapie Jaqueline zu einer größeren in-

neren Handlungsfreiheit verholfen. Sie kann nun augenschein-
lich weit eher das tun, was sie tun will. Dessen ungeachtet ist ihr
Verhalten jedoch heute nicht weniger determiniert als in der
Vergangenheit. So wie sie zuvor auf den Reiz Vögel mit Panik
reagieren musste, zeigt sie heute aufgrund der veränderten neuronalen Reaktionsmuster notwendigerweise Gelassenheit. Wenn
Jaqueline ernsthaft versuchen würde, jene Angstreaktionen wieder zu erzeugen, die Vögel früher automatisch in ihr weckten,
wäre sie dazu heute nicht mehr in der Lage. Man könnte sagen:
Der therapeutische Erfolg bestand darin, dass aus dem Zwang,
Vögel zu fürchten, der Zwang wurde, genau dies nicht mehr zu
tun.

Sicher: Jaqueline wird es ganz bestimmt nicht als Zwang empfinden, dass sie Tauben heute nicht mehr fürchten kann. Als
Zwang werden von uns nämlich nur jene Determinanten empfunden, die im Widerspruch zu unserem Willen stehen. Es sind
also keineswegs die Determinanten unseres Verhaltens per se, die
unsere Freiheit begrenzen, wie das im klassischen Konzept der
Willensfreiheit unterstellt wird. Nur Faktoren, die reale Handlungsfreiheiten einschränken, die uns daran hindern, das zu tun,
was wir tun wollen, sind echte Zwänge und werden von uns
auch als solche subjektiv erlebt.

Was an Fällen wie dem von Jaqueline Kelly gleichermaßen
fasziniert wie beunruhigt, ist, dass sie verdeutlichen, wie wenig
rationale Überlegungen alleine ausrichten können, um nachhaltige Verhaltensänderungen hervorzurufen. Obgleich Jaqueline
auf einer kognitiv-abstrakten Ebene natürlich wusste, dass ihre
Vogelphobie irrational war, konnte sie ihre inneren Zwänge nicht
überwinden. Sie musste schon die reale Erfahrung machen, also
emotional erspüren, dass Vogelfedern, anders als ihr dies das limbische System weismachte, keine Gefahr für Leib und Leben bedeuten.

Dieser Befund korrespondiert in hervorragender Weise mit
den Ergebnissen der modernen Hirnforschung, die zeigen, dass
Emotionen eine weit bedeutendere Rolle in der Verhaltenssteuerung spielen, als ihnen in der abendländischen Denktradition

zugebilligt wurde. Vor allem das Neurologen-Ehepaar Hanna und António Damásio hatte maßgeblichen Anteil daran, dass das klassische »Ich denke, also bin ich«, das der französische Philosoph René Descartes einst als Quintessenz der Bewusstseinsphilosophie formulierte, mehr und mehr einem »Ich fühle, also bin ich« wich.

Wie so häufig in der Wissenschaft, so ging auch diesem Erkenntnisfortschritt ein Zufall voraus. António Damásio war in den Siebzigerjahren ein Patient überstellt worden, aus dem dessen Ärzte und lange Zeit auch Damásio selbst einfach nicht schlau wurden: Elliot, so der Name, den der Neurologe seinem Patienten in den Fallbeschreibungen gab, war ein guter Ehemann und Vater gewesen, der erfolgreich in einem Wirtschaftsunternehmen arbeitete und bei den Kollegen beliebt war.[33] Nach einer Operation, bei der man einen lebensbedrohlichen Gehirntumor entfernte, veränderte sich Elliots Persönlichkeit. Er ließ sich treiben, hatte keinen Antrieb mehr zu arbeiten, ließ sich von Nebensächlichkeiten ablenken. Auch in seinem privaten Leben schlitterte er von einer Katastrophe in die nächste. Mit Elliots Leben ging es unaufhaltsam bergab: Zunächst verlor er seinen Beruf, dann sein Vermögen, am Schluss seine Familie.

Auffällig war, dass Elliot es nicht mehr vermochte, rationale Entscheidungen in seinem Leben zu treffen. Wenn er vor Entscheidungen stand, verhielt er sich ausgesprochen töricht, obgleich seine kognitiven Fähigkeiten durch den Tumor offensichtlich nicht in Mitleidenschaft gezogen worden waren. Und genau dies war das eigentliche Rätsel, das Elliot umgab: Wie konnte es sein, dass er sich in seinem Alltagsleben so dumm verhielt, gleichzeitig aber bei sämtlichen psychologischen und neurologischen Tests normal bis überdurchschnittlich abschnitt? Was brachte diesen Mann, der etwa bei Gedächtnisleistungen oder der Lösung moralischer Dilemmata weit bessere Leistungen als der Durchschnitt der amerikanischen Bevölkerung erzielte, dazu, in seinem Leben so kolossal zu versagen?

»Die Instrumente, die im Allgemeinen als notwendig und hinreichend für rationales Verhalten gelten, waren intakt geblieben«, schrieb Damásio in seinem Buch *Descartes' Irrtum*. »Wissen, Aufmerksamkeit und Gedächtnis waren nicht beeinträchtigt. Er drückte sich einwandfrei aus, führte komplizierte Rechnungen aus und ging abstrakte Probleme logisch an.«[34] Was also stimmte mit Elliot nicht? Damásios Antwort: »Die Störung seiner Entscheidungsfähigkeit wies nur eine einzige auffällige Begleiterscheinung auf: eine deutliche Beeinträchtigung seiner Fähigkeit, Gefühle zu empfinden.«[35]

Wenn Elliot von den Höhen und Tiefen seiner Biografie berichtete, blieb er merkwürdig emotionslos. Damásio erklärte, dass er als behandelnder Arzt beim Anhören der tragischen Lebensgeschichte offenkundig mehr litt als sein Patient.[36] Elliot schien das Leben in einer stets gleichen, neutralen Gestimmtheit an sich vorüberziehen zu lassen. Er zeigte weder Freude noch Traurigkeit noch Groll. Sah er Bilder von Erdbebenopfern oder Opfern grauenhafter Verkehrsunfälle, so *wusste* er zwar, dass dies schlimme Situationen sein müssten, doch er *empfand* nicht die mit solchem Wissen normalerweise verbundenen Emotionen.

In gewisser Weise war Elliot ein fleischgewordener Mr. Spock (Sie erinnern sich an den spitzohrigen Vulkanier aus der Science-Fiction-Serie *Star Trek / Raumschiff Enterprise*?). Doch anders als der fiktionale Mr. Spock, der aufgrund seiner »Gefühlsfreiheit« selbst in den brenzligsten Situationen kühlen Kopf behielt und stets die logisch korrekten Entscheidungen traf, war der reale Elliot gerade hierzu nicht in der Lage. Eben weil dessen Gefühl für Wohl und Wehe so arg limitiert war, wusste er nicht, wie er sich in einer konkreten Situation zwischen den vielen Handlungsoptionen, die ihm als intelligentem Artgenossen einfielen, entscheiden sollte. *Wer nichts empfindet, kann sich nicht entscheiden.* Ein realer Mr. Spock wäre daher wohl auch eher ein Kandidat für die Psychiatrie als ein Anwärter auf eine glanzvolle Karriere in der intergalaktischen Sternenflotte.

Dass Emotionen eine so hervorragende Rolle bei Entscheidungsprozessen spielen, ist neurowissenschaftlich leicht nachzuvollziehen. Denn die Dominanz des Emotionalen über das Rationale ist hirnphysiologisch bedingt. Gerhard Roth weist in diesem Zusammenhang darauf hin, »dass das limbische System, aber nicht das rationale System der Großhirnrinde, einen direkten Zugriff auf diejenigen Systeme in unserem Gehirn hat, welche letztendlich unser Handeln bestimmen … Das limbische System hat gegenüber dem rationalen corticalen System das erste und das letzte Wort. Das erste beim Entstehen unserer Wünsche und Zielvorstellungen, das letzte bei der Entscheidung darüber, ob das, was sich Vernunft und Verstand ausgedacht haben, jetzt und so und nicht anders getan werden soll. Der Grund hierfür ist, dass alles, was Vernunft und Verstand als Ratschläge erteilen, für den, der die eigentliche Handlungsentscheidung trifft, emotional akzeptabel sein muss. Es gibt also ein rationales Abwägen von Handlungen und Alternativen und ihren jeweiligen Konsequenzen, es gibt aber kein rein rationales Handeln. Am Ende eines noch so langen Prozesses des Abwägens steht immer ein *emotionales Für oder Wider.*«[37]

Überträgt man dieses Organisationsprinzip des Gehirns auf ein Wirtschaftsunternehmen, so kann man sagen, dass das für das emotionale Für und Wider beziehungsweise Wohl und Wehe zuständige limbische System die Firmenzentrale darstellt, die die maßgeblichen Entscheidungen des Unternehmens trifft. Das mit dem Rationalen befasste corticale System gleicht demgegenüber einem Beraterstab, der von der Firmenleitung nur in bestimmten Situationen, etwa bei besonders wichtigen und komplizierten Fragestellungen, konsultiert wird.

Liegt die Firmenzentrale am Boden, ist sie also nicht willens, überhaupt Entscheidungen zu treffen, so hilft – wie Elliots Fall zeigt – selbst das beste Team von Unternehmensberatern nicht. Ähnlich problematisch kann es aber auch sein – siehe das Beispiel der Vogelphobikerin Jaqueline –, wenn die Firmenzentrale, das limbische System, allzu eigenmächtig Entscheidungen trifft, ohne sich an den Empfehlungen des Beraterstabs zu orientieren. Ein Übermaß an Gefühlen kann die Fähigkeit zu bewusster, rationaler Verhaltenssteuerung ebenso untergraben wie ein zu gering dosierter Gefühlshaushalt.

Man sollte aus Jaquelines Fall jedoch keine voreiligen Schlüsse ziehen: Denn im Normalfall stellt das Nichtkonsultieren des rational-bewussten Beraterstabs kein Problem dar. Im Gegenteil! Dass die meisten Entscheidungen auf unbewusstem Wege in der »Firmenzentrale« getroffen werden, ist hoch effizient, denn dies spart Ressourcen. Guter Rat ist bekanntlich teuer. Dies gilt nicht nur für die Leistungen von Unternehmensberatern in der Wirtschaft, sondern auch für die Leistungen des Bewusstseins im menschlichen Gehirn.

Das Gehirn ist ohnehin ein unerhört »teures« Organ für den Organismus. Es benötigt weit mehr Zucker- und Sauerstoffressourcen, als ihm von seiner relativen Größe her zukommen sollten. Besonders anspruchsvoll ist dabei der assoziative Cortex, dessen Aktivität direkt mit »Bewusstsein« verknüpft ist.[38] Prozesse im assoziativen Cortex schlucken weit mehr Energie als die vielfältigen Hirnaktivitäten, die uns nicht bewusst werden. Wie stoffwechselintensiv solche bewussten kognitiven Funktionen sind, zeigt sich auch darin, so Gerhard Roth, »dass wir bei niedrigem Blutzuckerspiegel oder bei Sauerstoffmangel Wahrnehmungs- und Konzentrationsschwierigkeiten haben und schließlich ohnmächtig werden«.[39] Aufgrund der hohen Kosten, die bewusste Denkvorgänge verursachen, ist es daher nicht verwunderlich, »dass das Gehirn immer danach trachtet, Dinge aus der assoziativen Großhirnrinde auszulagern. *Bewusstsein ist für das Gehirn ein Zustand, der tunlichst zu vermeiden und nur im Notfall einzusetzen ist.*«[40]

Die Gedanken sind frei? Möglichkeiten und Grenzen der bewussten Verhaltenssteuerung

Schätzungen zufolge dringen weniger als 0,1 Prozent sämtlicher Hirnaktivitäten in unser Bewusstsein vor.[41] Über 99,9 Prozent aller Gehirnaktivitäten entziehen sich unserer Wahrnehmung – und das ist auch gut so, denn der verhältnismäßig kleine Arbeitsspeicher unseres Bewusstseins würde angesichts der ungeheuren

Datenmengen, die das Gehirn in jeder Sekunde zu verarbeiten hat, sofort zusammenbrechen. Der Wissenschaftsjournalist Bas Kast veranschaulichte dies, indem er die Menge der Informationen, die auf das Hirn einströmen, mithilfe des uns im Computerzeitalter hinreichend bekannten binären Codes (Basiseinheit: ein Bit) ausdrückte: »Demnach schicken die Augen pro Sekunde mindestens zehn Millionen Bits an das Gehirn, die Haut etwa eine Million, die Ohren 100 000, der Geruchssinn weitere 100 000 und der Geschmackssinn noch einmal tausend Bits – alles in allem mehr als elf Millionen Bits, die Sekunde für Sekunde in unserem Hirn eintreffen, und das ist noch eine sehr vorsichtige Schätzung.«[42]

Gegenüber dieser riesigen Datenmenge ist der Arbeitsspeicher, den wir bei bewussten Denkoperationen verwenden, »erschreckend klein«, wie Kast schreibt: »Beim Lesen dieses Satzes etwa verarbeiten Sie nicht mehr als fünfundvierzig Bits pro Sekunde. Beim Rechnen sinkt die Zahl auf zwölf Bits. Insgesamt bewältigt unser bewusster Verstand maximal fünfzig Bits pro Sekunde. Auch wenn diese Zahlen nicht das Maß aller Dinge sind: Sie geben uns einen Eindruck von dem gewaltigen Kapazitätsunterschied zwischen dem Unbewussten und dem bewussten Verstand. Freud und andere haben unseren Geist mit einem Eisberg verglichen, dessen Großteil sich unter der Wasseroberfläche befindet, im Unbewussten, während nur die Spitze, das Bewusstsein, herausragt. Das Bild scheint wohl eher noch eine Untertreibung zu sein.«[43]

Bewusste, kognitive Prozesse sind nicht nur echte »Energiefresser«, sondern aufgrund des geringen Arbeitsspeichers auch sehr langsam und fehleranfällig (schließlich können in bewussten Denkvorgängen stets nur einige wenige Variablen miteinander verrechnet werden). Warum also leistet sich der Organismus den »Luxus« eines bewussten Denkapparats?

Man muss diese Fragestellung trennen von der Frage, weshalb es überhaupt Bewusstsein im Sinne von Wahrnehmungen interner Wohl- und Weheempfindungen gibt. Auf diese Frage hatten wir bereits im ersten Kapitel eine evolutionsbiologische Antwort gefunden, indem wir den Selektionsvorteil betonten, der mit der Herausbildung von Empfindlichkeit verbunden ist: Lebewesen, die Wohl und Wehe wahrnehmen, so hatten wir festgestellt, können schädlichen Reizen ausweichen, was ihre Chancen auf Selbsterhalt und Fortpflanzung steigert.

Nun macht es allerdings einen großen Unterschied aus, ob man Wohl und Wehe bloß *bewusst empfindet* oder ob man zudem noch *bewusst reflektiert*, warum man ausgerechnet dieses oder jenes als Wohl oder Wehe erlebt. Warum also machen wir uns all die Gedanken, wenn das Gehirn ohnehin die meiste Arbeit unbemerkt von unserer Wahrnehmung erledigt? Würde es nicht völlig ausreichen, wenn uns das Hirn hin und wieder Wohl- und Weheempfindungen zukommen ließe, ohne dass wir uns dabei ständig infolge mühsamer und energieaufwendiger bewusster Denkprozesse selbst klar machen müssten, was wir eigentlich wollen? Warum konstruiert das Gehirn überhaupt ein »Ich«, das sich einbildet, freier Urheber innerer und äußerer Handlungen zu sein, wenn doch letztlich all diese Prozesse neuronal gesteuert sind?

Offenbar benötigt das Gehirn die *Simulation eines virtuellen Ichs*, um sich angemessen in der Welt verhalten zu können. Um dieses Argument, das vor allem der in Mainz lehrende Neurophilosoph Thomas Metzinger ausgeführt hat[44], zu verstehen, müssen wir etwas ausholen: Zunächst sei an die weiter oben getroffene Feststellung erinnert, dass die Entstehung komplexerer Hirne im Verlauf der hominiden Entwicklung wesentlich darauf zurückzuführen ist, dass deren Träger den Vorteil größerer sozialer Intelligenz besaßen, also besser abschätzen konnten, mit wem sie auf welche Weise interagieren mussten, um ihren Zielen näher zu kommen. Solche soziale Intelligenz setzt eine *Theory of Mind* (Theorie des Geistes) voraus, also eine ungefähre Vorstellung darüber, welche Gefühle, Bedürfnisse, Absichten, Überzeugungen andere Personen haben könnten.

Zur Illustration: Nehmen wir an, X macht Ihnen ein verlockendes Angebot, etwa ein Traumhaus auf einer Südseeinsel zu finanziellen Traumkonditionen, mit dem Sie nicht gerechnet haben. Wenn Sie nicht völlig naiv sind, müssen Sie sich fragen, was hinter der Offerte steckt: Ist X einfach nur ein netter Kerl, der Sie großzügig an seinem Glück teilhaben lassen will? Oder ist er ein besonders gerissener Bursche, der die Leute gern übervorteilt? Falls Letzteres zutrifft: Vielleicht haut er ja nur andere übers Ohr, Sie aber nicht? Oder müssen gerade Sie bei ihm besondere Vorsicht walten lassen? Haben Sie ihm irgendwann einmal Schaden zugefügt? Will er sich jetzt etwa auf geschickte Weise rächen? Könnte er auf irgendetwas neidisch sein, das Sie besitzen?

Um X richtig einschätzen zu können, muss Ihr Gehirn ihn virtuell simulieren und die von ihm möglicherweise ausgehenden Handlungen und deren Folgen durchspielen. X wird dabei als eigenständig agierendes, mentales Selbst konstruiert, was spiegelbildlich auch die Simulation eines eigenen virtuellen Ichs notwendig macht, das in Beziehung zu X gesetzt werden kann. Wenn Sie darüber nachdenken, wie Sie sich gegenüber X verhalten sollten, so simuliert Ihr Hirn ein virtuelles Rollenspiel in einer virtuellen Wirklichkeit, das Ihnen beziehungsweise Ihrem Gehirn eine komplexe, langfristige Handlungsplanung mit unterschiedlichen Alternativszenarios ermöglicht.

Solche virtuellen Simulationen im Gehirn sind für das Verhalten des Individuums von großer Bedeutung. Gerhard Roth schreibt: »Ohne die Möglichkeit zu virtueller Wirklichkeit und zu virtuellem Handeln könnte das Gehirn nicht diejenigen komplexen Leistungen vollbringen, die es vollbringt. Die Wirklichkeit und ihr Ich sind Konstruktionen, welche das Gehirn in die Lage versetzen, komplexe Informationen zu verarbeiten, neue, unbekannte Situationen zu meistern und langfristige Handlungsplanung zu betreiben. Wir sehen dies an der … Entwicklung des Kindes: das Kleinkind verfügt über bestimmte Formen des Bewusstseins, z. B. ein Wahrnehmungsbewusstsein, Aufmerksamkeit, ein Emotionsbewusstsein – Bewusstseinsformen, die sich auch bei anderen Primaten oder anderen Säugetieren finden … Aber erst die Entwicklung eines selbstbewussten Ich macht den Menschen zu einem hochflexiblen Akteur.«[45]

Ein Erwachsener mit dem Selbstmodell eines Vierjährigen besäße in unserer Gesellschaft schlechte Karten. Er wäre nicht in der Lage, die komplexen Verhaltensmuster innerhalb der Gruppe zu durchschauen und angemessen darauf zu reagieren. Es bedarf schon einer über viele Jahre sich erstreckenden neuronalen Innenweltkonstruktion und des Aufbaus der Fiktion eines eigenständigen, all die verschiedenen Wahrnehmungen, Empfindungen, Gedanken, Erinnerungen integrierenden Ichs im Zentrum dieser Innenwelt, um sich in der Außenwelt halbwegs zurechtfinden zu können.

Wenn wir die Faktoren untersuchen, die zum Aufbau dieses virtuellen Selbst beitragen, so sind dies keineswegs bloß biologische Reifungsprozesse, sondern vor allem soziale Interaktionsmuster. »Erst in der Gruppe macht der Begriff ›Ich‹ überhaupt Sinn«, schreiben Werner Siefer und Christian Weber in ihrem Buch *Ich. Wie wir uns selbst erfinden* und weisen damit zu Recht auf die konstitutive Bedeutung der Gruppe für die Ich-Identität hin.[46] In der Tat belegen die Ergebnisse der Persönlichkeits- und Bewusstseinspsychologie, dass wir uns vor allem deshalb als eigenständig agierende Selbste empfinden, weil uns diese Eigenschaft von anderen zugeschrieben wird.[47]

Kinder bauen ihr virtuelles Selbst vor allem dadurch auf, dass wir sie als eigenständig handelnde Akteure ansprechen (»Du bist die Lea, ich bin die Mama«), sie für ihr Verhalten verantwortlich machen (»Was hast du denn jetzt schon wieder angestellt?!«), sie loben (»Das hast du aber brav gemacht!«) oder tadeln (»Wehe, wenn du so etwas noch einmal tust!«). Wichtig sind in diesem Zusammenhang auch die Geschichten, die wir Kindern erzählen oder die sie über Bücher und Filme vermittelt bekommen. Denn diese Geschichten sind, so Wolfgang Prinz, »vollgestopft mit Willens- und Handlungsjargon«.[48] Sie tragen nicht nur dazu bei, die kulturspezifischen Sitten und Gebräuche, Wert- und Normvorstellungen, Mythen und Legenden in den Gehirnen der Kinder zu verankern, sondern erklären ihnen auch, »was Personen eigentlich sind, wie sie funktionieren und wie ihr Denken mit ihrem Tun zusammenhängt«.[49] Diese kulturellen Informationen nisten sich mehr und mehr in unseren neuronalen Schaltkreisen ein und bilden dadurch die Grundlage für die Entstehung des virtuellen Ichs.

Wir erkennen daran, dass das virtuelle Ich, das sich kontrafaktisch als Besitzer eines Körpers und unabhängigen Urheber aller Handlungen wähnt, keine Naturgegebenheit ist. Vielmehr handelt es sich hierbei um einen kulturell sich überaus erfolgreich kopierenden Memplex, das heißt um eine fiktionale Geschichte, die uns im Verlauf unserer individuellen Entwicklung so lange erzählt wird, bis wir sie so sehr verinnerlicht haben, dass wir in unserem Denken, Handeln und Empfinden ganz selbstverständlich von der realen Existenz des uns bloß angedichteten Ichs ausgehen.

Vor der Erfindung des »ultimativen Memplexes«, wie die englische Psychologin Susan Blackmore die Fiktion des über dem Körper thronenden Selbst bezeichnet[50], nahmen Menschen sich und die Welt zweifellos auf eine völlig andere Weise wahr. Wann aber entstand der Memplex des frei agierenden Selbst? Der amerikanische Psychologe Julian Jaynes stellte die These auf, dass dies erst vor etwa dreitausend Jahren geschah.[51] Aus der Lektüre alter Schriftquellen meinte er ableiten zu können, dass sich die Menschen der »vorhomerischen Zeit« noch als von außen gelenkt empfanden und in Entscheidungssituationen »Stimmen von Göttern« halluzinierten, welche ihnen sagten, was zu tun sei. Jaynes' Thesen waren und sind bis heute heftig umstritten. Kaum zu leugnen ist allerdings, dass das moderne Selbstbewusstsein wohl ein relativ spät auftretendes Artefakt der kulturellen Evolution ist, das keineswegs automatisch mit dem biologisch bestimmten bloßen Menschsein verbunden ist.

Insofern dürfte auch Jaynes' Analogie zwischen der Entwicklung des individuellen Bewusstseins und der Entwicklung der menschlichen Kultur prinzipiell richtig sein. Erwachsene vor 50 000 Jahren werden kaum über ein differenzierteres Ich-Bewusstsein verfügt haben als heutige Siebenjährige. Selbst gegenüber Personen, die vor, sagen wir einmal, zweihundert Jahren lebten, entwickeln wir gegenwärtig im Durchschnitt komplexere Ich-Identitäten. Warum? Weil die Vorstellungen, die wir uns über uns selbst und andere machen, maßgeblich von Memplexen geprägt sind, die Psychologen erst in den letzten hundert Jahren entwickelt haben.

Man muss keineswegs Freud, Skinner, Adler & Co. gelesen haben, um Konzepte des Unbewussten, der Konditionierung, des Minderwertigkeitskomplexes, der Traumatisierung etc. in seinem internen Ich- und Weltmodell wiederzufinden. Solche Meme und Memplexe werden uns nämlich Tag für Tag in Bildern, Filmen, Büchern, Fernsehsendungen, Zeitungen oder alltäglichen Gesprächen vermittelt. Es wäre einmal eine Untersuchung wert, zu schauen, wie viele sozialwissenschaftliche Memplexe allein in einfache Fernsehserien wie *Die Lindenstraße* einfließen. Selbst die *BILD*-Zeitung ist voll davon. Der »transformative Kreislauf des Wissens«[52], sprich: die memetische Infizierung über alle Kulturbereiche hinweg, schreitet unaufhörlich voran. Dem kann sich niemand entziehen. Und so verstehen und erleben wir die Welt heute auf eine signifikant andere Weise als Menschen vorangegangener Epochen.

Natürlich haben memetisch veränderte Sichtweisen Auswirkungen auf unser Verhalten. Ein Beispiel mag dies illustrieren: Wer weiß, dass Frauen die gleichen intellektuellen Leistungen erbringen können wie Männer – ein Faktum, das bekanntlich über Jahrhunderte hinweg bestritten wurde –, der wird die einst übliche sexuelle Diskriminierung im Bildungssektor, etwa die Nichtzulassung von Frauen zum Studium, nicht mehr hinnehmen. Für das Selbstkonzept und das Verhalten hat dies weitreichende Konsequenzen: Statt dem tradierten Muster »Kinder, Küche, Kirche« zu folgen und sich auf diese Weise von einem Mann finanziell abhängig zu machen, nehmen Frauen heute unter dem Einfluss des Memplexes der Gleichberechtigung ihr Leben selbst in die Hand, nutzen Bildungschancen, starten Berufskarrieren etc. (Ob diese Veränderungen nur im Sinne eines »Zugewinns an Handlungsfreiheit« zu interpretieren sind oder ob sich mit ihnen nicht doch wieder sehr reale, neue Zwänge verbinden, sei einmal dahingestellt.)

Den Großteil der an einer Entscheidung beteiligten Meme

nehmen wir nicht bewusst wahr (ein Aspekt, den die Werbe-industrie klug zu nutzen weiß!). Treten Meme jedoch ins Schein-werferlicht des Bewusstseins, so interpretieren wir sie als Gründe. Wenn man uns fragt, warum wir bei der letzten Bundestagswahl Partei X gewählt haben, geben wir einen Grund an, etwa weil X in unseren Augen für soziale Gerechtigkeit oder gesellschaft-lichen Fortschritt steht. Dass bei dieser Wahlentscheidung neben bewussten Gründen auch unbewusste Präferenzen mitschwin-gen (vielleicht finden wir die Stimme des Spitzenkandidaten von X einfach sympathischer als die des Kandidaten Y?), ist einiger-maßen evident, schließlich finden ja 99,9 aller Hirnaktivitäten unabhängig von unserer Wahrnehmung statt. Das bedeutet je-doch keineswegs, dass die von uns als bewusst wahrgenommenen Gründe irrelevant sind. Das Gehirn würde ganz sicher nicht die enormen Energiekosten aufbringen, die mit dem bewussten Ab-wägen von Gründen verbunden sind, wenn diese nicht in ir-gendeiner Weise ursächlichen Einfluss auf das Verhalten nehmen würden.

Damit sind wir an einem neuralgischen Punkt der philoso-phischen Debatte angelangt. Philosophen neigen nämlich in der Regel dazu, strikt zwischen *Ursachen* und *Gründen* zu unterschei-den. Dabei begreifen sie »Ursachen« als materielle Vorausset-zungen für spezifische Wirkungen. So ist das Anschalten einer funktionstüchtigen Herdplatte die Ursache dafür, dass die Suppe kocht. »Gründe« werden demgegenüber als ideelle Vorausset-zungen für Handlungen verstanden. Wenn man uns fragt, warum wir die Herdplatte angeschaltet haben und ausgerechnet jetzt Suppe kochen, werden wir irgendeinen Grund angeben, etwa dass Tante Erna, die gleich zu Besuch kommt, so liebend gern Pfifferlingsrahmsuppe isst und wir ihr damit einfach eine Freude bereiten wollten.

Diese Unterscheidung zwischen Ursachen und Gründen ist auf der Erscheinungsebene zweifellos plausibel. Allerdings kann die hiermit meist verknüpfte Unterstellung, dass Gründe etwas ganz anderes seien als Ursachen, nach all dem, was wir bisher er-läutert haben, nicht stimmig sein. Denn wie auch sollten angeblich »immaterielle«, auf einer rein geistigen Ebene existierende Gründe irgendwelche materiellen Wirkungen (etwa die Bewegung eines Arms zur Betätigung des Herdes) hervorrufen können? Hinter einer solchen Vorstellung steckt der alte, längst widerlegte Dualismus von Körper und Geist.

Wer solchem Hokuspokus (nichts anderes ist der Glaube an einen immateriell wirkenden Geist!) nicht auf den Leim gehen möchte, für den gibt es nur *eine* logische Schlussfolgerung: Ideelle Gründe müssen, sofern sie denn irgendetwas bewirken, materielle Ursachen sein! Was Gründe zu etwas Besonderem macht, ist allein die Tatsache, dass die neuronalen Muster, auf denen sie beruhen, im bewusstseinsfähigen, assoziativen Cortex angesiedelt sind – und nicht in jenen Hirnregionen, die der individuellen Wahrnehmung nicht zugänglich sind.

Wenden wir uns nun dieser Besonderheit zu: Warum hat die biokulturelle Evolution es so »eingerichtet«, dass manche Meme im Licht des Bewusstseins auftauchen, während andere im Schatten des Unbewussten verbleiben? Eine naheliegende Vermutung wäre, dass bewusste Gründe zur Aufrechterhaltung des virtuellen Selbst erforderlich sind. Ein sich autonom wähnendes Ich muss schließlich wissen, was es tut und aus welchen Gründen es sich genau so und nicht anders verhält.

Für diese Deutung spricht, dass das Gehirn im Notfall, wenn es die Ursachen körperlicher Reaktionen nicht eruieren kann, sich regelrecht »das Blaue vom Himmel lügt«, um dem Ich unerklärliche Verhaltensweisen doch irgendwie verständlich zu machen. Dies belegen vor allem jene Fälle, bei denen Chirurgen im Zuge neuronaler Untersuchungen bestimmte Hirnregionen ihrer Patienten durch elektrische Impulse stimulierten, was mitunter heftige emotionale Reaktionen hervorrief.

Bei der Patientin A. K. beispielsweise löste die Stimulation einer Region des linken Frontallappens herzhaftes Gelächter aus. Damásio berichtet: »Das Gelächter war vollkommen echt, so echt, dass die Beobachter es als ansteckend beschrieben. Es kam aus heiterem Himmel – der Patientin wurde nichts Komisches gezeigt oder erzählt, und sie dachte auch an nichts, was das Lachen hätte auslösen können. Trotzdem fand es statt, ein vollkommen unmotiviertes, aber realistisches Lachen.«[53] Interessant war nun, wie A. K. beziehungsweise ihr Gehirn diese Reaktionen deutete: Es stellte sich nämlich heraus, »dass die Patientin anschließend als Grund des Lachens jedes Objekt angab, auf das sie sich zum Zeitpunkt der Stimulation gerade konzentriert hatte. Zeigte man der Patientin beispielsweise das Bild eines Pferdes, sagte sie: ›Das Pferd ist komisch.‹ Gelegentlich mussten die Forscher selbst als emotional besetzter Reiz herhalten, dann sagte sie: ›Oh, Leute, ihr seid einfach zu komisch … wie ihr da so herumsteht.‹«[54]

Um die Illusion des virtuellen Selbst aufrechtzuerhalten, spiegelte A. K.s Gehirn ihr plausibel erscheinende Gründe für die Heiterkeit vor, die in Wahrheit jedoch von einer völlig anderen Ursache, nämlich der elektrischen Simulation ihres Frontallappens, ausgelöst wurde. Selbst wenn man A. K. das deutsche Postleitzahlenverzeichnis vorgelesen hätte, hätte sie sich wohl vor Lachen gebogen und dies wahrscheinlich pseudorational damit begründet, dass sie Postleitzahlen einfach urkomisch findet. (Wichtig ist dabei festzuhalten, dass A. K.s Reaktionen nicht pathologisch waren. Uns erginge es nicht anders als ihr, wenn wir den gleichen Stimulationen ausgeliefert wären!)

Es gibt also gute Argumente dafür, dass Gründe für das virtuelle Selbst notwendig sind, damit es sich als handelnd erleben und auch andere als Handelnde einschätzen kann. Doch ist dies die einzige Erklärung dafür, weshalb unser Organismus die beträchtlichen Stoffwechselkosten auf sich nimmt, die unweigerlich auftreten, wenn wir die Stichhaltigkeit von Gründen und Begründungen in bewussten Denkvorgängen beleuchten?

Ich meine, dies wäre zu kurz gedacht. Bewusste Begründungen sind nicht nur notwendig, um unserem virtuellen Selbst zu erklären, warum es sich so und nicht anders verhält, sondern auch, weil nur auf diese Weise komplexe Verhaltensänderungen möglich sind. Denn so klein der Arbeitsspeicher des Bewusstseins auch ist und so langsam er im Vergleich zu unbewussten Hirnvorgängen auch getaktet ist, er hat *einen* großen Vorteil: Er erlaubt eine konzentrierte Untersuchung eng umrissener Probleme, für die im informationsverarbeitenden System des Gehirns noch keine befriedigenden Lösungen gefunden wurden.

Das explizite, deklarative Bewusstsein ist also nicht bloß ein Epiphänomen (also eine Wirkung, die selbst nichts bewirkt), sondern »ein besonderes Werkzeug des Gehirns«, das von diesem eingesetzt wird, »wenn es um neuartige kognitiv oder motorisch schwierige und bedeutungshafte Probleme geht, die es zu lösen gilt«.[55] Wie Gerhard Roth betont, unterziehen wir uns den Mühen einer bewussten Denkarbeit nur, »wenn ein Geschehnis oder eine Aufgabe als *neu* und *wichtig* eingestuft wurde, z.B. im Zusammenhang mit dem Erfassen neuartiger Sachverhalte, neuer Bedeutungen von Objekten, Geschehnissen, Sätzen, dem Erlernen neuer motorischer Fertigkeiten, dem Vorstellen und Erinnern neuer, komplexer Inhalte, dem Aussprechen neuer komplizierter Sätze … dem aktiven Erinnern von ›Wissen‹ … In dem Maße, in dem die Leistungen wiederholt werden, sich einüben und schließlich mehr oder weniger automatisiert und damit müheloser werden, schwindet auch der Aufwand an Bewusstsein und Aufmerksamkeit, bis schließlich – wenn überhaupt – nur ein begleitendes Bewusstsein übrig bleibt.«[56]

Bewusste Denkvorgänge sind also, auch wenn sie weniger als 0,1 Prozent der gesamten Hirnaktivität repräsentieren, für unsere Verhaltenssteuerung unerlässlich. Wir wägen verschiedene Handlungsmöglichkeiten gegeneinander ab, untersuchen die Argumente, die für diese oder jene Sichtweise sprechen, und entscheiden uns dann für die Option, die uns als die sinnvollste erscheint. Und selbstverständlich kann diese letztlich bevorzugte Option durchaus *eine andere* sein als jene, für die wir noch zu Beginn des bewussten Denkprozesses votierten.

Dies wirft eine interessante Frage auf: Belegt eine solche Fähigkeit zur Umentscheidung nicht doch, was oben bestritten wurde, dass wir fähig sind, anders zu wollen, als wir wollen? Könnte es sein, dass diese 0,1 Prozent aller Hirnvorgänge, also die unter dem Scheinwerferlicht des Bewusstseins stattfindenden Denkprozesse, genau *das* ausmachen, was man sinnvollerweise unter dem Begriff »Willensfreiheit« fassen könnte?

Die Argumentation mancher Philosophen scheint genau in diese Richtung zu gehen. So schreibt etwa Julian Nida-Rümelin: »Die Freiheit, die wir voraussetzen müssen, ist … die der *Deliberation*, der Abwägung theoretischer und praktischer Gründe … Wenn wir den Eindruck haben, dass jemand nicht in der Lage ist, Gründe abzuwägen, so ziehen wir ihn nicht oder nur eingeschränkt zur Verantwortung. Wir glauben dann nicht, dass er frei sei in seinen Entscheidungen. Wir werden ihm manches nicht übel nehmen, was wir anderen, freien, rationalen und verantwortlichen Menschen übel nehmen würden.«[57]

So einsichtig derartige Überlegungen uns »virtuellen Selbsten« auch erscheinen mögen, sie beruhen letztlich auf dem oben bereits dargestellten, dualistischen Irrtum, dass geistige Gründe etwas anderes seien als materielle Ursachen. Wir hatten dem Zweierlei entgegengehalten: Erstens, dass Gründe, sofern sie denn irgendetwas bewirken, selbst Ursachen sein müssen, und zweitens, dass uns Gründe nur deshalb als etwas Besonderes erscheinen, weil sie an anderer Stelle, nämlich im assoziativen Cortex, neuronal kodiert sind als unbewusste Hirnvorgänge. Eingedenk der Funktion, die bewussten Denkprozessen im Kontext der Verhaltenssteuerung zukommt, bietet sich für den idealistisch umnebelten Begriff »Gründe« somit eine einfache, naturalistische Definition an: *Gründe sind Meme, die ein Gehirn vor dem Hintergrund der ihm vorliegenden Informationen für die Klärung eines anstehenden Problems als so bedeutsam erachtet, dass es sie einer bewussten Bewertung im assoziativen Cortex unterzieht.*

Vor dem Hintergrund dieser Definition wird klarer, warum es ein freies, das heißt akausales Abwägen von Gründen gar nicht geben kann. Wer meint, dass die Gedanken und damit auch unser Wille »frei« seien, der übersieht nämlich, dass unsere Denkprozesse durch Myriaden von Faktoren ursächlich bestimmt werden, die sich der Kontrolle virtueller Selbste prinzipiell entziehen. In diesem Zusammenhang sind nicht nur die biologisch vorgegebenen Beschränkungen unseres Denkvermögens zu berücksichtigen (als Spezies allgemein sowie auch als Individuen mit unterschiedlichen intellektuellen Veranlagungen), sondern vor allem der Einfluss kultureller Variablen. So können selbstredend nur solche Meme im Bewusstsein verarbeitet und unter Umständen denkerisch modifiziert werden, die im Verlauf der kulturellen Evolution bereits entwickelt wurden. (Es ist daher unsinnig, einem antiken Tyrannen mit dem Brustton moralischer Empörung vorzuwerfen, dass seine Politik gegen Menschenrechte verstieß. Wie auch hätte die Idee der Menschenrechte für ihn handlungsleitend sein können? Der »Memplex der universellen Menschenrechte« wurde schließlich erst in einer viel späteren Kulturstufe entwickelt.)

Doch selbst unter der Voraussetzung, dass sich ein Mem bereits kulturell erfolgreich kopieren konnte und ein Individuum davon Kenntnis erlangte, heißt das nicht, dass sein Gehirn diese Information in einer Entscheidungssituation auch als so bedeutsam erachtet, dass es sie in den bewussten Arbeitsspeicher lädt. Und selbst wenn dies geschehen sollte, ist damit noch keineswegs gesagt, dass dieses Mem in irgendeiner Weise handlungsrelevant wird. Schließlich steht dieses eine Mem in Konkurrenz zu vielen anderen Memen, die das Gehirn im Verlauf seiner Entwicklung gespeichert hat. Und möglicherweise sind die neuralen Verschaltungen des Gehirns aufgrund spezieller Vorerfahrungen genau so ausgelegt, dass es diesen alternativen Memen notwendigerweise den Vorzug geben muss.

So konnten die Anhänger des Nationalsozialismus, deren Weltbild maßgeblich vom antijüdischen Memplex geprägt war, unter dem Diktat dieses verheerenden Memplexes schlichtweg nicht im Sinne der universellen Menschenrechte denken. Es bedurfte schon einiger einschneidender Erfahrungen wie der der vernichtenden militärischen Niederlage Deutschlands und der nachfolgenden breiten Aufklärungskampagnen, um zumindest einige der ehemaligen Täter und Mitläufer des nationalsozialistischen Regimes zum Umdenken zu bewegen. Doch selbst dies reichte bei manchen Überzeugungstätern bekanntlich nicht aus. Manche NS-Anhänger waren so gefangen im Wahnsystem des antijüdischen Memplexes, dass sie bis zu ihrem Ende an den irrsinnigen Dogmen ihres politischen Glaubenssystems festhielten.

»Ein Kopf denkt nie allein«, hat Karlheinz Deschner einmal formuliert und damit die Abhängigkeit unserer individuellen Vorstellungen von den kulturellen Vorgaben (Memplexen) unserer Umgebung auf den Punkt gebracht.[58] Gehirne sind eben keine geschlossenen Systeme, sondern Knoten in einem weit verästelten, kulturellen Netzwerk. Und so müssen wir uns auch nicht darüber wundern, dass Meme, die in diesem Netzwerk nicht hinreichend kulturell verankert sind, keinen Zugang zu unserem Denkapparat finden. Wir können allenfalls weiterdenken, was andere schon vor uns gedacht haben. Doch selbst dieses »Weiterdenken« ist nicht frei, beliebig, unbegründet, sondern vielmehr das notwendige Resultat hochkomplexer, chaotisch-deterministischer Wechselwirkungen zwischen uns beziehungsweise den unserem virtuellen Selbst zugrunde liegenden neuronalen Mustern und unserer Umwelt.[59]

Wenn wir den Satz »Die Gedanken sind frei!« aufrechterhalten wollen, so dürfen wir ihn nicht im Sinne des klassischen Willensfreiheitsbegriffs verstehen (schließlich sind Gedanken Ursachen, die ebenfalls auf Ursachen zurückzuführen sind!), sondern müssen ihn als Ausdruck innerer Handlungsfreiheit begreifen: Wir sind frei, zu denken, was wir wollen, sofern wir nicht – wie etwa in Jaquelines Fall – von Zwangsgedanken beherrscht werden oder – beispielsweise beim Eintreten von Altersdemenz – spüren, dass wir zunehmend die kognitiven Fähigkeiten verlieren, die zur reibungslosen Durchführung bewusster Denkoperationen erforderlich sind.

Wie aber steht es nun um das »Prinzip der alternativen Möglichkeiten«? Immerhin hatten wir doch festgestellt, dass wir mithilfe bewusster Überlegungen unsere Entscheidung reflektieren und somit *andere* Entscheidungen treffen können, als wir sie zuvor im Auge hatten. Wird dadurch nicht doch irgendwie die Annahme von Willensfreiheit legitimiert?

Keineswegs! Denn das »Prinzip der alternativen Möglichkeiten« unterstellt, dass wir gerade *in dem Moment*, in dem wir eine Entscheidung trafen, uns auch anders hätten entscheiden können. Im Kontrast dazu hatten wir jedoch festgestellt, dass wir mitunter aufgrund bewusster Überlegungen zu *unterschiedlichen* Zeitpunkten *unterschiedliche* Entscheidungen treffen würden. *Nachdem* wir über Sachverhalte nachgedacht haben, sehen unsere Entscheidungen unter Umständen völlig anders aus als *vor* dem Prozess des bewussten Abwägens von Gründen. Das »Prinzip der alternativen Möglichkeiten« findet durch dieses Faktum des Anderswollen-Könnens im Zuge eines bewussten Denkprozesses keinerlei Rückhalt. Im Gegenteil: Zum Zeitpunkt T1 (vor der bewussten Überlegung) hätten wir ebenso eindeutig für A votiert, wie wir zum Zeitpunkt T2 (nach der Überlegung) für B votierten.

Greifen wir zur Illustration noch einmal auf das Beispiel des verlockenden Immobilienangebots von X zurück. Nehmen wir an, Sie sähen Ihr Glück tatsächlich darin, eine Luxusimmobilie in der Südsee zu erwerben (es soll ja Leute geben, die den memetischen Reizen der Eiscremewerbung unterliegen …). Nehmen wir ferner an, X würde Sie unter Druck setzen, sich möglichst auf der Stelle zu entscheiden (»Zögern Sie nicht, sonst greift ein anderer zu!«), und Sie wären zudem auch noch naiv genug, um sich auf so etwas einzulassen. Unter solchen Voraussetzungen könnten Sie gar nicht anders, als sich *für* das Angebot zu entscheiden.

Nun aber sind Sie aufgrund Ihrer bisherigen Lebenserfahrungen nicht ganz so naiv. Irgendwie, so erinnern Sie sich, haben Sie beiläufig mitbekommen, dass eine Gruppe von Leuten, darunter einige Prominente, mit ähnlichen Angeboten über den Tisch gezogen wurde. Sie fordern also Bedenkzeit und beginnen damit, Recherchen über X und sein Angebot anzustellen. Glücklicherweise ist das Internet bereits erfunden, und so stoßen Sie schnell auf Menschen, die von X hinters Licht geführt wurden. Es zeigt sich, dass die vermeintliche Luxusimmobilie in Wahrheit ein Albtraum in Beton ist, ohne ordentliche Kanalisation, Wasser- und Stromversorgung. Haben Sie solche Informationen erst einmal erworben, so können Sie sich, da Sie ja für sich nur das Beste wollen, natürlich nur *gegen* das Angebot entscheiden.

Die Fähigkeit zu bewusster Verhaltenssteuerung hat mit Willensfreiheit also nichts zu tun. Dass wir an uns, unseren Vorstellungen, Überzeugungen, Meinungen, Präferenzen und nicht zuletzt sogar an unseren eigenen Willensbestrebungen arbeiten können, zeigt bloß, wie weit das Spektrum menschlicher Handlungsfreiheiten reichen kann. Selbstverständlich können wir uns vornehmen, unseren »Willen zur Zigarette« oder den »Willen zum Halten von endlosen Monologen auf Diskussionsveranstaltungen« aufzuheben. Allerdings: Damit wir Derartiges anstreben, muss bereits ein entsprechender Wille (ein entsprechendes neuronales Muster) vorhanden sein, der unsere Energie in eine solche Richtung lenkt – und ein solcher »Meta-Wille zur Veränderung des eigenen Willens« ist selbstverständlich ebenso determiniert wie jede andere Willensbestrebung.

Wenn es uns gelingen sollte, unseren eigenen Willen kraft eines solchen Meta-Willens zu verändern, ist dies eine großartige kognitive Leistung – und man kann dies zweifellos als einen hervorragenden Beleg für innere Handlungsfreiheit begreifen (wir haben es ja geschafft, das zu tun, was wir wollten, nämlich unseren Willen zu verändern). Wir besitzen aber selbst in diesem glücklichen Falle noch immer keinen »freien«, der Naturkausalität enthobenen, sondern bloß einen von bestimmten Determinanten befreiten Willen, der selbstverständlich ebenso sehr wie die vorangegangenen Willensbestrebungen durch Determinanten (nämlich durch entsprechende neuronale Muster beziehungsweise indirekt durch den Kopiererfolg genetischer und/oder memetischer Replikatoren) bestimmt ist.

Es bleibt also dabei: Willensfreiheit ist nichts als eine Chimäre, ein Trugbild, für das es in der Realität keinerlei Entsprechung gibt. Allerdings muss man einräumen, dass dieses spezielle Trugbild kulturell äußerst erfolgreich war – nicht weniger erfolgreich als der Memplex des Bösen, mit dem wir uns im ersten Kapitel beschäftigt haben.

Mit diesem Memplex des Bösen hat der Memplex der Willensfreiheit ohnehin viele Gemeinsamkeiten: Wie jener Memplex hat auch dieser fürchterliche Narben in der Geschichte der Menschheit hinterlassen. Und wie jener, so zeigt auch dieser paradoxe Wirkungen: Während nämlich die Fiktion von Gut und Böse ausgerechnet die Fähigkeit zu angemessenen ethischen Entscheidungen behindert, so untergräbt die Fiktion der Willensfreiheit ausgerechnet den Spielraum menschlicher Freiheiten.

Das hier aufscheinende *Paradoxon der Freiheit* drückt sich vor allem in jener »Furcht vor der Freiheit« aus, die der Psychoanalytiker und Sozialphilosoph Erich Fromm bereits Anfang der Vierzigerjahre des letzten Jahrhunderts beschrieb.[60] Um zu verstehen, was es damit auf sich hat, werden wir noch einmal jenen Mann in den Zeugenstand rufen, der uns schon im ersten Kapitel als Kronzeuge für die gefährliche Banalität von Gut und Böse diente: SS-Obersturmbannführer Adolf Eichmann.

Die Furcht vor der Freiheit: Eichmann oder der Wille zur Ohnmacht

Im Jerusalemer Gefängnis nutzte Eichmann die ihm verbleibende Lebenszeit, um seine Erinnerungen gleich in zwei Fassungen niederzuschreiben. Das erste Manuskript versah Eichmann mit der schlichten Bezeichnung *Meine Memoiren*, der zweite, weit umfangreichere Text erhielt den ambitionierteren Titel *Götzen*. Zusammen mit dem Sassen-Interview, aus dem ich im ersten Kapitel zitierte, geben diese Aufzeichnungen, auch wenn man den Darlegungen des Verfassers gewiss nicht immer trauen kann, einen guten Einblick in das Innenleben Eichmanns. Sie enthüllen nicht zuletzt auch die merkwürdigen Memplexe, die das Denken, Empfinden und Handeln dieses »Verwaltungsbeamten des Massenmords« bestimmten. Schon die Vorbemerkung seiner *Memoiren* ist in dieser Hinsicht sehr erhellend. Es lohnt sich, diese Passage etwas ausführlicher zu zitieren:

»Heute, fünfzehn Jahre und einen Tag nach dem 8. Mai 1945, beginne ich meine Gedanken zurückzuführen, bis zu jenem 19. März des Jahres 1906, als ich in Solingen, Rheinland, um fünf Uhr morgens, in das irdische Leben, als Erscheinungsform

Mensch, eintrat … Von der Kinderstube angefangen … war bei mir der Gehorsam etwas Unumstößliches, etwas nicht ›Ausderweltzuschaffendes‹ … Ich anerkannte meinen Vater als absolute Autorität, ebenso meine leider früh verstorbene Mutter; ich erkannte meine Lehrer und beruflichen Vorgesetzten als Autorität an und ebenso später meine militärischen und dienstlichen Vorgesetzten. Es wäre denkbar gewesen, dass das berühmte Kamel durch das Nadelöhr geht, aber undenkbar wäre es gewesen, dass ich nicht mir gegebenen Befehlen gehorcht hätte. Heute, fünfzehn Jahre nach dem 8. Mai 1945, weiß ich, und dieses Wissen erhielt ich ziemlich genau um den 8. Mai 1945 herum, dass ein solches Leben, eingespannt in Gehorsam und geführt und bestimmt durch Befehle, Verordnungen, Erlasse und Weisungen, ein sehr bequemes Leben ist, in dem eigene schöpferische Gedankentätigkeit auf ein Mindestmaß reduziert war. Ich selbst spürte es bereits am 8. Mai 1945, dass ich nunmehr ein führungsloses und schweres Eigenleben zu leben habe, da ich mir an keiner Stelle irgendwelche Richtlinien geben lassen konnte, von keiner Stelle Befehle oder Weisungen kamen, keinerlei einschlägige Verordnungen heranzuziehen waren, kurz, ein mir bisher nicht gekanntes Leben sich auftat; es war ein Leben, in dem ich mich eigentlich auch gar nicht mehr zurechtfand. Weltuntergangsstimmung, geistiger Schock, sich treiben lassen wechselten miteinander.«[61]

Als Erich Fromm 1941 sein wohl bedeutendstes Werk, nämlich die sozialpsychologische Monografie *Die Furcht vor der Freiheit,* veröffentlichte, konnte er selbstverständlich noch nicht auf Eichmanns Aufzeichnungen zurückgreifen (schließlich wurden diese erst zwanzig Jahre später verfasst und weitere vierzig Jahre später publiziert). Doch Eichmanns *Memoiren* stimmen in geradezu beängstigender Weise mit dem überein, was Fromm in seiner Studie über das Phänomen des »autoritären Charakters« und die »Psychologie des Nazismus« dargelegt hatte.

Der Psychoanalytiker und Sozialphilosoph begriff den Nazismus nicht nur als ein sozio-ökonomisches und politisches Unrechtssystem, sondern sah in ihm vor allem auch eine neurotische

Fluchtbewegung, die sich aus einer kulturell erworbenen »Furcht vor der Freiheit« speiste. Fromms zentrale These lautete, »dass der moderne Mensch, nachdem er sich von den Fesseln der vor-individualistischen Gesellschaft befreite ... noch nicht gelernt hat, seine intellektuellen, emotionalen und sinnlichen Möglichkeiten voll zum Ausdruck zu bringen. Die Freiheit hat ihm zwar Unabhängigkeit und Rationalität ermöglicht, aber sie hat ihn isoliert und dabei ängstlich und ohnmächtig gemacht ... er sieht sich daher vor die Alternative gestellt, entweder der Last seiner Freiheit zu entfliehen und sich aufs Neue in Abhängigkeit und Unterwerfung zu begeben oder voranzuschreiten zur vollen Verwirklichung jener positiven Freiheit, die sich auf die Einzigartigkeit und Individualität des Menschen gründet.«[62]

Idealtypisch sah Fromm diese beiden Alternativen repräsentiert durch die westlichen Demokratien einerseits, denen er bei aller Kritik zubilligte, zumindest ansatzweise einen Weg zur Verwirklichung positiver Freiheit zu beschreiten, und die nationalsozialistische Diktatur andererseits, die den Zumutungen der Freiheit radikal entgegentrat, indem sie die »Flucht ins Autoritäre« zur universellen Leitidee erhob.

Um eine solche, auf dem Memplex von Autorität und Gehorsam aufbauende Freiheitsabwehr durchsetzen zu können, bedurfte es selbstredend entsprechender motivationaler Strukturen in der Bevölkerung, einer Dominanz autoritärer Charaktermuster. Unglücklicherweise war eben dies im damaligen Deutschland in besonderem Maße gegeben. Niemand wusste dies besser einzuschätzen als Erich Fromm. Denn der Philosoph hatte sich als Psychoanalytiker und empirischer Sozialforscher bereits Ende der Zwanzigerjahre mit dem Problem der Autorität eingehend auseinandergesetzt.[63] In *Die Furcht vor der Freiheit* baute Erich Fromm seine bereits vor der Machtergreifung der Nationalsozialisten entwickelte »Theorie des autoritären Charakters« weiter aus und schuf damit ein Erklärungsmodell, das noch heute hilfreich ist, um das NS-Regime, aber auch andere Formen totalitärer Herrschaft zu verstehen.

Wodurch zeichnet sich der autoritäre Charakter aus? Fromm

verwies auf ein eigentümliches Mischungsverhältnis von sadistischen und masochistischen Bestrebungen, das heißt dem Wunsch, nicht nur andere zu unterwerfen, sondern zugleich auch sich selbst. Grundcharakteristikum des autoritären Denkens ist, wie man es zusammenfassen könnte, nicht nur der *Wille zur Macht*, sondern gleichermaßen der *Wille zur Ohnmacht*. Fromm schrieb: »Der autoritäre Charakter hat eine Vorliebe für Lebensbedingungen, welche die menschliche Freiheit einschränken, er liebt es, sich dem Schicksal zu unterwerfen. Was er unter ›Schicksal‹ versteht, hängt von seiner gesellschaftlichen Stellung ab. Das ›Schicksal‹ eines Soldaten ist der Wille oder die Laune eines Vorgesetzten, dem er sich mit Freuden unterordnet … Für die an der Spitze der Pyramide ist die Situation im Grunde nicht anders. Der Unterschied liegt nur in der Größe und Reichweite der Macht, der man sich unterwirft, und nicht im Abhängigkeitsgefühl als solchem.«[64]

Letzteres demonstrierte Fromm unter anderem an Formulierungen, die der damals noch lebende Adolf Hitler in *Mein Kampf* verwendete: »Für ihn (Hitler) heißt die höhere Macht, der er sich unterwirft, Gott, die Vorsehung, die Notwendigkeit der Geschichte oder die Natur. Tatsächlich besitzen alle diese Begriffe für ihn die gleiche Bedeutung, sie symbolisieren eine überwältigend starke Macht. Er beginnt seine Autobiografie mit der Bemerkung: ›Als glückliche Bestimmung gilt es mir heute, dass das *Schicksal* mir zum Geburtsort gerade Braunau am Inn zuwies‹ … Die Niederlage im Ersten Weltkrieg ist für ihn ›die verdiente Züchtigung *der ewigen Vergeltung*‹. Völker, die sich mit anderen Rassen vermischen, ›sündigen gegen den Willen der *ewigen Vorsehung*‹ oder – wie er an anderer Stelle sagt – ›wider den Willen des *ewigen Schöpfers*‹. Deutschlands Mission ist ihm ›vom *Schöpfer des Universums* zugewiesen‹. *Der Himmel* steht über den Menschen, und er nennt es ein einziges ›Glück in diesem Jammer‹, ›dass man wohl Menschen betören, den Himmel aber nicht bestechen kann‹.«[65]

Derartige Formulierungen waren, so Fromm, nicht bloß rhetorische Floskeln, um die Massen zu verführen, sie standen vielmehr für eine in Hitlers Persönlichkeit tief verankerte, lebensgeschichtlich erworbene »masochistische Sehnsucht«. Sein unbedingter Wille zur Macht sowie die Rechtfertigung des von den Untergebenen abverlangten unbedingten Gehorsams (»Führer befiehl, wir folgen!«) speisten sich maßgeblich aus der Fiktion, dass er selbst auch bloß ein Erfüllungsgehilfe höherer Mächte (»der Vorsehung«) sei. Diese Ideologie, die von der Nazipropaganda wohl in noch stärkerem Maße transportiert wurde als der Memplex des »im Juden verkörperten Bösen«, verfehlte seine Wirkung auf die Massen nicht: Millionen Deutsche, »die aufgrund ihrer ähnlichen Charakterstruktur sich von diesen Lehren angezogen und erregt fühlten«, wurden zu »glühenden Anhängern des Mannes … der das aussprach, was sie fühlten«.[66]

Der Erfolg der Nationalsozialisten beruhte allerdings nicht auf der Wirkkraft ihrer Ideologie allein, sondern auch darauf, dass sie mit ihren politischen Aktivitäten genau das in die Praxis umsetzten, was diese Ideologie versprach: »Sie errichteten eine Hierarchie, in der jeder jemand anderen über sich hat, dem er sich unterordnen kann, und einen anderen unter sich, den er seine Macht fühlen lassen kann. Der Mann an der Spitze, der Führer, hat die Vorsehung, die Geschichte, die Natur über sich als Macht, in der er eintauchen kann. So befriedigt die Nazi-Ideologie und Praxis die aus der Charakterstruktur eines Teiles der Bevölkerung entspringenden Wünsche.«[67]

Auf die Frage nach den Entstehungsbedingungen autoritärer Charakterstrukturen antwortete Fromm mit einem Hinweis auf die »natürliche Abhängigkeit des Kindes« und die möglichen Folgen, die unter bestimmten Bedingungen hieraus resultieren können: »Solange das Kind noch klein ist, hängt es natürlich von seinen Eltern ab, aber seine Spontaneität wird durch diese Abhängigkeit nicht unausweichlich beschränkt. Wenn jedoch die Eltern in ihrer Funktion als Agentur der Gesellschaft beginnen, die Spontaneität und das Unabhängigkeitsstreben des Kindes zu unterdrücken, dann ist der Heranwachsende immer weniger in der Lage, auf eigenen Füßen zu stehen. Er sucht daher nach einem magischen Helfer und macht häufig die Eltern zu dessen

Personifizierung. Später überträgt er dann diese Gefühle auf jemand anderen, zum Beispiel auf einen Lehrer oder auf den Ehemann oder den Psychotherapeuten.«[68]

Eichmanns Schilderung der eigenen Persönlichkeitsentwicklung, die maßgeblich davon bestimmt war, dass er das früh erlernte (auch entsprechend neuronal verfestigte) Prinzip des absoluten Gehorsams gegenüber den Eltern später auf seine Lehrer sowie auf die militärischen wie dienstlichen Vorgesetzten übertrug, entspricht haargenau der frommschen Beschreibung der Genese des autoritären Charakters. Auch das Gefühl der Verlorenheit und völligen Orientierungslosigkeit, das Eichmann nach dem Zusammenbruch des Naziregimes empfand, ist vor dem Hintergrund seines radikalen Unterwerfungsverlangens unter »höhere Autoritäten« verständlich.

Man hat Eichmann vorgeworfen, dass er sich im Jerusalemer Prozess auf die Rolle des pflichtbewussten Bürokraten zurückzog, der bloß Befehle ausführte, ohne diese infrage zu stellen. Manche glaubten, es sei bloß Taktik gewesen, dass sich Eichmann vor Gericht als bedeutungsloses Rädchen im System präsentierte, als ein von »höheren Mächten« gelenkter Automat, der die Folgen seines Handelns nicht überdenken konnte. Tragischerweise war es jedoch wohl so, dass Eichmann aus seiner Perspektive heraus die Wahrheit sagte. Sein virtuelles Selbst war so programmiert, dass es sich losgelöst von den Vorgaben »höherer Autoritäten« gar nicht verorten konnte.

Eichmann hatte die nationalsozialistischen Memplexe so stark verinnerlicht, dass er schlichtweg nichts anderes *wollen konnte* als das, was er als Funktionsträger des Regimes *wollen musste*. Daher empfand er es auch nicht als Zwang, dafür zu sorgen, dass Millionen von Menschen in den sicheren Tod transportiert werden konnten. Er sah darin vielmehr eine »heilige Pflicht«, der er bereitwillig und mit größtem persönlichem Einsatz Folge leistete.

Mitleid mit den Opfern kam ihm dabei gar nicht in den Sinn (spielte also keine Rolle in den Denkabwägungen des assoziativen Cortex), schließlich waren Eichmanns »Klienten« für ihn in der Regel bloß Nummern, keine Menschen, denen er in die Augen schauen musste. Wurde er aufgrund dienstlicher Anordnungen ausnahmsweise doch mit dem realen Leid konfrontiert, das hinter den abstrakten Zahlen stand, so zeigte er jene »menschliche Regung« oder »Schwäche«, von der er im Sassen-Interview berichtete.

Besonders mitgenommen hat Eichmann offenbar ein Erlebnis 1942 in Minsk. In *Götzen* schilderte er die Begebenheit folgendermaßen: »Als ich den Exekutionsort anfuhr, knallten die Schützen in ununterbrochenem Dauerfeuer in eine Grube vom Ausmaß mehrerer großer Zimmer. Sie schossen mit Maschinenpistolen. Angekommen sah ich eine jüdische Frau mit einem kleinen Kind in den Armen in der Grube. Ich wollte das Kind herausreißen, aber da zerschlug eine Kugel den Kopf des Kindes. Mein Fahrer wischte mir vom Ledermantel kleine Gehirnstücke. Ich stieg in meinen Wagen. – Berlin, sagte ich meinem Fahrer. – Ich aber trank Schnaps, als sei es Wasser. Ich musste trinken. Ich musste mich betäuben. Und ich dachte an meine eigenen Kinder; um jene Zeit hatte ich zwei. Und ich dachte über den Unsinn des Lebens nach. Und ich fand keine Ordnung mehr, im Wollen und Willen des Waltens. Es war unsagbar schwer, in diesem Chaos *überhaupt noch* an etwas zu glauben.«[69]

So verstörend solche Erlebnisse auf Eichmann gewirkt haben mögen, sie brachten ihn nicht davon ab, seine »Pflicht« zu erfüllen. Im Gegenteil! Er legte alles daran, solche Momente der »Schwäche« zu überwinden, um die Aufgaben, die sich ihm stellten, mit dem gebotenen Eifer möglichst effizient zu erledigen. Denn genau dies war der Heroismus, den ihm die »Götter«, in denen Eichmann bestenfalls im Nachhinein »Götzen« erkannte, abverlangten.

Wenige Monate vor Eichmanns Erlebnis in Minsk hatte Erich Fromm diesen Aspekt des autoritären Charaktersyndroms treffend in Worte gefasst: »Der Mut des autoritären Charakters ist im Wesentlichen ein Mut, das zu ertragen, was das Schicksal oder sein persönlicher Repräsentant oder ›Führer‹ für ihn bestimmt hat. Zu leiden ohne zu klagen, ist seine höchste Tugend – und nicht der Mut zum Versuch, das Leiden zu beenden oder wenigstens zu mildern. Nicht das Schicksal zu ändern, sondern sich ihm zu unterwerfen, macht den Heroismus des autoritären Charakters aus.«[70]

Der Gedanke, dass sich ein Einzelner in irgendeiner Weise dem »machtvollen Walten des Schicksals« entgegenstellen könne, war in Eichmanns Vorstellungswelt schlichtweg nicht vorhanden. Er sah sich als ein von übergeordneten Kräften gelenktes Rädchen, das gegen die Mächte des Schicksals, wie er sagte, nicht »anstinken« konnte. In *Götzen* brachte er diese Auffassung in bemerkenswerter Klarheit zum Ausdruck: »Ist der Motor eingeschaltet und sind die Wellen gekuppelt, dann müssen die Räder laufen, egal ob der Schlauch, die Seele des Reifens, platzt, egal ob selbst der Reifen zerfetzt wird, sie müssen laufen, und wenn es nur noch auf zerschlagenen Felgen dahingeht; solange, bis der Motormann anderen Sinnes wird, oder der Wagen zum Teufel geht. Mit einem solchen Rade bin auch ich vergleichlich; sind viele vergleichlich. Aus eigener Kraft kann solch ein Rad nicht abspringen, selbst wenn es merkt, dass bei dem Motormann nicht mehr alles in Ordnung sein kann.«[71]

Eichmann war, wie schon Hannah Arendt schrieb, weder dumm noch ungebildet. Dies belegt nicht zuletzt sein Manuskript *Götzen*, dem er ein treffendes Zitat aus Platons Höhlengleichnis voranstellte: »… und er würde seine Schattenwelt für wahr, die wahre Welt aber für unwirklich halten.«[72] Eichmann gelang sowohl vor Gericht als auch in seinen autobiografischen Texten das Kunststück, einerseits die *objektive* Schuld des Naziregimes herauszustellen (so bezeichnete er die Ermordung der Juden als das »kapitalste Verbrechen in der Menschheitsgeschichte«[73]), andererseits aber als Individuum jegliche *subjektive* Schuld abzustreiten – und dies, obgleich er seine Beteiligung an den nationalsozialistischen Verbrechen keineswegs leugnete. Originalton Eichmann: »Ich bedaure und verurteile die von der damaligen deutschen Staatsführung angeordnete Vernichtungstätigkeit gegen die Juden. Ich selbst aber vermochte auch nicht über meinen eigenen Schatten zu springen; ich war lediglich ein Werkzeug, in der Hand stärkerer Kräfte, und eines unerfindlichen Schicksals.«[74]

Es war gerade diese Doppelbödigkeit der Argumentation, die bei den Beobachtern des Eichmann-Prozesses sowie den Lesern der Eichmann-Memoiren die größte Empörung auslöste. Die mangelnde Schuldeinsicht Eichmanns wirkte wie eine nachträgliche Verhöhnung der Opfer. Wie auch könnte man es zulassen, dass sich ein maßgeblicher Beteiligter des Völkermords so einfach aus der Verantwortung stiehlt?

Vor dem Hintergrund der in diesem Buch entwickelten Beweisführung stellt sich in diesem Zusammenhang allerdings eine bange Frage: Könnte es sein, dass Eichmann recht hatte? Schließlich sollte für ihn ja das Gleiche gelten, was für uns alle gilt: Natürlich verfügte auch Eichmann nicht über einen »über dem Körper schwebenden Geist«, sondern bloß über ein neuronal verankertes, virtuelles Selbst, das sich notwendigerweise *so und nicht anders* aus einem komplexen Netzwerk von Ursachenfaktoren heraus entwickelte. Also konnte auch Eichmann nur das wollen, was er aufgrund seiner spezifischen Lebenserfahrungen wollen musste. Als er seine verheerenden Entscheidungen traf, setzte er um, was sein Gehirn auf der Basis der ihm vorliegenden Informationen als sinnvoll erachtete. Alternative Möglichkeiten standen ihm in exakt diesen Momenten unter exakt diesen Bestimmungsfaktoren ebenso wenig zur Verfügung wie jedem anderen Individuum, das solchen Determinanten unterworfen wäre. Die rhetorische Frage, die Eichmann in *Götzen* stellte, ist also durchaus ernst zu nehmen: »Im Nachhinein ist es für Dritte immer leicht reden. Aber was hätten *sie selbst* in einer solchen Lage getan?«[75]

Dunkle Wolken tun sich damit vor unserem Denkhorizont auf. Denn was ist aus diesen Erkenntnissen zu folgern? Wenn Eichmann sich nicht anders verhalten konnte, als er sich de facto verhielt, bedeutet dies auch, dass er *unschuldig* war und von daher nicht hätte verurteilt werden dürfen? Müssen wir uns nach dem Abschied von der Willensfreiheit etwa damit abfinden, dass »Schuld und Verantwortung« ähnlich substanzlose Begriffe sind wie »Gut und Böse«?

Dies sind nicht die einzigen schwerwiegenden Fragen, die sich aus der Suspendierung der Willensfreiheitsidee ergeben. Zu fragen ist etwa, ob wir, wenn wir Willensfreiheit bestreiten, nicht auch dazu gezwungen sind, Eichmanns Fatalismus zu folgen und uns als willenlose Rädchen im Getriebe der Welt einem »unerfindlichen Schicksal« zu unterwerfen. Ist der Abschied von der Willensfreiheit also verbunden mit dem Triumph der masochistischen Unterwerfungssehnsucht des autoritären Charakters? Und ist Erich Fromms Alternative einer »positiven Freiheit« demnach nichts weiter als eine eitle Illusion?

Wir werden im nachfolgenden Kapitel sehen, dass derartige Befürchtungen unbegründet sind. Der Fatalismus ist zwar eine naheliegende, jedoch falsche Konsequenz aus der Verabschiedung der Willensfreiheitsidee. Wer Willensfreiheit bestreitet, tritt damit keineswegs automatisch die Flucht vor der Freiheit an. Im Gegenteil: *Gerade die Entlarvung illusionärer Freiheiten kann zu einer Stärkung echter Freiheiten beitragen.* Um dies zu verstehen, müssen wir allerdings das Verhältnis von Freiheit und Determination beziehungsweise ethischen Gründen und natürlichen Ursachen noch etwas gründlicher beleuchten, als wir es bis zu diesem Punkt getan haben. Versorgen Sie Ihr Gehirn also mit genügend Sauerstoff und Zucker, denn im nächsten Kapitel geht es philosophisch ans Eingemachte …

FALSCHE KONSEQUENZEN

KAPITEL 3

Es lag in der Hand der Vorsehung, am 20. Juli durch die Bombe, die eineinhalb Meter neben mir krepierte, mich auszulöschen und damit mein Lebenswerk zu beenden. Dass mich der Allmächtige an diesem Tag beschützte, sehe ich als Bekräftigung des mir erteilten Auftrages an.

Adolf Hitler zum Stauffenberg-Attentat (1945)[1]

Der Allmächtige hat das Universum und die Menschheit nicht sich selbst überlassen. Viele Dinge sind gegen die Wünsche und Pläne von Regierungen geschehen. Dies lehrt uns, dass eine höhere Macht am Werk ist und alle Ereignisse von Ihm festgelegt sind … Ob wir mögen oder nicht … der Wille Gottes wird über alles obsiegen.

Der iranische Präsident Mahmud Ahmadinedschad in einem Brief an George W. Bush (2006)[2]

Ich mag ja ein komplexes, allwissendes Wesen aus Kohlehydraten sein, aber Ich freue Mich an den einfachen Dingen des Lebens … Sollte euer Partner darauf stehen, lasst es krachen, macht Fotos, und um Himmels willen benutzt ein Kondom! Echt jetzt, es ist nur ein Stück Gummi. Wenn Ich nicht gewollt hätte, dass es sich gut anfühlt, wenn ihr es miteinander treibt, hätte Ich Dornen oder so etwas eingebaut.

Aus dem Evangelium des Fliegenden Spaghettimonsters (2006)[3]

»Alles ist Schicksal?« Wie fatalistische Ideologien unsere Freiheit untergraben

Was empfindet ein zum Tode verurteilter Gefangener, der bis zum Schluss seine Unschuld beteuert, auf dem Weg zur Richtstatt des Henkers? Furcht, Verzweiflung, Wut, Enttäuschung? Adolf Eichmann war dergleichen nicht anzumerken. Er ging, wie Hannah Arendt berichtete, »ruhig und gefasst in den Tod«: »Er bat um eine Flasche Rotwein und trank die Hälfte davon aus. Den Beistand des protestantischen Geistlichen … der mit ihm die Bibel lesen wollte, lehnte er ab: Er habe nur noch zwei Stunden zu leben und deshalb ›keine Zeit zu verschwenden‹. Er ist ›bereit zu sterben‹. Die fünfzig Meter von seiner Zelle zur Hinrichtungskammer geht er in aufrechter Haltung, die Hände auf den Rücken gefesselt. Als die Wärter ihm die Füße zusammenbinden, sagt er: ›So kann ich nicht stehen‹ und: ›Nein, das brauche ich nicht‹, als sie ihm die schwarze Binde anbieten. An Haltung hat es ihm nicht gefehlt. Er war ganz Herr seiner selbst – nein, er blieb ganz er selbst. Davon geben die letzten Worte unter dem Galgen, die er offenbar lange vorbereitet hatte, ein überzeugendes Zeugnis. Sie sind von einer makaberen Komik: ›In einem kurzen Weilchen, meine Herren, *sehen wir uns ohnehin wieder.* Das ist das Los aller Menschen. Gottgläubig war ich im Leben. Gottgläubig sterbe ich.‹«[4]

Hannah Arendt meinte, dass Eichmann bewusst die »Nazi-Wendung von der Gottgläubigkeit«[5] benutzt, dabei jedoch dummerweise übersehen habe, dass dies mit einer »Absage an das Christentum und den Glauben an ein Leben nach dem Tode« verbunden sei. Doch in diesem Punkt irrte die Berichterstatterin. Eichmann hatte sich nämlich eine religiöse Weltanschauung zusammengebastelt, die nicht nur *ein*, sondern gleich *mehrere* Leben (im Sinne eines ewigen Kreislaufs von Wiedergeburten) nach dem Tod vorsah.

Für den Gefangenen erfüllte diese Weltanschauung zwei wichtige Funktionen: Erstens milderte sie die Angst vor dem Tod, da

Eichmann fest daran glaubte, dass alles Leben immer wieder ins »Sein« komme und somit der Tod nichtig sei. Zweitens eliminierte sie alle möglicherweise doch noch vorhandenen Selbstzweifel, da, so Eichmann, von der »höheren Warte« einer »kosmischen Sicht« aus betrachtet die Bedrängnisse der menschlichen Existenz an Bedeutung verlieren würden.

Die Beschäftigung mit dem »esoterischen Fatalismus«, den Eichmann in seiner Autobiografie *Götzen* entfaltete, ist nicht nur historisch interessant, weil sie eine bislang kaum beachtete Seite dieses angeblich bloß eindimensionalen, nur von bürokratischen Verordnungen bestimmten »Schreibtischtäters« enthüllt, sondern auch aufschlussreich in Bezug auf das im vorangegangenen Kapitel angesprochene Paradoxon der Freiheit. Insbesondere lässt sich am Beispiel »Eichmann« gut demonstrieren, dass fatalistische Ideologien zwar einerseits reale Freiheitspotenziale untergraben, andererseits aber durchaus auch »befreiend« wirken können.

Wie Eichmann in seinen letzten Worten unter dem Galgen erklärte, war er gottgläubig. Allerdings vermochte er »Gott«, wie er in *Götzen* schrieb, »nicht zu personifizieren«. Er glaubte »an eine allwaltende und allmächtige Schöpfungskraft, Lenker dessen was war, was ist und was kommt. An ›*das* Gott‹!«[6] Er selbst als Mensch sei bloß »gemäß dessen Wollen und dessen Toleranz ein Mitfließendes im Fließen des Werdens, in unserem Sein«.[7] Solange dieses Sein »Leben« trage (Eichmann ging von einem vorläufigen Anfang und Ende des Lebens im Kosmos aus, wobei er sich unter anderem auf die damals in der breiten Öffentlichkeit noch relativ unbekannte Urknalltheorie bezog), sei er selbst »diesem ewigen Kommen und Gehen, diesem ewigen Stirb und Werde unterworfen« und »*auf jeden Fall* unsterblich«.[8]

Vor dem Hintergrund dieser Überlegungen sah er nicht ein, »inwiefern man sich ›vor dem Tode‹ fürchten solle«: »Etwas, welches das naturgewollte Schicksal aller Menschen ist, kann nichts Schreckliches sein. Undenkbar ist es für mich, wenn ich den natürlichen Ablauf der Dinge betrachte, das Walten, welches uns Menschen in seinen Plan setzte, könne nur Nutzlosigkeit und Leid, zum Lose des Lebens bestimmt haben.«[9] Und so vermochte Eichmann auch nicht, »den Sartreschen Standpunkt zu teilen, dass Leben wie Tod Absurditäten seien«.[10] Leben wie Sterben seien »von der Warte des *Werdens im Sein* aus gesehen« zwar »unwichtig«[11], doch der »Gedanke an die Fülle der Lebensformen«, welche er »einem ehernen Naturzwang« zufolge »noch zu durchleben« habe, stimme ihn »heiter, glücklich und froh«.[12]

Der »Tod des Organischen«, so Eichmann weiter, »sei eine naturgesetzte Notwendigkeit, im Zuge der fortschreitenden Werdung des Lebens« und diene der »Vervollkommnung«: »Eine Umwandlung ist es zu Neuem, nicht mehr. Wozu also Angst und Besorgnis? Tausendmal tausend Tode, ziehen mich in tausendmal tausend Leben; in seinen mannigfaltigsten Daseinsformen. Im ununterbrochenen Spiel.«[13]

Eichmann bekundete, dass dieses neue Weltbild, das er sich über die Jahre hinweg erarbeitet habe, ihn ungemein beruhigte und erfreute: »Alles Finstere und Dunkle entschwindet und ich bin glücklich darüber … So also kenne ich meine Rolle, welche zu spielen im Ablauf der Dinge mir zugedacht ist. Dies gibt mir jetzt auch den *Abstand* vom *kleinlichen Tagesgeschehen*, und alles gestern noch Schwere ist heute entschwunden. Es ist dies die wahre Freiheit; aus der Erkenntnis geboren, dass kein Menschentand mehr fähig ist, mir meine innere Ruhe zu rauben.«[14]

Dem »nationalen Egoismus«, der sein vormaliges »Ich« aufgrund entsprechender »Formung der Umwelt« bestimmt hatte,[15] könne er nun nichts mehr abgewinnen, heißt es weiter im Text, denn »in folgerichtiger Auswertung dieses Erkennens, ist zerfleischender Kampf um souveräne Belange kleiner Sektoren, jene Zusammendrängung beherbergend, die als ›mein Volk‹ genannt wird, von absoluter Unwichtigkeit geworden. Es ist mir nationales enghorizontiges Denken und Verharren in demselben direkt zur Last geworden, die mich behindert. Gegenseitiges Misstrauen, Vorherrschaftsbestrebung des einen über den anderen, Wertung- und Klassifizierungsgruppen der Menschen, dies alles gehört fortan zum alten Gerümpel.«[16]

Schon auf den ersten Seiten von *Götzen* hatte Eichmann erklärt, dass mit dem »zeitlichen Abstand von den Geschehnissen«

für ihn »vieles ehemals Gültiges« ungültig geworden sei und dass er die einst unantastbar erscheinenden »weltanschauliche[n] Werte … als Gerümpel allmählich im Laufe der Jahre über Bord geworfen« habe.[17] Und so lässt er seine über 660 Seiten fassenden Lebenserinnerungen, mit denen er den »gewaltigsten Totentanz aller Zeiten«[18] schildern wollte, mit einer Bekräftigung seines neuen esoterischen »Credos« enden:

»Fünf Milliarden Jahre musste ich also warten, bis mich eine allwaltende Ordnung, auf eine kurze Zeit als Daseinsform Mensch ›abkommandierte‹. Ob ich in diesem genannten Zeitraum schon einmal als Erscheinungsform Mensch gegenständlich und gegenwärtig war, weiß ich nicht. Ob ich in künftigen Äonen wieder einmal zu solch einer ›Kommandierung‹ gelange, weiß ich auch nicht … Nur eines weiß ich sicher, dass ich nach Beendigung meiner augenblicklichen Lebensform unzählige andere Daseinsformen des organischen und anorganischen Lebens als Partikelchen des ›Seins‹ zu durchlaufen habe … Wie töricht war ich, nur im Sektor ›Das Reich‹, nur im engen, nationalistischen Verharren zu denken … Freude nutzend und wieder teilend, sollte alleine die wahre Lebensaufgabe des Menschen während seiner Erdenjahre sein. Alles andere lohnt wenig und ist so recht bedacht nicht einmal egoistisch. Es ist nur töricht, sonst aber nichts.«[19]

Es mag sein, dass sich Adolf Eichmann in seinen letzten Lebensmonaten tatsächlich von den »Göttern« des Nazismus sowie vom »Logos des nationalen Denkens« befreien konnte. Im Nachhinein lässt sich schwer beurteilen, ob die Darlegung dieser »neuen Haltung« bloß ein taktisches Manöver war, mit dem Eichmann hoffte, die Richter beziehungsweise die Nachwelt für sich einnehmen zu können, oder ob er tatsächlich glaubte, was er schrieb. Aber selbst wenn wir im Zweifel für den Angeklagten urteilen und Letzteres annehmen, ist auffällig, dass Eichmann in einem zentralen Aspekt doch im autoritären Denken verhaftet blieb: Er konnte sich ein wirklich selbstbestimmtes Leben schlichtweg nicht vorstellen. Nun, da er nicht mehr unter dem Kommando des »Führers« stand, glaubte er von der »allwaltenden Ordnung« des Schicksals »abkommandiert« zu sein. Die »Rolle«, die er im »Ablauf der Dinge« zu »spielen« hatte, erschien ihm von »höherer Stelle«, gewissermaßen von einer »Obersten Verwaltungsbehörde des Seins«, »zugedacht«. Dass er als handelndes Individuum frei, also losgelöst von irgendwelchen vermeintlich »höheren Anordnungen«, über sein Leben bestimmen könne, lag jenseits seiner Vorstellungskraft.

Woran liegt es, dass diese fatalistische Sichtweise Eichmann so ungemein beruhigte und ihn nicht zuletzt auch dazu befähigte, ruhig und gefasst in den Tod zu gehen? Um mit Erich Fromm zu sprechen: Eichmann gelang es mithilfe dieser Sichtweise, sich von der »Last der Freiheit« zu befreien. Um dies nachvollziehen zu können, müssen wir zunächst einmal begreifen, was es heißt, Freiheit als Last zu empfinden.

Wenn wir von einer Last der Freiheit sprechen, so haben wir ganz sicher nicht unsere Handlungsfreiheit im Blick. *Kein Mensch, auch Eichmann nicht, empfand es je als Last, das tun zu können, was er wollte.* Die einzige Freiheit, die als Last empfunden werden kann, ist eine Freiheit, die real gar nicht existiert beziehungsweise nur in Form eines virtuellen Memplexes wirksam werden kann: die Willensfreiheit. Es sind einzig und allein die moralischen Zuschreibungen, die aus der (kontrafaktischen) Unterstellung von Willensfreiheit erwachsen, die Individuen psychisch belasten. Denn so beglückend die Erweiterung unserer Handlungsfreiheiten auch interpretiert wird (»Endlich kann ich tun, was ich will!«), so belastend kann der psychische Druck sein, der durch den Anspruch eines freien, angeblich von äußeren Faktoren unabhängigen Willens erzeugt wird (»Was ist, wenn ich als selbstverantwortliches Individuum das Falsche will, wenn ich versage und die anderen über mich und meine Unfähigkeit negativ urteilen?«). Im Extremfall, so scheint es, folgen Menschen lieber den Fußstapfen eines größenwahnsinnigen Diktators, als dass sie sich einer solchen psychischen Belastung stellen und nach eigenen Wegen im Dschungel des Lebens suchen.

Mit anderen Worten: Gerade die Unterstellung von Willensfreiheit, also die Mutmaßung, das Individuum verfüge über die

Macht, Naturgesetze zu überschreiten, nährt den Willen zur Ohnmacht, also das Bestreben, die Verantwortung für eigene Entscheidungen höheren Autoritäten (politische Führer, Gott, Schicksal etc.) zuzuweisen. Die hiermit einhergehende Befreiung vom Anspruch des eigenverantwortlichen Denkens bewirkt nicht nur, dass das fehlbare Individuum psychisch entlastet wird (Reduktion von Selbstzweifeln), es sorgt zugleich dafür, dass es sich bestens im Sinne der vorherrschenden Gruppenideologie formen lässt (Stärkung des Wir-Gefühls).

Von daher muss man sich nicht darüber wundern, dass der *Wille zur Ohnmacht* zu einem zentralen Bestandteil unzähliger Memplexe wurde. Und so finden wir die Aufforderung zu unbedingter Unterwerfung nicht nur in politischen Ideologien wie dem Nationalsozialismus (»Führer befiehl, wir folgen!«), sondern auch in den meisten traditionellen Glaubenssystemen, nicht zuletzt im Christentum (»*Dein* Wille geschehe, wie im Himmel so auf Erden«) sowie im Islam (schon das Wort »Islam« bedeutet übersetzt nichts anderes als »Unterwerfung«).

Das heißt selbstverständlich nicht, dass jeder nominelle »Christ« oder jeder nominelle »Muslim« den Willen zur Unterwerfung verinnerlicht hat. Natürlich gibt es sowohl aufgeklärte Christen als auch aufgeklärte Muslime. Doch je *stärker* der Memplex der Aufklärung in ihnen verankert ist, desto *abgeschwächter* ist der Memplex des jeweiligen Glaubenssystems. Was christliche Unterwerfung unter den »Willen Gottes« in Reinkultur bedeutet, zeigen etwa die Schriften des Opus-Dei-Gründers Josemaría Escrivá. Für den im Eilverfahren heilig gesprochenen Escrivá avancierte die autoritäre Flucht vor der Freiheit geradezu zum »Königsweg der Heiligkeit«. Seinen Jüngern gab er etwa folgenden Ratschlag mit auf den Weg: »Gehorcht, wie ein Werkzeug in der Hand des Künstlers gehorcht, das nicht danach fragt, warum es dies oder jenes tut. Seid überzeugt, dass man euch nie etwas auftragen wird, das nicht gut ist und nicht zur Ehre Gottes gereicht … Gehorchen … sicherer Weg. Den Vorgesetzten mit rückhaltlosem Vertrauen gehorchen … Weg der Heiligkeit. Gehorchen in deinem Apostolat … der einzige Weg; denn in einem

Werk Gottes muss dies der Weg sein: dass man gehorcht oder geht.«[20]

Es scheint so, dass gerade in einer Zeit wie der unseren, in der dem Individuum viele Handlungsoptionen offenstehen, in der sein Lebensweg nicht wie in der Vergangenheit schon von Geburt an weitgehend sozial festgelegt ist, die Attraktivität solcher Unterwerfungsideologien wächst. Ihr Vorteil: Sie bieten »Inseln der Geborgenheit in einem Meer der Unübersichtlichkeit«[21], geben Halt und Orientierung und entlasten so das von all den Handlungsoptionen überforderte und vor möglichen »Verfehlungen« zurückschreckende Individuum.

Für denjenigen, der vom Freiheitsdenken der Aufklärung infiziert wurde, ist es einigermaßen irritierend zu sehen, dass Individuen ihre Freiheit dazu nutzen, sich besser unterwerfen zu können. Man denke hier nicht nur an das Opus-Dei-Mitglied, das sich freiwillig selbst geißelt[22], sondern beispielsweise auch an die emanzipiert wirkende Muslima, die sich in einer freien Gesellschaft aus freien Stücken für das Tragen des Kopftuchs, das Sinnbild ihrer Unterwerfung unter Allah und die (gottgewollte) Herrschaft des Mannes über die Frau, entscheidet. Dergleichen kann man nur begreifen, wenn man sich bewusst macht, dass dieses Paradoxon vom handelnden Individuum gar nicht als paradox empfunden wird. Denn eine Muslima, die sich aufgrund entsprechender kultureller Formung patriarchalen Dogmen unterwirft, fühlt sich in diesem Moment sehr wohl frei im Sinne von Handlungsfreiheit: Sie kann schließlich tun, was sie will.

Dass ihr Wille vom Memplex der Unterwerfung bestimmt ist, ihre Handlungsfreiheit also nur im Modus autoritärer Unfreiheit auftritt, entzieht sich ihrer subjektiven Empfindung. Würde man ihr untersagen, sich weiterhin dem autoritären Memplex des Islam zu unterwerfen, und ihr stattdessen abverlangen, ein Leben als freies, eigenverantwortliches, das heißt nicht von »höheren Autoritäten« abhängiges Individuum zu führen, würde sie eben dies als autoritäre Zumutung, als empfindliche Einschränkung ihrer Handlungsfreiheit empfinden.

Der Streit darüber, was Freiheit bedeutet, ist deshalb so kompliziert, weil unsere Freiheitsbegriffe sowie unsere Freiheitsempfindungen nur relativ zu den Memplexen verstanden werden können, die unsere Gehirne dominieren. Dass diese Relativität der Freiheit uns nicht zu einem ethischen Relativismus zwingt, der aus »Freiheit« einen völlig beliebigen, auch von totalitären Demagogen verwendbaren Begriff macht, werde ich weiter unten noch ausführlicher erläutern. Es gibt, wie wir noch sehen werden, in der Tat gute Gründe dafür, am aufklärerischen Freiheitsbegriff festzuhalten und von seiner Warte aus die Freiheit zur Unterwerfung als freiheitsfeindliches Konzept zu kritisieren.

Was ist unter dem »aufklärerischen Freiheitsbegriff« zu verstehen? In der Tradition der Aufklärung begreifen wir individuelle Freiheit als das Vermögen, aus einem bunten Strauß von Handlungsoptionen autonom, also selbstbestimmt, diejenige auszuwählen, die dem Individuum zum größten Vorteil gereicht. Freiheit ist in diesem Verständnis nicht nur eine Freiheit *von* etwas (*negative Freiheit*), etwa die Emanzipation von Autoritäten, die die Autonomie der Entscheidung begrenzen, sondern auch eine Freiheit *zu* etwas (*positive Freiheit*), nämlich die Fähigkeit, als Individuum überhaupt rationale, autonome Entscheidungen treffen zu können.[23] Um in diesem positiven Sinne frei sein zu können, müssen drei Voraussetzungen erfüllt sein:

Erstens: Ich muss wissen, welche verschiedenen Handlungsoptionen in einer konkreten Situation überhaupt existieren. Dabei gilt: Je größer die Vielfalt der Optionen ist, desto besser stehen die Chancen, dass ich eine vernünftige, freie Entscheidung treffen kann. Kann ich mich ohnehin nur für *eine* Option entscheiden, so ist meine Entscheidungsfreiheit arg begrenzt. (Insofern kann man die politischen Wahlzeremonien im »real existiert habenden Sozialismus« kaum als »freie Wahlen« bezeichnen.)

Zweitens: Ich muss in der Lage sein, die jeweiligen Folgen der verschiedenen Handlungsalternativen einzuschätzen, um die für mich sinnvollste Alternative zu erkennen. Verschiedene Problemlösungen sind mit unterschiedlichen Kosten- und Nutzeneffekten für mich wie für andere verbunden. Um diese rational abschätzen zu können, muss mein Gehirn nicht nur die hierfür notwendigen Informationen besitzen, sondern diese auch zielführend verarbeiten können.

Drittens: Ich muss über die Mittel verfügen, um die präferierte Handlungsoption auch in die Praxis umsetzen zu können. Es ist gut, wenn ich weiß, dass ich nur dann Berufsmusiker werden kann, wenn ich auch hinreichend übe. Doch wenn ich keinen Zugang zu einem Instrument habe, etwa weil ich mir dies ökonomisch nicht leisten kann oder weil Musik in meiner Umgebung per se geächtet ist (der strenggläubige Osama bin Laden beispielsweise schaltete zu Beginn von Fernsehnachrichten immer den Ton ab, damit seine Familie nicht dem »verderblichen Einfluss der Musik« ausgesetzt werde)[24], so hilft mir dieses Wissen herzlich wenig.

Inwiefern nun stellen fatalistische Ideologien eine Bedrohung für unsere Freiheit dar? Werfen wir zur Verdeutlichung einen Blick in die indische Kultur, die wie kaum eine andere über Jahrtausende hinweg von einem machtvollen fatalistischen Memplex beherrscht wurde: Traditionell war die indische Gesellschaft untergliedert in vier *Varnas* (Sanskrit: Klasse, Stand, Farbe): An der Spitze der Hierarchie standen die Brahmanen (die Priester- und Gelehrtenkaste) sowie die Kshatriyas (die Kaste der Krieger und Fürsten sowie der höheren Beamten). Weniger privilegiert waren die Vaishyas (die Kaste der Kaufleute, Grundbesitzer und Landwirte) sowie vor allem die Shudras (Handwerker, Pachtbauern und Tagelöhner). Ganz am Ende der gesellschaftlichen Pyramide befanden sich die sogenannten Unberührbaren – Menschen, mit denen selbst die Mitglieder der untersten Kaste nicht in Kontakt treten wollten, um sich nicht zu »verunreinigen«.[25]

Was das indische Kastensystem aus aufklärerischer Perspektive so ungeheuer problematisch macht, ist nicht allein die Tatsache, dass es sich hierbei um eine offen diskriminierende Klassengesellschaft handelt, sondern vor allem, dass das Individuum in diese Kasten hineingeboren wird und keine Möglichkeit besitzt, gesellschaftlich in eine höhere Kaste aufzusteigen. Unser Verständnis von Freiheit und Gerechtigkeit ist nämlich in höchstem Maße mit der Idee der sozialen Mobilität verknüpft. Es gilt als eine der größten historischen Errungenschaften des Bürgertums, dass es die feudale Regel einer gesellschaftlichen Bestimmung qua Geburt überwunden hat. Und so empfinden wir es als höchst empörend, wenn wir anhand empirischer Studien feststellen müssen, dass das für unser Gerechtigkeitsempfinden so bedeutsame Prinzip der Chancengleichheit in der gesellschaftlichen Praxis nicht hinreichend verankert ist.[26]

Dass die systematische Herstellung sozialer Ungleichheit in Indien über Jahrhunderte hinweg nicht die gleiche Empörung auslöste wie in Europa, ist nicht zuletzt auf das Wirken fatalistischer Memplexe zurückzuführen. Von besonderer Bedeutung waren dabei die in den indischen Religionen verankerten Vorstellungen von *Samsara* (Kreislauf der Wiedergeburten), *Dharma* und *Karma*. Nach hinduistischer Vorstellung hat jeder Mensch einen eigenen Dharma, das heißt kosmisch vorgegebene Verpflichtungen, die der jeweiligen Kaste entsprechen. Je nachdem, wie diese Pflichten erfüllt werden, bewirken seine Taten gutes oder schlechtes Karma, also Rückwirkungen auf den Akteur in diesem oder in einem seiner folgenden Leben.

Hat das Individuum diese Memplexe verinnerlicht, wird es seine Handlungsfreiheit darin sehen, das zu wollen, was seinem vermeintlichen Dharma entspricht. Es wird nicht nach den Privilegien höherer Kasten streben, da dies schlechtes Karma verursachen und die Chancen verbauen würde, im nächsten Leben möglicherweise gerade in diese höhere Kaste hineingeboren zu werden. Widrige Lebensumstände werden dementsprechend als karmische Rückwirkungen vorangegangener schlechter Taten begriffen. Und so erzeugt die Fiktion einer sich über mehrere Leben erstreckenden »kosmischen Gerechtigkeit« eine wirksame memetische Legitimationsbasis für die Aufrechterhaltung realer Ungerechtigkeit im Hier und Jetzt.

Während die indische Gesellschaft sich gegenwärtig ernsthaft bemüht, sich aus der Umklammerung des fatalistischen Memplexes zu befreien (als zukünftiger Global Player ist Indien auf eine größere wirtschaftliche und kulturelle Dynamik angewiesen, als es dieser Memplex zulässt), erleben wir in den westlichen

Gesellschaften seit den Siebzigerjahren einen langsamen, aber doch steten Bedeutungszuwachs eben dieser Denkhaltung.[27]

So farbenfroh sich diese fatalistischen Memplexe in esoterischen Magazinen auch präsentieren mögen, sie sind keineswegs so harmlos, wie sie im ersten Moment erscheinen mögen. Dies wird vor allem deutlich, wenn diese Memplexe auf konkrete, politische Gegebenheiten angewandt werden. Viele Reinkarnationsgläubige begreifen – innerhalb dieses Memplexes durchaus logisch! – das Leiden der Menschen in den nazistischen Vernichtungslagern oder in den Armutsregionen der Welt als notwendige Folge vorausgegangener, ungerechtfertigte Handlungen. Nur zwei Beispiele unter vielen: Der Esoterik-Autor und »Reinkarnationstherapeut« Trutz Hardo meinte, dass sich viele Menschen für ihr »erneutes Erdenleben in der ersten Hälfte des 20. Jahrhunderts eine Reinkarnation als Jude ausgesucht« hätten, um einen »karmischen Ausgleich zu Beginn des Wassermannzeitalters zu bewirken«.[28] Alles, was einem Menschen auf Erden passiere, habe, so Hardo, »einen Sinn« und sei insofern auch »*gerechtfertigt*«.[29] Der Staresoteriker und Bestsellerautor Erhard Freitag (seine Bücher über die angebliche Wirkung des »positiven Denkens« erreichten Millionenauflagen) argumentierte in einer Talksendung des ORF in die gleiche Richtung. Er erklärte, dass die sechs Millionen Opfer des Holocaust in den Gaskammern des Dritten Reiches Verbrechen aus früheren Leben gebüßt hätten und die Nazis ihnen im Grunde nur behilflich gewesen seien, »schlechtes Karma« abzutragen.[30]

So weit wollte dereinst nicht einmal Gefängnisesoteriker Adolf Eichmann gehen, obgleich ihn eine solche »Einsicht« sicherlich noch stärker »beruhigt« und »erfreut« hätte, als es der in *Götzen* entwickelte esoterische Fatalismus ohnehin schon vermochte. (Vielleicht dachte Eichmann ja insgeheim selbst in diese Richtung, traute sich jedoch nicht, dies auch schriftlich zu fixieren? Die Formulierung, die »allwaltende Ordnung« habe ihm eine »Rolle« im Ablauf der Dinge »zugedacht«, könnte man immerhin in dieser Weise interpretieren …)

Fest steht, dass ein Memplex, der die Gehirne so sehr vernebelt, dass ein Verwaltungsbeamter des Massenmordes gleichsam als »spiritueller Geburtshelfer« gedeutet werden kann, mit einem aufklärerischen Verständnis von Freiheit und Gerechtigkeit nicht zu vereinbaren ist. Von daher gibt es für humanistisch-aufklärerisch denkende Menschen gute Gründe, den Fatalismus als »unethisch« zurückzuweisen.

Allerdings bedeutet eine solche *ethische Zurückweisung* nicht notwendigerweise, dass der Fatalismus auch *empirisch falsch* sein muss. Manche Dinge, die wir abwehren, weil sie unseren ethischen Intentionen widersprechen, sind bekanntlich dennoch »wahr«. Verhält es sich beim Fatalismus etwa ähnlich? Oder gibt es nachvollziehbare philosophische und wissenschaftliche Argumente, die den Fatalismus als Fiktion entlarven?

Jenseits des Fatalismus: Der Mensch ist keine Maschine

»Am Abend des 10. September 2001 räumt Felix Sanchez sein Büro im Südturm des World Trade Center. Sein Traum von der Selbstständigkeit wird ihm am kommenden Tag das Leben retten. Sanchez hat seine Arbeit bei der Investmentbank Merrill Lynch gekündigt, um sein Geld fortan als freier Finanzberater für seine Landsleute aus der Dominikanischen Republik zu verdienen … genau zehn Wochen später macht er sich auf den Weg in seine Heimat. So besteigt er am 12. November die Morgenmaschine der American Airlines nach Santo Domingo, Flugnummer 587 – das Flugzeug, das gleich nach seinem Start über dem New Yorker Stadtteil Queens abstürzt und aus dem niemand lebend entkommt.

Unter den 258 Passagieren ist auch die Serviererin Hilda Mayor. An dem Vormittag des 11. September, als die beiden entführten Jets in die Wolkenkratzer rasten, hat sie in einem Restaurant im ersten Stock des World Trade Center bedient und ist dem Inferno entkommen. Nun stirbt auch sie in der Unglücksmaschine nach Santo Domingo – über einer Wohngegend, in der viele Feuerwehrleute leben. Die Trümmer des Airbus stürzen in die Gärten von Eltern, die ihre Söhne bei den Rettungsversuchen des 11. September verloren haben.«[31]

Die tragische Geschichte von Felix Sanchez und Hilda Mayor, die der Wissenschaftspublizist Stefan Klein in seinem Buch *Alles Zufall* schilderte, erinnert an den Plot der erfolgreichen Horrorfilmserie *Final Destination*. In den bislang drei Filmen der Reihe geht es um Personen, die aufgrund von »Vorahnungen« einer Katastrophe entgehen (Film 1: Flugzeugabsturz; Film 2: Massenkarambolage auf dem Highway; Film 3: Unglück auf der Achterbahn), jedoch später vom Tod »heimgesucht« werden, da ihr Ableben vom Schicksal »vorbestimmt« war. Galt für Sanchez und Mayor das Gleiche? Waren sie von vornherein dazu verurteilt, im Jahr 2001 in New York im Zusammenhang mit explodierenden Flugzeugen zu sterben? Standen sie vielleicht schon am 11. September auf der Liste des Todes? Holte sie »das Schicksal« bloß zehn Wochen später ein?

Es gibt tatsächlich Menschen, die so denken. Doch selbstverständlich war es bloß *Zufall*, dass Sanchez und Mayor, nachdem sie den Anschlag des 11. September glücklich überlebt hatten, nur wenige Wochen später in derselben Stadt (New York) unter vergleichbaren Umständen (Flugzeuge) ums Leben kamen. Obgleich der Zufall eine Kraft ist, die ganz wesentlich »unser Leben bestimmt« (Stefan Klein), haben wir große Schwierigkeiten, Zufälle als solche zu akzeptieren. Offensichtlich ist unser Gehirn so sehr auf die Herstellung von Sinnzusammenhängen programmiert, dass es leicht der Versuchung unterliegt, in eine rein zufällige Abfolge von Ereignissen eine tiefere Bedeutung hineinzuinterpretieren. (Hier geht es uns nicht viel anders als der »abergläubischen Ratte«, die Paul Watzlawick einst beschrieb.)[32] Als sinnsuchende Wesen, deren Handlungen Zwecken unterworfen sind, neigen wir dazu, die Kategorien Sinn und Zweck auch auf Phänomene zu projizieren, die bloß zufällig und damit sinnlos sind.

Der Zufall steht notwendigerweise im Widerspruch zur Kategorie des Sinns, jedoch nicht zwangsläufig, wie mitunter behauptet wird, im Widerspruch zur Kategorie der Notwendigkeit.

Wenn wir von »Zufall« sprechen, so meinen wir in der Regel nur[33], dass verschiedene Ursachenketten unerwartet und unbeabsichtigt aufeinandertreffen. Wenn Ihnen beispielsweise beim morgendlichen Gang zum Bäcker ein Ziegelstein auf den Kopf fällt, so ist dies ein bedauerlicher Zufall. Und doch war jenes schmerzliche Zusammentreffen von Kopf und Ziegelstein ganz gewiss kein Verstoß gegen das universelle Kausalprinzip. Dass Sie ausgerechnet zu diesem Zeitpunkt unter dem maroden Dach des Bäckers standen, hatte ebenso klare Ursachen wie das Faktum, dass sich der Stein zeitgleich vom Dach löste. Ihre Gehirnerschütterung war sowohl notwendig, weil kausal bestimmt, als auch zufällig, weil von niemandem beabsichtigt oder auch nur vorhersehbar.

Die Unvorhersehbarkeit zufälliger Ereignisse ist nicht zuletzt darin begründet, dass bei jedem Ereignis, sei es das soeben geschilderte morgendliche Malheur oder etwas völlig anderes, Abermilliarden von Wirkfaktoren unterschiedlichster Art beteiligt sind. Der amerikanische Physiker und Einstein-Schüler David Bohm demonstrierte dies einmal am Beispiel des Attentats auf Abraham Lincoln.[34] Lincolns Tod, so Bohm, sei nur in reduktionistischer Sicht auf die Kugel aus der Schusswaffe von John Wilkes Booth zurückzuführen. Tatsächlich waren daran alle Faktoren beteiligt, die zur Erfindung von Feuerwaffen führten, alle evolutionären Kräfte, die die menschliche Hand dazu befähigten, eine Waffe in der Hand zu führen usw.

Und so ist auch die banale Tatsache, dass ich in diesem Moment exakt *diese* Worte schreibe, das Ergebnis einer unglaublich komplexen Ursachenkette, die zeitlich von den Ursprüngen unseres Universums bis zur Zigarettenpause gerade eben reicht – einer Ursachenkette, die nicht nur den Einschlag jenes Felsbrockens mit einschließt, der vor fünfundsechzig Millionen Jahren die Dinosaurier vernichtete und den Aufstieg der Säugetiere begründete, sondern auch den Untergang des römischen Imperiums, die Politik Napoleons und Bismarcks oder die vielen kleinen Zufälle meiner eigenen Lebensgeschichte, die wiederum von der unzähliger anderer Menschen nicht abgekoppelt werden kann. Ja, das chaotisch-deterministische Ursachengeflecht, das uns umgibt, ist so labil, dass es möglicherweise weder Sie noch mich geben würde, wenn vor, sagen wir einmal, 2500 Jahren ein griechischer Bauer an einem einzigen Tag fünfzehn Minuten später aufgestanden wäre. (Vielleicht wäre er so nie seiner Frau begegnet, mit der er Kinder zeugte, die wiederum Kinder und Kindeskinder zeugten, die Einfluss auf das Leben vieler anderer Menschen nahmen.) Unter Umständen hätte schon eine derart kleine Abweichung im Leben einer längst vergessenen Person ausgereicht, um einen solchen Einfluss auf die Weltgeschichte zu haben, dass es in ihr weder einen Hitler noch einen Stalin, weder einen Gandhi noch einen Einstein gegeben hätte, und selbstverständlich auch keinen Autor Schmidt-Salomon, der sich mit solch seltsamen Fragestellungen beschäftigt.

In diesem Sinne hat der oben kritisierte Karmaglauben, das heißt die Unterstellung von Ursache-Wirkungs-Zusammenhängen über mitunter lange Zeiträume hinweg, durchaus einen rationalen Kern. In der Tat ist »alles mit allem verbunden«, wie es in esoterischen Zeitschriften heißt. Allerdings liegt dem chaotisch-deterministischen Ursachengeflecht unserer Welt keine verborgene Sinnhaftigkeit zugrunde, wie so häufig unterstellt wird. Schicksalsgläubige gehen hier einem *finalistischen Fehlschluss* auf den Leim, *einer Verwechslung von Ursachen und Zweckbestimmungen:* Es mag ja sein, dass ein Phänomen P nur deshalb existiert, *weil* zuvor die Ursache U vorlag. Daraus lässt sich jedoch nicht ableiten, dass U vorlag, *damit* P existieren kann. Verdeutlichen wir uns dies am Beispiel des antiken griechischen Bauern, von dem ich eben sprach: Es kann ja durchaus sein, dass Sie dieses Buch nur in den Händen halten, *weil* dieser Bauer vor langer Zeit rechtzeitig aufstand. Doch der gute Mann verzichtete vor 2500 Jahren ganz gewiss nicht auf fünfzehn Minuten Schlaf, *damit* Sie diese Zeilen lesen können.

Die finalistische Verwechslung von Ursache und Zweck ist weit verbreitet. So meinen Kreationisten (Schöpfungsgläubige) aus der Tatsache, dass die Menschheit nur deshalb existiert, *weil* die grundlegenden Parameter unseres Universums von Anfang an so und nicht anders aussahen (Physiker sprechen hier von der »kosmologischen Feinabstimmung«)[35], ableiten zu können, dass diese Parameter von einem intelligenten Designer von Anfang an genau so und nicht anders bestimmt wurden, *damit* die Menschheit irgendwann einmal existieren kann. Dieser Glaube an einen planvoll vorgehenden Designer (Gott), der von Anbeginn der Zeit unser aller Existenz beabsichtigte, scheint vielen auf der Basis des finalistischen Fehlschlusses plausibel zu sein. Angesichts dessen, was wir mittlerweile über das Universum und die Evolution des Lebens auf der Erde wissen, ist er jedoch an Absurdität kaum zu überbieten.

Denn wie sollen wir es uns beispielsweise erklären, dass ein allmächtiger und allwissender Schöpfergott »zunächst a) eine ungeheure Vielfalt von Dinosauriern erschuf, später b) einen riesigen Felsbrocken auf deren Heimatplanet einschlagen ließ, damit c) die Dinosaurier wieder aussterben, um so d) Platz zu schaffen für die vermeintliche Krönung der Schöpfung, *Homo sapiens sapiens*«?[36] Ein solcher Gott wäre kein intelligenter Designer, sondern vielmehr ein Musterbeispiel für blinde Konzeptlosigkeit: »Keine noch so chaotische Grafikagentur, kein Fahrzeughersteller, keine Modefirma, kein Mensch, der halbwegs bei Verstand ist, würde einen Designer mit einer derart verheerenden Kosten-Nutzen-Bilanz einstellen!«[37]

Wenn wir uns von derartig absurden Memplexen nicht täuschen lassen, so erkennen wir, dass das Universum, das wir beobachten, exakt die Eigenschaften besitzt, »mit denen man rechnet, wenn dahinter kein Plan, keine Absicht, kein Gut oder Böse steht, nichts außer blinder, erbarmungsloser Gleichgültigkeit«.[38] In einem von Zufall und Notwendigkeit regierten Universum, so Richard Dawkins, werden notgedrungen »manche Menschen verletzt, andere haben Glück, und man wird dahinter weder Sinn und Verstand noch irgendeine Gerechtigkeit finden«.[39] Wenn Sie im Lotto gewinnen, eine verloren geglaubte Geldbörse wiederfinden, mit dem Flugzeug abstürzen oder Ihr Kind an Leukämie erkrankt, so steckt dahinter kein »höheres Sinnkonzept« – es sei denn, dieser »höhere Sinn« wäre von einem Schöpfer reinsten

Unsinns erdacht worden. Doch wer mag schon ernsthaft an einen Gott glauben, der entweder a) geistig hochgradig verwirrt ist oder aber b) sich mit der Erschaffung des Universums bloß einen dummen Scherz erlaubt hat?

Nach allem, was wir wissen, folgt unser Universum keinem vorgegebenen Plan, keiner höheren Absicht, sondern unterliegt dem sinnfreien Wechselspiel von Zufall und Notwendigkeit. Insofern kann der traditionelle Fatalismus, den wir auch bei Eichmann antrafen, jener Fatalismus, der aufgrund einer Verwechslung von Ursachen und Wirkungen einen »höheren Sinn« zu erkennen glaubt, als hinreichend widerlegt gelten.

Doch reicht diese Widerlegung aus, um die unguten Gefühle aufzuheben, die uns in Anbetracht der uns determinierenden Ursachenketten befallen können? Man muss wohl einräumen, dass die alternative Vorstellung, wir wären bloß Spielbälle von Zufall und Notwendigkeit, nicht minder erschütternd ist. Sind wir wirklich bloß kompliziert aufgebaute Maschinen, die auf dem Laufband der Zeit das zu tun verurteilt sind, was ihre jeweilige Programmierung vorgibt? Wenn ja, hätte eine überragende Intelligenz, die in der Lage ist, alle Zufälle und Notwendigkeiten in ihre Kalkulation einzubeziehen, nicht schon am Anfang des Universums berechnen können, dass Sie genau in diesem Moment eben diese Zeile lesen? Wüsste eine solche hypothetische Intelligenz nicht auch darüber Bescheid, was Sie in exakt fünf Jahren, vier Monaten, sechs Stunden, fünfunddreißig Minuten und 25,75 Sekunden tun werden? Ist es demnach vielleicht so, dass – wenn Willensfreiheit nicht existiert – unsere Zukunft längst schon festgeschrieben ist und wir mit unserem Leben gewissermaßen nur noch das abarbeiten, was ohnehin nicht mehr zu ändern ist?

Nein! Auch diese Abart des Fatalismus ist keineswegs notwendigerweise mit dem Abschied von der Willensfreiheit verbunden![40] Denn wer eine derartige Verknüpfung herstellt, der übersieht einen fundamentalen Unterschied, der das Reich des Lebenden vom Reich des Nicht-Lebenden trennt. Leider – so muss man konstatieren – ist die Wirkungsgeschichte der von Julien Offray de La Mettrie verwendeten Metapher vom »Mensch als Maschine«[41] in *dieser* Hinsicht kontraproduktiv gewesen.[42]

Was ist so falsch an diesem Bild? Nun, so trivial es auch klingt: Der Mensch ist auch nach der Aufhebung der Willensfreiheitsunterstellung keine Maschine, sondern ein *Lebewesen*. Lebewesen unterscheiden sich von Maschinen, Steinen, Gebirgen oder Tischen dadurch, dass sie von einem Prinzip geprägt sind, das Nicht-Lebewesen völlig fremd ist: nämlich dem Prinzip Eigennutz. Der Unterschied zwischen einem Menschen und einer Maschine besteht also nicht darin, dass der Mensch im Gegensatz zur Maschine über einen »freien Willen« verfügt, sondern darin, dass der Mensch *überhaupt* über einen Willen verfügt! Wie wir im ersten Kapitel gesehen haben, haben lebende Systeme »Interessen«, sie suchen angenehme Reize auf und vermeiden unangenehme. (Zwar ließe sich auch ein Roboter so programmieren, dass er bestimmte Reize meidet, die seinem System schaden könnten, aber diese Strategie hätte für ihn selbst keinerlei »Bedeutung«, da nichts für ihn von Bedeutung sein kann, solange er nicht selbst von echten [nicht bloß simulierten!] eigennützigen Interessen [Bedürfnissen, Gefühlen etc.] gesteuert wird.)[43]

Inwiefern nun steht das Eigennutzprinzip der fatalistischen Vorstellung entgegen, dass schon in den Anfangsbedingungen des Universums angelegt war, wie wir heute denken, empfinden und handeln? Antwort: Weil eigennützige Systeme per se unberechenbar sind. Stellen Sie sich zur Veranschaulichung bitte Folgendes vor: Sie stehen im dritten Stock eines Gebäudes, neigen sich aus dem Fenster heraus und lassen einen Stein fallen, der durch das Geäst des großen Baumes vor dem Haus auf den Boden fällt. Wenn Sie die Ausgangsbedingungen genau kennen, so können Sie die Flugbahn dieses Steines exakt errechnen. Nun aber stellen Sie sich vor (bitte nur vorstellen, nicht in die Praxis umsetzen!), Sie lassen statt eines Steines Ihre Hauskatze aus gleicher Höhe fallen. Selbst wenn Sie die Ausgangsbedingungen genau kennen, werden Sie nicht berechnen können, wie sich die Katze während des Flugs verhält. Im Gegensatz zu dem Stein wird Ihre Katze nämlich versuchen, *das Beste aus ihrer Lage zu*

175

machen, sie wird versuchen, sich irgendwie am Geäst des Baumes festzuhalten, um den unsanften Aufprall auf dem Boden zu vermeiden. Gesetzt den Fall, Sie würden diese Versuche mehrmals wiederholen, so würden sich weitere Unterschiede zeigen. Während der Stein unter exakt gleichen Bedingungen immer gleich fallen wird, wird Ihre Katze hinzulernen. Und wahrscheinlich würde es Ihnen sehr bald auch nicht einmal mehr gelingen, Ihre Katze überhaupt in den dritten Stock des Hauses zu locken.

Leben folgt – so können wir hieraus schließen – anderen Gesetzmäßigkeiten als Nichtleben. Es ist ein Fehler, Lebewesen als bloß mechanische Black-Box-Systeme zu betrachten, die von außen vollständig determiniert werden könnten. Jedes Lebewesen versucht notwendigerweise, in jeder Situation das Beste für sich herauszuholen. Dies wiederum erfordert eine Eigenschaft, die man im Reich des Nichtlebendigen niemals antreffen wird, nämlich *Kreativität*.

Was ist Kreativität? Kreativität ist das Vermögen, vorgegebene Wirkfaktoren so umzukodieren, dass dabei mitunter etwas völlig Neues, noch nie Dagewesenes entstehen kann.[44] Kreativität nutzt das Vorhandene zur Neuschöpfung und bringt dadurch Überraschendes, Unerwartetes hervor. Aufgrund dieser schöpferischen Eigenschaft des Lebens ist selbiges nicht nur theoretisch, sondern prinzipiell unberechenbar. Deshalb hätte keine auch noch so große kosmische Intelligenz vor Jahrmillionen diagnostizieren können, dass aus dem damals eher unauffälligen Zweig der Säugetiere jemals ein Wesen hervorgehen würde, welches in der Lage ist, Gedichte zu schreiben oder über Satelliten zu kommunizieren. Und selbstverständlich hätte diese Intelligenz, sofern sie den kleinen Adolf Hitler als einjährigen Buben, daumenlutschend und mit vollen Windeln beobachtet hätte, ebenso wenig errechnen können, dass dieses Kerlchen später einmal Millionen von Menschenleben ruinieren würde.

Wenn Sie so wollen, tritt mit dem hier entwickelten Modell an die Stelle des alten Körper-Geist-Dualismus ein alternativer Dualismus, nämlich der Dualismus von Leben und Nichtleben. Selbstverständlich gelten im Bereich des Lebendigen alle Naturgesetze, die auch für nicht lebende Systeme gelten, nur werden diese durch ein weiteres, eben nur für lebende Systeme gültiges Naturgesetz ergänzt: *das Prinzip Eigennutz*. Ein Lebewesen kann sich über dieses spezielle Naturgesetz ebenso wenig erheben wie über das Gravitationsgesetz. Im Beispiel der fallenden Katze wirkten notwendigerweise beide Gesetze, der fallende Stein hingegen war nur letzterem unterworfen.

Wir wissen nicht, ob sich das Eigennutzprinzip am Ende vielleicht doch noch auf grundlegendere physikalische oder chemische Prozesse zurückführen lässt, eines aber ist sicher: Durch das Auftreten des Eigennutzprinzips hat sich auf diesem blauen Planeten alles geändert. Warum? Weil in einem System, in dem eigennützige Akteure zur Kreativität verurteilt sind, die Zukunft niemals en détail festgeschrieben ist, sondern von Sekunde zu Sekunde immer wieder neu geschaffen wird. Eben deshalb muss der Fatalismus scheitern. Ihm steht ein entscheidender Faktor entgegen: *das Naturgesetz des Lebens*.

Wohlgemerkt: Man sollte die hier geschilderte prinzipielle Unberechenbarkeit des Lebens nicht mit der Idee der Willensfreiheit verwechseln. Auch wenn der Mensch verglichen mit allen anderen uns bekannten Lebewesen zweifellos über die weitaus größten Potenziale der Selbststeuerung verfügt, so ist diese Selbststeuerung doch nicht »frei« im Sinne von beliebig und unbegründet. Vielmehr ist das Selbst, das sich hier steuert, ein Produkt milliardenfacher Ursachenfaktoren – und nur der Tatsache, dass zu diesem Netzwerk von Ursachenfaktoren das Prinzip der eigennützigen Selbststeuerung hinzugezählt werden muss, ist es zu verdanken, dass das individuelle Selbst mehr ist als die bloße Summe dieser Wirkfaktoren.

Fazit dieser Überlegungen: Der Fatalismus ist keine logisch zwingende, sondern vielmehr eine logisch falsche Konsequenz aus dem Abschied von der Willensfreiheit. Die Tatsache, dass wir stets nur das wollen *können*, was wir aufgrund unserer spezifischen Erfahrungen wollen *müssen*, steht keineswegs im Widerspruch zu der für unser Freiheitsempfinden so wichtigen Intuition, dass die Zukunft offen ist. Vielmehr sind wir als lebende, Wohl und Wehe empfindende Wesen geradezu dazu determiniert, tagtäglich auf kreative Weise Probleme zu lösen, was den Fluss der Ereignisse immer wieder in neue Bahnen lenkt.

Dabei ist das Faktum, dass unser Wille nicht »frei«, sondern durch Myriaden von biologischen und kulturellen Faktoren ursächlich bedingt ist, die Voraussetzung dafür, dass wir (beziehungsweise die für unser Ich-Gefühl konstitutiven Regionen unserer Gehirne) uns (sich) in dieser komplexen Welt überhaupt zurechtfinden können. Könnten wir auf solche Faktoren nicht zurückgreifen, so würden wir im Leben hoffnungslos versagen. Ohne die biologischen und kulturellen Programme, die unser Denken, Handeln und Empfinden steuern, wären wir gar nicht in der Lage, Entscheidungen zu treffen, geschweige denn, dass wir abstrakte kognitive Unterscheidungen etwa zwischen »wahr« und »falsch« oder »ethisch legitim« und »ethisch illegitim« vornehmen könnten.

Doch halt! Hatten wir nicht oben gehört, dass nach Ansicht mancher Autoren gerade der Abschied von der Willensfreiheit auf eine Eliminierung solcher Differenzierungen hinauslaufen soll? Im ersten Moment scheint durchaus einiges für diese Einschätzung zu sprechen. Immerhin müssen wir davon ausgehen, dass unsere Vorstellungen in höchstem Maße von den Memplexen abhängig sind, auf die wir zufällig in unserem Leben gestoßen sind. Wäre daraus nicht zu folgern, dass Etikettierungen wie »wahr« und »falsch« oder »legitim« und »illegitim« nur relativ (nämlich in Relation zu den Memplexen, von denen wir befallen sind) gültig sind? Und würde dies nicht wiederum bedeuten, dass sie, von einer neutralen Warte aus betrachtet, völlig beliebig sind? Läuft also die in diesem Buch entwickelte Argumentation am Ende auf einen *radikalen Relativismus* hinaus, der nicht mehr begründet zwischen Eichmann und Gandhi unterscheiden kann?

Nein! Das relativistische »Alles ist beliebig!« ist, wie wir noch sehen werden, eine ebenso falsche Konsequenz wie das fatalistische »Alles ist Schicksal!«. Bevor dies weiter begründet werden kann, sollten wir uns zunächst einmal anschauen, mit welchen Konsequenzen ein solcher Relativismus verbunden wäre. Das

Themenfeld, anhand dessen ich die Folgen des Relativismus erläutern werde, nämlich der Widerstreit zwischen dem islamischen Memplex und dem Memplex von Humanismus und Aufklärung, wird auch dazu dienen, den bis hierhin entwickelten Begriff von Freiheit zu schärfen.

»Alles ist beliebig?« Wie relativistische Ideologien die Menschenrechte infrage stellen

Mina Ahadi ist eine quirlige Frau Anfang fünfzig mit einer bewegten und auch sehr bewegenden Lebensgeschichte.[45] Im ersten Moment mag Mina unauffällig erscheinen, doch sie ist zweifellos einer der mutigsten Menschen, denen ich je begegnet bin. Die Exil-Iranerin, die seit vielen Jahren aufopferungsvoll gegen die Todesstrafe, insbesondere gegen die in manchen islamischen Ländern noch heute (!) praktizierte Steinigung ankämpft, entschloss sich 2007 zu einem Schritt, der weltweit für Aufsehen sorgte: Vor den Kameras und Mikrofonen der Weltpresse schwor sie Ende Februar 2007 gemeinsam mit der deutsch-türkischen Journalistin Arzu Toker in den Räumen der Bundespressekonferenz in Berlin ihrem muslimischen Glauben ab und stellte den kurz zuvor gegründeten Zentralrat der Ex-Muslime vor.[46]

Vielleicht fragen Sie sich, was an diesem Vorgehen so aufsehenerregend war. Um dies zu verstehen, muss man sich die kulturellen Hintergründe vergegenwärtigen. Bekanntlich ist das Recht auf Religionsfreiheit mittlerweile – nach erbitterten Kämpfen, die sich über viele Jahrhunderte erstreckten – im Rahmen der abendländischen Kultur etabliert. Religionsfreiheit meint nicht nur das Recht, sich aus freiem Entschluss (Handlungsfreiheit) einer Religion anschließen zu können, sondern auch das Recht, sofern man dies will, gänzlich frei von Religion leben zu können, das heißt sich gegebenenfalls auch von jener Glaubenskultur abzuwenden, in die man als Kind zufälligerweise hineingeboren wurde.[47]

Von dieser Warte aus betrachtet war Mina Ahadis Schritt eine pure Selbstverständlichkeit. Das Problem jedoch bestand und besteht darin, dass ein solcher Glaubensabfall (Apostasie) aus traditioneller muslimischer Perspektive ein unverzeihliches Vergehen darstellt, für das die Schari'a (die religiös begründete Gesetzessammlung des Islam) die Todesstrafe vorsieht.[48]

Als Mina von ihrer staatlich garantierten Religionsfreiheit Gebrauch machte, setzte sie sich akuter Lebensgefahr aus, und tatsächlich wurde ihr mutiger Einsatz für das Recht auf freie Glaubenswahl und Meinungsäußerung umgehend mit zahlreichen Todesdrohungen quittiert. Eben dies gab der Veranstaltung im Haus der Bundespressekonferenz eine besondere Note. Die Bedrohung, die in der Luft lag, war deutlich zu spüren, und ich vermute, dass sich, sofern es draußen gewittert hätte, die meisten Anwesenden beim ersten Donnerschlag intuitiv auf den Boden geworfen hätten, um in Deckung zu gehen.

Niemals zuvor ist mir so deutlich bewusst geworden, wie verletzlich und schutzbedürftig dieses uns so selbstverständlich erscheinende, zarte Pflänzchen »Freiheit« in Wahrheit doch ist. Diese eineinhalbstündige Pressekonferenz des Zentralrats der Ex-Muslime war eine beeindruckende Lektion in Sachen »aufrechter Gang« – sicherlich nicht nur für mich, der ich die Veranstaltung moderierte, sondern auch für die meisten Pressevertreter. Dies zeigte sich unter anderem darin, dass sie entgegen allen journalistischen Gepflogenheiten (Berichterstatter sind zur Neutralität verpflichtet) am Schluss der Veranstaltung Beifall klatschten. (Vielleicht waren sie aber auch nur froh, diese besondere Pressekonferenz heil überstanden zu haben …)

Die Kampagne »Wir haben abgeschworen« des Zentralrats der Ex-Muslime war deshalb so gefährlich, weil sie gezielt einen der »heiligsten« Grundsätze des Islam verletzte. Denn wer einen muslimischen Vater hat, der ist qua Geburt dazu bestimmt, selbst Muslim zu sein – und dies auch ein Leben lang zu bleiben. Die Handlungsfreiheit, sich die eigene Weltanschauung aus eigenem Gutdünken selbst auszusuchen, räumt der islamische Memplex dem Individuum nicht ein. Nimmt das Individuum sich ungehörigerweise solche Freiheiten heraus, so hat es sein Leben aus Sicht muslimischer Traditionalisten verwirkt. Diese Einbahnstraßen-Logik (der Islam nimmt auf der einen Seite jeden freudig in die religiöse Gemeinschaft auf, lässt aber auf der anderen Seite niemanden wieder heraus) widerspricht zwar diametral unseren Intuitionen von Freiheit, er trägt aber ganz wesentlich zur Verbreitung des islamischen Memplexes bei.

Ohnehin ist dieser Memplex in Hinblick auf seine Kopierfähigkeit klug konstruiert. So ist es beispielsweise muslimischen Männern ausdrücklich erlaubt, nicht muslimische Frauen zu heiraten (die hieraus hervorgehenden Kinder werden schließlich Muslime sein), während hingegen muslimische Frauen nachdrücklich dazu angehalten werden, sich unter keinen Umständen auf nicht muslimische Männer einzulassen (schließlich wären aus solchen Verbindungen resultierende Kinder nicht automatisch Muslime und würden somit kaum zu einer weiteren Vervielfältigung des islamischen Memplexes beitragen). In diesem Zusammenhang spielt auch die viel diskutierte Verschleierung der Frau eine bedeutende Rolle. Denn das Kopftuch ist nicht bloß ein Symbol der Unterwerfung der Frau unter den Mann, es ist zugleich ein hervorragendes Instrument zur Normierung der Frau auf den innermuslimischen Heiratsmarkt. Ein Kopftuch zeigt an, dass die Frau, die es trägt, ausschließlich für muslimische Männer zu »haben« ist. »Einmal auf den Markt geworfen, kann ein verschleiertes Mädchen nur von einem muslimischen Mann erworben werden«, schreibt die iranische Autorin Chahdortt Djavann. »Sie ist eine Ware, die den muslimischen Männern vorbehalten ist.«[49]

Wie man an diesem willkürlich herausgegriffenen Beispiel sieht, besitzt der islamische Memplex einen geradezu perfekt ausgeklügelten Kopiermechanismus. Allerdings: Was gut für die Verbreitung eines Memplexes ist, muss nicht unbedingt vorteilhaft für die von ihm befallenen oder die mit ihm konfrontierten Individuen sein. Und so warnt Mina Ahadi schon seit Jahren davor, die Gefahren zu unterschätzen, die mit einem Vormarsch des islamischen Memplexes verbunden sind. Denn der Islam, der im

Unterschied zum europäischen Christentum weitgehend von der Aufklärung verschont blieb, ist, wie Mina nicht müde wird zu betonen, mit der Idee der Menschenrechte und den in ihnen enthaltenen Werten von Freiheit und Gleichberechtigung nicht zu vereinbaren.

In der Tat bestehen beträchtliche Differenzen zwischen dem islamischen Memplex und dem Memplex von Humanismus und Aufklärung, aus dem unter anderem die Idee der Menschenrechte hervorgegangen ist.[50] Während nämlich der aufklärerische Humanismus das Individuum als autonomen Souverän des eigenen Lebens begreift, es dazu auffordert, sich des eigenen Verstandes zu bedienen und vermeintliche »Wahrheiten« jederzeit kritisch zu hinterfragen, setzt der Islam auf das Kollektiv der Gläubigen, die Umma, der sich das Individuum unterwerfen muss. Das Individuum ist dazu angehalten, die als »heilig«, als unantastbar verstandenen Aussagen des Korans bedingungslos zu glauben. Möglich sind allenfalls unterschiedliche Interpretationen dieser Glaubenssätze, eine ernsthafte Infragestellung oder gar Kritik ist jedoch strikt untersagt, und Zuwiderhandlungen gegen dieses Kritikverbot werden, sofern möglich, rigoros abgestraft.

Betrachtet man die Angelegenheit historisch, ist man geneigt, es dem Islam nachzusehen, dass ihm eine derart starke Aversion gegen Geistesfreiheit anhaftet. Schließlich leben wir nach dem islamischen Kalender erst im 15. Jahrhundert[51], und tatsächlich verhält sich die Umma in Bezug auf den Umgang mit Kritik kaum anders, als sich das organisierte Christentum im 15. Jahrhundert des gregorianischen Kalenders verhalten hat. Der Unterschied zu damals besteht allerdings darin, dass der muslimischen Gemeinschaft heute dank der fortgeschrittenen kulturellen Evolution ganz andere technologische Potenziale zur Verfügung stehen.

Ich habe diese »Gleichzeitigkeit der Ungleichzeitigkeit« einmal als »eines der bedrückendsten Probleme der Gegenwart« beschrieben.[52] Die »halbierte Aufklärung«, in der höchstes technisches Know-how gepaart mit naivstem Kinderglauben auftritt (man denke etwa an das Atomprogramm des iranischen Mullahregimes), ist ein hoch riskantes Spiel, das auf Dauer kaum gut gehen dürfte. Doch die Gefahr besteht nicht allein darin, dass Menschen mit (aus humanistisch-aufklärerischer Sicht!) infantilsten (weil autoritätsfixierten und geschichtlich längst überholten) Weltanschauungen sich Technologien bemächtigen, die auf dem Boden ihrer zutiefst wissenschaftsfeindlichen Weltanschauung niemals entwickelt worden wären. Nicht minder problematisch ist es, dass gerade diejenigen, die »westliche Freiheiten« als untrügerische Zeichen von »Dekadenz« und »fehlender Gottesfurcht« verabscheuen, mit größter Selbstverständlichkeit sämtliche Freiheiten ausschöpfen, die der moderne Rechtsstaat ihnen garantiert, um auf diese Weise sich und anderen den Weg in die »Unfreiheit« (nichts anderes bedeutet »Unterwerfung« aus Sicht des aufklärerischen Memplexes!) zu ebnen.

Die modernen Demokratien, die ganz wesentlich von der Idee der Souveränität des Individuums getragen werden, stehen vor der schwierigen Frage, wie sie mit Menschen umgehen sollen, die diesen Grundkonsens partout nicht teilen wollen.[53] Welche Freiheiten sollte man Gruppen einräumen, die die Prinzipien der Freiheit in Wort und Tat missachten, etwa indem sie Frauen, die über ihr Leben selbst bestimmen möchten, mit »Ehrenmord« bedrohen? Kann und darf Religionsfreiheit in vollem Umfang auch jenen zukommen, die sie, sofern sie die erforderliche Macht besäßen, sofort abschaffen würden?

Es ist vor allem Islamkritikerinnen wie Mina Ahadi, Necla Kelek[54], Seyran Ateş[55], Chahdortt Djavann oder Ayaan Hirsi Ali[56] zu verdanken, dass solche Fragen ins öffentliche Bewusstsein getreten sind (sprich: im assoziativen Cortex vieler Individuen verarbeitet werden). Diese mutigen Vorreiterinnen der islamkritischen Aufklärungsbewegung, denen aufgrund ihres eigenen Migrationshintergrunds niemand vorwerfen kann, »Ausländerhetze« zu betreiben, haben die offene Wunde der »multikulturellen Gesellschaft« bloßgelegt. Denn sie entlarvten eine der größten Illusionen des modernen Rechtsstaats, nämlich die Illusion, dass Freiheit allein schon dadurch realisiert wird, dass sie in Gesetzestexten verankert ist. In Wahrheit jedoch ist es so, dass Freiheit nur dann im gesellschaftlichen Raum existiert, wenn Menschen diese Freiheit auch *wollen*, das heißt, wenn sie von Memplexen geprägt sind, die individuelle Freiheit als fundamentalen Wert ausweisen.

Eben dies ist im Fall des islamischen Memplexes nicht gegeben. Ein besonders frommer, also hochgradig vom islamischen Memplex gesteuerter Muslim kann gar nicht anders, als seine Freiheit in der Unterwerfung zu erkennen. Sollte eine größere Zahl von Gesellschaftsmitgliedern solche Willensbestrebungen entwickeln (glücklicherweise gilt dies bislang nicht für die Mehrheit der im Westen lebenden Muslime, jedoch ist in den letzten Jahren eine deutliche Tendenz zu größerer religiöser Unterwerfungsliebe feststellbar!), so würde dies eine empfindliche Einschränkung der über Jahrhunderte mühsam erkämpften Freiheitsrechte nach sich ziehen. Schon jetzt sind hier bedrohliche Rückentwicklungen zu beklagen (man denke etwa an die Kunstfreiheit: Welcher Karikaturist traut sich noch, islamische Glaubenssätze satirisch auf die Schippe zu nehmen?).[57]

Ahadi, Kelek & Co. haben die Probleme, die aus dem Aufeinanderprallen islamischer und humanistisch-aufklärerischer Denkmuster resultieren, in ihren Veröffentlichungen bestens analysiert. Dabei richtete sich ihre Kritik keineswegs allein gegen jene Lobbyisten, die sich um eine Weiterverbreitung des islamischen Memplexes bemühen, sondern auch gegen die westlichen Mehrheitsgesellschaften, die jene so einfach gewähren ließen, da sie nicht entschieden genug für die eigenen Werte, nämlich die Werte von Humanismus und Aufklärung, eintraten. Der zentrale Vorwurf, den die Kritikerinnen erheben, lautet, dass die westlichen Gesellschaften es in der Auseinandersetzung mit dem Islam versäumt haben, die *Universalität der Menschenrechte einzuklagen*. Stattdessen hätten sie sich auf die Position eines kulturellen Relativismus zurückgezogen, der zu einer falschen Toleranz gegenüber der Entwicklung freiheitsfeindlicher Parallelgesellschaften führte.

Was meint der Begriff »kultureller Relativismus«? Hierunter wird eine Denkhaltung verstanden, die Individuen und ihre Rechte vornehmlich über das Merkmal ihrer Gruppenzugehörigkeit bestimmt. Der Memplex des kulturellen Relativismus spiegelt sich etwa in den folgenden Gerichtsurteilen wider, die Mina Ahadi in ihrem (gemeinsam mit Sina Vogt verfassten) Buch *Ich habe abgeschworen* referiert:

»Eine Familienrichterin in Frankfurt/Main befand Anfang 2007 eine vorzeitige Scheidung für unbegründet: Eine Frau hatte diese von ihrem Mann beantragt, da sie seit der Trennung im Jahr zuvor von diesem bedroht und misshandelt würde. Da es sich um eine Deutsch-Marokkanerin handelte, lehnte die Richterin den Antrag der Frau mit der Begründung ab, sie käme aus einem Kulturkreis, in dem der Mann gegenüber der Frau ein ›Züchtigungsrecht‹ habe … Im August 2007 kam ein weiteres Urteil aus Italien, das … einem Muslim gestattet, seine Tochter zu verprügeln, weil sie sich mitten in Europa nicht gemäß den islamischen Sitten verhält, sondern ›westlich-europäisch‹: Fatima R. aus Bologna war mit einem Jungen spazieren gegangen. Daraufhin fesselte ihr Vater sie an einen Stuhl und band sie nur dann los, wenn er oder seine Söhne Lust hatten, sie … zu verprügeln. Die Tochter zeigte ihren Vater an. Der wurde zunächst dafür verurteilt, dann aber höchstrichterlich mit Berufung auf den Islam freigesprochen. Die Richter befanden, die Familie habe das Recht, die Tochter in ihren Kulturkreis hineinzuprügeln, wenn die Gefahr bestehe, dass das Mädchen sich ansonsten aus Freiheitsdrang selbst töten werde. Das Urteil kann nicht mehr angefochten werden. In Italien dürfen Muslime wohl von sofort an ihre Frauen und Töchter mit höchstrichterlichem Segen aus multikulturellen Gründen zusammenschlagen, wenn sie erklären, dass ihre Töchter zu westlich werden und … vor dem Hintergrund des Familiendrucks mit Selbstmord drohen.«[58]

Solche Gerichtsurteile zeigen auf, wie weit der Memplex des kulturellen Relativismus gesellschaftlich bereits vorgedrungen ist. Necla Kelek ist hierüber zu Recht empört: »Da protestiert kaum einer, wenn Schwule im Islam gesteinigt werden, da wird Verständnis für kulturelle Eigenheiten aufgebracht, wenn Mädchen von Teilen des Schulunterrichts fern gehalten werden, da wird nicht eingegriffen, wenn Sechsjährige das Kopftuch tragen müssen oder Frauen wie Sklavinnen verschachert werden.«[59]

Gegen die hier aufscheinende repressive Toleranz, die jegliches Unrecht hinnimmt, wenn es denn als Ausdruck eines »anderen kulturellen Kontextes« gewertet werden kann, setzten sich die humanistischen Islamkritikerinnen mit aller Entschiedenheit zur Wehr. Sie stellen dem kulturellen Relativismus ein eindringliches Plädoyer für die Universalität der Menschenrechte entgegen, die ja aus guten Gründen »Menschenrechte« heißen – und nicht etwa »Rechte aufgeklärter Bürgerinnen und Bürger westlicher Demokratien«. Necla Kelek formuliert es in aller gebotenen Deutlichkeit: »Menschenrechte, Grundrechte sind nicht teilbar, nicht kulturell relativierbar. Sie sind die Fundamente einer aufgeklärten Gesellschaft und müssen unter allen gesellschaftlichen Umständen verteidigt werden. Wer dazu nicht bereit ist, redet der Gegenaufklärung das Wort.«[60]

Wer hinreichend vom humanistisch-aufklärerischen Memplex der Freiheit infiziert ist, der wird dieser Aussage nur zustimmen können, schließlich ist sie innerhalb dieses speziellen Memplexes absolut schlüssig. Das Problem jedoch ist, dass *andere* Memplexe notwendigerweise auch *andere* Schlussfolgerungen generieren. Die Position eines streng muslimischen Vaters, der seine Tochter mit aller Gewalt von dem verderblichen Einfluss westlicher Freiheiten fernhalten will, ist innerhalb *seines* Denksystems leider gleichermaßen zwingend.

Woher also beziehen wir die Legitimität, unsere humanistisch-aufklärerischen Vorstellungen über die seinigen zu stellen? Sollte der muslimische Vater denn nicht das Recht haben, das zu tun, was er aufgrund seiner memetischen Prägung tun will (selbst wenn dies heißt, dass er seine Tochter für einen ungenehmigten Spaziergang verprügeln darf)? Nehmen wir uns denn nicht auch das Recht heraus, das zu tun, was wir aufgrund der uns prägenden Memplexe tun wollen? Wäre demnach der kulturelle Relativismus nicht doch die neutralste, fairste und auch logisch zwingendste Option, auch wenn sie uns so gar nicht gefallen mag?

Im Anfang war das Interesse: Warum nicht alles gleich gültig ist

Wenn es einen Philosophen gibt, der den Relativismus konsequent zu Ende gedacht hat, dann war dies Paul Feyerabend. Feyerabend war das Enfant terrible der Philosophie des 20. Jahrhunderts, ein Mann mit vielfältigen Begabungen, der ebenso Opernsänger oder Physiker hätte werden können, ein Querdenker ersten Ranges, der die akademische Welt nicht nur durch provokative Thesen, sondern auch durch seinen als »unstet« empfundenen, so gar nicht professoral wirkenden Lebensstil nachhaltig irritierte.[61]

Seine akademische Karriere hatte Feyerabend als logischer Empirist begonnen, der die empirischen Wissenschaften zur Grundlage jedes Wissens erhob. Alles, was durch empirische Forschung nicht überprüfbar war, erschien ihm damals entweder als logische Spielerei oder als barer Unsinn. Später wandelte sich Feyerabend unter dem Einfluss Karl Poppers zum kritischen Rationalisten, der davon ausging, dass jede Aussage nach rationalen Maßstäben überprüft werden müsse, um so über Versuch und Irrtum eine Annäherung an die Wahrheit zu ermöglichen. Doch auch diesen Standpunkt gab Feyerabend nach einiger Zeit wieder auf. Prägend für diesen Einstellungswandel waren nicht nur theoretische Überlegungen, sondern auch die Erfahrungen, die er als Dozent in Berkeley, einem der wichtigsten Zentren der amerikanischen Studenten- und Hippiebewegung der Sechzigerjahre, machte.

In Feyerabends Vorlesungen saßen nicht nur politische Aktivisten und von Bewusstseinserweiterung träumende Mittelstandskinder, sondern auch Angehörige von Bevölkerungsgruppen, die im damaligen Amerika stark diskriminiert wurden: Mexikaner, Indianer, Afroamerikaner. »Wer war ich«, schrieb Feyerabend später, »um diesen Menschen erklären zu wollen, was und wie sie denken sollten? Ich hatte keine Ahnung von ihren Problemen, obwohl ich wusste, dass sie viele Probleme hatten. Ich kannte nicht ihre Interessen, ihre Gefühle, ihre Ängste, ihre Hoffnungen … Es wurde mir bald klar, dass die raffinierten Argumente und die wunderbaren Geschichten, die ich bisher vorgetragen hatte, vielleicht nur Träume waren, Reflexionen der Einbildung einer kleinen Gruppe von Ideenfaschisten, denen es gelungen war, alle übrigen Menschen mit ihrem ›Rationalismus‹ in Bande zu schlagen.«[62]

Diesen Überlegungen folgend, betrachtete Feyerabend es als fatalen Irrtum, den Rationalismus zur universalen Leitidee zu erheben, wie er es zuvor getan hatte. Der Rationalismus, die Idee der Menschenrechte oder die Freiheitsideale der Aufklärung erschienen ihm nur noch als Traditionen unter vielen anderen Traditionen. Warum sollte man ausgerechnet *diese* Traditionen privilegieren? Waren sie denn tatsächlich besser als alternative kulturelle Entwürfe? Und nach welchen Maßstäben wollte man so etwas überhaupt beurteilen können?

Feyerabend machte deutlich, dass es nicht möglich ist, Traditionen als wahr oder falsch, gut oder schlecht, vernünftig oder unvernünftig zu beurteilen, ohne dabei in dieser Bewertung selbst auf Traditionen zurückzugreifen. In Feyerabends Klassiker *Erkenntnis für freie Menschen* heißt es hierzu: »Eine Tradition erhält erwünschte und unerwünschte Züge nur, wenn man sie auf eine Tradition bezieht, das heißt, wenn man sie als Teilnehmer einer Tradition betrachtet und aufgrund der Werte dieser Tradition beurteilt.«[63] Er schloss daraus, dass Traditionen »weder gut noch schlecht (sind); sie existieren einfach. ›Objektiv‹, das heißt unabhängig von Traditionen, gibt es keine Wahl zwischen einer humanitären Einstellung und dem Antisemitismus.«[64]

Politisch verknüpfte Feyerabend hiermit die Forderung, dass alle Traditionen, unabhängig davon, welche Werte sie beinhalten, »gleiche Rechte und gleichen Zugang zu den Zentren der Erziehung und andren Machtzentren haben«[65] sollten, denn: »Wenn Traditionen Vorteile und Nachteile nur haben, wenn man sie vom Standpunkt anderer Traditionen aus betrachtet, dann ist die Wahl *einer* Tradition als Grundlage einer freien Gesellschaft ein Akt der Willkür …«[66]

Dass eine solche Position nicht nur größere Liberalität und kulturelle Vielfalt ermöglichen, sondern auch jeglicher Inhumanität Tor und Tür öffnen würde, war Feyerabend sehr wohl bewusst, doch er sah darin gewissermaßen den »Preis der Freiheit«. Zwar schlug Feyerabend vor, gewaltsame Übergriffe einer Tradition auf andere Traditionen mittels Polizeigewalt zu verhindern, doch Gewaltanwendungen innerhalb von Traditionen (etwa in Form des »Züchtigungsrechts« muslimischer Männer) meinte er, tolerieren zu müssen: »Finden Menschen ihr Glück darin, dass sie sich in gefährlichen Kriegsspielen gegenseitig abschlachten, dann lasse man ihnen dieses Vergnügen.«[67]

Was ist von diesem radikalen Relativismus zu halten? Angesichts der in diesem Buch entwickelten Argumentation ist der Analyse zunächst einmal zuzustimmen. Selbstverständlich sind die Urteile, die wir fällen, nur im Kontext der uns prägenden Memplexe beziehungsweise Traditionen verständlich. Wenn Mina Ahadi die islamische Praxis der Verschleierung kritisiert, so greift sie in ihrem Urteil auf den humanistisch-aufklärerischen Memplex zurück, während der fromme Muslim, der die Praxis der Verschleierung verteidigt, dem islamischen Memplex folgt. Es stimmt schon: Objektive, von Traditionen/Memplexen unabhängige Urteile sind prinzipiell nicht möglich.

Doch müssen wir deshalb auch Feyerabends Vorschlag folgen, allen Traditionen den gleichen Zugang zu den gesellschaftlichen Machtzentren zu gewähren? Müssen wir es hinnehmen, dass besonders fromme Muslime von ihrem vermeintlichen Züchtigungsrecht Gebrauch machen oder bibeltreue Christen ihren Kindern den Schulbesuch verweigern, weil dort die ach so verderbliche Evolutionstheorie gelehrt wird?

Keineswegs! Denn Feyerabends Relativismus enthält einen schwerwiegenden logischen Selbstwiderspruch: Um begründen zu können, dass sich *keine Tradition* als absolut (für alle) gültig setzen darf, muss er nämlich zunächst einmal seine *eigene relativistische Tradition* als absolut (für alle) gültig setzen. Der Satz »Alles ist relativ!« ist bei genauerer Betrachtung keine *relativistische*, sondern eine *universalistische* Behauptung, die nicht nur für sich selbst

(»Der Relativismus ist relativ!«), sondern für »alles« Gültigkeit beansprucht. Wenn wir Feyerabends Analyse auf ihn selbst anwenden, dann zeigt sich, dass sein Relativismus letztlich auch nichts weiter ist als ein spezifischer Memplex unter vielen anderen Memplexen. Warum also sollte ausgerechnet *dieser* Memplex das Verhältnis der Traditionen untereinander bestimmen dürfen? Das gleiche Recht könnten auch der islamische oder der humanistisch-aufklärerische Memplex für sich reklamieren. Was die logische Evidenz betrifft, ist der Relativismus dem aufklärerischen Humanismus also in keiner Weise überlegen, auch wenn dies im ersten Moment so erscheinen mag.

Es stimmt zwar, dass es keine objektiven, memetisch unbelasteten Kriterien des Urteilens gibt, weshalb wir natürlich äußerst vorsichtig sein sollten, wenn wir aus unserer Tradition heraus andere Traditionen kritisieren. Doch ebenso wenig gibt es objektive, memetisch unbelastete Gründe dafür, auf solche Kritik zu verzichten. Feyerabends Argumente, die er übrigens selbst in späteren Jahren wieder zurücknahm[68], sind bei genauerer Betrachtung also nicht geeignet, die Idee der Universalität der Menschenrechte aus den Angeln zu heben. Im Gegenteil! Sie helfen uns zu verstehen, was gerade *diese* Idee so stark macht.

Denn eines der hervorstechendsten Merkmale des humanistischen Memplexes der Menschenrechte ist es, dass er den Individuen völlig unabhängig von ihrer Traditionszugehörigkeit Rechte einräumt. Er macht Ernst aus der nur im ersten Moment trivial erscheinenden Einsicht, dass Menschen in erster Linie Menschen, das heißt Mitglieder einer bestimmten biologischen Spezies, sind – und nicht etwa Christen, Muslime, Buddhisten, Atheisten, Marxisten oder Neoliberale.

Als Menschen besitzen wir, losgelöst von jeglichen kulturellen Bezügen, spezifische Eigenschaften, Bedürfnisse und Interessen, die wir allesamt miteinander teilen. William Shakespeare inspirierte dies bereits vor vierhundert Jahren zu dem berühmten Monolog des Shylock in seinem Stück *Der Kaufmann von Venedig*: »Ich bin ein Jude. Hat nicht ein Jude Augen? Hat nicht ein Jude Hände, Gliedmaßen, Werkzeuge, Sinne, Neigungen, Leiden-

schaften? Mit derselben Speise genährt, mit denselben Waffen verletzt, denselben Krankheiten unterworfen, mit denselben Mitteln
geheilt, gewärmt und gekältet von eben dem Winter und Sommer als ein Christ? Wenn ihr uns stecht, bluten wir nicht? Wenn
ihr uns kitzelt, lachen wir nicht? Wenn ihr uns vergiftet, sterben
wir nicht?«[69]

Sosehr uns die kulturellen Memplexe auch voneinander trennen mögen, es ist die *menschliche Natur*, die uns miteinander verbindet. Wir alle brauchen saubere Luft zum Atmen, brauchen
Nahrung, um unseren Stoffwechsel aufrechtzuerhalten. Wir alle
empfinden Schmerz, wenn man uns verletzt, und Freude, wenn
wir uns einen lang gehegten Wunsch erfüllen können. Wir alle
lachen, weinen, lieben, hoffen, trauern. Kurzum: *Wir alle kennen
Wohl und Wehe.* Und genau dies ist der Grund, warum der Relativismus im konkreten Lebensvollzug scheitert: Es ist eben nicht
beliebig, welche Werte und Normen das Zusammenleben der
Menschen bestimmen!

Der feyerabendschen Maxime »*Anything goes!*« könnten Com-
puterprogramme folgen, nicht aber Menschen aus Fleisch und
Blut. Da es uns als Wohl und Wehe empfindenden Wesen nicht
gleichgültig ist, was mit uns und allen anderen, um die wir uns sorgen, geschieht, können uns unterschiedliche Normsetzungen
auch nicht als *gleich gültig* erscheinen.

Die relativistische Forderung, Menschenrechtsverletzungen
innerhalb anderer kultureller Traditionen zu tolerieren, würde
voraussetzen, dass wir das Wohl und Wehe der davon betroffenen
Menschen (etwa zwangsverheirateter Frauen in Deutschland, die
sämtlicher Grundrechte beraubt sind) ausblenden. Den Relativismus zu leben, würde also notwendigerweise eine Begrenzung
des Einfühlungsvermögens beziehungsweise des empathischen
Eigennutzes auf die eigene Gruppe bedeuten. Doch hat solches
Ingroup-Outgroup-Denken jemals Gutes bewirkt? Wenn wir
uns die Beispiele vergegenwärtigen, die wir im ersten Kapitel
beleuchtet haben, so scheint die aus Ingroup-Outgroup-Denken
resultierende Doppelmoral eher die Wurzel großen Übels (nicht
»des Bösen«!) gewesen zu sein.

Der humanistisch-aufklärerische Memplex tut daher gut daran, die Unteilbarkeit der Menschenrechte in den Vordergrund zu rücken, und er tut ebenfalls gut daran, Individuen – nicht Traditionen! – unter Schutz zu stellen. Denn nur Individuen sind in der Lage, Wohl und Wehe zu empfinden. Traditionen, Staaten, Institutionen haben ebenso wenig »Interessen« wie DNA-Abschnitte oder Opernarien. Deshalb lassen sich Werte wie Freiheit oder Gerechtigkeit vernünftigerweise auch nur vom Individuum aus begründen[70] – nicht von überindividuellen Zusammenhängen wie religiösen oder staatlichen Gemeinschaften.

Dass dies nicht von allen Menschen so gesehen wird, hängt damit zusammen, dass ihre Hirne schon in frühen Entwicklungsstadien von freiheitsfeindlichen Memplexen entführt wurden, die ihnen vorgaukelten, ihr Wohl und Wehe sei unweigerlich an das vermeintliche Wohl und Wehe jener »Heilsgemeinschaften« gekoppelt, in die sie hineinsozialisiert wurden. Religionen und Staaten besitzen zwar kein neuronales System und kennen somit auch kein Wohl und Wehe, aber sie sind in der Lage, neuronale Systeme (Individuen) und deren Wohl-und-Wehe-Empfinden so zu manipulieren, dass sie ihre »Freiheit« irgendwann einmal tatsächlich darin sehen, sich der jeweiligen Gruppennorm bedingungslos zu unterwerfen.

Aus humanistisch-aufklärerischer Perspektive gelten solche »Freiheiten zur Unterwerfung«, wie wir bereits gesehen haben, nicht als Freiheiten im eigentlichen Sinne. Sie werden vielmehr als Ausdruck verfehlter Weltbildkonstruktionen begriffen. Verfehlt, weil sie zum einen auf irrigen Annahmen beruhen, die den realen Verhältnissen in der Welt nicht angemessen sind, und zum anderen, weil sie Verhaltensweisen heraufbeschwören, die individuelle Interessen, insbesondere die Interessen von Nichtgruppenmitgliedern, nicht hinreichend berücksichtigen. Konkurrierende Memplexe (etwa die Memplexe des Nationalsozialismus, des Stalinismus, des Islamismus oder des fundamentalistischen Christentums) werden aus humanistisch-aufklärerischer Perspektive also gleich in zweifacher Hinsicht verworfen, nämlich weil sie erstens *irrational* und zweitens *unethisch* sind.

Der humanistisch-aufklärerische Memplex setzt somit voraus, dass wir in der Lage sind, rational begründete Entscheidungen zwischen wahren und falschen Aussagen sowie zwischen ethisch legitimen und illegitimen Verhaltensweisen zu treffen. Doch ist dies überhaupt möglich, wenn man, wie in diesem Buch geschehen, sowohl die Idee der Willensfreiheit als auch die Sinnhaftigkeit einer Unterscheidung zwischen Gut und Böse bestreitet?

Erinnern wir uns in diesem Zusammenhang an die im zweiten Kapitel zitierten Bedenken von Gerhard Kaiser: »Ohne Wollen gibt es kein Sollen, und ohne Urteilen und Handeln nach Gründen – und nicht lediglich nach Ursachen – kein Richtig und kein Falsch.« Was ist dem entgegenzuhalten?

Nun, im Prinzip ist es ganz einfach: Schließlich haben wir im Zuge unserer Argumentation weder das Wollen noch das Urteilen und Handeln nach Gründen bestritten, sondern bloß das »freie« (ursächlich unbestimmte) Wollen, Urteilen und Handeln. Kaisers Argument wäre nur dann zutreffend, wenn Gründe tatsächlich etwas anderes wären als Ursachen. Wie wir jedoch gesehen haben, ist dies ein Irrtum, denn Gründe *sind* Ursachen. Sie beruhen auf neuronalen Schaltmustern im bewusstseinsfähigen, assoziativen Cortex und haben als solche selbstverständlich Einfluss auf das Verhalten von Individuen.

Etwas kniffliger ist das zweite Argument, das Kaiser vorbrachte: Stimmt es, dass die Hirnforscher unter der Voraussetzung, dass der Determinismus richtig sei, nicht mehr für den Determinismus argumentierten, »weil sie diese These für richtig halten, sondern weil sie dazu determiniert sind, sie für richtig zu halten«, und würde dies tatsächlich auf eine »ewige Nachtfahrt der Vernunft« hinauslaufen?

Dieses Argument zielt darauf ab, dass wir auch etwas völlig Falsches als richtig erachten würden, wenn wir nur zu einer solchen Einschätzung (auf der Basis entsprechender Memplexe) determiniert wären. Wirft man einen Blick in die menschliche Geschichte (oder auch nur in die Abgründe des Internets), so wird man dies als empirische Tatsache kaum bestreiten können. Offensichtlich ist keine Idee absurd genug, als dass sie nicht doch von Menschen geglaubt und, wenn nötig, sogar mit Waffengewalt verteidigt werden könnte. Doch heißt dies auch in der Konsequenz, dass es keine vernünftigen Maßstäbe gibt, um wahre von falschen Aussagen zu unterscheiden?

Wir sollten hier gewiss nicht das Kind mit dem Bade ausschütten. Die Tatsache, dass es unvernünftige Memplexe gibt, die Menschen zu unvernünftigen Schlussfolgerungen verleiten, bedeutet weder, dass alle Memplexe unvernünftig sind noch dass wir nicht zwischen vernünftigen und unvernünftigen Memplexen unterscheiden können. Es gibt nämlich zwei zentrale Hilfsinstrumente der Vernunft, die uns dabei helfen können, memetische Spreu von memetischem Weizen zu trennen, nämlich *Logik* und *Empirie*.

Nach den Kriterien von Logik und Empirie können wir eine Aussage nur dann als (vorläufig!) »wahr« erachten, wenn sie a) logisch korrekt aus Ausgangsprämissen geschlossen wurde (Prämisse 1: Flipper ist ein Delfin. Prämisse 2: Delfine sind Säugetiere. Logische Schlussfolgerung: Flipper ist ein Säugetier) und wenn sie b) im Einklang mit unseren Beobachtungen der Realität steht (Empirische Feststellung 1: Wir erkennen, dass Delfine alle grundlegenden Eigenschaften von Säugetieren besitzen. Empirische Feststellung 2: Flipper weist alle Eigenschaften auf, die für Delfine kennzeichnend sind). Die logische Korrektheit einer Aussage ist dabei als Wahrheitskriterium allein nicht hinreichend, denn wenn die Prämissen empirisch falsch sind, so kann auch der logisch korrekte Schluss aus ihnen empirisch falsch sein (Korrekte empirische Feststellung 1: Flipper ist ein Delfin. Fehlerhafte empirische Feststellung 2: Delfine sind Fische. Logisch korrekte Schlussfolgerung, zugleich jedoch empirisch falsche Feststellung: Also ist Flipper ein Fisch).[71]

Mittels Logik und Empirie lässt sich also trefflich zwischen vernünftigen und unvernünftigen Memplexen unterscheiden. Allerdings haben unvernünftige Memplexe (genauer: die von ihnen infizierten Individuen) verständlicherweise kein Interesse daran, per empirisch-logischer Überprüfung »entzaubert« zu werden. Um überleben zu können, haben sie daher Strategien entwickelt, mit denen sie sich der Kritik zu entziehen versuchen. Eine dieser

Strategien besteht in der Abwehr der Kritik durch Abschreckung (etwa indem Kritiker an Leib und Leben bedroht werden), eine andere in der sophistischen Verneblung der eigentlichen memetischen Inhalte (etwa durch theologische Exegeten, die aus jedem x-beliebigen Satz das exakte Gegenteil von dem herauslesen, was dort schwarz auf weiß geschrieben steht).

Der Philosoph Hans Albert, neben Karl Popper wohl der wichtigste Vertreter des Kritischen Rationalismus in Deutschland, hat solche Strategien der Kritikimmunisierung in seinem Klassiker *Traktat über kritische Vernunft* präzise beschrieben und aufgezeigt, wie wichtig das »Prinzip der kritischen Prüfung« ist, um rationale Weltanschauungen von irrationalen zu unterscheiden. Für die Beurteilung des Vernunftgrades von Memplexen ist ihr Verhältnis zum Prinzip der kritischen Prüfung daher höchst aussagekräftig. Wir sollten Alberts Warnung ernst nehmen und Memplexen, die sich der Kritik entziehen, mit gesundem Argwohn gegenübertreten.[72]

Solchen prinzipiellen Argwohn müssen wir, um nun wieder auf das Argument von Gerhard Kaiser zurückzukommen, gegenüber Hirnforschern, die den Determinismus als richtig erachten, nicht an den Tag legen. Denn sie entziehen sich ja nicht der Kritik, sondern sind sogar im höchsten Maße dem Memplex des kritischen Denkens verpflichtet, weshalb sie die harten Kriterien von Logik und Empirie als zentrale Richtlinien ihrer wissenschaftlichen Arbeit betrachten. Wenn also Hirnforscher den Determinismus als richtig erachten, so ist diese Einschätzung zwar determiniert, allerdings nicht von *irgendwelchen*, beliebigen Memplexen, sondern von *jenen*, die unserer Erfahrung nach am besten geeignet sind, um wahre von falschen Aussagen zu unterscheiden. Selbstverständlich können sich auch die Hirnforscher in ihren Urteilen irren, doch immerhin verfügen sie mit Logik und Empirie über ein rationales Instrumentarium, das hilft, solche Irrtümer zu identifizieren. Von einer »ewigen Nachtfahrt der Vernunft« kann also gar nicht die Rede sein.

Eine solche »ewige Nachtfahrt« würde auch unseren ureigensten Interessen widersprechen, denn Logik und Empirie haben sich im Verlauf unserer Evolution als überaus nützliche Instrumente der Problemlösung erwiesen. Bezogen auf den Bereich der instrumentellen Vernunft, die nach geeigneten Mitteln zur Erreichung vorgegebener Ziele sucht, erkennen dies selbst die Frommsten der Frommen an. So rückständig ihre Weltbilder aus einer logisch-empirischen Perspektive auch sind, zur Verbreitung ihrer Meme bedienen sie sich modernster Technologien, die nur auf der Basis von Logik und Empirie entstehen konnten. In diesem Punkt verlassen sich die Gläubigen nicht auf die Elemente ihrer eigenen Tradition, nicht auf Gebete, nicht auf Wundertaten vermeintlicher »Heiliger«, auch nicht auf das liebevolle Einschreiten eines »allmächtigen Gottes«, sie setzen vielmehr auf die Früchte nüchterner, logisch-empirischer Forschung, deren Prinzipien sie ansonsten mit aller Vehemenz aus dem Dunstkreis ihrer Weltanschauung verbannen.

Tragischerweise wird diese Inkongruenz den wenigsten je bewusst, was daran liegt, dass sie hierzu normalerweise nicht durch entsprechende Erfahrungen genötigt werden. Denn während Brücken, die auf der irrigen Annahme 2 + 2 = 22 erbaut werden, unweigerlich zusammenbrechen, können Weltbilder, die auf ähnlich absurden Vorstellungen gründen, erstaunlich stabil sein. Und so kommt es, dass Staaten, die über moderne Satellitentelefone und Hochleistungsrechner verfügen, gleichzeitig von archaischen Wahnideen beherrscht werden, etwa der Fiktion, Homosexuelle »im Namen Gottes« erhängen und »Ehebrecherinnen« steinigen zu müssen.

Dass wir solche staatlich angeordneten Morde nicht als kulturelle Besonderheiten tolerieren müssen, sondern sehr wohl auf der Basis der Universalität der Menschenrechte als Verbrechen verurteilen können, haben wir bereits gesehen. Doch wie verträgt sich dies mit dem bereits im ersten Kapitel erfolgten Abschied von Gut und Böse? Herrschen jenseits von Gut und Böse nicht absolute Beliebigkeit oder – schlimmer noch – das Recht des Stärkeren vor?

Wer solches denken würde, hätte den Grundansatz des vorliegenden Buches völlig falsch verstanden. Der Abschied von den moralischen Memplexen Gut und Böse ist keineswegs mit einem Abschied von ethischen Prinzipien verbunden. Im Gegenteil: Gerade dadurch, dass wir uns vom traditionellen Gut-und-Böse-Moralismus befreien, schaffen wir die Voraussetzungen, um ethisch in angemessener Weise handeln zu können. Denn Moralismus ist nicht die Grundlage der Ethik, er verhindert viel eher, dass wir uns ihren Anforderungen stellen.

Diese These mag paradox erscheinen, da im alltäglichen (ja selbst im philosophischen!) Sprachverständnis die Begriffe »Ethik« und »Moral« meist als Synonyme gebraucht werden.[73] Dieser Sprachgebrauch verdeckt jedoch, dass es tatsächlich zwei verschiedene Ansätze zur Begründung von Verhaltensnormen gibt, die man nicht in einen Topf werfen sollte. Eine stärker akzentuierte Differenzierung zwischen Ethik und Moral kann uns dazu verhelfen, diese Unterschiede stärker bewusst zu machen, zumal in unserem Sprachgefühl bereits eine feine Grenzziehung zwischen Ethik und Moral verankert ist. (Stellen Sie sich vor, der Deutsche Bundestag hätte statt einer »Ethikkommission« eine »Moralkommission« einberufen: Würde dies bei Ihnen nicht ein mulmiges Gefühl hervorrufen?)

Ich bin auf die Unterschiede zwischen Moral und Ethik bereits in meinem Buch *Manifest des evolutionären Humanismus* eingegangen.[74] Ich halte die dort getroffenen Differenzierungen jedoch für so bedeutsam, dass ich die wesentlichen drei Aspekte hier wiederholen möchte:

Erstens: In der Moral geht es um die *subjektive Wertigkeit von Menschen* vor dem Hintergrund vermeintlich vorgegebener metaphysischer Beurteilungskriterien (»Peter ist gut, Paul ist böse!«), in der Ethik hingegen um die *objektive Angemessenheit von Handlungen* anhand intersubjektiv ausgehandelter Spielregeln (»Peter hat die Interessen aller Beteiligten berücksichtigt und sich fair verhalten; Pauls Verhalten war dagegen hochgradig unfair«).

Wenn wir ethisch argumentieren, versuchen wir, Lösungen für Interessenkonflikte zu finden, die für alle Beteiligten fair sind. Um dies zu gewährleisten, müssen wir nicht nur die unterschiedlichen Interessenlagen verstehen, sondern auch erkennen, wodurch die Konflikte genau entstehen. Zudem müssen wir flexibel genug sein, um in verfahrenen Situationen kreative, neue Lösungswege zu finden, die die widerstrebenden Interessen unter einen Hut bringen.

Eben diese Flexibilität lässt das moralische Prinzip nicht zu, denn es beruht nicht auf unter Individuen frei verhandelbaren Spielregeln, sondern auf religiös geprägten Memplexen, die den Anspruch erheben, überhistorisch gültig zu sein. Dabei sind die moralischen Begriffe »Gut« und »Böse« als metaphysische Konstrukte so diffus, dass jede Gruppe sie beinahe beliebig verwenden kann, um die jeweiligen Gegner zu diskreditieren und sich selbst ins rechte Licht zu rücken.

Moralische Argumentationsmuster haben allerdings nicht bloß das Manko, dass sie uns auf autoritär vorgegebene Dogmen festlegen, wo es eigentlich gilt, auf kreative Weise flexible Lösungsmöglichkeiten für Interessenkonflikte zu finden. Sie verführen uns auch dazu, unsere Gegenüber zu entmenschlichen und als Sündenböcke zu missbrauchen, indem wir abgewehrte Anteile unserer eigenen Person oder unserer Bezugsgruppe auf sie projizieren und in ihnen auf brutalste Weise bekämpfen.[75] Und nicht zuletzt liefern sie uns einem metaphysischen Irrationalismus aus, der aufgrund seiner rigiden Schwarz-Weiß-Optik jeden noch so harmlosen Konflikt zur Eskalation bringen kann. Kurzum: Während ethische Argumentationen die Debatte versachlichen, indem sie vorurteilsfrei nach fairen Lösungen für Interessenkonflikte suchen, führen moralische Argumentationen häufig zu einer weiteren Verfestigung irrationaler Standpunkte.

Zweitens: Moralische Argumentationen zielen auf die Frage der persönlichen Schuldfähigkeit ab und bauen daher notwendigerweise auf dem Konzept der Willensfreiheit auf, d.h. der Unterstellung, dass eine Person sich unter exakt denselben Bedingungen anders hätte entscheiden können, als sie sich de facto entschieden hat. Eine (naturalistische) ethische Argumentation hingegen kann auf solch problematische Annahmen verzichten, weil sie prinzipiell nur nach der *objektiven Verantwortbarkeit* potenzieller oder bereits realisierter Taten fragt, nicht nach der *subjek-*

tiven Verantwortung (also der Willensfreiheit) der Täter. Wir müssen nicht unterstellen, dass Hitler, Stalin, Konstantin der Große oder Papst Innozenz III. sich aus »freien Stücken« zu ihren Untaten entschlossen haben, um diese ethisch verurteilen zu können. Die *(a)moralische Entschuldigung* der Täter (»Hitler, Stalin & Co. konnten sich unter den gegebenen Bedingungen nicht anders verhalten, als sie es taten«) läuft also keineswegs auf eine *ethische Rechtfertigung* ihrer Taten heraus!

Drittens: Da ethische Argumentationen die faire Lösung von Interessenkonflikten bezwecken, sind sie nur sinnvoll, wenn mindestens zwei Akteure mit widerstrebenden Interessen vorhanden sind. Sich selbst gegenüber kann man sich nicht unethisch verhalten. Moralisten jedoch behaupten auf der Basis der sie prägenden Memplexe, dass man sich auch gegen sich selbst »versündigen« könne, dass bestimmte Verhaltensweisen prinzipiell unmoralisch seien – selbst wenn niemand (außer vielleicht man selbst) Schaden daran nehme. Diese Differenz von ethischer und moralischer Argumentation hat weitreichende Konsequenzen für das Selbstbestimmungsrecht des Menschen. Am deutlichsten zeigt sich dies wohl auf dem Gebiet der Sexualität: Aus ethischer Perspektive (Beurteilungskriterium: fair/unfair) ist es völlig irrelevant, ob ein Mensch homosexuelle Partnerschaften pflegt, ob er masturbiert, Oral- oder Analverkehr praktiziert. Aus moralischer Perspektive jedoch (gut/böse) werden diese Handlungen häufig als besonders »verwerflich« eingestuft und, sofern Moralisten die erforderliche Macht dazu haben, auch rigoros unterbunden. Nicht ohne Grund sind homosexuelle Handlungen auch heute noch in jenen Ländern, in denen zwanghafte Moralisten (also die Frommsten der Frommen) das Sagen haben, mit der Todesstrafe belegt.

Ich werde auf diese Punkte im zweiten Teil des Buches noch eingehen. Hier mag diese kurze Skizze genügen, um zu belegen, dass der Abschied von Gut und Böse nicht auf eine *Aufhebung*, sondern vielmehr auf eine *Stärkung* ethischer Prinzipien hinausläuft. Ethisch zu handeln, bedeutet eben nicht, blind moralischen Geboten oder Verboten zu folgen, sondern immer wieder aufs Neue abzuschätzen, mit welchen positiven und negativen Konsequenzen unsere Entscheidungen verbunden sind. Und um dies zu können, müssen wir der Versuchung widerstehen, unsere Kontrahenten mit dem »Signum des Bösen« zu versehen.

So schrecklich die Taten auch sind, die Menschen begangen haben, die sie heute oder in Zukunft begehen werden: Wir sollten begreifen, das sich kein Mensch »frei«, das heißt ohne entsprechende Ursachenbedingungen, für »das Böse« entscheidet. So wie Eichmann vor dem Hintergrund der ihn prägenden Memplexe sich unter den gegebenen Umständen für eine Beteiligung am Massenmord entscheiden musste, so hat auch ein muslimischer Vater, der seine Tochter zu Tode prügelt, weil sie ihm zu »westlich« erscheint, in exakt diesem Moment unter exakt diesen Bedingungen keine andere Handlungsoption. Menschen, die derartige Taten begehen, sind nicht »böse«, sondern vielmehr Gefangene inhumaner Memplexe, die die Hirne betroffener Individuen so beeinflussen, dass sie den Werten der individuellen Freiheit und der sozialen Gerechtigkeit nicht die ihnen gebührende Bedeutung zumessen können.

Wenn wir anerkennen, dass selbst die übelsten Verbrecher der Geschichte in dem Sinne *unschuldig waren*, dass sie unter Voraussetzung der Gültigkeit der Naturgesetze *schlichtweg nicht anders handeln konnten, als sie gehandelt haben*, so heißt das nicht, dass wir ihre Taten in irgendeiner Weise *tolerieren* oder gar *gutheißen* müssten. Wie wir gesehen haben, gibt es überzeugende Gründe dafür, an der Universalität der Menschenrechte festzuhalten. Wer von diesem humanistischen Memplex infiziert ist, wird Menschenrechtsverletzungen nicht akzeptieren, gleich wie diese kulturell begründet sein mögen.

Zweite Zwischenbilanz: Das Paradigma der Unschuld

Wir haben Adam und Eva nun ein zweites Mal vom Baum der Erkenntnis essen lassen. Hatten sie sich beim ersten Mal den Memplexen von Gut und Böse und Schuld und Sühne unterworfen, so erkennen sie nun die Nichtigkeit dieser moralischen Begriffe und fallen zurück in den »Stand der Unschuld«. Das Sündenfall-Syndrom (siehe Einleitung) ist hierdurch überwunden, denn an die Stelle der beiden Grundaxiome dieses Syndroms, »Willensfreiheit« und »Gut und Böse«, treten die beiden Alternativthesen des »Paradigmas der Unschuld«. Diese lassen sich wie folgt zusammenfassen:

Erstens: Willensfreiheit ist eine Illusion. Wie andere Lebewesen auch, sind Menschen nicht in der Lage, Naturgesetze zu überschreiten. Daher ist es schlichtweg unmöglich, dass sich eine Person unter exakt den gleichen Bedingungen anders entscheiden könnte, als sie sich de facto entscheidet. Das »Prinzip der alternativen Möglichkeiten« muss aufgegeben werden.

Zweitens: »Gut« und »Böse« sind moralische Fiktionen, für die es in der Realität keine Entsprechung gibt. Zwar ist unbestritten, dass wir in der Welt sowohl Freundlichkeit, Hilfsbereitschaft und Liebe als auch Ausbeutung, Hass und Grausamkeit vorfinden, nichts aber spricht dafür, diese evolutionstheoretisch gut erklärbaren Phänomene auf metaphysische Fiktionen wie »Gut« und »Böse« zurückzuführen. Der kulturelle Erfolg dieser Fiktionen beruht wesentlich darauf, dass sie sich hervorragend zur Stabilisierung von Gruppen, das heißt zu ihrer Abgrenzung von dem oder den »Fremden« eigneten. Mittlerweile haben wir jedoch eine Stufe in unserer kulturellen Entwicklung erreicht, die ein weiteres Festhalten am archaischen Gut-und-Böse-Dualismus verbietet. An seine Stelle sollte eine rationale, säkulare Ethik treten, die auf Moralismus verzichtet und stattdessen pragmatisch nach fairen Lösungen für Interessenkonflikte sucht.

Mit der Verabschiedung der beiden zentralen Prämissen des Sündenfall-Syndroms ist auch deren lebenspraktische Konsequenz obsolet: *das moralische Schuld- und Sühneprinzip*. Denn es macht keinen Sinn, einen Menschen in moralisierender Weise (»Guter Junge, böser Junge!«) für seine Entscheidungen verantwortlich zu machen, wenn er in einer konkreten Situation nur das *wollen kann*, was er aufgrund seiner Veranlagungen und Erfahrungen *wollen muss*. Das heißt nicht, dass wir das »Prinzip Verantwortung« aufgeben müssten. Nur dürfen wir die sinnvolle Frage nach der *objektiven Verantwortung einer Tat* nicht mit der illusionären, auf dem Sündenfall-Komplex gründenden Frage nach der *subjektiven Verantwortung des Täters* verwechseln. Wie gesagt: Die (a)moralische Entschuldigung eines Täters (»Es gibt weder Gut und Böse noch eine ursachenfreie Wahl zwischen diesen Prinzipien!«) impliziert keineswegs die ethische Rechtfertigung seiner Taten, etwa nach der Devise »Jenseits von Gut und Böse ist alles erlaubt!«.

Wie wir gesehen haben, lässt sich die Idee der Menschenrechte auch in einem von Zufall und Notwendigkeit regierten Universum aufrechterhalten. Wir müssen auch nicht befürchten, dass die Absage an die Willensfreiheit jene realen Freiheiten gefährdet, die uns so wertvoll sind. Denn die Freiheit, die wir meinen, wenn wir diesen Begriff in sinnvoller Weise gebrauchen, ist stets eine Handlungsfreiheit: Wir fühlen uns frei, wenn wir weder durch innere noch durch äußere Zwänge daran gehindert werden, das zu tun, was wir tun wollen. Dass dieser Wille selbst von unzähligen Faktoren bestimmt ist, entzieht sich unserer Wahrnehmung.

Die Anerkennung dieser ursächlichen Bedingtheit unseres Willens, ja unseres gesamten So-Seins, steht, wie wir weiterhin festgestellt haben, nicht im Widerspruch zum humanistisch-aufklärerischen Freiheitsbegriff, der die Selbstbestimmungsrechte des Individuums gegenüber dem Kollektiv betont. Denn die Autonomie des Individuums wird nicht durch die bloße Tatsache eingeschränkt, dass das Individuum durch Ursachenfaktoren bestimmt ist, entscheidend ist vielmehr, um *welche* Ursachenfaktoren es sich dabei handelt.

So wie der humanistisch-aufklärerische Memplex Individuen dazu veranlasst, sich selbst als autonome Souveräne ihres eigenen Lebens zu begreifen, gibt es Memplexe, die Individuen dazu bringen, sich den Leitlinien religiöser, ethnischer oder politischer Kollektive sklavisch zu unterwerfen. Im letzteren Fall erscheint *Handlungsfreiheit im Modus der Unfreiheit*: Das Individuum fühlt sich unter dieser Voraussetzung nur dann »frei«, wenn es seinen Willen zur Unterwerfung in die Tat umsetzen kann.

Wir hatten diesen Willen zur ohnmächtigen Unterwerfung, der mitunter auch freiheitlich sozialisierten Individuen attraktiv erscheinen kann, mit Erich Fromm als »Flucht vor der Freiheit« gedeutet. Wer sich »höheren Autoritäten« unterwirft, entgeht damit der Anforderung, als autonomes Individuum eigene Entscheidungen treffen zu müssen. Grund für diesen Wunsch nach einer »Befreiung von der Freiheit« ist nicht zuletzt die Angst vor dem eigenen Versagen. Bevor man für fehlerhafte Entscheidungen selbst verantwortlich gemacht wird, zieht man es vor, die Verantwortung anderen zuzuschreiben (man denke etwa an unseren »Kronzeugen« Adolf Eichmann, der sich zunächst auf die Befehlskette im Naziregime und später die »allwaltende Ordnung« des »Schicksals« berief).

Die *Last der Freiheit*, vor der der Unterwerfungswillige flieht, ist allerdings bloß eine *virtuelle Last*, die auf der fälschlichen Zuschreibung von Willensfreiheit beruht. Denn nur wenn man kontrafaktisch unterstellt, dass man in einer konkreten Situation unter exakt den damals gegebenen Voraussetzungen alternative Möglichkeiten gehabt hätte, kann man sich selbst dafür verurteilen, dass man sich in dieser Situation so und nicht anders verhalten hat. Gerade die Unterstellung einer bestimmten, irrealen Freiheit (nämlich der Willensfreiheit) führt also dazu, dass Menschen psychisch so sehr unter Druck geraten, dass sie es vorziehen, realen Freiheiten (im Sinne individueller Autonomie) zu entfliehen.

Lässt sich dieses Paradoxon der Freiheit auch umkehren? Ich meine ja. Wenn wir die Ergebnisse logisch-empirischer Forschung ernst nehmen und das Prinzip der Willensfreiheit verwerfen, so kann dies sehr wohl zu einer Stärkung des Mutes zur Freiheit führen. Das Wissen darum, dass das Prinzip der alternativen Möglichkeiten bloß eine Chimäre ist, reduziert nämlich die *Angst vor dem Versagen* und damit den psychischen Druck, vor dem der Unterwerfungswillige flieht. Wer weiß, dass er sich in der Vergangenheit nur in der Weise verhalten *konnte*, wie er sich unter den gegebenen Bedingungen verhalten *musste*, der wird zurückliegende Fehlentscheidungen wohl bereuen und auch daran arbeiten, künftig anders zu reagieren, er wird daraus jedoch keine Selbstvorwürfe ableiten, da es sinnlos ist, sich für etwas zu kasteien, was notwendigerweise so war, wie es war.

Die hiermit verbundene *Fähigkeit zur Selbstvergebung* führt nicht nur zu einer Verbesserung des individuellen Vermögens, dem Druck der Gruppe zu widerstehen, vermeintliche Autoritäten zu hinterfragen und eigene Wege im Dschungel des Lebens einzuschlagen. *Wer sich selbst vergibt, kann auch anderen besser vergeben und dadurch ein entspannteres Verhältnis zu seinen Mitmenschen entwickeln.* Nicht zuletzt zeigen sich die Vorzüge dieser alternativen Sichtweise auch auf gesellschaftlicher Ebene: Denn Individuen, die gelernt haben, sich selbst und anderen zu vergeben, wird man kaum dafür gewinnen können, Rachefeldzüge gegen »das Böse« und seine vermeintlichen »Agenten« zu führen.

Heinrich von Kleist stellte in seiner Schrift *Über das Marionettentheater* die Vermutung an, dass wir in den »Stand der Unschuld« zurückfallen würden, wenn wir noch einmal vom »Baum der Erkenntnis« essen würden.[76] Die vorangegangenen Überlegungen scheinen ihm recht zu geben. Allerdings steuern wir deshalb sicherlich nicht auf »das letzte Kapitel von der Geschichte der Welt« zu, wie Kleist meinte. Aber immerhin: Das Paradigma der Unschuld könnte sehr wohl den Beginn eines neuen Kapitels in unserer Geschichte markieren. Wie dieses »neue Kapitel« aussehen könnte, wird Thema des folgenden zweiten Teils sein.

Die neue

LEICHTIGKEIT
DES SEINS

TEIL II

DAS ENTSPANNTE ICH

KAPITEL 4

Der wahre Wert eines Menschen ist in erster Linie dadurch bestimmt, in welchem Grad und in welchem Sinn er zur Befreiung vom Ich gelangt ist. Albert Einstein (o. J.)[1]

Es ist nicht nur so, dass sich jene Komponente unserer Erfahrung, die wir als »Ich« bezeichnen, nicht finden lässt; sondern es ist auch so, dass diese Komponente tatsächlich entschwindet, sobald man gewissenhaft nach ihr sucht. Sam Harris (2007)[2]

Es geht nicht darum, das Ego zu heilen, sondern davon zu genesen, nicht darum, das Ich zu erlösen, sondern sich davon zu befreien. Jedes Ego ist abhängig, immer. Wenn es keine Abhängigkeit mehr gibt, gibt es kein Ego mehr. Philosophieren heißt, sich lösen lernen. André Comte-Sponville (2008)[3]

Heitere Gelassenheit: Die Kunst, sich selbst zu verzeihen

»Du kannst nichts dafür!« Der Psychologe Sean Maguire schaute seinem Klienten fest in die Augen. Will Hunting war ein schwieriger Fall. Fünf Therapeuten hatte er bereits verschlissen, bevor er bei Sean landete. Will war hochbegabt, ein mathematisches Genie, das spielend Probleme löste, an dem die klügsten Universitätsprofessoren scheiterten. Doch so ungewöhnlich begabt Will auch war, mit seinem Leben wusste er nichts anzufangen. In seiner Kindheit war er schwer misshandelt worden. Und so hatte er große Schwierigkeiten, Beziehungen zu anderen aufzubauen. Die einzige Ausnahme waren drei Jugendfreunde, Jungs aus der gesellschaftlichen Unterschicht, mit denen Will um die Blöcke zog, Bier in sich hineinkippte und immer wieder Schlägereien anzettelte.

Als Sean und Will zusammentrafen, war Wills Polizeiakte prall gefüllt. Wegen schwerer Körperverletzung hätte er eigentlich eine Gefängnisstrafe absitzen müssen, doch ein Mathematikprofessor, der Wills Genie zufällig entdeckte, hatte sich für ihn eingesetzt. Zur Auflage hatte das Gericht gemacht, dass sich Will einer Therapie unterzog. Doch das war nicht einfach, da Will den Therapeuten intellektuell haushoch überlegen war. Er kannte ihre Theorien, ihre Strategien, ihre Tricks. Statt sich ihnen zu öffnen, machte er sich einen Spaß daraus, die Schwächen der Therapeuten bloßzulegen, sodass diese schon nach einer Sitzung resigniert das Handtuch warfen.

Sean Maguire war anders. Er ließ sich nicht abschrecken, obgleich Will auch ihm arg zusetzte. Langsam erwarb sich der Psychologe das Vertrauen seines Klienten. Allerdings blieb Will auch ihm gegenüber verschlossen, sobald es um persönliche Dinge ging – bis zu jenem Tag, an dem Sean den Schlüsselsatz sagte, der Wills Panzer durchbrach: »Du kannst nichts dafür!«

Im ersten Moment machte diese Bemerkung keinen großen Eindruck auf Will. Er antwortete mit einem abgeklärten: »Ich weiß!« Doch stimmte das auch? Hatte Will wirklich emotional begriffen, dass er nichts dafür konnte, dass er so aggressiv war, dass er sich auf andere Menschen nicht einlassen konnte und seine Talente derart verschleuderte? Sean wiederholte den Satz: »Du kannst nichts dafür!« – »Ja, ich weiß!«, antwortete Will irritiert. »Nein, du verstehst nicht!«, entgegnete Sean, »du kannst nichts dafür!« Will wurde unruhig: »Ja doch!« Aber Sean ließ nicht locker: »Du kannst nichts dafür!« Will wurde wütend. Er versuchte, sich der unangenehmen Situation zu entziehen. Doch Sean ließ das nicht zu. Er stand jetzt direkt vor ihm: »Du kannst nichts dafür!« Er wiederholte es immer wieder: »Du kannst nichts dafür! Du kannst nichts dafür!«

Dies war der Moment, in dem die Mauer in sich zusammenbrach, mit der sich Will zuvor vor der Außenwelt geschützt hatte. All der Schmerz, die Verbitterung, die Verzweiflung, die sich über Jahre hinweg in ihm angestaut hatten, kamen zum Vorschein. Will fiel Sean in die Arme und weinte, wie er nie zuvor geweint hatte. In diesem Augenblick änderte sich sein Verhältnis zu sich selbst und den anderen: Will hatte den entscheidenden Schritt getan, um sich der Welt zu öffnen, die Vergangenheit zu überwinden und sein Leben endlich in den Griff zu kriegen.

Vielleicht haben Sie die Szene wiedererkannt: Sie stammt aus dem Film *Good Will Hunting* mit Matt Damon, Ben Affleck und Robin Williams in den Hauptrollen. Für die feine Zeichnung der Charaktere sowie die intelligenten Dialoge wurde das von den Schauspielern Damon und Affleck verfasste Drehbuch vielfach ausgezeichnet (unter anderem mit dem Oscar sowie dem Golden Globe). Vor allem die oben geschilderte Schlüsselszene des Films fesselte viele Zuschauer. Der Moment, in dem Sean Maguire (Robin Williams) den Abwehrpanzer von Will Huntington (Matt Damon) durchbricht, ist nämlich nicht nur »großes Gefühlskino«, er enthält auch eine tiefe, existenzielle Wahrheit: *Denn wir alle können nichts dafür, dass wir so sind, wie wir sind.*

Die Gründe, die dafür sprechen, dass wir nur die Person sein können, die wir aufgrund unserer Veranlagungen und Erfahrungen sein müssen, haben wir bereits im ersten Teil dieses Buchs untersucht. Doch welche Konsequenzen folgen aus dieser Erkenntnis für unser Selbsterleben? Betrachten wir hierzu die Kunstfigur Will Hunting und unser Verhältnis zu ihr etwas genauer: Warum wirkt die Interaktion zwischen Will und Sean auf uns so authentisch? Ist es nicht seltsam, dass wir vier einfachen Worten (»Du kannst nichts dafür«), im richtigen Moment ausgesprochen, die Macht zugestehen, derart dramatische Denk-, Empfindungs- und Verhaltensveränderungen bei einem Menschen hervorzurufen?

Dass wir Wills Reaktion auf Seans Unschulds-Mantra nachvollziehen können, hat etwas mit uns selbst zu tun. Offensichtlich ist das Bedürfnis, entschuldigt zu werden, tief in uns verankert. An diesem Punkt setzen bekanntlich viele religiöse Memplexe an, die die Gläubigen mit der »Vergebung der Sünden« ködern. (Der katholische Memplex, der die Vergebung der Sünden in Form der Beichte und des Ablasses ritualisiert hat, ist in dieser Hinsicht besonders raffiniert konstruiert.) Allerdings muss man keineswegs religiös sein, um die »Erlösung von Schuld« als einen Akt der Befreiung zu erleben. Seans Unschulds-Mantra erlöste Will Hunting auf eine sehr diesseitige Weise: Will wurde von der Last befreit, für seine mangelnde Beziehungsfähigkeit selbst verantwortlich zu sein. Er begriff, dass es nicht an ihm lag, dass seine Pflegeeltern ihn misshandelt hatten. Und eben dies milderte Wills größte Furcht, nämlich die Angst, als Beziehungspartner zu versagen und von »den anderen«, insbesondere von seiner Freundin Skylar, zurückgewiesen zu werden.

Mit den Worten »Du kannst nichts dafür!« meinte Sean nicht, dass Will bloß ein Rädchen im großen Getriebe des unerfindlichen Schicksals sei und sich von diesem einfach nur treiben lassen sollte. Sean forderte Will vielmehr dazu auf, sein Leben endlich aktiv in die Hand zu nehmen, was jedoch voraussetzte, dass er sich selbst wie auch anderen zugestand, als menschliche Wesen Fehler zu machen. »Du kannst nichts dafür!« ist in diesem Sinne kein Aufruf zu fatalistischer Passivität, sondern vielmehr zu größerer Autonomie: Wer weiß, dass er nicht über den eigenen Schatten springen kann, der muss deshalb ja keineswegs dort stehen bleiben, wo er augenblicklich steht! Im Gegenteil! Gerade derjenige, der sich selbst verzeihen kann, der zu sein, der er ist, verfügt über die notwendige innere Gelassenheit, um sich selbst effektiv verändern zu können.

Versetzen wir uns zur Illustration dieses Gedankens in die Lage eines an den freien Willen glaubenden Menschen: Wie würden wir als radikale Verfechter der Willensfreiheitsidee über uns selbst nachdenken? Wohl folgendermaßen: Wenn das, was ich erreicht habe, in letzter Instanz von *mir* und *meinem* freien Willen abhängt, so bin *ich* voll verantwortlich für das, was ich tue und getan habe. Wenn ich es zu etwas gebracht habe, dann nur deshalb, weil *ich* es zu etwas bringe. Wenn ich versagt habe, so nur, weil *ich* ein Versager bin. Wenn ich das gleiche Verantwortungsprinzip auf die anderen anwende, bedeutet das, dass derjenige, der es zu *mehr bringt* als ich, nicht nur ein glücklicherer, sondern auch ein *besserer Mensch* ist. Derjenige hingegen, der es zu weniger bringt, ist ein (noch größerer) Versager, schließlich schafft er beziehungsweise sie es nicht, das zu erreichen, was *ich* kraft meines eigenen freien Willens bereits verwirklicht habe.

Fällt mein Vergleich zu den anderen negativ aus, so provoziert das bei mir ein ganzes Arsenal von Minderwertigkeits-, Scham-, Schuld- und Peinlichkeitsgefühlen (»Was bin ich für ein schlechter Liebhaber, Sportler, Autor, Schüler, Lehrer etc.! Ich bin nur ein erbärmlicher Wurm, ein Nichts, ein Versager, und alle können es sehen!«). Fällt meine Bilanz hingegen positiv aus, so bin ich erfüllt mit Stolz und mustere die anderen arrogant und überheblich, denn schließlich hätten sie es ja auch zu mehr bringen können, wenn sie nur gewollt hätten. (»Schaut her, was ich kann, und vergleicht das mit euren eigenen erbärmlichen Leistungen! Ihr könnt froh sein, wenn ich mich überhaupt noch dazu herablasse, mit Versagern wie euch zu reden!«)

Das Problem: Sowohl die negative (schuldbeladene) als auch die positive (stolzgeschwängerte) Bilanzierung eigener Leistungen hemmt die Möglichkeiten individueller Weiterentwicklung. Denn das Individuum bleibt Ich-fixiert, gefangen in selbstwertdienlichen Wahrnehmungsverzerrungen in Bezug auf die Umwelt und die eigene Person. Es versucht, sich selbst über die eigenen Schwächen hinwegzutäuschen, die eigene Biografie zu retuschieren, um misslichen Minderwertigkeitsgefühlen zu entgehen. Scheitert dieser Versuch, versinkt das Individuum in Ohnmachtsgefühlen und Selbstmitleid. Zu kritischer Selbstanalyse ist es unter dieser Voraussetzung nur bedingt fähig.

Was würde sich nun an diesem Bild ändern, wenn das Individuum sich keinen freien Willen attestieren würde? Nun, wenn ich davon ausgehe, dass das, was ich erreicht habe, ein Produkt meiner genetischen Veranlagung sowie der zufällig angetroffenen äußeren Umstände ist, so fällt meine Bilanz völlig anders aus. Wenn ich etwas in besondere Weise können sollte, gibt es keinen Grund für Überheblichkeit, da ich ja weiß, dass meine Leistungen nicht auf mich als »unbewegten Beweger« zurückzuführen sind, sondern auf ein äußerst komplexes Netzwerk von Ursachenfaktoren. Gleichermaßen muss ich mich bei einer negativen Leistungsbilanz auch nicht mit Minderwertigkeits-, Scham-, Schuld- und Peinlichkeitsgefühlen herumplagen. Schließlich weiß ich: Ich kann definitiv nicht mehr können, als ich zu einem bestimmten Zeitpunkt meines Lebens vor dem Hintergrund der mich bestimmenden, ja mein Ich erst erzeugenden Determinanten können kann.

Dies ist wohl der Grund dafür, dass Albert Einstein (siehe Einleitung) meinte, die Aufhebung der Willensfreiheitsidee führe dazu, dass wir uns selbst und die anderen nicht mehr »gar zu ernst« nehmen würden. In der Tat: Die meist mit heiligem Ernst vorgetragene Ego-Fixierung, die seltsame Eigenart von Menschen, sich mit stolzgeschwängerter Brust etwas auf sogenannte eigene Leistungen einzubilden und im nächsten Moment schlimm darunter zu leiden, falls sie in irgendeiner Hinsicht versagt haben sollten, erhält nach dem Abschied vom freien Willen eine durchaus komische Note. Wie könnte man beispielsweise auf eigene Schönheit stolz sein, wenn man doch weiß, dass diese nicht zuletzt abhängig ist von einer zufälligen Anordnung von Adenin, Thymin, Guanin und Cytosin (den vier Basen der DNA), die zu einem Zeitpunkt zusammengewürfelt wurden, als das stolzgeschwängerte Ich noch gar nicht existierte?! Oder wie könnte ich etwa stolz darauf sein, einen Doktortitel zu besitzen und Bücher zu schreiben? Auch dies ist nicht auf mich als »unbewegten Beweger« zurückzuführen, sondern auf Trilliarden von Faktoren, auf die ich selbst gar keinen Einfluss hatte.

Wer sich all dies hinreichend vergegenwärtigt, der wird die Welt mit anderen Augen betrachten und eine tiefe innere Ruhe erfahren, eine *Leichtigkeit des Seins*, die sich schwer in Worte fassen lässt. Falls Sie die Erfahrung nicht selbst schon gemacht haben: Versuchen Sie einmal sich vorzustellen, was es bedeutet, keine Schuldgefühle mehr zu kennen, keinen Stolz, keine Versagensangst, keine Furcht davor, sich vor anderen zu blamieren …

Vor einigen Jahren war mir diese Form des Ich-Erlebens selbst noch fremd. Ich empfand es immer wieder als peinlich, wenn sich herausstellte, dass ich irgendetwas nicht so gut konnte, wie es erforderlich gewesen wäre. Und obgleich ich ganz bestimmt nicht der schüchternste Mensch weit und breit war, bremste diese diffuse Angst vor der Blamage meine Kreativität immer wieder aus. Dies ist heute anders. Wenn ich in irgendeiner Hinsicht »schlecht abschneide«, so reagiere ich darauf meist mit heiterer Gelassenheit. Wenn ich mich etwa in einem Interview schlimm verhaspele oder mir die Bedeutung eines Wortes im entscheidenden Moment einer Podiumsdiskussion partout nicht einfällt (»Aber Herr Schmidt-Salomon, das sollten Sie doch wirklich wissen!«), wenn man auf Fotos oder im Fernsehen sieht, dass mein Haar immer schütterer und mein Ansatz zum Doppelkinn stärker wird, so nimmt mich das nicht mehr mit. Es entlockt mir vielmehr ein Lächeln, denn ich weiß: *Ich kann nichts dafür!* Genau jetzt, in diesem Moment, kann ich schlichtweg nicht besser, nicht klüger, nicht vernünftiger, nicht eloquenter, nicht attraktiver sein, als ich es bin! Warum also sollte ich mich selbst dafür verurteilen, wenn ich doch nur so sein kann, wie ich es aufgrund meiner Lebensgeschichte sein muss?

Gewiss: Es gibt Momente, in denen ich in alte Denkstrukturen zurückfalle und innerlich verkrampfe. Doch gewöhnlich wird mir schnell wieder bewusst, wie *zufällig* all die Eigenschaften sind, die wir an uns wertschätzen oder verdammen. Und dies ebnet den Weg zu einem wirklich entspannten Selbstkonzept. Wenn ich in den letzten Jahren bezogen auf das Selbst eine fundamentale Regel gelernt habe, dann diese: *Wer mit sich selbst Frieden schließen will, der sollte sein Selbst nicht zu ernst nehmen!* Hierzu besteht bei genauerer Betrachtung auch gar keine Veranlassung, schließlich ist dieses Ich, an das wir uns so verzweifelt klammern und das uns als so ungemein bedeutsam erscheint, nur ein virtuelles Theaterstück, das von einem blumenkohlförmigen Organ in unserem Schädel auf der Basis genetischer und memetischer Kopiervorlagen inszeniert wird! Sollte man einem solchen neuronalen Artefakt wirklich mit »heiligem Ernst« gegenübertreten? Bestimmt nicht!

Überwinden wir also den in uns Menschen verankerten Drang zur Selbstüberschätzung und entspannen uns, indem wir uns von dem überzogenen Anspruch lösen, als »unbewegte Beweger« Naturgesetze überschreiten zu können! Wir sind nicht die gottgewollte »Krone der Schöpfung«, sondern bloß ein Teil der Natur, und als solcher können wir unter gegebenen Bedingungen schlichtweg nicht anders sein, als wir sind. Das heißt: Wenn wir uns Schuldvorwürfe machen, weil wir etwas getan haben, was uns oder anderen schadete, so beruht dies letztlich auf falschen Denkvoraussetzungen. Positiv gewendet: Wer weiß, dass er sich nur so verhalten *konnte*, wie er sich unter gegebenen Bedingungen verhalten *musste*, der sollte sich eigentlich nicht mehr im *moralischen Sinne schuldig* fühlen. (Zur Erinnerung: Der moralische Schuldbegriff setzt das widerlegte »Prinzip der alternativen Möglichkeiten« voraus: Wenn man sich gar nicht anders verhalten konnte, als man sich verhielt, ist man moralisch schuldunfähig.)

Nun werden jedoch Schuldgefühle in unserer Kultur überaus wertgeschätzt, weshalb es auch meist als strafmildernd ausgelegt wird, wenn ein Angeklagter seine Taten vor Gericht »aufrichtig bereut«. Sollte dies wirklich unvernünftig sein? Immerhin scheint doch einiges für diese Denkhaltung zu sprechen: Schließlich hat jemand, der keine Einsicht in seine Schuld hat, weniger Gründe, sein Verhalten zu verändern, als jemand, der seine Taten bereut.

Und zeichnen sich Soziopathen nicht gerade dadurch aus, dass sie keine Schuldgefühle besitzen, gleich welch schreckliche Verbrechen sie begangen haben? Würden wir also nicht etwas sehr Wertvolles verlieren, wenn wir uns, der bis hierher entwickelten Argumentation folgend, Schuldgefühle systematisch abtrainieren würden?

Wir müssen an dieser Stelle zwischen *Schuld-* und *Reue*gefühlen sowie zwischen einem *objektiven*, ethischen beziehungsweise juristischen und einem *subjektiven*, moralischen Schuldbegriff unterscheiden. Wenn X vorsätzlich einen Mord aus Habgier beging, so ist er *objektiv schuldig* beziehungsweise verantwortlich, da er gegen eine juristische Basisnorm verstieß, die das friedliche Zusammenleben in einer Gesellschaft garantiert. Diese objektive Verantwortung bleibt unangetastet davon, dass X im moralischen Sinne nicht verantwortlich war, da er zum Zeitpunkt der Tat nichts anderes wollen konnte, als eben diesen Mord zu begehen.

Wenn es in diesem Buch heißt, dass wir *unschuldig* sind, so ist dies ausschließlich in jenem (a)moralischen Sinne gemeint: Moralische Schuld kann es nicht geben, da die hierfür notwendigen Voraussetzungen von keinem Menschen erfüllt werden. In einem objektiven, ethischen oder juristischen Sinne existiert Schuld (oder besser: objektive Verantwortung!) jedoch sehr wohl! Wir werden im sechsten Kapitel noch beleuchten, was diese Differenzierung für das Rechtssystem bedeutet.

Wenden wir uns nun der für die Innenperspektive des Individuums so bedeutsamen Unterscheidung zwischen Schuld- und Reuegefühlen zu: Beide Emotionen speisen sich zunächst aus einer gemeinsamen Wurzel. Wir empfinden Schuld beziehungsweise Reue, wenn wir zu der Einsicht gelangen, dass wir uns falsch verhalten und dadurch irgendeinen Schaden ausgelöst haben. Der Unterschied zwischen diesen beiden emotionalen Reaktionen besteht allerdings darin, dass wir uns im Fall von Schuldgefühlen aufgrund unseres Fehlverhaltens als schlechte Menschen moralisch verurteilen, während wir im Falle der Reue unser Fehlverhalten zwar bedauern und auch »nach Wegen der Korrektur, Wiedergutmachung und Vermeidung des Fehlers in der Zukunft«[4] suchen, aber auf eine moralische Verurteilung unserer selbst verzichten. Die Konsequenzen dieses Unterschieds fasst die Psychologin Doris Wolf wie folgt: »Während Schuldgefühle uns quälen, lähmen, unsere gesamte Energie aufbrauchen können, fühlen wir uns mit Reuegefühlen in der Lage aktiv zu werden. Wir behalten unsere Selbstachtung.«[5]

Die Differenz zwischen Schuld und Reue korrespondiert mit der im dritten Kapitel getroffenen Unterscheidung zwischen Moral und Ethik: Schuldgefühle sind nämlich *moralische Affekte*. Wenn wir uns schuldig fühlen, fokussieren wir weniger, ob unsere Handlungen nun objektiv angemessen (fair oder unfair) waren oder nicht, wir drehen uns vielmehr um uns selbst und bewerten uns nach metaphysischen Beurteilungskriterien (gut und böse). Dabei unterliegen wir der fatalen Selbstüberschätzung, dass wir in dem Moment unseres Fehlverhaltens anders hätten handeln können, als wir gehandelt haben. Eben dies löst erst die moralische Selbstverurteilung aus (»Was bin ich doch für ein schrecklicher Mensch!«), die das Individuum in einen Strudel negativer Emotionen reißt und die paradoxerweise häufig genug zu einer Verstärkung unangemessenen Verhaltens führt. Man denke etwa an den Alkoholiker, der sich ob seines Schnapskonsums schuldig fühlt und gleich wieder zur Flasche greift, um sich diesen leidigen Schuldgefühlen zu entziehen. Oder an die Esssüchtige, die sich aufgrund ihres Körpergewichts selbst verflucht und ihre Schuldgefühle durch das Einverleiben weiterer Schokoladenriegel, Sahnetorten oder Kartoffelchips kompensiert.

Reuegefühle als *ethische Affekte* vermeiden solche Selbstwertbeschädigungen. Wir können etwas bereuen, auch wenn wir genau wissen, dass wir im Moment des Fehlverhaltens schlichtweg keine andere Wahl hatten. Dadurch behalten wir einen klaren Kopf, wenn es darum geht, zu analysieren, was wir wann, wo, wie falsch gemacht haben. Statt um unser ach so böses Selbst zu zirkulieren, können wir uns darauf konzentrieren, wie wir den verursachten Schaden vielleicht wiedergutmachen können, oder zumindest daran arbeiten, ähnliches Fehlverhalten in der Zukunft zu vermeiden.

Es gibt in meinem Leben einiges, was ich bereue: verpasste Chancen, die ich besser hätte nutzen sollen, vor allem aber Verhaltensweisen, mit denen ich andere Menschen unnötig verletzte. Manches wünschte ich mir ungeschehen machen zu können. Doch dies ist nicht möglich. Was ich jedoch kann, ist Folgendes: Ich kann mich selbst dahingehend weiterentwickeln, dass ich künftig die Gelegenheiten, die sich mir bieten, besser nutze und Verhaltensweisen, die andere schädigen, unterlasse. Ich kann meine Vergangenheit nicht verändern, aber ich kann daran arbeiten, in Zukunft klüger, vernünftiger, verständnisvoller, liebevoller zu sein, als ich es war und jetzt noch bin. Reuegefühle sind ein wichtiger Anstoßgeber für die persönliche Weiterentwicklung, Schuldgefühle hingegen stehen ihr im Wege.

Dass Schuldgefühle die psychische Entwicklung weit eher behindern als fördern, hat der Psychoanalytiker Franz Alexander, einer der Pioniere der psychosomatischen Medizin, bereits in den Sechzigerjahren klar formuliert. In seinem Buch *The Scope of Psychoanalysis* heißt es: »Es ist keine Übertreibung, zu sagen, dass es keine anderen emotionalen Reaktionen gibt, die so eine beständige und zentrale Rolle in den dynamischen Erklärungen psychopathologischer Phänomene spielen wie Schuld- und Minderwertigkeitsgefühle.«[6]

Schuldgefühle sind wesentlich beteiligt an der Entstehung von Süchten, Depressionen und psychosomatischen Erkrankungen. Im Extremfall vermögen sie sogar, Menschen in den Suizid zu treiben, der unter diesen Voraussetzungen tatsächlich kein »Freitod« ist, sondern vielmehr eine letzte, verzweifelte Zwangshandlung eines von irrationalen Memplexen geplagten Individuums.

Da Schuldgefühle Kriegserklärungen an das eigene Selbst sind, zerstören sie jenen inneren Frieden, der notwendig für eine gesunde psychische Entwicklung ist. Sie verhindern nicht nur, dass wir akzeptieren, *der zu sein, der wir sind*, sondern hemmen uns auch darin, *der zu werden, der wir sein könnten*. Schuldgefühle zerstören also nicht nur unsere innere Zufriedenheit, sondern auch unsere Potenziale, über uns selbst hinauszuwachsen. Diese Fähigkeit zu persönlichem Wachstum ist jedoch die Grundvoraussetzung dafür, dass wir jenes kostbare Gut erlangen, nach dem wir (man denke etwa an den Wortlaut der Präambel der amerikanischen Unabhängigkeitserklärung) allesamt von Natur aus streben: *Glückseligkeit.*

Was ist Glück? Oder: Warum griff Eva nach dem Apfel, der keiner war?

Eigentlich, so könnte man meinen, hätte Eva doch wunschlos glücklich sein müssen. Immerhin lebte sie ja im Paradies! Sie hatte stets hinreichend zu essen und zu trinken und brauchte auch keine Angst vor wilden Tieren zu haben. Sie musste weder entfremdete Arbeiten erledigen noch sich Sorgen um die Altersversorgung machen. Warum also setzte sie all diese Annehmlichkeiten aufs Spiel – bloß um in den Genuss dieser *einen* verbotenen Frucht zu kommen?!

Man könnte sagen, dass Eva auf einen geschickten Werbeslogan hereinfiel. Allerdings handelte es sich dabei um den vielleicht raffiniertesten Werbeslogan der gesamten Geschichte: »Beiß rein in die Frucht der Erkenntnis und du wirst sein wie Gott!« Was heute an Werbung über den Bildschirm flimmert (»Benutze diese Creme und du wirst 75 Prozent strahlender, attraktiver, erfolgreicher!« – »Fahre dieses Auto und wir nehmen dich auf in den Club der Reichen und Schönen!«), ist nur ein müder Aufguss jenes ultimativen Versprechens, das Eva dereinst in Versuchung führte.

»Ihr werdet sein wie Gott!« – Wer könnte dazu schon Nein sagen? Eva konnte es nicht – und wir könnten es ebenso wenig, denn wir alle verfallen nur zu gern den Versprechungen der Werbung. Warum? Weil es ihr immer wieder gelingt, eine entscheidende Triebkraft des menschlichen Verhaltens anzukurbeln: das Bedürfnis nach *Existenzerweiterung.*

Der Drang nach einer Steigerung unserer Existenz ist neben dem Streben nach *Existenzsicherung* das zweite Meta-Bedürfnis, das aus dem »Prinzip Eigennutz« erwächst.[7] Selbstverständlich sorgen wir uns zunächst darum, unsere Existenz zu sichern, wenn diese bedroht ist, etwa indem wir flüchten, wenn es heißt, dass eine Flutwelle über unsere Heimatstadt hereinbrechen soll, oder indem wir uns in unserem Betrieb stärker engagieren, wenn wir erfahren, dass unser Arbeitsplatz gefährdet ist. Existenzsicherung ist ein sehr umfassender Begriff. Er meint nicht nur die Sicherung unseres biologischen Seins, sondern die Sicherung aller Güter und Beziehungen, die wir in unserem Leben als wertvoll erachten. Die Sorge um den Erhalt dessen, was uns kostbar ist, ist zweifellos ein entscheidender Antrieb für menschliches Verhalten, doch eine *gesicherte* Existenz ist noch lange keine *erfüllte* Existenz.

Stellen Sie sich vor, Ihr jetziges Leben würde genau in diesem Moment »eingefroren«: Sie und alle, die Sie kennen, würden ewig leben. Sie bräuchten keine Angst mehr davor zu haben, irgendetwas zu verlieren (Ihr Leben, Ihre Liebe, Ihre Freunde, Ihr Vermögen etc.). Alles, was Ihnen wertvoll ist, bliebe Ihnen für alle Zeit erhalten, allerdings würden sie auch nichts Neues mehr hinzugewinnen. Ihre jetzige Existenz wäre rundum gesichert, doch jeder Tag, den Sie erleben würden, wäre eine ewige Wiederkehr des Gleichen, ohne Verluste, ohne Gewinne, ohne Auf und Ab. Wären Sie dauerhaft glücklich in einer solchen Welt ewiger Sicherheit? Wohl kaum! Warum nicht? Weil Glück notwendigerweise mit einer Erweiterung, einer Steigerung unserer Existenz verbunden ist. Der amerikanische Arzt und Psychotherapeut Alexander Lowen fasste dieses Wesensmerkmal des Glücksempfindens einmal sehr treffend, als er formulierte: » *Glück ist das Bewusstsein des Wachsens.* «[8]

Als Eva nach dem vermeintlichen Apfel griff, tat sie das Vernünftigste, was sie unter den gegebenen Umständen hätte tun können. Sie nutzte die Chance, über sich selbst hinauszuwachsen. Diese Chance war jedes Risiko wert, auch das Risiko, sämtliche Annehmlichkeiten des Paradieses zu verlieren. Denn was hätten wir schon von einem paradiesischen Leben, wenn es keine Risiken und keine Wachstumsmöglichkeiten enthielte? Die deutsch-argentinische Schriftstellerin Esther Vilar hat vor einigen Jahren ein wunderbares Buch veröffentlicht, in dem sie auf ebenso kluge wie unterhaltsame Weise die Lebensqualität im himmlischen Jenseits auf Herz und Nieren überprüfte.[9] Ihrem fundierten Urteil kann man sich nach der Lektüre des Buches nur anschließen: Auf Dauer wäre ein solches ewiges Leben einfach unerträglich! Es würde nicht lange dauern und wir würden den »allmächtigen Schöpfer« auf Knien darum bitten, uns endlich sterben zu lassen, um auf diese Weise der schrecklichen Monotonie des Paradieses zu entgehen.

»Nichts ist schwerer zu ertragen als eine Reihe von guten Tagen«, lautet eine alte, wohl auf Goethe zurückgehende Redewendung, die die moderne Jugendkultur auf ein nicht minder wahres »*No risk – no fun!*« verkürzt. Sigmund Freud stieß ins gleiche Horn, als er feststellte, dass jede »Fortdauer einer vom Lustprinzip ersehnten Situation« nur ein »Gefühl von lauem Behagen« erzeuge. Wir seien »so eingerichtet, dass wir nur den Kontrast intensiv genießen können, den Zustand nur sehr wenig«.[10] Das Dilemma des modernen Kulturmenschen, der eigentliche Grund für sein »Unbehagen in der Kultur«, bestehe darin, dass er »für ein Stück Glücksmöglichkeit ein Stück Sicherheit eingetauscht« habe.[11]

Wir müssen Freuds Triebkonzept nicht teilen, doch mit der Dialektik von Sicherheit und Glücksempfinden traf der Begründer der Psychoanalyse ins Schwarze: In der Tat verbinden sich intensive Glücksgefühle nur mit solchen Erfahrungen, die über das hinausgehen, was wir bereits als existenziell gesichert betrachten. In dem Maße, indem wir das materielle oder immaterielle Objekt unserer Begierde als selbstverständlich begreifen, verliert die Beziehung zu diesem Objekt an Ekstase. Das heißt nicht, dass wir dieses »Objekt« – unseren Lebenspartner, ein Paar Stereolautsprecher, unseren Arbeitsplatz etc. – nicht mehr wertschätzen können, seine Anwesenheit löst bei uns womöglich ein starkes Gefühl von Wohlbehagen aus, es versetzt uns jedoch nicht mehr automatisch in jenen Rauschzustand, den wir zum Zeitpunkt seiner »Eroberung« verspürten. Hier finden wir den psychologischen Grund dafür, warum sich das menschliche Glück so schnell verflüchtigt und es selbst erfahrenen Glückssuchern nicht gelingt, einmal gefundenes Glück in Einmachgläser abzufüllen, um es über längere Zeiträume hinweg zu konservieren. Glück besitzt leider eine äußerst kurze Halbwertszeit.

Dieses Faktum erklärt zum Teil auch, warum wir mitunter alles anstellen, um uns selbst unglücklich zu machen – ein Phänomen, das Paul Watzlawick in seinem amüsanten Buch *Anleitung zum Unglücklichsein* beschrieb.[12] Denn das grundlegende Problem, vor dem wir, die durchschnittlichen Glückssucher moderner Gesellschaften, stehen, lautet: Wie können wir Wachstumsprozesse (also Glück) erleben, wenn wir im Grunde doch schon alles besitzen, was wir zum Leben benötigen? Was machen wir in jenen Momenten, in denen sich uns einfach keine weiteren Wachstumsmöglichkeiten mehr erschließen, in denen uns all die Dinge und Eigenschaften, die wir vielleicht gern noch erlangen würden, unerreichbar erscheinen? Nun, in solchen Notfällen neigen wir dazu, uns auf ein niedrigeres Erlebnisniveau zurückzukatapultieren, um uns so die Gelegenheit zu verschaffen, von dort aus noch einmal lustvoll wachsen zu können, bis wir unser ursprüngliches Ausgangsniveau wieder erreicht haben.

Eine gute Illustration dieses paradoxen Glücksstrebens finden wir in dem alten Kalauer: »Warum schlägt sich X (dies kann je nach Belieben ein Ostfriese, ein Schwabe, ein Saarländer, ein Pfälzer oder Texaner sein) jeden Samstagnachmittag mit dem Hammer auf den Daumen? Antwort: Weil es so schön ist, wenn der Schmerz nachlässt.« Auch wenn dieser abgegriffene Witz keinen Lacher mehr hervorrufen dürfte, die psychologische Erkenntnis, die ihm zugrunde liegt, ist durchaus bemerkenswert. »Weil es so schön ist, wenn der Schmerz nachlässt!«, erklärt beispielsweise die kleinen Streitigkeiten, die scheinbar aus heiterem Himmel in Liebesbeziehungen entstehen. Erstaunlich ist, dass nach solchen »Beziehungsgewittern« oftmals nicht nur die Luft, sondern auch die Liebe (insbesondere die erotische Liebe) besser, beglückender ist. Solche Beziehungsgewitter haben in der Regel keine ausreichenden Gründe oder Stimuli – es sei denn, man bezeichnet das Nichtvorhandensein von Stimuli als ausreichenden Stimulus.

Jedenfalls treffen wir hier die gleiche paradoxe Logik an wie im oben zitierten Kalauer: Wir erzeugen Dissonanzen, um uns danach in Harmonie baden zu können. Wir fasten vier Wochen lang, um uns an Ostern den Bauch vollzuschlagen. Wir haben Glück – nicht *im,* sondern *durch* Unglück.

Offensichtlich bereiten wir uns lieber selbst Schmerzen, als dass wir uns damit abfinden, jenes schreckliche Gefühl der Stagnation ertragen zu müssen, unter dem depressive Menschen zu leiden haben. Man kann darüber spekulieren, ob die Depression in den Industriegesellschaften deshalb zur Volkskrankheit wurde, weil wir unter gesicherten, weithin reglementierten Verhältnissen nicht mehr genügend Kontrasterfahrungen (also wirklich existenzielles Wohl und Wehe) erleben. Fakt ist jedoch, dass wir alles tun, um solche Kontraste, wenn sie denn schon in unserem Alltagsleben an Bedeutung verloren haben, auf spielerische Weise wieder herzustellen. Man denke etwa an den Sport (oftmals eine ritualisierte Form des Krieges mit glanzvollen Siegen und vernichtenden Niederlagen), an körperliche Grenzerfahrungen (beispielsweise beim Bungee-Jumping, in dem eine neuronale Todesangst ausgekostet wird) oder an das mitfühlende Durchleben von Abenteuern in Form von Filmen, Romanen oder Berichten aus der Boulevardpresse (es ist wohl kein Zufall, dass Horrorfilme gerade in jenen Gesellschaften boomen, in denen das Leben weitgehend seinen Schrecken verloren hat).

An diesen künstlichen Kontrasterfahrungen ist zunächst einmal nichts auszusetzen. Sie helfen uns dabei, das »Unbehagen in der Kultur« zu überwinden, indem sie uns mit jenen starken Stimuli versorgen, die in unserem Alltag glücklicherweise fehlen. (Nur ein Wahnsinniger würde sich die Überlebenskämpfe vergangener Epochen zum Zwecke der Depressionsprophylaxe zurückwünschen!) Allerdings sollte man deshalb nicht meinen, man könne allein schon dadurch glücklich werden, dass man sich hin und wieder an einem Gummiseil in die Tiefe stürzt oder alle zwei Tage einen guten Actionthriller konsumiert. Da gibt es summa summarum durchaus bessere Strategien …

Die sogenannte Positive Psychologie hat in den letzten Jahren empirisch untersucht, wodurch sich erfolgreiche Glücksjäger von weniger erfolgreichen unterscheiden.[13] Heiko Ernst, Psychologe und Chefredakteur von *Psychologie Heute*, stellte in einem Überblicksartikel zum gegenwärtigen Forschungsstand drei Lebensstile heraus, die sich im Zuge der Studien als besonders glücksbringend erwiesen haben: a) das *hedonistische Leben* (»Glück als Genuss angenehmer lustbetonter Dinge bei gleichzeitiger Vermeidung lustfeindlicher Faktoren«); b) das *sinnerfüllte Leben*, »in dem man vor allem nach tieferem Lebenssinn strebt und danach, die eigenen Tugenden und Charakterstärken in den Dienst einer höheren Sache zu stellen«; c) das *aktive Leben*, »in dem die Vervollkommnung der eigenen Fähigkeiten und Interessen im Vordergrund steht, zum Beispiel das Engagement im Beruf, der ›Flow‹ in künstlerischen und kulturellen Aktivitäten – im Grunde die gute alte ›Selbstverwirklichung‹«.[14] Alle drei Lebensstile, so Heiko Ernst, »können für sich genommen glücksbringend sein, aber am besten fördert sein Lebensglück, wer eine Mischung der drei Stile anstrebt … Wer in diesem Sinne ›das volle Leben‹ praktiziert, rangiert ganz oben auf den Skalen von Zufriedenheit und Glück.«[15]

Sollte es wirklich so einfach sein, glücklich zu werden? Müssen wir bloß diese drei Aspekte beherzigen, nämlich a) mit allen Sinnen genießen, b) unser Leben in den Dienst einer »höheren« (das heißt über das Individuum hinausgehenden) Sache stellen und c) unsere Talente und Fähigkeiten optimal ausschöpfen, um ein glückliches und zufriedenes Leben führen zu können? Ja, im Grunde ist es tatsächlich so einfach! Allerdings – und hier liegt das eigentliche Problem – sind nicht alle Menschen gleichermaßen befähigt, diese Aspekte in ihrem Leben umzusetzen.

Zum Teil ist dies auf genetische Veranlagung zurückzuführen. Populationsgenetische Untersuchungen (beispielsweise Vergleichsstudien an eineiigen und zweieiigen Zwillingen) brachten Belege dafür, dass es nicht nur individuelle Unterschiede bezüglich unserer Fähigkeit zum Erleben von Zufriedenheit und Glück gibt, sondern dass diese Unterschiede zumindest partiell angeboren sind.[16] Allerdings heißt dies nicht, dass wir deshalb zu einem genetischen Fatalismus verurteilt sind (nach der Devise:

»Die Gene sind an allem schuld!«) – auch wenn einige Forscher genau diesen Eindruck erweckten.[17] Zwar stimmt es, dass es manchen Menschen aufgrund ihrer genetischen Disposition leichter und anderen schwerer fällt, positive Emotionen zu empfinden. Doch diese Unterschiede können im Verlauf des Lebens, entsprechende Lernerfahrungen vorausgesetzt[18], durchaus verschwinden. Bei einem Zehntausendmeterlauf ist es letztlich auch nicht entscheidend, von welcher Position man zu Beginn im Läuferfeld gestartet ist, entscheidend ist vielmehr, wie man das weitere Rennen gestaltet – und dies hängt in einem größeren Maße von dem Training ab, das ein Läufer absolviert hat, als von der spezifischen Anordnung der DNA-Stränge in seinen Zellen.

Die Vorstellung, dass die Gene unser Schicksal bestimmen, ist nicht zuletzt aufgrund der Forschungen der Molekularbiologen, die einst direkt oder indirekt die Grundlagen für den grassierenden DNA-Aberglauben schufen, widerlegt worden.[19] Von besonderer Bedeutung war und ist dabei die Erforschung der sogenannten epigenetischen Programme, also jener »Gen-Schalter«, die verantwortlich dafür sind, welche Teile aus dem Erbcode ausgelesen werden und welche nicht. (Zum besseren Verständnis: Man kann den genetischen Code mit einem Buchstabensalat vergleichen, welcher für sich allein wenig Sinn ergibt; ausschlaggebend ist, welche Wörter, also welche sinnvollen Einheiten, aus diesem Buchstabensalat gebildet werden – und genau diese Funktion übernehmen im Organismus die epigenetischen Programme.)

Auch wenn die Erforschung der Epigenetik noch in den Kinderschuhen steckt, so wissen wir heute, dass die Gene eben nicht nur den Organismus steuern, sondern dass sie ebenso sehr von diesem auf der Basis lebensweltlicher Erfahrungen gesteuert werden. Wäre dies nicht so, hätten sich im Verlauf der Evolution kaum solch komplexe Gehirne wie die unsrigen ausgebildet. Unser Gehirn reagiert hochsensibel auf die Einflüsse seiner Umwelt und sorgt dafür, dass gerade jene Erbinformationen aus dem DNA-Fundus ausgelesen werden, die der Organismus in seiner spezifischen Umwelt benötigt.

So unsinnig es wäre, den Einfluss der Gene zu ignorieren, so unsinnig wäre es aber auch, zu übersehen, wie breit der Spielraum ist, den uns unsere biologische Natur im Regelfall erlaubt. (Stephen Jay Gould sprach in diesem Zusammenhang zu Recht von »biologischer Potenzialität« statt von »genetischem Determinismus«.[20]) In gewisser Weise kann man die Unterschiede in den Erbanlagen mit verschiedenen musikalischen Instrumenten vergleichen: Manch einer besitzt vielleicht »von Haus aus« nur ein verstimmtes Westernklavier, ein anderer hingegen einen imposanten Konzertflügel. (An dieser fundamentalen *Ungerechtigkeit der Natur* lässt sich leider nichts ändern, solange wir nicht nachhaltig ins Erbgut eingreifen, was wiederum mit enormen Risiken, allerdings auch Chancen, verbunden wäre!) Entscheidend ist aber letztlich nicht, *welches* Instrument ein Mensch besitzt, sondern vielmehr, *wie* er auf diesem Instrument spielt – und ein virtuoser Ragtime auf dem Westernklavier klingt ohne Frage besser als ein mühsam dahergeklimpertes »Hänschen klein« auf dem Steinway-Flügel!

Wie wir nun auf der Tastatur unserer Erbanlagen zu spielen vermögen, ist abhängig von den Erfahrungen, die wir im Leben machen. Hier finden wir eine zweite große Ungerechtigkeit vor – eine *Ungerechtigkeit der Kultur*, an der sich im Prinzip leichter etwas ändern ließe als an der unfairen Verteilung genetischer Erbanlagen: Manche Kinder werden in ein Umfeld hineingeboren, in dem ihre Potenziale nicht erkannt, geschweige denn gefördert werden, in denen ihnen nicht die notwendige Achtung und Liebe entgegengebracht wird, die erforderlich wäre, damit sie eine stabile, reife Persönlichkeit im humanistisch-aufklärerischen Sinne entwickeln können. Leider sind auch die gesellschaftlichen Institutionen wie Kindergarten und Schule meist nicht in der Lage, familiäre Benachteiligungen auszugleichen. Oftmals führen sie sogar zu einer weiteren Verstärkung der Diskriminierung. Dieser Prozess setzt sich im Arbeitsleben tragischerweise fort. Manche Menschen arbeiten unter solch entfremdeten Bedingungen, dass der Glücks-Ratschlag »Verwirkliche dein Selbst, indem du deine Talente und Fähigkeiten optimal entfaltest!« in ihrem Fall bloß wie bitterer Spott klingt.

Dennoch: Obgleich die Ausgangsbedingungen vieler Menschen keineswegs optimal sind, gelingt es einigen von ihnen doch, ihrem Leben irgendwann einmal eine entscheidende Wendung zu geben. Oftmals sind dafür schwere Lebenskrisen verantwortlich, die ein radikales Umdenken erforderlich machen. Doch muss das Kind wirklich erst in den Brunnen fallen, bevor Anstrengungen unternommen werden, dass es die grundlegenden Techniken erlernen kann, die für ein gelingendes, glückliches Leben erforderlich sind? Besser wäre es allemal, wenn solche Techniken in der Schule vermittelt würden! (In einem Heidelberger Gymnasium wurde 2007 ein entsprechendes Wahlfach »Glück« eingerichtet. Die Ergebnisse dieses Modellversuchs stimmen durchaus optimistisch.[21])

Im Grunde ist es gar nicht so schwierig, die zentralen Techniken zu erlernen, die uns zu einer glücklicheren Existenz verhelfen. Werfen wir also einen etwas genaueren Blick auf die drei Lebensstile, die sich im Zuge der Glücksforschung als besonders erfolgversprechend erwiesen haben …

Das Bewusstsein des Wachsens: Was heißt es, ein glückliches Leben zu führen?

Überdurchschnittlich glücklich, so hatten wir festgestellt, sind jene Menschen, denen es gelingt, ein hedonistisches, sinnerfülltes und zugleich aktives Leben zu führen. Was genau zeichnet diese drei Lebensstile aus? Beginnen wir mit dem *hedonistischen Lebensstil*:

Der Begriff »Hedonismus« stammt aus dem Griechischen (von: *hēdonē* = Freude, Lust). Diese Herkunft ist kein Zufall, denn es waren vor allem griechische Philosophen der Antike wie Aristippos von Kyrene, Theodoros und Epikur, die das rationale Streben nach Lust beziehungsweise die kluge Vermeidung von Unlust zur Leitidee gelingenden Lebens erhoben. Die hedonistische Lösung der Sinnfrage lautet: Wer nach dem *Sinn* sucht, der sollte zuallererst in seinen *Sinnen* suchen, denn *Sinn erwächst aus Sinn-*

lichkeit. So meinte Epikur: »Ich weiß nicht, was ich noch als Gutes ansehen soll, wenn ich die Freuden des Geschmacks, die Freuden der Liebe, die Freuden des Gehörs, schließlich die Erregungen beim Anblick einer schönen Gestalt abziehe.«[22]

Das hedonistische Prinzip setzt an jenen basalen Wohl- und Weheempfindungen an, die sich bereits sehr früh in der biologischen Evolution entwickelten (siehe Kapitel 1). Insofern sollte man eigentlich erwarten, dass das hedonistische Prinzip pure Selbstverständlichkeit sei. Doch weit gefehlt! Über Jahrhunderte hinweg wurde die hedonistische Orientierung an der diesseitigen Lust als Sünde, ja als Ausdruck teuflischer Verführungskunst verunglimpft. Der Begriff »Epikureer« avancierte in religiösen Kreisen gar zu einem üblen Schimpfwort, schließlich galt es im Kontext des christlichen Memplexes als moralisch vorbildlich, der Lust im Diesseits zu entsagen und ein bußfertiges Leben im »irdischen Jammertale« zu führen.

Das wundersame Mem der gottgefälligen Lustfeindlichkeit wurde über unzählige theologische Texte und Predigten verbreitet und nahm – unter moderner Perspektive – mitunter geradezu psychopathologische Züge an. Man denke etwa an Papst Innozenz III., der in seiner Schrift *Über die Verachtung der Welt und über das Elend des Menschen* die irdische Qual als Königsweg zu Gott bestimmte, oder an den erst vor wenigen Jahren heilig gesprochenen Opus-Dei-Gründer Josemaría Escrivá, der – in der Mitte des 20. Jahrhunderts! – unter großem klerikalem Beifall verkündete: »Ich nenne dir die wahren Schätze des Menschen auf dieser Erde, damit du sie dir nicht entgehen lässt: Hunger, Durst, Hitze, Kälte, Schmerz, Schande, Armut, Einsamkeit, Verrat, Verleumdung, Gefängnis.«[23]

Es ist klar: Ein hedonistisches Leben kann nur führen, wer solche Meme der heroischen Lebensverneinung überwunden hat. Doch leider fühlen sich auch heute noch erstaunlich viele Menschen schuldig, wenn sie irgendetwas in besonderer Weise genießen. Verantwortlich hierfür sind moralische Meme, die Lust per se als schädlich betrachten oder zumindest bestimmte Lüste als sündhaft verwerfen, obgleich durch ihre Befriedigung häufig genug keinerlei fremde Interessen in Mitleidenschaft gezogen werden. (In diesem Zusammenhang sei an die im dritten Kapitel getroffene Unterscheidung von Moral und Ethik erinnert!) Ein markantes Beispiel hierfür ist das klinische Syndrom der »Onanie-Skrupulanten« – Menschen, die aufgrund ihrer Selbstbefriedigungspraxis, die nun wahrlich niemanden schädigt, starke Schuldgefühle entwickeln. Mitunter sind diese Schuldgefühle sogar so gravierend, dass die hiervon betroffenen Menschen in den Suizid flüchten.[24]

Offenbar ist das, was eigentlich das Einfachste auf der Welt sein sollte, nämlich Lust als Lust und Unlust als Unlust zu empfinden, in Wirklichkeit gar nicht so einfach zu realisieren. Genau an diesem Punkt setzte die epikureische Philosophie an. Als *Philosophie der Lebenskunst* versuchte sie zu ergründen, wie wir das höchste Gut, die Lust, in unserem Leben erreichen, und das höchste Übel, die Unlust, vermeiden können. Diese epikureische Zielsetzung wurde im Laufe der Geschichte nicht nur von religiöser Seite als unmoralisch verworfen. Auch areligiöse Denker warfen Epikur vor, seine Philosophie stehe für hemmungslosen Egoismus und blinde Genusssucht. In Wahrheit jedoch lehrte der antike Philosoph das Gegenteil.

Denn Epikur verstand den Menschen vorrangig als soziales Wesen. Er meinte, dass der »gerechte Mensch … sich des Seelenfriedens erfreut, während der ungerechte übervoll ist von Unfrieden«.[25] Dabei verstand er unter Gerechtigkeit keine hohle, vorgegebene Tugend, sondern – ganz modern! – eine praktische »Übereinkunft, die einen Nutzen im Auge hat, nämlich einander nicht zu schädigen«.[26] Hoch im Kurs stand bei Epikur das Ideal der Freundschaft: »Von allen Gütern, die die Weisheit sich zur Glückseligkeit des ganzen Lebens zu verschaffen weiß«, sei »bei Weitem das größte die Fähigkeit, sich Freunde zu erwerben«.[27] Wahre Freundschaft könne man nur erlangen, wenn man Mitgefühl habe, und genau diese Eigenschaft gelte es, philosophisch zu trainieren: »Der Weise empfindet nicht größeren Schmerz, wenn er selber gefoltert wird, als wenn er sieht, wie sein Freund gefoltert wird.«[28] Und Epikur ließ keinen Zweifel daran aufkommen, dass aus solchem Mitgefühl entsprechendes Handeln erwachsen müsse: »Das Leid unserer Freunde bewege uns nicht zum Klagen, sondern zum Helfen.«[29]

Sowenig der epikureische Hedonismus als radikaler Egozentrismus verstanden werden darf (er entspricht weit eher dem im ersten Kapitel beschriebenen Konzept des empathischen Eigennutzes!), so wenig zielte er auf blinde Genusssucht ab. Epikur lehrte keineswegs das Ausleben der Lüste um jeden Preis, sondern vielmehr das vernünftige Abwägen der Folgen, die mit der Befriedigung von Lüsten verbunden sind. So schrieb er: »Keine Freude ist an sich ein Übel; doch das, was gewisse Freuden erzeugt, bringt vielerlei Beschwerden mit sich, die die Freuden um das Vielfache übersteigen.«[30] Man müsse seine Begierden jederzeit hinterfragen: »Was wird mir geschehen, wenn erfüllt wird, was ich begehre, und was, wenn es nicht erfüllt wird?«[31]

Entgegen dem Vorurteil, dass der hedonistische Lebensstil letztlich auf wilde Verschwendungssucht hinauslaufe, stellte Epikur die Tugend der Selbstgenügsamkeit in den Mittelpunkt seiner philosophischen Weisheitslehre. Selbstgenügsamkeit sei »der größte Reichtum«[32], den ein Mensch besitzen könne. Denn es sei besser, »auf Spreu zu liegen und guten Mutes zu sein, als ohne Seelenfrieden auf goldenem Ruhebett zu liegen und an reich besetzter Tafel zu speisen«.[33] Allerdings wollte Epikur dies nicht als Aufforderung zur Askese verstanden wissen. Und so beeilte er sich hinzuzufügen, dass er die Selbstgenügsamkeit keineswegs pries, um sich »nur mit schlichten und billigen Speisen zu ernähren«, sondern um im Notfall »imstande zu sein«, sich auch »damit zufrieden zu geben«.[34]

Wer die einfachen Dinge nicht wertschätze, meinte Epikur, der könne auch den Überfluss nicht wirklich genießen. Er riet deshalb dazu, dankbar für alles zu sein, was uns an Schönem im Leben geschenkt wurde, das Gute also nicht als bloße Selbstverständlichkeit hinzunehmen und dadurch zu entwerten: »Wer des Guten, das er erfahren, nicht mehr gedenkt, ist am gleichen Tag ein Greis geworden.«[35]

Hier finden wir eine erstaunliche Parallele zu einer anderen antiken Weisheitslehre, die normalerweise – und mit durchaus guten Gründen[36] – nicht mit Hedonismus in Verbindung gebracht wird: dem *Buddhismus*. Obgleich Epikur und Buddha von völlig verschiedenen Weltanschauungssystemen ausgingen (Epikur vertrat ein modern wirkendes, atomistisches, materialistisches Weltmodell, während Buddha noch an den »Kreislauf der Wiedergeburten« glaubte), zeigen sich in ihren praktischen Philosophien doch einige verblüffende Gemeinsamkeiten. So versuchten beide Wege zum »Seelenfrieden« zu eröffnen, Übel zu umgehen sowie Freude und Mitgefühl zu stärken, beide lehnten Askese wie auch Verschwendungssucht ab (siehe Buddhas »Mittlerer Pfad«) und nicht zuletzt wiesen beide dem *Prinzip der Achtsamkeit* eine besondere Rolle in der Lebenskunst zu.

Achtsamkeit bedeutet ganz im Hier und Jetzt zu sein, die Fülle des Augenblicks zu erfahren, sich selbst und sein Umfeld in voller Bewusstheit zu erleben. Achtsam sein heißt, *genau da zu sein, wo man ist*. Dies kommt sehr schön in einer bekannten zen-buddhistischen Geschichte zum Ausdruck: Ein Zen-Meister wurde gefragt, wie er sich darin übe, die Wahrheit zu erlernen. Er antwortete: »Wenn ich hungrig bin, esse ich; wenn ich müde bin, schlafe ich.« – »Aber tun das nicht alle Menschen?«, fragte daraufhin sein Schüler. Die Antwort des Meisters lautete: »Nein. Die meisten Menschen essen nicht, wenn sie essen, sondern denken dabei an andere Dinge, was ihre Achtsamkeit beim Essen stört.«[37]

Für das Glücksempfinden ist Achtsamkeit von großer Bedeutung, da sie zu einer Intensivierung der Sinneseindrücke führt. Wenn wir achtsam essen, nehmen wir die unterschiedlichen Geschmacksnuancen eines guten Mahls weit deutlicher wahr. Durch Achtsamkeit erst wird aus einer schlichten Nahrungsaufnahme ein echter, sinnlicher Genuss – ein Erlebnis, das uns zum Schwelgen bringt, uns mit tiefer Lebensfreude erfüllt. Verstärkt werden auf diese Weise auch alle anderen Sinneswahrnehmungen: Im Modus der Aufmerksamkeit können wir Musik intensiver genießen, Berührungen, Farben und Gerüche intensiver erleben usw. So gesehen bedeutet Glück, sich achtsam der *Fülle des Lebens bewusst* zu sein, Unglück hingegen, den *Überfluss als Überdruss* zu erfahren.

Achtsamkeit zu trainieren, verhindert nicht zuletzt, dass wir so weit abstumpfen, dass wir die Dinge, über die wir bereits verfügen, nicht mehr wertschätzen können. Insofern ist Achtsamkeitstraining wohl das beste Gegengift gegen die oben beschriebene Dialektik von Sicherheit und Glücksempfinden: Denn wer achtsam ist, kann sich immer wieder neu an dem erfreuen, was er bereits kennt. Das Gewöhnliche ist bei genauerer Betrachtung so gewöhnlich nämlich nicht. Achtsamkeit lehrt uns, den Reiz des Neuen auch im Altbekannten zu entdecken und uns somit von der zwanghaften Suche nach immer neueren, drastischeren Stimuli zu befreien.

Kommen wir damit zur zweiten erfolgreichen Glücksjagdstrategie, *dem sinnerfüllten Leben*: Ein sinnerfülltes Leben zu führen, ist nur möglich, wenn man seiner Existenz eine über die eigene Person hinausgehende Bedeutung zuweisen kann. Um Sinn zu erfahren, dürfen wir unser Leben nicht isoliert betrachten, sondern müssen es in Beziehung zur Welt setzen. *Denn Sinn bedeutet Zusammenhang.* Der Philosoph Wilhelm Schmid schreibt hierzu: »Jede Beziehung, die Menschen zueinander pflegen und die einen starken Zusammenhang zwischen ihnen stiftet, erfüllt sie offenkundig mit ›Sinn‹. Als ›sinnlos‹ kann empfunden werden, wenn Menschen ihr Tun nicht aufeinander abstimmen und somit zusammenhanglos agieren. Als ›unsinnige‹ Idee erscheint eine, die keine oder falsche Zusammenhänge herstellt. Zusammenhänge, die fehlen, führen zwangsläufig dazu, in einer Sache ›keinen Sinn zu sehen‹.«[38]

Wir sind der Frage nach dem Sinn bereits im dritten Kapitel im Zuge unserer Beschäftigung mit Zufall und Notwendigkeit begegnet. Dass Felix Sanchez und Hilda Mayor wenige Wochen, nachdem sie den Anschlag des 11. September überlebt hatten, ausgerechnet bei einem Flugzeugabsturz in New York ums Leben kamen, war eine zufällige, das heißt *sinnlose Aufeinanderfolge von Ereignissen*, doch unser Gehirn wird leicht dazu verleitet, einen Zusammenhang zwischen solch zufälligen Geschehnissen herzustellen. Und so neigen wir auch dazu, in die von Zufall und Notwendigkeit bestimmten Abläufe des Kosmos einen »tieferen

Sinn« hineinzuinterpretieren, obgleich dieser nach allem, was wir über das Universum wissen, objektiv nicht vorhanden ist.

»Homo sapiens«, schrieb ich im *Manifest des evolutionären Humanismus*, »erscheint dem kritischen, wissenschaftlich gebildeten Betrachter heute nicht mehr als gottgewollte Krönung einer gut gemeinten, gut gemachten Schöpfung, sondern als unbeabsichtigtes, kosmologisch unbedeutendes und vorübergehendes Randphänomen eines sinnleeren Universums.« Wenn diese Diagnose stimmt – und ich wüsste nicht, welche vernünftigen Gegenargumente gegen sie sprechen könnten (siehe hierzu auch Kapitel 7) –, so stellt sich natürlich die Frage, wie es uns gelingen kann, in einem sinnleeren Universum ein sinnerfülltes Leben zu führen.

Die Antwort darauf ist eigentlich ganz einfach: Denn es geht uns bei der Frage nach der sinnerfüllten Existenz gar nicht um den (sehr wahrscheinlich gar nicht existierenden) großen *Sinn an sich*, um die »letzte Frage nach dem Leben, dem Universum und dem ganzen Rest«, wie der englische Schriftsteller Douglas Adams einst spottete[39], sondern bloß um den weit bescheideneren *Sinn für uns*, um die Zusammenhänge, die wir kulturell geprägte Affen auf einem kleinen Planeten am Rande der Milchstraße als für unser Leben wichtig erachten.[40]

Machen wir also das Beste daraus, dass wir den Sinn an sich nicht finden können. Bei genauerer Betrachtung ist es auch keineswegs so trostlos, dass wir angesichts der uns vorliegenden Daten zu dem Schluss kommen müssen, dass wir bloß eine zufällige Randerscheinung in einem sinnleeren Universum sind. Denn gerade die Akzeptanz der metaphysischen Sinnlosigkeit unserer Existenz schafft erst den Freiraum für die individuelle Sinnstiftung! Erst wenn wir anerkennen, dass unser Leben keinen über uns selbst hinausweisenden Sinn *hat*, kommen wir in den Genuss, über uns selbst hinauszuwachsen, indem wir unserem Leben einen über uns selbst hinausweisenden Sinn *geben*.

Die unabdingbare Grundlage jeder autonomen Sinnkonstruktion ist das Wissen, dass man selbst nicht das einzige Wohl und Wehe empfindende Wesen im Universum ist. Indem wir die

Sorge um unser eigenes Wohl und Wehe um die *Sorge um fremdes Wohl und Wehe* erweitern, stellen wir einen Zusammenhang zwischen uns und den anderen her und: *erfahren Sinn.* Dieser Zusammenhang kann ein rein privater sein: So sehen es Eltern in der Regel als sinnvoll an, dafür zu sorgen, dass ihre Kinder mehr Wohl als Wehe erfahren – und das ist zweifellos auch gut so. Wenn aber die Fürsorge für die eigenen Kinder die einzige Sinnressource ist, über die eine Person verfügt, so birgt dies zahlreiche Gefahren in sich, etwa das Risiko, in eine ernste Sinnkrise zu schlittern, sobald die Kinder das Haus verlassen und eigene Wege gehen.

Von daher verwundert es nicht, dass die Glücksforschung zu dem Ergebnis kam, dass diejenigen, die ihren Sinn nur im privaten Umfeld suchten, tendenziell weniger glücklich waren als jene, die sich einer Sache verpflichtet fühlten, die über ihr Ich und ihr privates Umfeld hinausging. Altruismus zahlt sich aus, wie wir auch bereits im ersten Kapitel festgestellt hatten. Allerdings heißt das nicht, dass damit schon »alles gut« wäre. Denn für das beglückende Gefühl eines sinnerfüllten Lebens scheint es völlig belanglos zu sein, *welcher* »größeren Sache« man sich (aufgrund der jeweils bestimmenden Memplexe) verschrieben hat. So kann man es als subjektiv sinnerfüllend erachten, Obdachlosen zu helfen, notleidende Familien zu unterstützen, krebskranke Kinder zum Lachen zu bringen, für bessere Bildung, eine gerechtere Ökonomie oder intaktere Natur zu sorgen. Das Individuum kann seine Sinnerfüllung jedoch auch darin sehen, daran mitzuwirken, nationalistischen oder religiösen Wahnideen zum Durchbruch zu verhelfen.

Es mag uns nicht gefallen, aber eine realistische Deutung zwingt uns zu der Einsicht, dass auch Gestalten wie Hitler, Eichmann, Stalin, Khomeini oder Mohammed Atta aus ihrer jeweiligen Innenperspektive heraus betrachtet »sinnerfüllte Leben« führten – auch wenn das, was sie als Sinn betrachteten, aus humanistisch-aufklärerischer Perspektive menschenverachtender Wahnsinn war. Jedenfalls ist die von »humanistischen Psychologen« mitunter geäußerte Ansicht, ein Mann wie Hitler hätte nicht glücklich sein können, kaum mehr als ein frommer Wunsch: Immerhin beherzigte Hitler zumindest zwei der drei wesentlichen Glücksstrategien: Er stellte sein Leben in den Dienst einer »höheren Sache« (so menschenverachtend und absurd diese auch war), und er war aktiv genug, seine Talente zur Entfaltung zu bringen (so verheerend sein voll entwickeltes rhetorisches Talent letztlich auch wirkte). (Ob Hitler zudem auch noch ein großer Hedonist war, scheint anhand der überlieferten Details seiner Lebensgeschichte eher zweifelhaft zu sein ...)

Wir lernen daraus, dass man dem schönen Gefühl des Glücks und der Sinnerfüllung keineswegs blind vertrauen sollte. Manches *Glück* ist leider erkauft durch das *Unglück* anderer und mancher *Sinn* entpuppt sich bei genauerer Betrachtung als kolossaler *Unsinn*. Wären Glück und Sinnerfüllung tatsächlich gekoppelt an Liebe und Erkenntnis, an Achtung gegenüber dem Leben und tiefes Wissen um die realen Zusammenhänge in der Welt, wäre die Menschheitsgeschichte, die Summe des Glücksstrebens der Individuen, zweifellos anders verlaufen, als sie es in Wirklichkeit ist.

Halten wir fest: So wie Handlungsfreiheit im *Modus der Unfreiheit* auftreten kann, tritt Sinn oftmals im *Modus des Unsinns* auf. Manchmal ist es gar nicht so einfach, Sinn von Unsinn zu unterscheiden. Doch wir wissen zumindest, auf welche Instrumente wir bei dieser Unterscheidung zurückgreifen sollten: *Logik und Empirie*. Wer verhindern will, Unsinniges zum Lebenssinn zu erheben, kommt nicht umhin, die verschiedenen Sinnangebote logisch-empirischen Eignungstests zu unterziehen.

Gewiss: Solche kritischen Prüfungen können anstrengend sein. Schließlich gilt es, viele Informationen einzuholen, zu verarbeiten und sich vielleicht auch von lieb gewonnenen Einsichten zu trennen. Sympathischerweise sind solche Anstrengungen jedoch in der Regel nicht bloß Mittel zum Zweck, sondern werden häufig selbst durch intensive Glücksgefühle belohnt. Dies ist das Geheimnis der dritten Glücksjagdstrategie, *des aktiven Lebens*, mit dem wir uns nun auseinandersetzen werden.

Ein aktives Leben zu führen bedeutet, sich immer wieder aufs

Neue Herausforderungen zu stellen. Glücksgefühle treten dann auf, wenn es uns gelingt, Aufgaben zu meistern, die unserem Fähigkeitsprofil optimal angepasst sind, die uns also weder überfordern noch unterfordern. Der berühmte Sozialpsychologe Mihaly Csikszentmihalyi schrieb hierzu: »Tennisspielen ist ... nicht erfreulich, wenn die Gegner schlecht zueinander passen. Der weniger geschickte Spieler wird sich unsicher fühlen, der bessere gelangweilt. Das Gleiche gilt für jede andere Aktivität: Ein Musikstück, das für bestimmte Hörgewohnheiten zu einfach ist, wird als langweilig empfunden, eines, das zu komplex ist, als frustrierend.«[41] Wie Csikszentmihalyi anhand von Tausenden von Einzelinterviews herausfand, tritt Freude »an der Grenze zwischen Langeweile und Unsicherheit auf, wenn sich die Herausforderungen mit den Fähigkeiten des Menschen die Waage halten«.[42]

Passen Herausforderung und Fähigkeit optimal zueinander und erlebt der handelnde Mensch seine Aktivität als selbstbestimmt (das heißt als frei im Sinne innerer und äußerer Handlungsfreiheit), so kommt es zur sogenannten Flow-Erfahrung, einem freudvollen Gefühl innerer Harmonie, bei dem die »Gedanken, Absichten, Gefühle und alle Sinne ... auf das gleiche Ziel gerichtet« sind.[43] Charakteristisch für eine Flow-Erfahrung ist, dass das Selbst ganz aufgeht in seinem Tun. Das Denken und Empfinden dreht sich im Moment des Fließens nicht mehr um das eigene Ich, sondern um die Aktivität selbst.

Ich persönlich mache diese Erfahrung häufig, wenn ich mich ans Klavier setze und zu spielen beginne – insbesondere, wenn ich frei improvisiere. Nach kurzer Zeit nehme ich mich dabei selbst nicht mehr wahr. An die Stelle des normalen Ich-Bewusstseins tritt ein Gefühl, das viele Musiker kennen: Nicht *ich* bin es, der da spielt, *es* spielt vielmehr in mir. Ich habe keine Ahnung, woher diese Melodien, Harmonien, Rhythmen, Phrasierungen kommen, sie sind plötzlich einfach da. Das Gefühl für Raum und Zeit entschwindet in solchen Momenten völlig, mitunter sogar für erstaunlich lange Zeiträume. Früher kam es nicht selten vor, dass ich mich mittags ans Klavier setzte und erst in den Morgenstunden wieder mit dem Spielen aufhörte. Dabei war es gleich, ob ich eine Verabredung hatte oder irgendetwas dringend hätte erledigen müssen: Ich vergaß einfach alles und jeden um mich herum.

Csikszentmihalyi hat Berichte dieser Art über viele Jahre hinweg gesammelt. Die Aktivitäten, die Flow-Gefühle auslösten, waren sehr unterschiedlich – manche Menschen kamen in den Zustand des Fließens beim Laufen, Klettern, Tanzen, andere beim Musizieren, Zeichnen, Lesen, Meditieren oder Schachspielen –, doch die Erfahrung selbst sowie die Voraussetzungen, die zu ihr führten, wurden stets ähnlich beschrieben. Im Zustand des Flow scheinen uns die schwierigsten Dinge mühelos von der Hand zu gehen, allerdings gehen ihm meist besondere Mühen voraus. Damit es zu Flow-Erfahrungen kommt, schreibt Csikszentmihalyi, bedürfe es »schwerer körperlicher Anstrengung oder einer hochdisziplinierten geistigen Aktivität. Sie sind ohne Geschicklichkeit und Leistung nicht möglich. Jedes Nachlassen der Konzentration löscht die Erfahrung aus.«[44]

Flow-Erfahrungen sind also ohne Anstrengungen, ohne das Streben danach, bei der Bewältigung einer Aufgabe über sich selbst hinauszuwachsen, kaum zu haben. Und eben dies wird zu einem echten Problem in einer Kultur, in der die Menschen stärker in die Rolle passiver Konsumenten statt in die Rolle aktiver Produzenten hineinsozialisiert werden. Csikszentmihalyi sieht hierin sogar eine der Hauptquellen für die Zunahme depressiver Erkrankungen in der modernen Gesellschaft: »Statt zu musizieren, hören wir Schallplatten, die Millionäre aufgenommen haben. Statt Kunst zu produzieren, bestaunen wir Gemälde, die bei der letzten Auktion den höchsten Preis erzielt haben. Wir gehen nicht das Risiko ein, nach unseren Überzeugungen zu handeln, sondern verbringen täglich Stunden damit, Schauspielern zuzusehen, die so tun, als erlebten sie Abenteuer … Diese stellvertretende Teilnahme kann … vorübergehend die Leere der verschwendeten Zeit füllen. Doch sie ist ein recht blasser Ersatz für Aufmerksamkeit, die man in echte Herausforderungen steckt. Flow-Erfahrungen, die aufgrund des Einsatzes von Fähigkeiten eintreten, führen zu Wachstum, passive Unterhaltung führt nirgendwohin … Massenfreizeit, Massenkultur und sogar die gehobene Kultur sind Parasiten des Geistes, wenn man sich nur passiv und aus äußerlichen Gründen daran beteiligt … Sie absorbieren psychische Energie, ohne dafür echte Kraft zurückzugeben. Sie machen uns erschöpfter, entmutigter als vorher.«[45]

Offenbar gilt Erich Kästners bekannter Spruch: »Es gibt nichts Gutes – außer: man tut es!« nicht nur für den Bereich der Ethik, sondern auch für die positiven Emotionen des Flow-Erlebnisses. Wer sich Herausforderungen nicht stellt, weil er zu bequem ist oder weil er schreckliche Angst davor hat zu scheitern, der bringt sich selbst um Wachstumschancen und somit auch um jene Glücksgefühle, die mit dem »Bewusstsein des Wachsens« einhergehen.[46]

Hier zeigt sich die positive Kraft, die mit dem Abschied von der Willensfreiheit verbunden ist. Denn dieser lindert, wenn man ihn wirklich verinnerlicht hat, in beträchtlichem Maße die Angst vor dem Versagen. Und wer sich nicht davor fürchtet, an Herausforderungen zu scheitern, der ist eher bereit, Herausforderungen anzunehmen, seine vorhandenen Potenziale auszuschöpfen und konsequent weiter auszubauen.

Das *Paradoxon der Freiheit* zeigt sich hier in seiner positiven Variante. Ich wage die These, dass gerade diejenigen, die sich von der Willensfreiheit verabschiedet haben (ohne daraus jedoch fatalistische oder relativistische Schlüsse zu ziehen!), sich in ihrer Lebenspraxis größere Freiheiten herausnehmen können. Da sie sich nicht mit dem »Folter-Instrument« des freien Willens (Nietzsche)[47] und den damit verbundenen Selbstwertproblemen herumquälen müssen, sollten sie sich im Vergleich zum Bevölkerungsdurchschnitt durch größere Unabhängigkeit, Originalität und Flexibilität auszeichnen und sich somit auch eher trauen, unorthodoxe, kreative Wege der Problemlösung einzuschlagen.

Bei Albert Einstein war dies offensichtlich der Fall. Er war ein Mensch, der, wie sich an vielen seiner Aussagen ablesen lässt, ganz bewusst die Freiheitsräume nutzte, die sich aus der Absage an die Willensfreiheit ergaben.[48] Insofern könnte man hier durchaus von einem »Einstein-Effekt« sprechen. Doch auch andere kreative, unorthodox denkende Menschen lehnten Willensfreiheit rigoros ab, etwa Thomas Edison, der wohl größte Erfinder der Menschheit, der ebenso wenig an die Willensfreiheit glaubte wie der Begründer der Relativitätstheorie.

Sind dies bloß Zufälle oder besteht tatsächlich ein Zusammenhang zwischen Willensfreiheitsleugnung und Kreativität? Leider lässt sich diese Frage bislang empirisch nicht beantworten, da es kaum Studien gibt, die sich mit der Frage beschäftigen, welche lebenspraktischen Wirkungen aus der Annahme beziehungsweise der Ablehnung der Willensfreiheitsidee resultieren.[49] Wissenschaftlich überprüfbar wären solche Fragestellungen aber durchaus. Hier liegt ein fruchtbares, bislang kaum bestelltes Feld für die psychologische Grundlagenforschung.[50]

Aufgrund der gegenwärtigen Forschungsdefizite können derzeit nur Plausibilitätsgründe, nicht aber empirische Daten, zur Stützung der These herangezogen werden, dass die nicht relativistische und nicht fatalistische Absage an die Willensfreiheitsidee eher glücksfördernd als glücksbehindernd ist. Insgesamt lassen sich hier die folgenden drei Punkte benennen:

Erstens: Nach dem Abschied von der Willensfreiheit wird das hedonistische Leben leichter, da der Genuss der Sinnlichkeit nicht mehr durch etwaige Schuldgefühle gehemmt wird. Zweitens: Das Projekt des sinnerfüllten Lebens wird unterstützt, da auch diejenigen, die sich von der Idee von Schuld und Sühne befreit haben, ihr Leben in den Dienst einer »höheren Sache« stellen können. (Probleme gibt es in diesem Zusammenhang nur für »Sinnerfüllungen im Modus des Unsinns«, also für Sinnkonzepte, die logisch-empirisch fehlerhaft sind oder aber auf inhumanen, von Outsider/Insider-Denken bestimmten Konzepten beruhen). Drittens: Die Chancen auf ein aktives Leben werden gestärkt, da Menschen, die vergleichsweise geringe Versagensängste haben, eher bereit sind, sich jenen wachstumsfördernden Herausforderungen zu stellen, aus denen Flow-Erlebnisse resultieren.

Doch dies sind nicht die einzigen Vorteile, die sich für das Individuum aus der Überwindung des Sündenfall-Syndroms ergeben. Die vielleicht erstaunlichste Wirkung zeigt sich auf einer Ebene, die man mit der analytischen, rationalen Sichtweise der Wissenschaft normalerweise nicht in Verbindung bringt, nämlich auf dem Gebiet der Spiritualität beziehungsweise der Mystik. Wie wir nachfolgend sehen werden, schließen sich Wissenschaft und Mystik keineswegs aus, sie bilden vielmehr eine Einheit.

Rationale Mystik: Wie man die Weisheit des Ostens mit der des Westens verbindet

Der 23. März 1995 war vielleicht der merkwürdigste Tag in meinem Leben. Eigentlich hatte nichts darauf hingedeutet, dass an diesem sonnigen Frühlingstag irgendetwas Besonderes geschehen würde. Ich war morgens wie gewohnt mit dem Bus zur Universität gefahren, hatte mich an den Computer in meinem kleinen Büro gesetzt und den philosophischen Aufsatz fertiggestellt, an dem ich seit etwa einer Woche gearbeitet hatte. Obgleich das Ganze vor mehr als dreizehn Jahren geschah und mein episodisches Gedächtnis in der Regel nicht das Beste ist, kann ich mich erstaunlich gut daran erinnern, wie ich den Text nach seiner Fertigstellung ausdruckte, ihn kurz überflog, mit dem Bleistift einige Korrekturen an den Rand kritzelte und mein Büro verließ. Den Artikel weiterhin lesend, stieg ich die Treppen des Hauptgebäudes hinunter, ging durch den breiten Eingangsbereich der Uni und stieß die Tür zum Campus auf.

In diesem Moment geschah etwas, was ich nur schwer beschreiben kann. Es war, als hätte sich auf einen Schlag die Welt verändert. Die Farben leuchteten kräftiger als je zuvor, die Düfte der Pflanzen, die auf dem Uni-Campus standen und die ich bis dahin kaum bewusst wahrgenommen hatte, stiegen betörend in meine Nase. Noch bemerkenswerter war, dass diese starken äußeren Sinneseindrücke begleitet wurden von einem Gefühl größter innerer Ruhe, das mich geradezu überwältigte. Statt in den Bus zu steigen und die Heimfahrt anzutreten, wie ich es ursprünglich vorhatte, setzte ich mich auf eine Bank auf dem Universitätsgelände. Zu mehr wäre ich zu diesem Zeitpunkt auch kaum in der Lage gewesen. Ich weiß nicht, wie lange ich dort saß, wie lange ich regungslos das Treiben auf dem Campus verfolgte, denn ich hatte in diesem Moment nicht nur jegliches Gefühl für die Zeit, sondern auch jegliches Gespür für mein eigenes Selbst verloren. Das »ozeanische Gefühl« der »Verschmelzung mit der Welt«, das sich in mir ausbreitete, ging so weit, dass ich mich nicht mehr als ein von der Außenwelt abgrenzbares Subjekt wahrnahm. Die Grenze zwischen mir und der Außenwelt schien völlig aufgehoben zu sein. Ich war »eins mit der Welt«, auf eine eigenartige Weise »entselbstet«, »eigenschaftslos«, leer, und doch übervoll an Eindrücken.

Normalerweise würde man meinen, dass ein solcher »Verlust des Selbst« beunruhigend wirken sollte, doch das Gegenteil war der Fall! Ich spürte ein enormes Gefühl der Harmonie und Gelassenheit. Nie zuvor und auch nie mehr danach war ich – leider kann ich es nur in dieser esoterisch anmutenden Form ausdrücken – so sehr »in meiner eigenen Mitte«, so sehr »mit mir selbst im Reinen« wie in diesem Moment, in dem sich dieses Selbst, mein Ich, verflüchtigte.

Als sich mein mentaler Zustand langsam wieder normalisierte, stand ich von der Bank auf und ging zum Bus. Wirklich normal fühlte ich mich jedoch noch immer nicht. Wahrscheinlich dachten einige, die mich mit seltsam entrücktem Lächeln an der Bushaltestelle warten sahen, der Herr Dozent sei auf Droge, was allerdings – zumindest im Alltagsverständnis des Begriffs – nicht zutraf. Dankenswerterweise kehrte mein rationales Selbst später doch immerhin so weit wieder zurück, dass ich mich im letzten Moment noch zügeln konnte, dem Impuls nachzugeben, unvermittelt »Ich liebe euch!« zu rufen, die Menschen im überfüllten Bus in idiotischer Ekstase zu umarmen und auf diese Weise meinen Ruf für alle Zeiten zu ruinieren.

Als ich zu Hause ankam, war mein Alltagsbewusstsein wieder hergestellt, und im Nachhinein wirkte das Erlebte auf mich einigermaßen unheimlich. Ich konnte mir keinen Reim darauf machen. Und so verzichtete ich zunächst darauf, irgendjemandem von meinem Campus-Erlebnis zu erzählen. Mit Worten war das ohnehin kaum wiederzugeben. Außerdem wollte ich es unbedingt vermeiden, als »esoterischer Spinner« zu gelten. Die »sanfte Verblödung des New Age« (Hans A. Pestalozzi) hatte ich stets mit scharfen Worten kritisiert. (Ich tue es noch heute!) Und nun sollte *ausgerechnet ich* von einer Erfahrung berichten, die fatal an das erinnerte, was man in jedem zweiten Esoterikmagazin fand? Nie und nimmer!

Ich bin sicher: Wäre ich damals ein religiöser oder auch nur leicht esoterisch angehauchter Mensch gewesen, hätte ich diese außergewöhnliche Episode des Frühjahrs 1995 als »Gotteserfahrung«, »Satori-Erlebnis« oder »Erleuchtung« gedeutet. Als ausgewiesener Rationalist und Religionskritiker empfand (und empfinde) ich für solche metaphysischen Interpretationen allerdings keine Sympathien. Ich war selbstverständlich davon überzeugt, dass mein Erlebnis auf profanen, innerweltlichen Ursachen beruhte. Stoffwechselprozesse in meinem Körper, neuronale Aktivitäten in meinem Gehirn hatten diese Erfahrung hervorgerufen – daran gab es gar keinen Zweifel. Doch was, so fragte ich mich, hatte diese neuronalen Aktivitäten ausgelöst?

Da es sehr unwahrscheinlich war, dass irgendjemand meinem Mensaessen psychedelische Drogen hinzugefügt hatte, schied diese einfache Erklärungsmöglichkeit aus. Auch stand ich nicht unter einem besonderen psychischen Stress, der eine solche Episode hätte verursachen können. Die einzige rationale Erklärung für mein Erlebnis musste irgendwie in Verbindung mit der Fertigstellung meines Aufsatzes stehen. Hatte mich mein Gehirn im Sinne Csikszentmihalyis mit dieser außergewöhnlichen Erfahrung belohnt, weil es mir gelungen war, einen philosophischen Text erfolgreich abzuschließen?

Für diese These sprach, dass mein Erlebnis viele Merkmale aufwies, die Csikszentmihalyi und seine Mitarbeiter als charakteristisch für den Zustand des Flow herausgearbeitet hatten: etwa Intensivierung der Sinneseindrücke, Verlust des Zeitgefühls, Empfindung großer innerer Harmonie, Gefühl der Entgrenzung. Allerdings gab es auch Aspekte, die es eher unwahrscheinlich machten, mein Erlebnis als »normale« Flow-Erfahrung zu begreifen. Vor allem schien es weit intensiver gewesen zu sein als jene Flow-Erlebnisse, von denen die psychologische Literatur berichtete oder die ich auch aus eigenem Erleben kannte. Zwischen meinen »normalen« Flow-Erlebnissen beim Klavierspiel und dieser Extrem-Flow-Erfahrung auf dem Uni-Campus lagen einfach Welten – etwa so, als würde man eine Beethoven-Sinfonie auf einem kleinen Transistorradio oder auf einer High-End-Anlage hören.

Ein weiterer Aspekt, den ich mit Csikszentmihalyis Theorie nicht in Einklang bringen konnte, war die Frage des ursächlichen Auslösers der Erfahrung. Wenn es, wie seine Studien zeigten, eigentlich gleich ist, welche Art von Anforderungen eine Flow-Erfahrung hervorruft – es kann sich dabei um nahezu jede beliebige Tätigkeit handeln, Hauptsache, die Aufgabe ist selbstbestimmt und entspricht den Möglichkeiten des Aufgabenlösers in optimaler Weise –, warum hatte in meinem Fall ausgerechnet die Fertigstellung *dieses* speziellen Aufsatzes solch intensive Nebenwirkungen? Immerhin war der Aufsatz weder mein erster noch mein schwierigster noch mein bester. Es gab Texte, die mehr Zeit und Mühe in Anspruch nahmen, andere, die ich scheinbar problemlos zu Papier brachte. Es gab Texte mit originelleren Ideen und brillanteren Formulierungen und auch einige, die holziger wirkten als dieser. Mit Csikszentmihalyis Theorie ließ sich einfach nicht erklären, warum ausgerechnet das Vollenden *dieses* Textes ein solch extremes Flow-Erlebnis ausgelöst hatte.

Was ich zuvor schon geahnt hatte, wurde nach längerem Nachdenken zur Gewissheit: Meine Extrem-Flow-Erfahrung war eben nicht darauf zurückzuführen, dass ich eine beliebige, selbstbestimmte, meinen Fähigkeiten angemessene Aufgabe gemeistert hatte (hier: die Abfassung eines philosophischen Textes), sie hing aufs Engste mit dem Inhalt dieses Textes selbst zusammen![51] Denn in gewisser Weise hatte dieser Aufsatz bereits *theoretisch* vorweggenommen, was ich später *praktisch* auf dem Uni-Campus erfahren durfte, nämlich die *Aufhebung der Ich-Fixierung,* jener für uns westlich sozialisierte Individuen so charakteristischen Haltung uns selbst, den Mitmenschen und der Welt gegenüber.

Worum ging es in dem Aufsatz? Im Prinzip um nichts anderes als im vorliegenden Buch.[52] Auch wenn der damals fertiggestellte Text einige Ungenauigkeiten enthielt, die in ihm enthaltene Dekonstruktion des vermeintlich autonom agierenden individuellen Selbst, die ich am Schluss des Textes verbis expressis auf mich selbst, den Verfasser, anwendete, wirkte doch stark genug, um in mir eine Art »mentalen Virus« zu entfachen, der in dem Moment, als ich die Tür zum Uni-Campus aufstieß, zu einem regelrechten »Programmabsturz« meines »stolzen Ichs« führte, das sich intuitiv, wider besseres Wissen, doch noch irgendwie »über die Naturgesetze erhaben« wähnte. Hatte ich zuvor *rein kognitiv gewusst,* dass ich bloß ein Teil der Natur bin, so *spürte* ich dies in diesem Moment das erste Mal in vollem Umfang.

Während des Abfassens des Textes war mir nicht gegenwärtig gewesen, dass ich mit meiner nüchtern-rationalistischen, analytischen, sehr westlich erscheinenden Argumentationsweise letztlich zu Schlüssen gelangt war, die deutliche Parallelen zu diversen östlichen Weisheitslehren aufwiesen. Nach meiner Campus-Erfahrung, die so gar nicht zur Grundhaltung eines kritischen Rationalisten zu passen schien, waren diese Zusammenhänge allerdings kaum noch zu verdrängen: Lagen Rationalität und Mystik vielleicht doch nicht so weit auseinander, wie ich zuvor geglaubt hatte?

In den folgenden Monaten las ich reichlich hinduistische, buddhistische, fernöstliche Literatur. Es war in der Tat verblüffend, wie sehr sich das, was ich in diesen mir so fernen Texten fand, mit dem deckte, was ich auf ganz anderem Wege herausgefunden hatte. Lange bevor die Hirnforschung zeigen konnte, dass unsere bewussten Denkaktivitäten durch nicht bewusste neuronale Prozesse hervorgerufen werden, stellten Vertreter des östlichen Denkens, etwa des Zen-Buddhismus[53] oder des Advaita-Hinduismus[54], fest, dass es nicht so ist, dass »wir« denken, sondern dass es vielmehr »in uns« denkt. Das Ego, das sich als unabhängig vom Ganzen begreift, entlarvten sie als Illusion, und die daraus resultierende Differenz von Subjekt/Objekt als Täuschung. Durch die konsequente Dekonstruktion der illusionären Vorstellung eines unabhängigen Egos versuchten sie, die Entfremdung des Ichs vom Weltganzen aufzuheben und »Seelenfrieden« zu finden. Was in der religiösen Tradition als »Erleuchtung« beschrieben wurde und wird, ist im Grunde nichts anderes als eine extreme Variante des Flow-Erlebnisses, resultierend aus der Erfahrung mystischer Selbst-Entgrenzung.

Wenn es denn so etwas wie eine »Weisheit des Ostens« gibt, so liegt sie hier begründet: in der Enttarnung der *Illusion des autarken Ichs*, in der Aufhebung der *falschen Differenz von Subjekt und Objekt* sowie in der Überwindung der psychisch belastenden *Ich-Fixiertheit*. Diese Befreiung vom Ich kann nicht nur außergewöhnliche Flow-Erlebnisse auslösen, sondern auch dafür sorgen, dass Individuen ihr Verhältnis zur Welt grundlegend verändern: Vor allem werden sie gelassener.

Wer von seinem Selbst lassen kann, der entwickelt ein gelasseneres Selbst. Denn Gelassen*heit* hat sehr viel mit Gelassen*haben*, dem Loslassenkönnen der Fiktion eines von der Welt abgegrenzten Ichs, zu tun.[55] Das wusste schon Meister Eckart, dem wir das schöne Wort »Gelassenheit« in der deutschen Sprache verdanken und der als christlicher Mystiker (und Ketzer) zu Erkenntnissen kam, die in erstaunlichem Maße mit den Ansichten östlicher Mystiker übereinstimmen.[56]

Der gelassene Mensch hat die giftigen Memplexe von Schuld und Sühne, Gut und Böse etc. hinter sich gelassen. Er ist nicht stolz auf eigene Leistungen, aber auch nicht verzweifelt über eigene Schwächen. Er weiß schließlich, dass er nur der sein kann, der er ist.

Grundlage dieser Gelassenheit ist die Erkenntnis, dass all die Eigenschaften, die dem Ich zugeschrieben werden, letztlich nur im Kontext des Weltganzen zu begreifen sind. Losgelöst von den unzähligen Determinanten, die teils lange vor der Geburt eines individuellen Ichs wirksam wurden, gäbe es dieses Ich nicht.

Wenn wir nun die Memplexe, die uns in unserem Leben befallen haben, von unserem Ich abziehen, so entdecken wir, dass dieses Ich im Grunde gar keinen eigenen Inhalt hat. Tief in unserem Inneren sind wir weder gläubig noch ungläubig, weder gebildet noch ungebildet, weder schön noch hässlich, weder gut noch böse. Wir *sind* einfach!

Es ist wie bei einer Zwiebel: Wenn ich das Ich schäle, also Schale für Schale abtrage, was memetisch zur Konstruktion dieses speziellen Selbst geführt hat, bleibt von *mir*, das heißt von der virtuellen Inszenierung meines Egos, am Ende nichts mehr übrig. Wenn man diese *produktive Leere* erfährt (und dies ist das Ziel jeder meditativen Übung!), so spürt man den Urgrund der eigenen Existenz – und diesem Urgrund haftet nichts Eigenes, nichts Individuelles mehr an, es ist ein unbestimmtes und unbestimmbares Etwas, ein Etwas, das ein jeder von uns mit allen anderen Lebensformen auf der Erde teilt, nämlich *das Leben selbst.*

Jeder von uns trägt einen Jahrmilliarden alten »Lebensfunken« in sich, denn der Staffellauf des Lebens ist seit seinem Start auf unserem Planeten niemals abgerissen. Macht man sich die ungeheuren Dimensionen dieses Staffellaufs bewusst, so entdeckt man, dass die wissenschaftliche Welterklärung einen mystischen Gehalt besitzt, der jeden religiösen Schöpfungsmythos in den Schatten stellt: Stellen Sie sich nur vor, wie viele Generationen von Organismen das kostbare Gut des Lebens weitertransportiert haben, von den Protoorganismen der Ursuppe über die ersten Fische, Amphibien, Säugetiere, Affen, über unzählige Generationen von Menschenartigen und Menschen, bis es letztlich zu Ihnen gelangte! Wir sind nicht nur allesamt miteinander verwandt, weil wir aus der gleichen Ursuppe stammen, wir sind vielmehr eins, denn jeder von uns trägt denselben vier Milliarden Jahre alten »Lebenskeim« in sich.

»*Ich bin Leben, das leben will, inmitten von Leben, das leben will*«, hat Albert Schweitzer einmal in bewundernswerter Klarheit formuliert.[57] Wir werden uns mit den ethischen Implikationen dieses Satzes später noch beschäftigen. Hier soll es darum gehen, was die in Schweitzers Diktum enthaltene Aussage für das Individuum bedeutet: Es ist die Erfahrung der fundamentalen Verbundenheit des Ichs mit dem Weltganzen, eine Erfahrung, die häufig mit dem Begriff der »Spiritualität« belegt wird.[58]

Spiritualität ist derzeit groß in Mode. Selbst dezidierte Atheisten wie der amerikanische Religionskritiker Sam Harris oder der französische Philosoph André Comte-Sponville bemühen sich darum, spirituell zu erscheinen. Ich verstehe ihr Anliegen, doch ich habe große Schwierigkeiten mit diesem Begriff. Denn »Spiritualität« (von lateinisch: *spiritus* = Geist, Hauch) legt von seiner Wortbedeutung her nahe, dass es doch so etwas wie einen Körper-Geist-Dualismus gäbe, dass geistige Prozesse *über* den körperlichen stünden und man mit ihrer Hilfe letztgültige, das menschliche Erkenntnisvermögen überschreitende Wahrheiten (»Gott« beziehungsweise den »Sinn an sich«) erkennen könne. Dergleichen kann es in einem naturalistischen Weltbild, also in einem Universum, in dem es »mit rechten Dingen« zugeht, jedoch nicht geben. Ich ziehe es daher vor, statt des Wortes »Spiritualität« den Begriff »rationale Mystik« zu verwenden.

Zugegeben: Auch »rationale Mystik« ist kein einfacher Begriff. Im ersten Moment dürfte er sogar wie ein Widerspruch in sich klingen. Schließlich steht der Begriff des »Mystischen« ja gerade für das Geheimnisvolle, das rational nicht Fassbare. Wenn etwas für uns rational nachvollziehbar ist, so ist es nicht mystisch, und wenn es mystisch ist, so ist es rational nicht greifbar. Was also kann unter diesen Voraussetzungen das Kompositum »rationale Mystik« bedeuten?

Zunächst muss man betonen, dass »rationale Mystik« nicht meint, dass Rationalität und Mystik im selben Moment auftreten, sondern bloß, dass das eine mit dem anderen im Einklang steht. Rationale Bewertungsprozesse während einer mystischen Erfahrung würden diese zweifellos zunichtemachen, das bedeutet jedoch nicht, dass wir diese Erfahrung im Nachhinein nicht doch rational bewerten könnten. Wie mein Campus-Erlebnis zeigte, können mystische Erfahrungen sogar ursächlich durch rationale Überlegungen hervorgerufen werden. Dies bringt uns zu folgender Definition: Der Begriff »rationale Mystik« kennzeichnet all jene mystischen Erfahrungen, die von rationalen (das heißt logisch-empirischen Überprüfungen standhaltenden) Memplexen ausgelöst werden oder zumindest im Nachhinein in Einklang mit solchen gebracht werden können.

Diese Bedingungen treffen keineswegs auf *alle* mystischen Erfahrungen zu, denn manches »spirituelle Erlebnis« beruht auf höchst irrationalen Memplexen. Die Vorstellung, starke mystische Erfahrungen führten automatisch zu einer verbesserten Erkenntnis- und Liebesfähigkeit, ist ein ebenso frommer Wunsch wie die Vorstellung, dass nur humane, freundlich gesonnene Menschen »wahrhaft glücklich« sein könnten. Wenn man die rosarote Brille, mit der der Bereich des Spirituellen meist betrachtet wird, ablegt, so wird man nicht bestreiten können, dass gerade auch Menschen wie Mohammed Atta mystische Erfahrungen machten und machen. Hätten die Attentäter des 11. September nicht eine so intensive, über sich selbst hinausweisende »Verbindung zum Weltganzen« gespürt, hätten sie ihr Leben kaum geopfert. Dass sie sich selbst und so vielen anderen den Garaus machten, lag nicht daran, dass sie nicht spirituell genug waren, sondern daran, dass ihre große Spiritualität von zutiefst irrationalen, inhumanen Memplexen geprägt war.

Kurzum: Wir kommen nicht umhin, auch mystische Erfahrungen nach rationalen Maßstäben zu beurteilen. Wir müssen uns fragen: Welche Vorstellungen über die Welt liegen diesen Erfahrungen zugrunde? Und vor allem: Welche Folgen haben sie für das Individuum und seine Umgebung?

Unter dieser Perspektive gilt es auch, jene Gelassenheit zu bewerten, die sich aus der mystischen Erfahrung der Weltverbundenheit speist. Zweifellos hilft uns Gelassenheit, Ängste zu überwinden, was einen beträchtlichen Zugewinn an Lebensqualität und Handlungsfreiheit bedeuten kann. Allerdings kann solche Angstfreiheit – siehe Atta – auch zu enormer Kaltblütigkeit führen. Und selbst die angenehme Tatsache, dass Gelassenheit uns dazu befähigt, unangenehme Dinge besser zu ertragen, hat eine Kehrseite: Die Fähigkeit, sich mit allem doch irgendwie abfinden zu können (loszulassen!), kann uns nämlich unter Umständen völlig lethargisch machen, also verhindern, dass wir uns überhaupt noch hinreichend engagieren, um reale Übel aus dem Weg zu räumen.

Im buddhistischen Konzept werden solche schädlichen Nebenwirkungen der Gelassenheit dadurch gemildert, dass an die Seite der Lehre von der Leere (also der Aufhebung der Ich-Fixierung) die Einübung von Mitgefühl tritt. Dem Dalai Lama (Tenzin Gyatso) zufolge lässt sich sogar die gesamte Lehre Buddhas auf die grundlegende Idee reduzieren, »Leerheit und Mitgefühl zu vereinen«. Die buddhistische Glücksformel laute: »Leerheit + Mitgefühl = Glück.«[59] Im Grunde ist dies keine unvernünftige Idee, denn ein Training des empathischen Eigennutzes ist nicht nur das beste Gegengift gegen die gelassene Kaltblütigkeit eines Mohammed Atta, sondern (wie wir im ersten Kapitel gesehen haben) zugleich die beste Voraussetzung für ethisch angemessenes Handeln.

Allerdings darf in diesem Zusammenhang nicht übersehen werden, dass sich die buddhistischen Regime in ethischer Hinsicht keineswegs als besonders vorbildlich erwiesen haben. Insbesondere das vom Dalai Lama repräsentierte Tibet zeichnete sich durch eine katastrophale Menschenrechtslage aus – keineswegs erst seit dem Einmarsch der Chinesen, sondern in weit schlimmerem Maße noch in der Zeit zuvor![60]

Die Gründe für diese gesellschaftlichen Defizite liegen nicht zuletzt im buddhistischen Memplex selbst. Besonders verhängnisvoll war, dass Buddha Leben prinzipiell als Leiden begriff und somit in seiner Lehre vorrangig darauf abzielte, mittels geeigneter Psychotechniken subjektives Wehe zu umgehen, anstatt aktiv durch eine Veränderung der Rahmenbedingungen Wohl zu fördern. Dies führte automatisch zu einer starken Reduzierung des individuellen Engagements zur Verbesserung der realen Lebensverhältnisse. Zudem hielt Buddha am Memplex des Kreislaufs der Wiedergeburten fest, was den Wert dieses *einen* realen Lebens im Diesseits schmälerte und eine lethargische Haltung verstärkte. (Wer von unzähligen weiteren Leben ausgeht, wird Übel im gegenwärtigen Leben leichter tolerieren nach dem

Motto: »Bei der nächsten Reinkarnation wird möglicherweise alles besser!«)

Diese existenzielle Gefasstheit wiederum führte zu einer weitreichenden Aushöhlung des empathischen Eigennutzes: Denn wer sich selbst mit nahezu allem abfinden kann, der geht davon aus, dass sich die anderen ebenfalls mit nahezu allem abfinden können. Warum also die Verhältnisse verändern? Einfach das Ego ausschalten – und schon sind die wesentlichen Probleme gelöst! So in etwa könnte man, ein wenig überspitzt, die buddhistische Losung zusammenfassen.

Genau an diesem wunden Punkt der buddhistischen Lehre zeigen sich die Stärken westlicher Denktraditionen. Wenn man von einer »Weisheit des Ostens« spricht, so ist es wohl auch legitim, von einer »Weisheit des Westens« zu sprechen: Diese Weisheit des Westens liegt in der konsequenten Orientierung an den *Selbstbestimmungsrechten des Individuums*. Wird die Weisheit des Ostens in besonderem Maße vom Zen-Buddhismus und Advaita-Hinduismus verkörpert, so finden wir die Weisheit des Westens in konzentrierter Form im Memplex von Humanismus und Aufklärung. Zentral für diesen Memplex ist, wie wir schon im dritten Kapitel sahen, die Autonomie des Individuums, von dem aus sämtliche Freiheitsrechte definiert werden. Das Individuum erscheint in dieser idealtypisch westlichen Perspektive nicht als ohnmächtiges Erfüllungsinstrument eines ominösen Schicksals, nicht als bedeutungsloses Rädchen innerhalb eines übermächtigen Gruppenzusammenhangs, sondern es steht für sich allein: *Es ist der legitime Mittelpunkt eines eigenen kleinen Universums.*

Das individuelle Leben gilt in der Perspektive des humanistisch-aufklärerischen Memplexes vor allem deshalb als das kostbarste Gut schlechthin, weil es nach ein paar Erdenjahren unwiederbringlich verloren ist. Unser Leben ist ein einmaliges Gastspiel, es gibt keine Verlängerung (Himmel) und auch keine Revanchepartien (Wiedergeburten). Aus dieser nüchternen Erkenntnis leiteten die Epikureer schon vor Jahrtausenden den weisen Leitsatz »*Carpe diem!*« (»Nutze/pflücke den Tag!«) ab. Will heißen: Wir sollten die kurze Zeit, die uns zur Verfügung steht, mit größtmöglicher Freude füllen – nicht nur für uns, sondern auch für andere.

Freude ist dabei weit mehr als bloß Abwesenheit oder gar gelassenes Ertragen von Schmerz. Eingefleischte Buddhisten (oder Stoiker) täuschen sich, wenn sie meinen, dass Leidenschaften bloß Leiden schaffen würden. Denn gerade die Leidenschaften geben dem Leben erst seine Würze! Und deshalb, so die Weisheit des Westens, sollten wir uns auch keineswegs mit der Vorstellung zufriedengeben, das Leben bestehe darin, Übel mit innerer Gelassenheit zu ertragen. Vielmehr sollten wir das Leben genießen und alle Anstrengungen unternehmen, Übel aktiv zu beseitigen, sofern dies denn irgendwie möglich ist!

Empathischer Eigennutz, der auf solchen westlichen Vorstellungen beruht, entwickelt zwangsläufig eine besondere gesellschaftliche Dynamik. Wenn man die buddhistische Gelassenheit mit einer ruhigen See mit geringem Wellengang vergleichen kann, so steht der humanistisch-aufklärerische Memplex für einen Sturm auf offenem Meer. Unter welchen Windverhältnissen das Segelschiff der Emanzipation schneller vorankommt, ist offensichtlich. Allerdings ist im aufklärerischen Sturm und Drang – anders als bei buddhistischer Windstille – die Gefahr des Schiffbruchs stets akut.

Womöglich hat die bisherige Schilderung den Eindruck erweckt, die Weisheit des Ostens und die Weisheit des Westens stünden sich als unversöhnliche Gegensätze gegenüber. Doch dieser Eindruck wäre falsch: In Wirklichkeit lässt sich beides nämlich trefflich miteinander kombinieren. Die Aufhebung der Ich-Fixiertheit steht der konsequenten Orientierung an den individuellen Selbstbestimmungsrechten nicht im Wege. Man kann sehr wohl Gelassenheit trainieren und sich zugleich leidenschaftlich für die Verbesserung der Lebensverhältnisse engagieren. Ich halte dies sogar für eine ideale Kombination: Denn im Idealfall verbinden sich buddhistischer Langmut und aufklärerischer Veränderungswille zu einer Haltung, die man wohl am treffendsten als »brennende Geduld« bezeichnen könnte.[61] Gemeint ist damit ein ebenso gelassenes wie leidenschaftliches Verhältnis zur Welt, das empfindliche Rückschläge verkraften kann, ohne dabei so duldsam zu sein, dass jegliches Engagement erlischt.

Wer brennende Geduld besitzt, kann die wunderbaren Momente des Lebens genießen, kann sich Herausforderungen stellen und kontinuierlich an seinen Zielen arbeiten, bis er sie erreicht hat. Brennende Geduld hilft uns aber auch, nicht zu verzweifeln, wenn sich das Leben von seiner schrecklichen Seite zeigt, wenn unsere Bemühungen scheitern, wenn wir mit Schmerz, Krankheit, Tod konfrontiert werden. Von östlichen Weisheitslehren können wir in solchen Momenten sehr profitieren, da sie uns helfen, den unabwendbaren Tragödien des Lebens mit größerer Gelassenheit gegenüberzutreten. Westliche Weisheit sollte uns jedoch davor schützen, den Fehler zu begehen, prinzipiell abwendbare Tragödien als unabwendbar zu betrachten oder gar im Leben selbst eine Tragödie zu sehen. Die Quintessenz einer west-östlichen Weisheitssynthese ließe sich vielleicht so formulieren: Lernen wir, die Übel zu ertragen, die sich nicht abwenden lassen, uns aber keineswegs mit jenen abzufinden, die wir beseitigen können.

Bezogen auf das eigene Selbst heißt das: *Lernen wir zu ertragen, der zu sein, der wir sind, um gleichzeitig daran zu arbeiten, der zu werden, der wir optimalerweise sein könnten.* Rationale Mystik kann bei diesem Prozess sehr förderlich sein, denn sie verbindet Abgeklärtheit mit Aufgeklärtheit, Gelassenheit mit Engagement, Selbsttranszendenz mit Selbstbestimmung. Und vor allem: Sie hilft uns dabei, unsere psychische Energie auf das zu konzentrieren, was tatsächlich veränderbar ist.

Genau dies war das nachhaltigste Resultat meiner Extrem-Flow-Erfahrung Mitte der Neunzigerjahre. Ich stellte fest, dass ich eine zunehmend größere Gelassenheit im Umgang sowohl mit eigenen Fehlern als auch mit den Widrigkeiten des Lebens entwickelte. Meinem Engagement jedoch tat dies keinen Abbruch. Im Gegenteil! Es war vielmehr so, als wäre durch die neue Perspektive eine unsichtbare Bremse gelöst worden. Die psychische Energie, die ich vormals dafür aufgebracht hatte, um mein Selbstkonzept zu stabilisieren und gegen Angriffe von außen zu verteidigen, kam nun direkt meinen Projekten zugute, was eine deutliche Steigerung meines Leistungsvermögens zur Folge hatte. Und je mehr ich mich dabei von dem Aberglauben befreite, dass ich mir etwas auf eigene Leistungen einbilden könnte, desto eher war ich in der Lage, Dinge zu tun, auf die ich mir (unter anderem Blickwinkel) tatsächlich etwas hätte einbilden können. Ein Paradoxon, das, wenn die Argumentation in diesem Buch stimmig ist, nicht nur auf mich allein zutreffen sollte, sondern auf jedes Individuum, das das Glück hatte, vom Memplex der Unschuld befallen zu werden …

ENTSPANNTE BEZIEHUNGEN

KAPITEL 5

In einer wissenschaftlichen Auseinandersetzung hat der Unterlegene den größeren Gewinn, und zwar in dem Maße, in dem er etwas hinzulernt.

Epikur [1]

An meiner Wand hängt ein japanisches Holzwerk
Maske eines bösen Dämons, bemalt mit Goldlack.
Mitfühlend sehe ich
Die geschwollenen Stirnadern, andeutend
Wie anstrengend es ist, böse zu sein.

Bertolt Brecht (1942)[2]

Du kannst den Täter durch Nicht-Vergeben nicht treffen, aber dein Vergeben kann dich selbst befreien. Everett Worthington (2001)[3]

Kritik ist ein Geschenk:
Die Kunst, Fehler einzugestehen

»Ich weiß nicht, ob ich mich bei Ihnen bedanken oder Sie auf ewig verfluchen soll!« Der junge Mann, der vor mir stand, war sichtlich erregt. Leise fügte er hinzu, sodass es niemand außer mir hören konnte: »Das erste Mal in meinem Leben habe ich ernste Zweifel an meinem Glauben bekommen, und ich weiß nicht, ob das nun vernünftig ist oder ob der Teufel dabei seine Hände im Spiel hat!«

Normalerweise hört man solche Töne nicht in einem Hörsaal einer deutschen Universität. Doch die Podiumsdiskussion, an deren Ende der junge Mann auf mich zukam, war auch keine gewöhnliche universitäre Veranstaltung gewesen. Ich hatte mich auf das Abenteuer eingelassen, der Einladung einer evangelikal ausgerichteten Studentengruppe zu folgen und als ausgewiesener Nicht-Theist mit dem einflussreichen amerikanischen Kreationisten William Lane Craig über die Frage nach der Existenz Gottes zu debattieren. Die Diskussion mit Craig war durchaus interessant (sie machte die Unterschiede zwischen einer konsequent theologischen und einer ebenso konsequent naturalistischen Argumentationsweise deutlich)[4], noch spannender aber war zweifellos die anschließende offene Diskussion mit dem Publikum, das etwa zur Hälfte aus evangelikalen Christen bestand.

Einer dieser Christen brachte die Veranstalter in arge Bedrängnis, als er fragte, ob es nicht schon eine schwere »Sünde« sei, einen »Ungläubigen« wie mich überhaupt dazu einzuladen, seine »ketzerischen Thesen« zu verbreiten. Craig, der nach dem Disput mit mir in Düsseldorf zwei weitere Debattentermine in Oxford und Cambridge auf der Agenda hatte, wollte auf diese Frage nicht mit einem klaren »Ja« antworten. Doch den Hinweis, dass meine »Verweigerung der Gnade Gottes« aus christlicher Sicht direkt in die »ewige Verdammnis« führe, konnte er sich nicht verkneifen.

Man muss sich diese Rahmenbedingungen bewusst machen, um die Nöte des Studenten zu begreifen, der sich nach der Veranstaltung heimlich zu mir schlich. Er hatte von Kindesbeinen an gelernt, dass der Teufel der große Widersacher sei, der mit raffinierten Argumenten Zweifel säe, um so den festen Glauben an Gott zu erschüttern. Die kritische Infragestellung von Glaubenswahrheiten erschien ihm daher nicht als aufklärerische Tugend, sondern als »Inbegriff des Bösen«. Nun saß der arme Kerl recht unbequem zwischen den Stühlen: Einerseits hatte er Angst, vom sicheren Weg des Glaubens abzukommen und dafür postmortal mit ewigen Höllenqualen bestraft zu werden. Andererseits jedoch wusste er bereits zu viel, um weiterhin in kindlicher Naivität an den Glaubensvorstellungen festhalten zu können, mit denen er aufgewachsen war.

Was sollte ich dem Studenten in dieser misslichen Lage sagen? Ich versuchte es mit einem Vergleich: »Stellen Sie sich vor, Sie wollten morgen in die Karibik fliegen. Zur Auswahl stehen Ihnen zwei Fluggesellschaften. Die eine lässt sich kontinuierlich von einem externen Sicherheitsdienst überprüfen. Sämtliche Teile der Flugzeuge werden gewissenhaft untersucht und bei Defekten gegen neue Teile ausgetauscht. Die andere Fluggesellschaft hingegen wehrt sich mit aller Vehemenz gegen die kritische Überprüfung ihrer Flugzeuge. Sie behauptet, dass die Sicherheitskontrolleure böse Saboteure seien und allein schon ihre Anwesenheit auf dem Firmengelände das Vertrauen in die Sicherheit der Fluggesellschaft erschüttere. Die Flugzeuge der Gesellschaft seien immer geflogen und würden auch in Zukunft problemlos weiter fliegen, wenn die Passagiere und Piloten nur aufrichtig genug an die Flugfähigkeit der Maschinen glaubten. Welcher Fluggesellschaft würden Sie Ihr Leben anvertrauen?«

»Natürlich der ersten!«, antwortete der Student. »Die Maschinen der zweiten Fluggesellschaft dürften nicht auf dem neusten Stand sein.« »Genau!«, erwiderte ich. »Und was für Fluggesellschaften gilt, sollte auch für Weltanschauungsgemeinschaften gelten. Der beste Indikator dafür, ob man einer Weltanschauung vertrauen kann oder nicht, ist die Art und Weise, wie sie mit Kritik umgeht. Wer Kritik verteufelt, hat offensichtlich etwas zu verbergen.«

Hans Albert hat diesen Gedanken im *Traktat über kritische Vernunft* sehr treffend formuliert (und so riet ich dem Studenten auch dazu, sich dieses Buch zu besorgen): »Es gibt weder eine Problemlösung noch eine für die Lösung bestimmter Probleme zuständige Instanz, die notwendigerweise von vornherein der Kritik entzogen sein müsste. Man darf sogar annehmen, dass Autoritäten, für die eine solche Kritikimmunität beansprucht wird, nicht selten deshalb auf diese Weise ausgezeichnet werden, weil ihre Problemlösungen wenig Aussicht haben würden, einer sonst möglichen Kritik standzuhalten. Je stärker ein solcher Anspruch betont wird, umso eher scheint der Verdacht gerechtfertigt zu sein, dass hinter diesem Anspruch die Angst vor der Aufdeckung von Irrtümern, das heißt also: die Angst vor der Wahrheit steht.«[5]

Ich weiß nicht, ob meine Hinweise dem jungen Mann in seinem Konflikt geholfen haben. Denn so logisch zwingend Alberts kritisch-rationale Argumente auch sind, man darf nicht unterschätzen, wie groß der psychische Druck ist, den manche Memplexe entfachen können. Sehr bewusst wurde mir dies im Februar 2006 durch eine zufällige Kongruenz der Ereignisse: Während wir in Heidelberg Hans Alberts fünfundachtzigsten Geburtstag feierten und aus diesem Anlass nicht nur den Jubilar hochleben ließen, sondern auch ein Loblied auf das »Prinzip der kritischen Prüfung« anstimmten[6], brannten in islamischen Ländern dänische Flaggen als Reaktion auf die Veröffentlichung der Mohammed-Karikaturen in der dänischen Zeitung *Jyllands-Posten*. Das Geschenk der Kritik wurde, das war offensichtlich, nicht überall so dankbar entgegengenommen wie im Kreise kritischer Rationalisten.

Es ist erschreckend, welche Folgen die zwölf im Grunde genommen doch recht harmlosen Zeichnungen aus *Jyllands-Posten* nach sich zogen. Im Zuge des sogenannten Karikaturenstreits wurden allein im Februar 2006 139 Menschen getötet und 823 verletzt. Und die Nachwirkungen des Streits sind bis in die Gegenwart hinein zu spüren: So steht der dänische Karikaturist

Kurt Westergaard, der Mohammed mit einer Bombe als Turban zeichnete, noch immer unter massivem Polizeischutz und muss ständig umziehen, um Attentaten entrüsteter Muslime zu entgehen. Im Juni 2008 verübte bin Ladens Terrororganisation al-Qaida einen Anschlag auf die dänische Botschaft in Islamabad, bei dem sechs Menschen ums Leben kamen. Als Motiv gaben die Terroristen die Mohammed-Karikaturen aus *Jyllands-Posten* an.

Radikale Muslime rechtfertigen solche Gewalttaten als Vergeltungsmaßnahmen, da sie angeblich in ihren »religiösen Gefühlen« brutal verletzt worden seien. Zwar distanzierten sich die meisten islamischen Politiker öffentlich von der Gewalt, jedoch nutzten sie den (von Islamisten ganz bewusst inszenierten) »Druck der Basis« sehr geschickt, um in der Folge ihre politischen Ziele durchzusetzen. So gelang es ihnen beispielsweise im März 2007, unter Bezugnahme auf den Karikaturenstreit, eine »Resolution für ein weltweites Verbot der öffentlichen Diffamierung von Religionen« im UN-Menschenrechtsrat durchzudrücken. Die Früchte dieser Resolution zeigten sich unter anderem im Juni 2008: Als der britische Historiker David Littman Genitalverstümmelungen, Steinigungen und Zwangsverheiratungen in Ländern, die unter dem islamischen Gesetz der Schari'a stehen, vor dem UN-Menschenrechtsrat thematisieren wollte, wurde er von Beginn an durch Zwischenrufe muslimischer Beiratsmitglieder unterbrochen. Der rumänische Ratspräsident Doru Costea forderte Littman schließlich auf, von jeglicher »Beurteilung oder Bewertung einer bestimmten Religion« Abstand zu nehmen, »und schloss damit jede weitere Thematisierung der Schari'a vor dem Menschenrechtsrat aus«.[7]

Religiös begründete Menschenrechtsverletzungen können vor den Vereinten Nationen heute kaum noch kritisiert werden, da solche Kritiken sofort mit dem Argument der »Diffamierung von Religion« abgewehrt werden. Dies ist ein wichtiger Etappensieg für die muslimischen Politiker, mit dem sie sich allerdings kaum zufriedengeben werden. Ihr erklärtes Ziel ist es nämlich, die allgemeinen Menschenrechte in Einklang mit der (im Kern menschenrechtswidrigen, weil den Bestimmungen der Shari'a unterworfenen!) »Kairoer Deklaration der Menschenrechte im Islam« zu bringen. Sollte dies gelingen, wäre das wohl das Ende der Menschenrechtsidee. Denn welchen Wert hätte etwa das Recht auf freie Meinungsäußerung, wenn es nur für Aussagen gelten soll, die in Übereinstimmung mit der Schari'a stehen? Welchen Wert hätte das Recht auf Leben, wenn die staatliche Ermordung von Glaubensabtrünnigen und Homosexuellen als »humanitärer Gnadenakt im Sinne der Menschenrechte« gedeutet werden kann? Die skandalösen Vorgänge im UN-Menschenrechtsrat, der zunehmend dazu missbraucht wird, statt Individuen autoritäre Regime und Glaubenssysteme zu schützen, sollten uns sehr zu denken geben.

Dass der Karikaturenstreit genutzt werden würde, um die Menschenrechte sowie insbesondere das Recht auf freie Meinungsäußerung unter Druck zu setzen, war schon im Februar 2006, auf dem Höhepunkt der Auseinandersetzungen um die Mohammed-Karikaturen, deutlich erkennbar. Deshalb erhielt ich damals den Auftrag, im Namen der Giordano Bruno Stiftung eine »Petition zur Verteidigung der Meinungs-, Kunst- und Pressefreiheit« zu formulieren.[8]

Die Petition fand in den Medien beachtliche Resonanz, was zur Folge hatte, dass ich in den stürmischen Tagen des Februars 2006 häufig zum Thema »Darf man Religionen kritisieren?« interviewt wurde. Ich versuchte in meinen Beiträgen vor allem *eines* deutlich herauszustellen, nämlich dass es überhaupt keinen vernünftigen Grund dafür gibt, ausgerechnet religiöse Aussagen von der Kritik auszunehmen. Denn gerade bei Aussagen, die einen besonders hohen Wahrheitsanspruch für sich reklamieren (und dies ist bei religiösen Aussagen normalerweise der Fall!), ist das Prinzip der Kritik schlichtweg unerlässlich! Wenn jemand bloß einen bescheidenen Wahrheitsanspruch formuliert (»Zurzeit nehme ich an, dass X wahr ist, aber ich kann mich natürlich irren. Vielleicht höre ich schon morgen bessere Argumente und erkenne, dass Y statt X wahr ist«), so ist eine kritische Stellungnahme, sofern X tatsächlich unwahr sein sollte, zwar sinnvoll, aber nicht unbedingt im gleichen Maße erforderlich wie in dem

Fall, dass jemand mit einem sehr umfassenden Wahrheitsanspruch auftritt (»Es wurde von Gott, dem Schöpfer des Himmels und der Erde, offenbart, dass X wahr ist. Daran müssen sich alle Menschen halten – nicht nur heute, sondern auch morgen und in alle Ewigkeit! Wer gegen diese heilige Wahrheit verstößt, der sei verflucht!«).

Nun ist es tragischerweise so, dass ausgerechnet diejenigen, die Kritik eigentlich am dringendsten benötigten, am wenigsten in der Lage sind, Kritik zu ertragen. Auch dies hat der Karikaturenstreit deutlich werden lassen: Männer, die es mit einem milden Lächeln quittieren, wenn direkt vor ihren Augen eine Frau in den Boden eingegraben und gesteinigt wird, brechen vor Schmerz in sich zusammen, wenn sie eine harmlose Zeichnung sehen, auf der ihr ach so geliebter Prophet karikiert wird. (Wohlgemerkt: Diese Männer sind nicht »böse«, sie wurden bloß von einem absurden, menschenverachtenden Memplex zu solch absonderlichen Reaktionen programmiert!) Die Frage ist: Darf man gläubigen Menschen (nicht bloß den Hardcore-Gläubigen, die an Steinigungen Vergnügen finden!) jene Schmerzen zufügen, die mit einer kritischen Infragestellung ihrer »Glaubenswahrheiten« unweigerlich verbunden sind? Ist es legitim, mittels Kritik (sei sie nun satirisch formuliert oder nicht) religiöse Gefühle zu verletzen?

Aus einer freien, das heißt vom humanistisch-aufklärerischen Memplex getragenen Perspektive kann es hierauf nur *eine* Antwort geben: Selbstverständlich ist es legitim, religiöse Gefühle zu verletzen, wenn dies zur Durchsetzung einer aufgeklärteren und humaneren Sichtweise erforderlich ist! Es wäre falsch verstandene Rücksichtnahme, würde man das Projekt der Aufklärung aufkündigen, nur weil sich eine Gruppe von Menschen durch die Entzauberung ihrer Illusionen gekränkt fühlen könnte. Schließlich ist es ja gerade die Funktion der Aufklärung, tradierte Denkblockaden zu sprengen, was zwangsläufig lieb gewonnene Vorurteile infrage stellt.

Warum jedoch wird das aufklärerische Aufbrechen von Vorurteilen von religiöser Seite aus so schnell als Verletzung empfunden? Dies ist kaum darauf zurückzuführen, dass Aufklärer in ihrer Kritik mit besonderer Brachialgewalt vorzugehen pflegen, sondern vielmehr darauf, dass viele Gläubige in Bezug auf ihre religiösen Gefühle enorm verletzungsanfällig sind. Überdurchschnittlich religiöse Menschen leiden, so könnte man es vielleicht am treffendsten formulieren, unter einem »emotionalen Glasknochen-Syndrom«: In der Regel genügt eine kleine, spitze Bemerkung – und der religiöse Knochenbruch ist vorprogrammiert.

Bei Lichte betrachtet hätten aufklärerisch gesinnte, religionsfreie Menschen eigentlich weit triftigere Gründe, sich aufgrund der zahlreichen religiösen Angriffe auf ihre Lebenshaltung in ihren »weltanschaulichen Gefühlen« verletzt zu sehen. Denn was sind schon die harmlosen Späßchen, mit denen sich aufklärerische Satiriker über religiöse Glaubensvorstellungen lustig machen, verglichen mit dem, was ihnen in Bibel und Koran angedroht wird? Was, bitte schön, drückt eine größere Missachtung der Person aus: der aufklärerische Spott über obskure Glaubensvorstellungen (»Diesen Unsinn könnt ihr doch nicht wirklich ernst nehmen!«) oder die in den »heiligen Texten« ständig wiederholte Drohung mit ewigen Höllenqualen (»Dafür werdet ihr ewig brennen!«)? Obgleich die objektiven Reize, denen Ungläubige (in Wort *und* Tat!) ausgesetzt sind, weit gravierender sind als jene, mit denen sich Gläubige herumplagen müssen, ergehen sie sich nicht in wütenden Protesten, sie rufen auch nicht nach dem Zensor, geschweige denn, dass sie religiöse Prediger an Leib und Leben bedrohen würden. Der Unterschied in der Kritikempfindlichkeit von religionsfreien und *sehr* religiösen Menschen ist signifikant.[9] Doch worin ist er begründet?

Meines Erachtens lässt sich dieser Unterschied vor allem auf die besonderen Kopiermechanismen zurückführen, die religiöse Memplexe (insbesondere die Memplexe des Christentums und des Islam) zur Sicherung ihres »Überlebens« ausgebildet haben. Religiöse Memplexe definieren sich nämlich selbst als »heilig«, das heißt: als unantastbar. Sie enthalten nicht nur die Aufforderung, massenhaft kopiert zu werden (über religiöse Kindererziehung,

Mission etc.), sondern auch die strikte Anweisung, dass die in ihnen enthaltenen Meme (Glaubensdogmen) unter keinen Umständen verändert werden dürfen. (Nicht ohne Grund heißt es in den letzten Zeilen des *Neuen Testaments*: »Wer etwas hinzufügt, dem wird Gott die Plagen zufügen, von denen in diesem Buch geschrieben steht. Und wer etwas wegnimmt von den prophetischen Worten dieses Buches, dem wird Gott seinen Anteil am Baum des Lebens und an der heiligen Stadt wegnehmen, von denen in diesem Buch geschrieben steht.«[10])

Kommt es, trotz des strikten Verbots der Abänderung, im Zuge des Kopierprozesses religiöser Meme zu nachhaltigen Abweichungen vom Original (Ausbildung verschiedener Glaubensrichtungen innerhalb einer Religion), so führt dies in der Regel zu schweren sozialen Konflikten unter den zwar eng verwandten, sich in einigen memetischen Details jedoch unterscheidenden Gruppen (man denke etwa an die Jahrhunderte während Auseinandersetzungen zwischen Katholiken und Protestanten oder zwischen Sunniten und Schiiten).

Besonders problematisch ist es allerdings, wenn der heilige Memplex per se infrage gestellt wird, also wenn es zu einer wirklich gravierenden Antastung des vermeintlich Unantastbaren kommt. Solche Fundamentalkritik wird von Gläubigen häufig als echte Existenzbedrohung erfahren, was die Einleitung entsprechender Gegenmaßnahmen zur Folge hat. (Man darf in diesem Zusammenhang nicht übersehen, dass das Christentum in der Zeit *vor* seiner aufklärerischen Zähmung – siehe etwa den Fall Giordano Bruno – nicht weniger militant vorging als der orthodoxe Islam, der noch heute Religionskritikerinnen und Religionskritiker wie Taslima Nasreen, Ayaan Hirsi Ali, Mina Ahadi, Salman Rushdie oder Ibn Warraq mit dem Tode bedroht).

Innerhalb des religiösen Memplexes sind solche militanten Reaktionen durchaus nachvollziehbar: Denn wenn man sich selbst im Besitz der von Gott offenbarten absoluten Wahrheit wähnt, so ist es logisch, dass jede Kritik an dieser Wahrheit letztlich nur vom Gegenspieler Gottes, dem Teufel und seinen »Mächten der Finsternis« stammen kann. Von daher muss man sich nicht wundern, dass Kritik in einem sehr ursprünglichen, das heißt von aufklärerischen Prinzipien nicht gefilterten, religiösen Kontext keineswegs als produktives Prinzip der Verbesserung der Welterkenntnis verstanden wird, sondern vielmehr als »Inbegriff des Bösen«.

Völlig anders verhält sich dies im Rahmen des humanistisch-aufklärerischen Memplexes. Auch dieser Memplex »will« zweifellos kopiert werden (der Prozess der Aufklärung ließe sich durchaus auch als eine Art »innerweltliche Mission« beschreiben), jedoch definiert er sich dabei unter keinen Umständen als heilig, als unantastbar. Zwar gibt es durchaus bestimmte Kernelemente, die den humanistisch-aufklärerischen Memplex als solchen konstituieren (etwa Logik und Empirie in erkenntnistheoretischer Hinsicht, Orientierung an den Selbstbestimmungsrechten des Individuums in ethischer Hinsicht). Davon abgesehen jedoch besitzt der Memplex von Humanismus und Aufklärung einen »offenen Quellcode«, der immer wieder aufs Neue an die sich verändernden Rahmenbedingungen des Lebens angepasst werden kann.

Wenn es ein zentrales formales Charakteristikum von Humanismus und Aufklärung gibt, so ist dies stete Veränderung. Es gibt keine heiligen Dogmen des Humanismus und auch keine ewigen Wahrheiten der Aufklärung, schließlich unterliegen die Welt und unsere Erkenntnisse über sie einem ständigen Wandel. Deshalb auch ist das Prinzip der Kritik für das Funktionieren des humanistisch-aufklärerischen Memplexes von solch fundamentaler Bedeutung. Denn nur durch die kritische Überprüfung unserer stets fehleranfälligen Annahmen über die Welt können wir die Irrtümer aufdecken, denen wir zuvor aufgesessen sind. Kritik befreit uns aus der Enge unserer angestammten Denkprovinz und öffnet uns den Blick für Zusammenhänge, die wir übersehen haben.

Karl Popper, Hans Albert und viele andere haben daher das *Falsifikationsprinzip* (die Aufforderung zur systematischen Aufdeckung von Irrtümern) als Königsweg für den Prozess des Erkenntnisfortschritts beschrieben. Ein gewissenhafter Forscher sollte seine Theorien möglichst klar und präzise formulieren, sodass es anderen Wissenschaftlern leichter gemacht wird, die darin möglicherweise enthaltenen Fehler zu entdecken. Ohnehin sollten Forscher ihre Zeit weniger darein investieren, die eigenen Vorstellungen zu belegen, als nach den Fehlern in der eigenen Theorie zu suchen.

Dies ist allerdings leichter gefordert als in die Praxis umgesetzt. Denn die Beherzigung des Falsifikationsprinzips verlangt von den Individuen eine Tugend, die in unserer Kultur kaum trainiert (und im religiösen Kontext sogar oftmals verteufelt) wird: nämlich die Fähigkeit, Kritik nicht bloß als Geschenk zu begreifen, sondern sogar die öffentliche Aufdeckung der eigenen Irrtümer als Gewinn.

Können Sie sich vorstellen, es als persönlichen Gewinn zu verbuchen, wenn man Sie öffentlich eines gravierenden Denkfehlers überführt? Tatsächlich gibt es Menschen, die solche Größe zeigen. Richard Dawkins schilderte einmal ein prägendes Erlebnis, das er als junger Student in Oxford hatte: »Ein Gastdozent aus Amerika trug Belege vor, mit denen er die Lieblingstheorie des hoch geachteten Seniorchefs unseres zoologischen Instituts eindeutig widerlegte, eine Theorie, mit der wir alle groß geworden waren. Am Ende des Vortrags stand der alte Mann auf, schritt in dem Hörsaal nach vorn, schüttelte dem Amerikaner voller Zuneigung die Hand und sagte in klangvollem, bewegtem Ton: ›Mein lieber Freund, ich danke Ihnen. Ich hatte fünfzehn Jahre Unrecht.‹ Wir klatschten, bis uns die Handflächen brannten.«[11]

Ich weiß nicht, wie es Ihnen geht, aber ich halte den Ausspruch: »Mein lieber Freund, ich danke Ihnen. Ich hatte fünfzehn Jahre Unrecht« für eine der schönsten, würdevollsten Aussagen, die sich überhaupt denken lassen. In diesem Ausspruch zeigt sich nicht nur eine große menschliche Reife, er offenbart auch all die Vorzüge des aufgeklärten Denkens. Kann man sich vorstellen, dass sich religiöse Führer ähnlich souverän von ihren Glaubensdogmen verabschieden, wie sich Dawkins' Seniorchef in Oxford einst von seiner Lieblingshypothese trennte? Wohl kaum!

Schließlich ist eine Religionsgemeinschaft kein aufklärerischer Debattierclub, bei dem das bessere, stichhaltigere Argument zählen würde. Der Papst kann sich nicht einfach vor seine Gemeinde stellen und etwa in Bezug auf die Jungfräulichkeit Mariens, die Auferstehung der Toten oder das Wunder von Fatima erklären: »Uuups, da haben wir uns wohl geirrt!« Wer von unantastbaren, absoluten Wahrheiten ausgeht, der ist dazu verurteilt, nicht nur kluge, vernünftige Gedanken (die es zweifellos in jeder Religion gibt!), sondern auch gravierende Denkfehler und inhumane Moralvorstellungen als verbindlich für alle Zeiten festzuschreiben.

Nun muss man allerdings einräumen, dass selbst diejenigen, die aufklärerisch denken, die also das Prinzip der kritischen Prüfung wertschätzen und erkannt haben, dass wir nur über die gezielte Aufdeckung von Irrtümern Erkenntnisfortschritte erzielen können, oftmals enorme Schwierigkeiten damit haben, Fehler vor anderen einzugestehen. Es macht zweifellos einen großen Unterschied aus, ob man Epikurs Einschätzung, dass der Unterlegene einer wissenschaftlichen Diskussion den größeren Gewinn hat, weil er Neues lernt, rein *kognitiv zustimmt* oder ob man tatsächlich auf diese Weise *empfindet*, wenn man in eine solche Situation kommt.

Die meisten von uns haben eher Angst davor, dass Irrtümer öffentlich aufgedeckt werden könnten, als dass sie sich darüber freuen würden, auf diese Weise von Irrtümern befreit zu werden. Woran liegt das? Ich meine, dies hat viel mit der Zuschreibung von Willensfreiheit zu tun. Denn wer Willensfreiheit unterstellt, der kann zu den eigenen Schwächen nur schlecht stehen, da er sie ja selbst angeblich »frei«, also ungezwungen verursacht hat und sie somit peinlicherweise auch allein verantworten muss. Kritische Argumente der Mitmenschen werden unter dieser Perspektive schnell als Gefahr empfunden, als unmittelbare Existenzbedrohung. Wer sich davor fürchtet, widerlegt zu werden, muss im Grunde immer und überall auf der Hut sein. Sobald in einem Gespräch Kritik anklingt, wird das Ich in höchste Alarmbereitschaft versetzt.

Konsequenz: Unter der Voraussetzung der Willensfreiheitsunterstellung ist die Diskussion, die die Diskutierenden eigentlich weiterbringen sollte, häufig nichts weiter als ein Bombardement von Argumenten, die nicht die verhandelte Sache auf den Punkt bringen, sondern den Gegner an seiner schwächsten Stelle treffen sollen. Das Argument ist unter dieser Voraussetzung kein *Geschenk*, das ich dem anderen unterbreite, das ihm die Möglichkeit bietet, sein Denken zu entprovinzialisieren, es ist vielmehr *eine Waffe*, die ich einsetze, um unliebsame Kritik an der eigenen Person abzuwehren.

Anders gewendet: Wenn ich vom Paradigma der Unschuld ausgehe und weiß, dass ich nichts dafür kann, dass ich diesem oder jenem Irrtum aufsitze, so kann ich eine Diskussion weit gelassener angehen. Ich habe schließlich *nicht mehr zu verlieren als meine Denkfehler*, von denen ich mich besser heute als morgen verabschiede. Wenn ich gelernt habe, mich selbst nicht mehr so schrecklich wichtig zu nehmen, so kann ich Argumenten, die mich infrage stellen, vorurteilsfreier begegnen. Ich werde ein Gespräch unter dieser Voraussetzung auch nicht mehr als Gelegenheit begreifen, den anderen mit festgezurrten Überzeugungen zu indoktrinieren, sondern darauf hinarbeiten, mit ihm gemeinsam bessere Lösungen zu entwickeln, die über das hinausgehen, was sowohl er als auch ich zuvor als richtig erachteten.

Unter diesem Blickwinkel erlebe ich meinen Diskussionspartner, selbst wenn er von völlig konträren Standpunkten ausgehen sollte, nicht mehr als existenzielle *Bedrohung*, sondern als *Bereicherung*, als jemanden, der mir möglicherweise dabei helfen kann, die Dinge klarer zu sehen, indem er mir das Geschenk der Kritik macht. Das heißt natürlich nicht, dass ich sein Geschenk in jedem Fall annehmen müsste. (Auch einem geschenkten Gaul sollte man ins Maul schauen!) Doch ich werde die Argumente des anderen nicht allein schon deshalb ablehnen, weil sie von ihm stammen und vielleicht diametral den Memen widersprechen, die sich – aufgrund welcher Lebensumstände auch immer – im assoziativen Cortex meines Gehirns angesiedelt haben. Ich werde vielmehr überdenken, was er sagt, das heißt die in mir wirksamen Memplexe mithilfe der neu empfangenen Meme kritisch überprüfen.

Produktiv ist ein Gespräch dann, wenn beide Gesprächspartner nicht nur den anderen *belehren*, sondern auch *voneinander lernen* wollen. Dazu ist es allerdings notwendig, dass wir den Mut und die Fähigkeit entwickeln, unsere Kritik möglichst pointiert und klar zu formulieren. Traut sich der andere nicht, seine Kritik an mir ganz unverblümt auszusprechen, weil er befürchten muss, mich damit zu verletzen, so reduziert diese falsche Rücksichtnahme meine Chance, etwas wirklich Neues hinzuzulernen, in beträchtlichem Maße. Deshalb auch ist die Überwindung des oben beschriebenen »emotionalen Glasknochen-Syndroms« so enorm wichtig. Wer nämlich jedes Mal, wenn er auf Kritik stößt, fürchterliche Qualen erleidet und deshalb von seiner Umgebung erwartet, dass sein Weltbild unter »Denk-mal-Schutz« (im wahrsten Sinne des Wortes!) gestellt wird, der verurteilt sich selbst zu intellektueller Stagnation. (Und natürlich erweist er sich dabei auch als zutiefst undankbar gegenüber jenen prachtvollen Menschen, die den Mut hatten, ihm das wunderbare Geschenk der Kritik zu überbringen …)

Hans Albert hat einmal zu Recht darauf hingewiesen, dass der »Kritizismus«, also das unumwundene Einstehen für die Idee der Kritik, eine regelrechte »Lebensweise« sei und nicht bloß ein »abstraktes Prinzip ohne existenzielle Bedeutung«.[12] Dieser Aussage stimme ich ausdrücklich zu. Doch wenn ich mich nicht sehr irre, schafft erst das *Paradigma der Unschuld* die Voraussetzungen dafür, dass wir diese »kritizistische Lebensweise« auch tatsächlich im Alltag umsetzen können. Denn nur, wenn wir uns nicht mehr dafür verurteilen, Fehler zu machen, können wir unsere Schwächen vor anderen zugeben. Nur wenn wir die Angst verlieren, von den anderen »entlarvt« zu werden, finden wir die Kraft, vorurteilslos auf sie zuzugehen, uns auf ihre Argumente einzulassen und, sofern diese Argumente stimmig sind, von ihnen zu lernen.

Das Paradigma der Unschuld führt also nicht nur zu einem entspannteren Ich, sondern auch zu entspannteren Beziehungen. Dazu trägt nicht zuletzt der Umstand bei, dass derjenige, der sich selbst Fehler zugestehen kann, auch weit eher in der Lage ist, anderen ihre Fehler nachzusehen. Wie weit diese Fähigkeit zur Vergebung gehen kann, zeigt der folgende Abschnitt.

Vergeben statt vergelten: Warum wir lernen sollten, einander zu verzeihen

Am Neujahrsmorgen 1996 erhielt Everett Worthington einen verstörenden Anruf von seinem Bruder Mike. Etwas Schreckliches war geschehen: Everetts und Mikes Mutter war in der Silvesternacht ermordet worden. Mike hatte ihren geschundenen Körper am Neujahrsmorgen gefunden. Die Wände des Hauses waren mit Blut beschmiert, sie selbst lag in einer großen Blutlache. Offensichtlich hatten Jugendliche die alte Dame mit einem Brecheisen und einem Baseballschläger erschlagen, mit einer Weinflasche vergewaltigt und anschließend ihr Haus demoliert.

Man kann sich etwa vorstellen, was in Everett Worthington in diesen ersten Tagen und Wochen des Jahres 1996 vorging. Alles beherrschend war zweifellos die Trauer über den Verlust der geliebten Mutter. Dazu gesellte sich die quälende Vorstellung, was sie in diesen letzten schrecklichen Momenten ihres Lebens durchgemacht haben musste. Dieses Mitgefühl wiederum war verbunden mit Gefühlen der Wut und des Zorns über die Täter, die der Mutter so etwas Grausames angetan hatten, vermutlich regte sich in ihm auch der Wunsch nach Rache und Vergeltung.

Viele Menschen können solch traumatische Erfahrungen ihr Leben lang nicht verarbeiten. Vor allem wenn – wie in diesem Fall – die Täter nicht gefasst und zur Rechenschaft gezogen werden können, hadern Menschen lange mit ihrem Schicksal und leiden unter einer nachhaltigen Verletzung ihres Gerechtigkeitsempfindens. Everett Worthington jedoch war kein gewöhnliches Verbrechensopfer. Der Psychologieprofessor an der Virginia Commonwealth University hatte sich seit Anfang der Neunzigerjahre intensiv mit den psychologischen Wirkungen von Rache und Vergebung auseinandergesetzt. Worthington wusste wie kaum ein anderer, dass Rachegefühle nicht nur die psychische, sondern auch die physische Gesundheit beschädigen und dass die Kunst des Vergebens eines der wirksamsten Instrumente zur Verarbeitung einer traumatischen Erfahrung ist.

Worthington beschloss daher, das Beste aus der schrecklichen Situation zu machen und daran zu arbeiten, den Mördern seiner Mutter zu vergeben. Dies war ein harter, schmerzlicher Prozess, doch nach einigen Wochen hatte er es tatsächlich geschafft: Er empfand keinerlei Wut, Zorn, Groll oder gar Rachedurst mehr gegenüber den Mördern seiner Mutter. Worthington hatte ihnen vergeben, was er daran erkannte, dass die Gefühle von Bitterkeit und Zerrissenheit, die ihn zuvor geplagt hatten, nun verschwunden waren.

Worthington beschrieb den Prozess seiner Selbstheilung in dem Buch *Five Steps to Forgiveness* (*Die fünf Stufen zur Vergebung*).[13] Um sein Konzept griffig zu machen, fasste er die Methode unter dem Begriff »REACH« (»Die Hand ausstrecken«), wobei jeder der fünf Buchstaben von REACH einen Schritt im Prozess des Vergebens symbolisiert.

So steht das R von REACH für das Wort *recall* (zurückrufen): Auf dieser ersten Stufe geht es darum, sich das schmerzliche Ereignis möglichst sachlich ins Gedächtnis zurückzurufen. Was genau ist wann und wie passiert? Wichtig ist bei der Visualisierung der Geschehnisse, dass man nicht in Selbstmitleid ertrinkt und es vermeidet, die Täter als moralisch böse abzustempeln. Man sollte sich vielmehr darum bemühen, die Geschehnisse so nüchtern zu beschreiben, wie sie in einem Tatprotokoll der Polizei erfasst würden.

Der Buchstabe E in REACH steht für *empathy* (Empathie, Mitgefühl): Dies ist für viele wahrscheinlich der schwierigste Schritt, denn hier gilt es, die Tat aus dem Blickwinkel des Täters zu betrachten. Was brachte ihn dazu, uns das anzutun? Was empfand er dabei? War er durch die Situation, in der er steckte, vielleicht überfordert? Was hatte er zuvor erlebt, dass er sich so verhalten musste? (Als hilfreich hat sich in diesem Zusammenhang die »Zwei-Stühle-Technik« herausgestellt: Man setzt sich zunächst auf Stuhl A, der die eigene Opferposition symbolisiert. Hier hat man die Gelegenheit, dem Täter all die Vorwürfe zu machen, die einen bewegen. Anschließend setzt man sich auf Stuhl B, nimmt die Rolle des Täters ein und versucht aus seiner Position heraus zu erklären, warum es zu dieser Tat gekommen ist.)

Der dritte Buchstabe, A, steht für *altruism* (Altruismus): Hier geht es darum, dem Täter ganz bewusst das Geschenk der Vergebung zu machen. Dies verlangt, dass man den oft tief sitzenden Rachedurst tatsächlich überwunden hat. Nur unter dieser Voraussetzung kann man wirklich vergeben und auch jenes Gefühl der Befreiung erleben, das damit einhergeht.

Der vierte Buchstabe, C, steht für *commit* (sich festlegen): Bei diesem Schritt soll das Geschenk des Vergebens eine vertragsähnliche Verbindlichkeit erhalten. »In Worthingtons Gruppen«, erklärt der renommierte amerikanische Psychologe Martin Seligman, »setzen die Klienten ein ›Zertifikat der Vergebung‹ auf, schreiben einen Verzeihungsbrief an den Täter, schreiben ihn ab in ihr Tagebuch, schreiben darüber ein Gedicht oder ein Lied oder erzählen einem guten Freund, was sie getan haben.«[14]

Dieser Schritt, so Seligman, sei vor allem im Hinblick auf die Nachhaltigkeit der Vergebungserfahrung wichtig, den letzten Schritt von REACH, denn das H steht für *hold on to forgiveness* (Festhalten an der Vergebung): Da die Erinnerungen an die Tat wahrscheinlich wiederkehren werden, empfiehlt Worthington, sich die Dokumente, die man im Prozess des Vergebens erstellt hat (etwa das »Zertifikat für Vergebung«) wieder vor Augen zu führen und notfalls den REACH-Prozess noch einmal komplett zu durchlaufen.

Auch wenn REACH, wie Martin Seligman zugibt, zunächst wie eine »Sonntagspredigt« klingt, so ist der Erfolg der Methode doch mittlerweile durch zahlreiche Evaluationsstudien wissenschaftlich belegt: »In der bis heute größten und besten Studie hat eine Gruppe von Forschern an der Stanford University unter der Leitung von Carl Thoresen 259 Erwachsene nach Zufall in zwei Gruppen unterteilt. Sie haben jeweils neun Stunden ... entweder an einem Workshop für Vergebung oder an einer reinen

Eignungsprüfung (Assessment) teilgenommen ... Die Folgen (in der Vergebungsgruppe, MSS) waren weniger Wut, weniger Stress, sehr viel mehr Optimismus, bessere (berichtete) Gesundheit und mehr Vergebung.«[15]

In den USA hat in den letzten Jahren ein regelrechter Boom in der Vergebungsforschung stattgefunden.[16] Die Ergebnisse der empirischen Studien sind recht eindeutig: Wer vergeben kann, der empfindet im Durchschnitt weniger negativen Stress, hat ein besseres Immunsystem, kann traumatische Ereignisse produktiver verarbeiten, leidet seltener unter Herz-Kreislauf-Erkrankungen, lebt länger und fühlt sich insgesamt wohler in seiner Haut als derjenige, der sich schwer damit tut, anderen zu verzeihen. Kurzum: Wer sich dazu überwinden kann, anderen zu vergeben, der tut sich damit selbst den größten Gefallen – ein Ergebnis, das bestens mit der im ersten Kapitel getroffenen Feststellung zum empathischen Eigennutz korrespondiert, wonach jeder Helfer in erster Linie sich selbst hilft.

Wenn aber Vergebung einen so nachhaltigen Einfluss auf die psychische und physische Gesundheit hat[17], warum wird dies – zumindest in Westeuropa – so selten thematisiert? Im Zuge der Recherche für dieses Kapitel stellte ich fest, dass fast alle maßgeblichen Studien zum Thema aus Nordamerika stammen, während es im deutschen Sprachraum bislang noch wissenschaftlich kaum rezipiert wird.[18] Woran liegt das? Ich vermute, dass dies wesentlich darauf zurückzuführen ist, dass der Begriff »Vergebung« so stark religiös besetzt ist und sich Forscher im säkularisierten Europa deshalb schwerer damit tun, auf diesem Gebiet zu arbeiten als ihre Kollegen im religiös orientierten Amerika. (In diesem Zusammenhang ist es nicht uninteressant zu wissen, dass ein Großteil der Studien von der religiös ausgerichteten Templeton Foundation finanziert wurde und wird.[19])

Nun bedeutet die Tatsache, dass die Strategie der Vergebung so erfolgreich von religiösen Memplexen adoptiert wurde, selbstverständlich nicht, dass Vergebung nur in einem religiösen Kontext erfolgen könnte oder nur in einem solchen positive Wirkungen zeigen würde. Dies belegt auch eine Studie des amerikanischen

Forschers Kenneth Pargament, Psychologieprofessor an der Bowling Green State University in Ohio.[20] Pargament unterteilte Frauen, die Schwierigkeit hatten, Verletzungen in der Vergangenheit zu bewältigen, in drei Gruppen: Die erste Gruppe erhielt ein Vergebungstraining, das auf religiöse Argumente zurückgriff, die zweite Gruppe eines auf einer rein säkularen Basis (ohne Rückgriff auf religiöse Argumente), die dritte Gruppe diente als Kontrollgruppe, wurde also nicht trainiert, besser vergeben zu können. Das Ergebnis der Untersuchung: Die Frauen der ersten beiden Gruppen erzielten gegenüber der Kontrollgruppe gleichermaßen signifikante Fortschritte und fühlten sich nach dem Training besser. Ob beim Vergebungstraining religiöse Argumente bemüht worden waren oder nicht, war für den Heilungsprozess offenkundig nicht von Bedeutung.

Es wäre daher ein Fehler, Vergebung als ein rein religiöses Konzept zu begreifen. Die heilende Kraft der Vergebung ist völlig unabhängig davon wirksam, ob man an einen Gott glauben mag oder nicht. Man muss nicht religiös sein, um zu erleben, dass Vergebung befreit, indem sie die Fesseln löst, die uns zwingen, in der Vergangenheit zu leben und mit dem dort erlittenen Unrecht zu hadern. Wer vergibt, der ist bereit, einen Schlussstrich unter die Vergangenheit zu ziehen und sich wieder mit voller Kraft der Gegenwart und Zukunft zuzuwenden. Und dies dient nicht nur dem vergebenden Individuum selbst, sondern seiner gesamten Umgebung. Von daher muss man sich auch nicht darüber wundern, dass Menschen, die gut vergeben können, insgesamt stabilere und beglückendere Liebesbeziehungen und Freundschaften führen als Menschen, die die Kraft zur Vergebung nicht entwickelt haben.

Es gibt Menschen, die es einem ein Leben lang nachtragen, wenn man einmal ihren Geburtstag vergessen hat. Andere lassen ihren Lebenspartner über viele Jahre hinweg dafür zahlen, dass er sich auf eine Affäre eingelassen hat. Wieder andere können es ihren Eltern nicht verzeihen, dass ihre Geschwister mehr Zuneigung und Liebe empfangen haben als sie selbst. Es gibt jedoch auch Menschen, die die Fähigkeit besitzen, anderen noch weit schwerwiegendere Dinge zu vergeben. Wie weit die Kraft der

Vergebung im Extremfall gehen kann, zeigt der erstaunliche Fall der Familie Biehl.[21]

Amy Biehl war eine politisch aktive Collegestudentin aus Kalifornien, die in den frühen Neunzigerjahren nach Südafrika reiste, um die dortige Anti-Apartheits-Bewegung zu unterstützen. Tragischerweise geriet Amy bei einem Besuch eines Townships in Kapstadt in einen Volksaufstand und wurde als vermeintliche »Repräsentantin der weißen Unterdrückerschicht« von der aufgebrachten Menge gelyncht. Vier junge Männer wurden später des Mordes an Amy Biehl überführt und zu langen Gefängnisstrafen verurteilt.

Als Nelson Mandela 1996 die Wahrheits- und Versöhnungskommission (Truth and Reconciliation Commission) einrichtete, wurde auch der Mordfall Amy Biehl vor dem »Komitee für die Gewährung der Amnestie« verhandelt. Amys Eltern, Linda und Peter Biehl, reisten nach Südafrika und unterstützten die Freilassung der Mörder ihrer Tochter. Peter Biehl erklärte vor dem Komitee: »Amy hätte Ihren Wahrheits- und Versöhnungsprozess sehr begrüßt. Wir sind heute Morgen hier anwesend, um dies zu ehren und unsere aufrichtige Freundschaft anzubieten. Wir sind hier … um über ein engagiertes Leben nachzudenken, das genommen wurde ohne Gelegenheit zum Dialog. Wenn wir mit diesem Prozess fertig sind, müssen wir mit gemeinsamen Kräften voranschreiten.«[22]

In der Folge kündigten die Biehls ihre lukrativen Jobs in Kalifornien und gründeten in Kapstadt die Amy Biehl Foundation, die mit vielfältigen Bildungs- und Freizeitangeboten Jugendlichen zu einem besseren Start ins Leben verhilft. Schon dies allein wäre bemerkenswert genug, doch das wirklich Atemberaubende an dieser Geschichte ist, dass zwei der jungen Männer, die Amy einst töteten, heute zu den führenden Aktivisten der Stiftung gehören. Der Aussöhnungsprozess der Biehls mit den Mördern ihrer Tochter ging so weit, dass sie ihnen nicht bloß vergaben, sondern sich über die Jahre hinweg mit ihnen derartig anfreundeten, dass Ntobeko Peni and Easy Nofemela Linda Biehl heute mit »Mom« (!) ansprechen.

Wer selbst Kinder hat, weiß, dass es keine schrecklichere Vorstellung gibt als die, die eigenen Töchter oder Söhne zu verlieren, zumal, wenn dies auf solch grausame Weise geschieht, wie dies bei Amy der Fall war, die auf offener Straße gesteinigt und niedergestochen wurde. Man muss sich dies vergegenwärtigen, um die nahezu unglaubliche Vergebungsleistung von Linda und Peter Biehl angemessen würdigen zu können.[23] Es gelang ihnen, auch wenn dies ein langer schmerzlicher Prozess war, in bewundernswerter Weise, das Beste aus einer schrecklichen Situation zu machen. Indem sie den Verantwortlichen der Ermordung ihrer Tochter die Hände reichten, halfen sie nicht nur sich selbst, sondern auch den Tätern und ihren Familien. Gemeinsam mit Ntobeko Peni und Easy Nofemela, die seit Jahren mit großem Einsatz in der Amy Biehl Foundation mitarbeiten, leisteten sie einen bedeutenden Beitrag dazu, die Spirale der Gewalt in Südafrika zu durchbrechen.

Wie gelang es den Biehls, die Kraft zu entwickeln, den Mördern ihrer Tochter zu verzeihen? Peter und Linda Biehl gaben, wenn sie hierzu befragt wurden, keine religiösen, sondern politische Gründe an. Sie fühlten sich der Menschenrechtsidee verpflichtet, der auch ihre Tochter gefolgt war. Das Beispiel Nelson Mandelas, der nach siebenundzwanzig Jahren Haft nicht Rache nahm, sondern einen Versöhnungsprozess anstieß, gab ihnen zusätzliche Kraft. Entscheidend jedoch war, dass sie die Chance hatten, sich mit den Menschen auseinanderzusetzten, die ihnen das Schreckliche angetan hatten. Sie lernten die vielfältigen Ursachen kennen, die letztlich zum Tod ihrer Tochter geführt hatten. Und so gelangten sie schließlich zu der Erkenntnis, dass sich Ntobeko Peni und Easy Nofemela vor dem Hintergrund ihrer spezifischen Lebenserfahrungen im Township gar nicht anders verhalten konnten, als sie sich an jenem verhängnisvollen 25. August 1993 verhalten hatten, an dem Amy Biehl auf solch tragische Weise ums Leben kam. Dieses Wissen um die eigentlichen Hintergründe der Tat gab den Biehls die Kraft zu verzeihen.

An diesem Punkt zeigt sich, warum das *Paradigma der Unschuld* so ungemein hilfreich ist, um uns in der Kunst des Vergebens zu unterstützen. Warum? Weil jede Schandtat noch um einiges schändlicher wird, wenn wir davon ausgehen, dass sich der Täter/ die Täterin frei zu ihr entschieden hat. Wie auch könnten wir jemandem verzeihen, der sich »frei«, ohne objektive Ursachen, dazu entschlossen hat, uns zu betrügen, zu verletzen oder gar uns unseres Kindes zu berauben? Nur wenn wir die vielfältigen Determinanten berücksichtigen, die zu einer Tat geführt haben, wenn wir erkennen, dass die Täter immer auch Opfer der Geschichte sind, haben wir eine Chance, den verheerenden Kreislauf von Schuld, Sühne, Rache zu durchbrechen.

Dies ist wohl auch der Grund dafür, warum Albert Einstein die Aufhebung der Willensfreiheitsidee »beim Erleiden der Härten« des Lebens als »Trost« und als »unerschöpfliche Quelle der Toleranz« empfand. Man kann diese Wirkung des Unschuldparadigmas vielleicht am besten mit einem alten lateinischen Sinnspruch erklären: »*Homo sum, humani nihil a me alienum puto* – Ich bin ein Mensch, nichts Menschliches ist mir fremd.«

Bin ich mir im Klaren darüber, wie viele unkontrollierbare Faktoren am Zustandekommen dieses meines eigenen Ichs beteiligt waren, so weiß ich auch, dass unter anderen Bedingungsfaktoren aus dem Kind, das meine Mutter zur Welt brachte, ein ganz anderer Mensch hätte werden können. Schon kleinste Veränderungen im genetischen Code oder ein Sauerstoffmangel bei der Geburt hätten dazu geführt, dass dieses andere Ich heute keine Bücher schreiben, sondern Kugelschreiber in einer Behindertenwerkstatt zusammensetzen würde. Ein anderes häusliches Milieu oder andere Peergroups hätten dazu führen können, dass dieses Ich heute als Schwerverbrecher im Gefängnis säße. Wäre dieses Ich in einem Township unter dem Apartheidsregime aufgewachsen, wäre es möglicherweise an der Ermordung von Amy Biehl beteiligt gewesen. Und wäre es Anfang des 20. Jahrhunderts in eine deutschnationale Familie hineingeboren worden, hätte es sich vielleicht sogar zu einem eiskalten Nazischergen entwickelt.

Sich selbst als »guten Menschen« zu betrachten und von oben herab mit moralischer Abscheu über »die bösen Kriminellen« zu richten, ist Ausdruck dummer Selbstgerechtigkeit. Wer von sich selbst mit dem Brustton der Überzeugung behauptet, er hätte sich niemals wie Ntobeko Peni und Easy Nofemela verhalten und Unschuldige ermordet, der vergisst dabei, dass er 1993 unter den Bedingungen des Townships schlichtweg nicht derselbe gewesen wäre, der er heute ist. Hat man diese Zusammenhänge erst einmal durchschaut, so wird man der moralischen Selbstgefälligkeit nichts mehr abgewinnen können – und dies ist die beste Voraussetzung dafür, um die Kunst der Vergebung praktizieren zu können.

Fest steht: Wer sich von der moralischen Fiktion befreit hat, dass sich eine Person zum Zeitpunkt ihrer Tat anders hätte verhalten können, als sie sich verhielt (Prinzip der alternativen Möglichkeiten), dem fällt es leichter, zu verzeihen. Warum? Weil er unter dieser Voraussetzung den Schaden, den er erlitten hat, als Ausdruck eines *natürlichen Übels* begreift und nicht als *moralisches Übel*, was, wie wir im ersten Kapitel gesehen haben, einen weit geringeren Grad der Verbitterung nach sich zieht.

Der Tod eines geliebten Menschen ist immer eine schreckliche Erfahrung, doch es macht sehr wohl einen Unterschied aus, ob man diesen Tod auf eine Naturkausalität (Krankheit oder Naturkatastrophe) zurückführt oder auf eine angeblich freie Willensentscheidung, die traditionelle Sichtweise von Mord und Totschlag. Wenn man die Fiktion der freien Willensentscheidung aufhebt und die Ermordung einer Person mit natürlichen Determinanten erklärt (etwa mit den neuronalen Aktivitäten im Gehirn des Täters zum Zeitpunkt der Tat), so erhält dieser Mord gewissermaßen den Status einer Naturkausalität. Der Schmerz über den Verlust der geliebten Person wird dadurch zwar nicht geringer, doch immerhin wird verhindert, dass dieser Schmerz zusätzlich noch verstärkt wird durch das Gift der moralischen Empörung.

So weit, so gut. Jedoch: Wenn wir davon ausgehen, dass die Argumentation wider das Prinzip der alternativen Möglichkeiten richtig ist, müssten hieraus nicht auch nachhaltige Konsequenzen für das Rechtssystem erwachsen? Kann es legitim sein, einen

Menschen für eine Tat zu verurteilen, gegen die er sich zum Tatzeitpunkt gar nicht entscheiden konnte?

Werfen wir zur Beantwortung dieser Fragen einen Blick auf die gesellschaftlichen Folgen, die aus dem Paradigma der Unschuld erwachsen ...

DIE ENTSPANNTE GESELLSCHAFT

KAPITEL 6

Selbst, wenn sich die bürgerliche Gesellschaft ... auflöste ... müsste der letzte im Gefängnis befindliche Mörder vorher hingerichtet werden, damit jedermann das widerfahre, was seine Taten wert sind, und die Blutschuld nicht auf dem Volke hafte ...   Immanuel Kant (1797)[1]

Wenn die Kenntnis, welche der Verteidiger eines Verbrechers von dem Fall und seiner Vorgeschichte hat, weit genug reicht, so müssen die sogenannten Milderungsgründe, welche er der Reihe nach vorbringt, endlich die ganze Schuld hinwegmildern.

Friedrich Nietzsche (1886)[2]

... gerächt ist nicht gerecht, Rache nicht Gerechtigkeit ... Je primitiver ein Mensch, je ahnungsloser, unbelehrter, und sei er noch so gelehrt, desto lauter das berüchtigte Rübe-ab-Gebrüll, ohne tieferes Verständnis für die Gründe und Abgründe eines jeden von uns, des Glücklichen wie des Unglücklichen.   Karlheinz Deschner (2004)[3]

Gerächt ist nicht gerecht: Folgen für die Rechtsprechung

»Raskolnikow, ein ehemaliger Student, ist bettelarm, geht in Lumpen und haust in einer schäbigen Dachkammer. In letzter Zeit hat sich seine Lage zunehmend verschlechtert. Der Unterricht, der ihm etwas eingebracht hatte, ist weggefallen, und er hat seit Langem die Miete nicht mehr bezahlen können. Er hat kaum mehr etwas zu essen. Alles, was zu versetzen war, hat er der Pfandleiherin bereits gegeben. Von zu Hause hört er mit Schrecken und einem Gefühl der Demütigung, dass seine Schwester einer Ehe nur deshalb zugestimmt hat, weil sich damit die Möglichkeit der Fortsetzung seines Studiums und einer späteren Anstellung eröffnen könnte … Da beginnt Raskolnikow an das viele Geld zu denken, das die Wucherin hortet. In einem Gasthaus wird er Zeuge eines Gesprächs, in dem jemand laut darüber nachdenkt, was schon dabei wäre, die widerwärtige Alte aus dem Weg zu räumen und sich das Geld anzueignen, um anderen, wertvolleren Menschen ein besseres Leben zu ermöglichen. Was er hört, fällt auf fruchtbaren Boden. Schon lange nämlich liebäugelt er mit dem Gedanken, dass es außergewöhnliche Menschen gebe, die über Leichen gehen dürften; sogar einen Aufsatz hat er dazu veröffentlicht. Schließlich dann erfährt er durch Zufall, dass die Alte an einem bestimmten Abend mit Sicherheit allein zu Hause sein würde. All das zusammen führt am Ende dazu, dass er hingeht und zuschlägt.«[4]

Mit diesen knappen Worten fasst der Schweizer Philosoph Peter Bieri den ersten Teil von Dostojewskis großem Roman *Schuld und Sühne* (im Original eigentlich: *Verbrechen und Strafe*)[5] zusammen. Bieri nutzte die literarische Figur des Raskolnikow in seinem Buch *Das Handwerk der Freiheit*, um seinen Standpunkt in der Debatte um die Willensfreiheit zu verdeutlichen. Der Höhepunkt von Bieris Buchs ist sicherlich die Neufassung des Dialogs zwischen Raskolnikow und seinem Richter. Denn im Gegensatz zu Dostojewskis Schilderung (im Epilog von *Schuld und Sühne* beziehungsweise *Verbrechen und Strafe*) nutzt Raskolnikow hier das Argument der Willensbedingtheit, um sich zu verteidigen, was den Richter in arge Bedrängnis bringt. Und Bieris Mörder Raskolnikow ist in der Tat sehr geschickt darin, die Argumente, die gegen die Willensfreiheit sprechen, so zu verwenden, dass sie im nietzscheschen Sinne »die ganze Schuld hinwegmildern«.

»Niemand«, so führt Raskolnikow zu seiner Verteidigung aus, »kann sich zu einem bestimmten Zeitpunkt anders entscheiden, als er es tatsächlich tut. Ob eine bestimmte Überlegung in der Willensbildung den Ausschlag gibt, ist durch eine Vorgeschichte festgelegt. Meine Vorgeschichte des Denkens, Fühlens, Erinnerns und Phantasierens machte es unausweichlich, dass es letztlich der Gedanke ans Geld war, der mich in meinem Willen bestimmte … Ich *musste* mich so entscheiden. Ich kann also nichts dafür … Wie kann jemand für eine Tat verantwortlich sein, wenn es nicht in seiner Macht lag, sich anders zu entscheiden?«[6]

Der Richter kann dieses Argument schwerlich entkräften. Zwar kann er zu Recht darauf hinweisen, dass Raskolnikow Handlungsfreiheit besaß, da er weder unter Hypnose noch unter äußerem Zwang stand, als er die Pfandleiherin mit der Axt erschlug. Der Mord an ihr war bewusst geplant, und Raskolnikow wusste auch, dass er mit der Tat gegen ein fundamentales Recht verstieß. Doch das Faktum, dass Raskolnikow sehr wohl *etwas dafür konnte*, dass die Wucherin sterben musste, bedeutet nicht, dass er im Moment der Tat auch *etwas anderes gekonnt hätte*.

Da niemand, weder Raskolnikow noch sein Richter, einen autonomen Regisseur in sich trägt, der jenseits des Denkens das Denken kontrollieren könnte, spitzt der philosophisch geschulte Angeklagte seine Argumentation weiter zu und stellt sich mit dem Richter auf eine Stufe: »Ich konnte damals nicht anders denken, als ich es tat, und ich konnte nichts dafür, dass mir diese und keine anderen Gedanken kamen. Genau so wenig wie Sie, übrigens. Auch Ihnen ist es nur zugestoßen, dass Sie stets in Einklang mit den Regeln dachten, und Sie brauchen sich darauf nichts einzubilden. Sie hatten einfach das Glück, dass der Strom Ihrer Gedanken Sie nach oben auf den Richtersessel gespült hat, während ich einfach das Pech hatte, dass mein Strom mich hier auf die Anklagebank spülte. Und deshalb, genau deshalb, ist es nicht fair, mich zur Verantwortung zu ziehen – ganz gleich, was die tatsächliche Praxis darüber sagt.«[7]

Auf dieser Ebene der Argumentation, der Ebene der moralischen Schuldfähigkeit aufgrund eines vermeintlichen Anderskönnens, kann der Richter nicht vorankommen. Muss er also, wenn er philosophisch konsistent argumentieren will, am Ende einen Mörder unbehelligt davonkommen lassen?

Nein, denn vor Gericht wie auch in allen ethischen Diskussionen ist letztlich der *Inhalt* des Handelns entscheidend, nicht dessen *Herkunft*. Und so erklärt der Richter am Schluss der philosophischen Verhandlung im Namen der gesetzgebenden Gesellschaft: »Wir … haben den Wunsch, auf andere und ihre Bedürfnisse Rücksicht zu nehmen … Deshalb *dulden* wir es einfach nicht, wenn jemand so rücksichtslos handelt wie Sie – auch wenn diese Rücksichtslosigkeit eine Vorgeschichte hatte, die sie unvermeidlich machte. Und deshalb, genau deshalb, rufe ich jetzt die Wache.«[8]

Was zählt, so können wir festhalten, ist die *objektive Verantwortung* Raskolnikows, sein *Etwas-dafür-Können* an dem Tod der Pfandleiherin. Sein *Nicht-anders-Gekonnthaben*, seine subjektive moralische Unschuld, hebt diese objektive Verantwortung nicht auf.

Möglicherweise hilft uns eine Analogie, diesen scheinbaren Widerspruch zu verstehen: Im Prinzip kann man das Strafgesetzbuch mit einer Speisekarte im Restaurant vergleichen. So wie hier für Menü X die Kosten X anfallen, so muss man laut Strafgesetzbuch für Delikt Y die Kosten Y übernehmen. Habe ich das teuerste Menü auf der Speisekarte gewählt, so muss ich diese Rechnung begleichen. Der Hinweis darauf, dass meine fatale Leidenschaft für Kaviar, Hummer und Trüffel keineswegs durch »freie Wahl«, sondern durch unzählige biologische wie kulturelle Determinanten ursächlich bedingt ist, legitimiert mich nicht dazu, die Zeche zu prellen. Ebenso muss ich die Kosten für einen Mord übernehmen – und aus dieser Klemme hilft mir weder der

Verweis auf das schlechte Rollenmodell meiner Peergroup noch ein populationsgenetisches Gutachten, welches aufzeigt, dass in meiner Familie seit Generationen bereits eine besondere Neigung zum Jähzorn vererbt wird. Was für den Wirt wie auch für den Staat zählt, ist das objektive Faktum, dass ich Menü X gewählt beziehungsweise den strafrechtlich relevanten Regelverstoß Y begangen habe. Wir müssen also keineswegs Willensfreiheit (und damit verbunden: Schuldfähigkeit im streng moralischen Sinne) unterstellen, um die Erhebung von Kosten für ein bestimmtes Verhalten, etwa juristische Strafmaßnahmen, legitimieren zu können.

Wenn demnach auch *nach* dem Abschied von der Willensfreiheitsidee Strafmaßnahmen möglich sind, worin besteht dann der Unterschied zu einem Strafsystem, das sich auf die These der Willensfreiheit stützt? Hier sind vor allem drei Aspekte zu berücksichtigen, nämlich erstens die *Funktion der Strafe*, zweitens der *Umgang mit dem Täter*, drittens die *Bedeutung der Verbrechensprävention*.

Beginnen wir mit dem ersten Aspekt, der *Funktion der Strafe*: In Rechtssystemen, die sich von der Idee der Willensfreiheit/ Schuldfähigkeit gelöst haben, hat Strafe eine rein technische Funktion. Sie ist ein Instrument zum Schutze der Gesellschaft und ihrer Rechtsnormen. Zu diesem Schutz trägt Strafe in zweifacher Hinsicht bei: Zum einen können mittels Strafe gefährliche Täter, die auch künftig enormen Schaden anrichten könnten, aus dem Verkehr gezogen werden. Zum anderen führt die Strafandrohung, das heißt die in Aussicht gestellte Sanktionierung unerwünschter Handlungen, ganz allgemein dazu, dass derartiges Verhalten in der Gesellschaft seltener auftritt. Warum? Weil die Strafen die Kosten einer Handlungsweise (beispielsweise Diebstahl) erhöhen und somit diese Handlungsoption für die Individuen an Attraktivität verliert.

In Rechtssystemen hingegen, die von den Memplexen der Willensfreiheit und moralischen Schuldfähigkeit geprägt sind, übernimmt Strafe zusätzlich zu dieser technischen noch eine moralische Funktion, nämlich die, Rache- und Sühnebedürfnisse zu befriedigen. Strafe wird unter dieser Perspektive als Chance begriffen, »es dem Täter heimzahlen zu können«.

Wie sehr die Fiktion, dass sich Verbrecher mit »freiem Willen« für »das Böse« entscheiden, mit dem Bedürfnis nach Rache verknüpft ist, zeigt sich besonders deutlich an den Befürwortern der Todesstrafe in den USA.[9] Diese moralischen Rigoristen haben nur Verachtung für jene übrig, die moralische Schuld durch Hinweise auf die Lebensgeschichte der Täter »hinwegmildern«. Sie können und wollen den Tätern nicht vergeben, und so richtet sich ihr Hass nicht bloß auf die Täter, sondern auch auf jene »gottverdammten Liberalen« (die Aktivisten gegen die Todesstrafe oder auch die Biehls, die das Sakrileg begingen, den Mördern ihrer Tochter zu verzeihen), die ihren vermeintlich »heiligen« Anspruch auf Rache infrage stellen. (Wenn man untersuchen wollte, wie sich die Memplexe des Bösen und der Willensfreiheit zu einer kollektiven Wahnidee verbinden, so wären die amerikanischen Todesstrafenbefürworter, denen das Kunststück gelingt, einerseits für die Todesstrafe einzutreten und andererseits schon im Schwangerschaftsabbruch einen kaltblütigen Mord zu sehen, treffliche Studienobjekte.)

Allerdings ist die moralistische Konzeption der Strafe keineswegs eine exklusive Spezialität der religiösen Rechten (aus der sich die amerikanische Pro-Death-Penalty-Bewegung weitgehend rekrutiert). Wie das Eingangszitat des vorliegenden Kapitels zeigt, konnte sich auch Immanuel Kant, immerhin einer der wichtigsten Denker der Aufklärung, nicht von der Vergeltungslogik lösen, was bedauerlicherweise großen Einfluss auf die Entwicklung des Strafrechts im 19. und 20. Jahrhundert hatte.

Dabei hatte schon Arthur Schopenhauer, der den Königsberger Philosophen ansonsten sehr schätzte, erkannt, dass Kants »Theorie der Strafe als bloßer Vergeltung, um der Vergeltung willen, eine völlig grundlose und verkehrte Ansicht« sei. Schopenhauer beschrieb den Unterschied zwischen einem vergeltungstheoretischen und einem ethischen Strafrecht wie folgt: »Der einzige Zweck des Gesetzes … ist *Abschreckung* von Beeinträchtigung fremder Rechte: denn damit jeder vor Unrechtleiden geschützt sei, hat man sich zum Staat vereinigt … Das Gesetz also und die Vollziehung desselben, die Strafe, sind wesentlich auf die *Zukunft* gerichtet, nicht auf die *Vergangenheit*. Dies unterscheidet *Strafe* von *Rache*, welche … lediglich durch das Geschehene, also das Vergangene als solches, motiviert ist. Alle Vergeltung des Unrechts durch Zufügung eines Schmerzes, ohne Zweck für die Zukunft, ist Rache, und kann keinen andern Zweck haben, als durch den Anblick des fremden Leidens, welches man selbst verursacht hat, sich über das selbst erlittene zu trösten. Solches ist Bosheit und Grausamkeit, und ethisch nicht zu rechtfertigen.«[10]

Einige Jahrzehnte nach Schopenhauer bemühte sich auch der bedeutende österreichische Strafrechtsreformer Franz von Liszt, die herrschende Strafrechtsphilosophie, die von Kants und Hegels Vergeltungslehre geprägt war, zu überwinden. Der Strafvollzug dürfe nicht der Vergeltung dienen, sondern vornehmlich der Sicherung der Gesellschaft (beziehungsweise ihrer Rechtsnormen), der Besserung der Täter sowie der Verhinderung weiterer Verbrechen. Gustav Radbruch griff diese Ideen seines Lehrers später auf und wirkte nach dem Ersten Weltkrieg konsequent in Richtung einer Humanisierung und Modernisierung des Strafrechts. Im Zuge dieser Reformbewegung trat in den Zwanzigerjahren der Aspekt der moralischen Schuld und Vergeltung zunehmend in den Hintergrund zugunsten der Idee der Resozialisierung des Täters. Doch mit der Machtübernahme der Nationalsozialisten fand diese Entwicklung in Deutschland ein jähes Ende. (Nicht zufällig war Radbruch der erste Universitätsprofessor, der von den Nazis von seinem Lehrstuhl entfernt wurde.)

Die Nationalsozialisten stellten das Konzept der moralischen Schuld (inklusive der damit verbundenen Unterstellung der Willensfreiheit des Täters!), der Sühne und der Vergeltung wieder in den Mittelpunkt der Rechtsprechung. Symptomatisch sind in diesem Zusammenhang die Worte des Präsidenten des Volksgerichtshofs, Roland Freisler, in seiner Begründung des Entwurfs des nazistischen Strafrechts: »Für eine heroische Stellungnahme zum Leben … wie sie dem Nationalsozialismus eigen ist, gibt es eine Frage der Willensfreiheit nicht. Er hört nicht den, der da sagt: Ich kann nicht anders. Er ruft in jeder Lage des Lebens: Ich soll, ich will, ich kann! Schuld heischt Sühne! Der Ruf nach Sühne ist für uns Deutsche so alt wie unser Volk alt ist … Schuld und Sühne ist die Verkettung, aus der es für unser sittliches Empfinden keine Lösung gibt.«[11]

Nach dem Zusammenbruch des Naziregimes knüpfte die Rechtsprechung zwar an die Reformbewegung der Zwanzigerjahre an, jedoch wurde es versäumt, den überkommenen Schuld- und Sühnebegriff aus den Gesetzestexten zu verbannen. Auf dieses Defizit machte in den Sechzigerjahren vor allem der hessische Generalstaatsanwalt Fritz Bauer aufmerksam, der in mehreren, bis heute lesenswerten Publikationen für einen konsequenten Abschied von der Idee der Willensfreiheit sowie den damit verbundenen Vorstellungen von Schuld und Vergeltung plädierte.[12] Doch Bauers vom Geist des Humanismus und Respekt gegenüber den Ergebnissen der Realwissenschaften getragene Appelle erreichten die damalige herrschende juristische Meinung kaum.

Erst mit der aktuellen Debatte um Hirnforschung und Willensfreiheit entstand wieder ein etwas größeres Interesse am Thema.[13] Wie etwa der Rechtsphilosoph Reinhard Merkel darlegte, kann die Rechtsprechung nicht einfach darüber hinweggehen, dass eine ihrer Grundprämissen, nämlich die Unterstellung einer durch »Anders-Können« definierten Schuldfähigkeit, einer kritischen Überprüfung nicht standhält.[14] Zwar wird die Gesellschaft auch weiterhin Rechtsverstöße ahnden müssen, um wichtige Rechtsgüter zu schützen, doch sollte sie dringend darauf verzichten, dem Delinquenten zusätzlich zu den Strafmaßnahmen auch noch mit der moralischen Keule zu drohen.

Damit kommen wir direkt zu unserem zweiten Punkt, dem *Umgang mit dem Täter*. Gustav Radbruch sagte einmal, ein guter Jurist könne nur sein, wer es »mit einem schlechten Gewissen ist«.[15] Peter Bieris fiktiver Richter war in dieser Hinsicht ein »guter Jurist«. Sosehr er auch die Notwendigkeit sah, Sanktionen gegen Raskolnikow auszusprechen, so war ihm doch zugleich klar, dass dies, von einem bestimmten Blickwinkel aus betrachtet, unfair war: »Der eine – wie zum Beispiel ich, der ich aus großbürgerlichem Hause und einer intakten Familie stamme – hat das Glück, dass sein Wille nicht unter den Einfluss verbrecherischer Gedanken gerät; ein anderer dagegen hat das Pech, in der Gosse aufzuwachsen, wo man, vielleicht sogar aus Gründen des nackten Überlebens, lernt, auf Gesetz und Ordnung zu pfeifen. Und nun bestraft derjenige, der in der sozialen Lotterie Glück gehabt hat, denjenigen, der Pech gehabt hat. Der Unglückliche wird also doppelt bestraft; einmal durch die schlechten Ausgangsbedingungen und dann noch einmal durch das Urteil der Glücklichen, die ihn in den Kerker schicken.«[16]

Wenn man es etwas genauer betrachtet, finden wir diese Ungerechtigkeit, die Bieris Richter beklagt, natürlich nicht nur vor Gericht vor. Sie ist eine tägliche Begleiterscheinung unseres Lebens. Wenn Sepp in der Schule gute Noten schreibt und auch beim Sportfest alle Pokale abräumt, so ist dies ein Ausdruck spezieller biologischer Begabungen und kultureller Lernerfahrungen, die dem armen Willi, der bei solchen Herausforderungen kläglich scheitert, einfach nicht zur Verfügung stehen. Wie man es auch dreht und wendet: Das Leben ist unfair – und daran kann selbst der weiseste Richterspruch nur wenig ändern.

Allerdings ist es schon ein wesentlicher Schritt hin zu einem menschlicheren Umgang mit dem Täter, wenn man sich dieser fundamentalen Ungerechtigkeit von Natur und Kultur bewusst ist. Ein Richter, der weiß, dass er unter etwas anderen Ausgangsbedingungen selbst auf der Anklagebank säße, der sich dessen bewusst ist, dass nur ein Strom glücklicher Umstände ihn auf den Richtersitz »spülte«, wird sich anders, nämlich empathischer, ohne einen Hauch von moralischer Selbstgerechtigkeit, gegenüber dem Täter verhalten. Das Gleiche würde selbstverständlich auch für Justizvollzugsbeamte, Bewährungshelfer, Psychologen, die Medien, ja letztlich für die gesamte Gesellschaft gelten, wenn sich das Paradigma der Unschuld hinreichend durchsetzen würde.

Dieser andere, nicht moralisierende Umgang mit dem Täter würde es diesem ermöglichen, in anderer Weise mit sich selbst umzugehen (siehe Kapitel 4 und 5) und dadurch ein anderer zu werden, als er zuvor war. Ich bin überzeugt: Wenn man erst einmal die moralische Unterstellung unterlässt, dass sich der Täter anders hätte verhalten können, als er es tat (das glauben interessanterweise ohnehin nur die allerwenigsten Inhaftierten![17]), so kann man weit besser mit ihm daran arbeiten, zu verstehen, warum er sich zum Tatzeitpunkt so und nicht anders verhalten hat. Und durch dieses bessere Verständnis kann man auch Voraussetzungen dafür schaffen, dass er sich in ähnlichen Situationen künftig anders verhalten wird.

Auch wenn dieser Zusammenhang meines Erachtens stringent ist, so heißt das keineswegs, dass das Durchbrechen der Charaktermauern uneinsichtiger Täter ein leichtes Unterfangen wäre. Schließlich geht es hier keineswegs darum, die Täter wachsweich zu unterstützen, sie gar in dem Bild zu bestärken, dass sie bloß »Opfer der Gesellschaft« seien, die sich eigentlich nur das geholt haben, was ihnen zusteht. Wer den Tätern wirklich helfen will, der kann ihnen eine harte Konfrontation mit ihrer eigenen Geschichte kaum ersparen.

Amerikanische Untersuchungen haben gezeigt, dass Straftäter, die im Gefängnis im Zuge eines Empathietrainings mit den Folgen ihrer Taten konfrontiert wurden, in geringerem Maße rückfällig wurden als jene, die nicht an einem solchen teilnahmen.[18] Bei einem derartigen Empathietraining geht es darum, dass sich die Täter in die Rolle ihrer Opfer hineinversetzen und deren Ängste und Schmerzen nachempfinden, was, sofern das Training ernsthaft betrieben wird (und die Täter nicht unter irreparablen Hirnschädigungen leiden), zu einer nachhaltigen Veränderung ihrer Wahrnehmungsmuster führt.

Im Grunde ist das Empathietraining, das »schwere Jungs« im Kontext des sogenannten Anti-Aggressions-Trainings (AAT) absolvieren, eine Umkehrung jener Übung, die Gewaltopfern im Prozess der Vergebung (siehe REACH) empfohlen wird. Vermutlich wäre es sogar sinnvoll, mit den Tätern in beide Richtungen zu arbeiten, also auch ihnen ein Vergebungstraining anzubieten. Denn Gewalttäter sind in der Regel selbst Opfer von Gewalttaten (vor allem im Elternhaus), die sie psychisch nicht verarbeitet haben.[19] Die Zeit der Inhaftierung sollte deshalb auch dazu genutzt werden, um derartige Verletzungen offen zu thematisieren.

Fest steht jedenfalls: Die Täter bloß in Zellen einzusperren, um sie nach Verbüßung ihrer Haftstrafe mit unveränderten beziehungsweise durch die Haftbedingungen womöglich sogar noch verstärkten emotionalen und kognitiven Defiziten in die Welt zu entlassen, ist eine ebenso gefährliche wie inhumane Strategie. Sie ist nicht einmal kosteneffizient: Denn die Kosten, die man dadurch einspart, dass man den Personalschlüssel im Strafvollzug (beziehungsweise in der Bewährungshilfe) möglichst gering hält, fallen an anderer Stelle durch die hohe Rückfallquote der Täter wieder an.

Die Scheu vor hohen Investitionskosten verhindert auch, dass auf dem Gebiet der *Prävention* die erforderlichen Maßnahmen ergriffen werden, womit wir beim dritten und letzten Punkt angelangt sind: Wer kriminelles Handeln als ursächlich bedingt begreift, der wird selbstverständlich größere Anstrengungen unternehmen wollen, um die Faktoren zu beseitigen, die kriminelle Handlungen erst entstehen lassen. Wie Hans J. Markowitsch und Werner Siefer in dem schon erwähnten Buch *Tatort Gehirn* schreiben, »müssten Präventivmaßnahmen in erster Linie bei der Erziehung der Eltern beziehungsweise der Stiefeltern, Großeltern und älteren Geschwister ansetzen, um diese von tätlichen Übergriffen auf die Kleinen und Wehrlosen abzuhalten. Vorstellbar wäre auch eine Art ›Frühwarnsystem‹, also zum Beispiel Routineuntersuchungen auf blaue Flecken und Wundmale in Kindergarten und Schule, Gespräche mit den Eltern oder Kontrollen durch die Sozialämter.«[20] Bekanntlich werden solche Maßnahmen heute bereits durchgeführt, allerdings geschieht dies noch immer auf viel zu niedrigem Niveau. Zu wenige Pädagogen, Psychologen, Sozialarbeiter treffen auf eine viel zu große Klientel. Auch hier scheint der Staat am falschen Ende sparen zu wollen.

Manche Präventionsmittel allerdings sind effektiv und kostengünstig zugleich. So ist der erstaunliche Rückgang der Kriminalitätsrate in New York (von 1993 bis 2001 nahmen die Tötungs-delikte um 66,63 Prozent, die Vergewaltigungen um 49,52 Prozent und die Diebstähle um 67,56 Prozent ab) wesentlich darauf zurückzuführen, dass die Stadtverwaltung die Erkenntnisse der Umweltpsychologie konsequent berücksichtigte.[21] So wurden gebrochene Fensterscheiben sofort repariert, Graffitis entfernt, heruntergekommene Gebäude saniert, defekte Straßenlaternen ersetzt, graue Fassaden neu gestrichen etc. So seltsam es auch klingen mag, tatsächlich haben solche kosmetischen Korrekturen einen gehörigen Einfluss auf die Kriminalstatistik. Denn freundlichere Umgebungen erzeugen fast automatisch ein freundlicheres Verhalten der Menschen untereinander.

Ohnehin haben die situativen Umstände – und dies meint keineswegs nur die äußere Umgebung, sondern vor allem auch den sozialen Kontext, in dem eine Handlung erfolgt – einen entscheidenden Anteil daran, ob das Individuum eine Straftat begeht oder nicht. Hierauf hat in den letzten Jahrzehnten insbesondere der amerikanische Sozialpsychologe Philip Zimbardo hingewiesen, der 1971 das berühmte Stanford-Prison-Experiment durchführte.[22] Zimbardo glaubt, dass nahezu jeder zu nahezu allem fähig wäre, wenn die entsprechenden Rahmenbedingungen gegeben sind.[23] Für die Kriminalprävention heißt das, möglichst dafür zu sorgen, dass bestimmte soziale Situationen und Gruppenkonstellationen, die Menschen zu illegitimem Verhalten motivieren, gar nicht erst entstehen.

Ansatzpunkte für Präventionsmaßnahmen jedenfalls gibt es genug. Sie erschöpfen sich ganz gewiss nicht in einer Reparatur gebrochener Fensterscheiben oder in einer wirksameren Bekämpfung familiärer Gewalt. Im Grunde stehen wir hier vor der Aufgabe einer tief greifenden Reform der gesamten gesellschaftlichen Organisation. Denn Kriminalität ist nicht zuletzt eine Reaktion auf die alltägliche Erfahrung von struktureller und kultureller Gewalt. Daher wäre es verkehrt, den einzelnen Täter als isoliertes Phänomen zu betrachten. Er ist vielmehr das Symptom einer allgemeinen, über das Individuum hinausweisenden kulturellen Ungerechtigkeit.

Nimmt man die bestehenden sozio-ökonomischen Bedingungen unter die Lupe, so muss man sich wahrlich nicht darüber wundern, dass die Kriminalitätsraten in bestimmten gesellschaftlichen Gruppen (Unterschicht- und Migrantenfamilien) so erschreckend hoch sind. Fakt ist: Wer für sich und seinesgleichen ohnehin keine Möglichkeiten des gesellschaftlichen Aufstiegs sieht, den können Strafmaßnahmen nur wenig schrecken. Ja, man muss sogar einräumen, dass das »Abgleiten in die Kriminalität« unter solchen Bedingungen durchaus als »rationale Entscheidung« erscheinen kann.

Genau an diesem Punkt müsste eine wahrhaft humanistische Sozialpolitik ansetzen. Denn im Grunde ist nicht der Täter das Problem, sondern die Bedingungen sind es, die ihn zum Täter werden ließen. Zugegeben: Es ist in der Praxis nur sehr schwer möglich, diese Bedingungen nachhaltig zu verändern. Doch sollte man dies nicht als Legitimation begreifen, voreilig zu resignieren.

Apokalypse no! Die menschliche Solidargemeinschaft

Die gravierenden Folgen der Willensfreiheitsunterstellung werden gerade dann deutlich, wenn man ihre Wirkung auf größere soziale Zusammenhänge untersucht. Hier nämlich erweist sie sich als probates Instrument zur *Rechtfertigung sozialer Ungerechtigkeit*. Denn die Vorstellung, jeder sei in letzter Instanz doch »seines eigenen Glückes Schmied«, rechtfertigt die Armut der Armen und den Reichtum der Reichen. Sie macht die Glücklichen (zumindest auf den ersten Blick!) glücklicher und die Unglücklichen (auch auf den zweiten Blick!) unglücklicher, sie gibt denen Zuversicht, die sie ohnehin haben, und nimmt sie jenen, die sie ohnehin nicht besitzen.

Für moderne westliche Gesellschaften lässt sich folgende Regel aufstellen: Je stärker die Idee der Willensfreiheit etabliert ist, desto eher wird soziale Ungleichheit toleriert und desto drakonischer fallen auch die Strafmaßnahmen des jeweiligen Rechtssystems aus. Man denke hier etwa an die Unterschiede zwischen den USA und den skandinavischen Ländern: Während Amerikaner den Traum vom Selfmademan, der es als »unbewegter Beweger« vom Tellerwäscher zum Millionär schaffen kann, in hohem Maße internalisiert haben, begreifen Schweden und Dänen den Menschen weit eher als ein »Ensemble der gesellschaftlichen Verhältnisse« (Marx). Und so ist es auch durchaus schlüssig, dass in den USA der Sozialstaatsgedanke unterentwickelt und das Rechtssystem von Rache- und Sühnegedanken geprägt ist, was unter anderem auch die hohe gesellschaftliche Akzeptanz der Todesstrafe sowie die harten Bedingungen in US-Gefängnissen erklärt. Dagegen spielt in Schweden und Dänemark die Idee der sozialen Sicherung eine weitaus bedeutendere Rolle, während das Konzept von Rache, Sühne und moralischer Schuld aus dem dortigen Rechtsverständnis weitgehend verschwunden ist.

Warum nun macht die Unterstellung von Willensfreiheit »die Glücklichen (zumindest auf den ersten Blick!) glücklicher und die Unglücklichen (auch auf den zweiten Blick!) unglücklicher«? Nehmen wir zur Veranschaulichung noch einmal das Beispiel des hochbegabten Sepp und des minderbegabten Willi. Wenn Sepp immer Einsen nach Hause bringt, Willi hingegen Fünfen und Sechsen, so wird Sepp unter der Voraussetzung der Willensfreiheitsunterstellung *doppelt belohnt*, Willi hingegen *doppelt bestraft*. Schließlich muss Willi nicht nur mit den schlechten Zensuren leben, sondern auch mit dem Vorwurf, dass er selbst an seinen miserablen Leistungen schuld ist, obgleich er weder seine genetischen Veranlagungen noch seine kulturellen Lernerfahrungen im Sinne eines »unbewegten Bewegers« steuern konnte.

Wohlgemerkt: Der nachträgliche Vorwurf an Willi wäre selbst dann nicht gerechtfertigt, wenn er tatsächlich bessere Leistungen hätte erzielen können, sofern er sich mehr angestrengt hätte. Denn auch die Fähigkeit, sich für ein Ziel mit allen zur Verfügung stehenden Kräften einzusetzen, fällt nicht vom Himmel, sondern ist bestimmt durch genetische Veranlagung und kulturelle Lernerfahrung. Die gegenteilige Vorstellung, die besagt, man könne sich irgendwie selbst am eigenen Schopf aus dem Sumpf ziehen, verweist nicht umsonst auf ein Lügenmärchen des Barons von Münchhausen.

Wie gehen wir nun mit dieser biologisch-kulturellen Ungerechtigkeit um? Die falscheste Lösung wäre es sicherlich, die Leistungen von Sepp und Willi künstlich nivellieren zu wollen. Denn natürlich hat auch Sepp das Recht, seine Talente zur größtmöglichen Entfaltung zu bringen. Ihn dahingehend zu (de-)motivieren, von nun an schlechtere Leistungen zu bringen, damit sich Willi nicht mehr als Versager fühlen muss, wäre absurd. Schließlich würde hierunter nicht nur Sepp leiden, sondern die gesamte Gesellschaft. Warum? Weil Sepp unter diesen Umständen nicht den Beitrag zur gesellschaftlichen Weiterentwicklung erbringen würde, den er erbringen könnte, wenn seine Talente entsprechend gefördert würden. Man stelle sich vor, Einstein, Edison, Russell, Freud, Brecht, Picasso oder Mozart wären erfolgreich demotiviert worden, Spitzenleistungen zu erbringen – die Menschheit sähe heute um ein Vielfaches ärmer aus.

Eine wie auch immer geartete *Selektion hin zum Mittelmaß* kann also nicht der Weg sein, um der Ungerechtigkeit von Natur und Kultur zu begegnen. Selbstverständlich sollten hochbegabte Menschen ebenso sehr gefördert werden wie durchschnittlich- oder minderbegabte. Sie sollten ausdrücklich zu Spitzenleistungen motiviert werden und auch entsprechende Feedbacks erhalten, wenn sie besondere Leistungen erbracht haben.

Die in diesem Zusammenhang immer wieder geäußerte Kritik an der sogenannten Leistungsgesellschaft mag zwar *gut gemeint* sein, *gut durchdacht* ist sie jedoch nicht. Denn eine hohe Leistungsmotivation ist nicht nur förderlich für die Gesellschaft, sondern auch für die Individuen. Denn Menschen lieben es, Leistungen zu zeigen (siehe die Darlegungen zur Flow-Erfahrung im vierten Kapitel) und sich dabei auch an anderen zu messen. Was wäre etwa die Welt des Sports ohne den Reiz des Wettbewerbs? Auch in der Wissenschaft, in der Kunst, der Philosophie, der Wirtschaft und nicht zuletzt im Freizeitspiel suchen wir immer wieder nach Möglichkeiten, unsere Fähigkeiten unter Beweis zu stellen. Konkurrenz belebt nicht nur das Geschäft, sie motiviert uns auch, über uns selbst hinauszuwachsen.

Selbst wenn allzu gutmenschlerische Sozialpädagogen ob dieser Feststellung die Nase rümpfen mögen: Leistungsorientierung und Wettbewerb sind keine Übel, sondern äußerst positive Faktoren im Spiel des Lebens, die in beträchtlichem Maße dazu beitragen, dass sich Individuen und Gesellschaften weiterentwickeln! Wenn in diesem Zusammenhang irgendetwas problematisch ist, so ist es gewiss nicht der leistungsbezogene Wettbewerb an sich, sondern die Art, wie wir als Individuen beziehungsweise Gesellschaft diesen Wettbewerb organisieren und auf die Ergebnisse des Wettbewerbs reagieren.

Wenn Sepp etwa meinen sollte, sich etwas darauf einbilden zu können, dass er besser rechnen, schreiben, lesen, rennen kann als Willi, wenn er also vorgibt, aufgrund *besserer Leistungen* auch ein *besserer Mensch* zu sein, so ist dies ein Ausdruck von *Überheblichkeit*, die Willi zu Recht als verletzend empfindet. Akzeptierte Sepp hingegen, dass sein Vermögen sich ebenso wie Willis Unvermögen aus Myriaden von Faktoren speist, würde er auf selbstgefällige Zuschreibungen verzichten, was Willi zusätzliche Demütigungen ersparen würde. Denn demütigend ist nicht die Erfahrung der Unterlegenheit per se, sondern bloß die Ich-fixierte Zuschreibung von Sieg und Niederlage.

Wenn ein Siebzigjähriger im Hundertmeterlauf gegen einen Zwanzigjährigen verliert, wird er dies kaum als demütigend empfinden, da er die Niederlage auf einen klar benennbaren biologischen Faktor, den Altersunterschied, zurückführen kann. Bei anderen Leistungsvergleichen, etwa wenn Sepp mathematische Gleichungen löst, die Willi nicht einmal im Ansatz versteht, werden solche objektiven Faktoren hingegen unzulässig ausgeblendet und stattdessen fälschlicherweise »virtuelle Selbste« für Sieg oder Niederlage verantwortlich gemacht. Eigentlich jedoch sollte es völlig gleichbedeutend sein, ob altersbedingte Verschleißerscheinungen in den Körperzellen oder genetisch-memetisch bedingte Schaltmuster im Gehirn individuelle Leistungsunterschiede hervorrufen. Die mit Sieg und Niederlage gewöhnlich einhergehenden Gefühle von Stolz und Demütigung sind also Resultate fehlerhafter Zuschreibungen.

Bei genauerer Betrachtung macht die Willensfreiheitsidee die Glücklichen deshalb auch nicht *glücklicher*, sondern bloß *stolzer*. Stolz jedoch ist etwas anderes als Glück, auch wenn narzisstische (also hochgradig Ich-fixierte) Individuen das eine mit dem anderen gern verwechseln. Natürlich kann auch derjenige, der sich vom Gefühl des Stolzes verabschiedet hat, glücklich sein. Schließlich muss man sich keineswegs als »unbewegten Beweger« empfinden, um sich an einem besonderen sinnlichen Genuss erfreuen zu können oder in den Zustand des Flow bei der Bewältigung einer schwierigen Aufgabe zu kommen. Wie ich im vierten Kapitel gezeigt habe, hat derjenige, der das *Paradigma der Unschuld* verinnerlicht hat, sogar bessere Voraussetzungen, glücklich zu sein, da er Fehlschläge leichter verkraften kann. Der stolze Mensch hingegen muss sich stets davor fürchten, jene Eigenschaften zu verlieren, auf die er meint, sich irgendetwas einbilden zu können. Und die Gefahr, dass es zu einem solchen Verlust der mit Stolz besetzten Eigenschaften kommt, ist groß, schon allein deshalb, weil Schönheit ebenso vergänglich ist wie intellektuelle Brillanz oder sportliche Kondition.

Wenn die Willensfreiheitsunterstellung die Glücklichen bei genauerer Betrachtung also nicht glücklicher macht, so macht sie die Unglücklichen doch definitiv unglücklicher. Schließlich leiden sie unter dieser Voraussetzung nicht bloß unter den objektiven Umständen ihrer Existenz, sondern auch unter der Zuschreibung, für diese Umstände selbst verantwortlich zu sein. Diese Zuschreibung führt sowohl zu einer Verstärkung der Selbstwertprobleme auf der Seite der Unglücklichen als auch zu einer Reduktion der Hilfsbereitschaft von außen. Denn warum auch sollte man Leuten helfen, die an ihrem Unglück selbst schuld sind?

Was wir bereits in Bezug auf den gesellschaftlichen Umgang mit Delinquenten festgestellt haben, gilt also auch in einem breiteren gesellschaftlichen Kontext: Die Unterstellung von Willensfreiheit untergräbt das *Empathievermögen*. Dies wiederum lähmt die Bereitschaft, die notwendigen Reformen in Angriff zu nehmen, die eine höhere Chancengleichheit in der Gesellschaft herstellen könnten.

In einer freien und gerechten Gesellschaft sollte es eigentlich eine Selbstverständlichkeit sein, dass jeder die Möglichkeit hat, seine Talente zur Entfaltung zu bringen. Von diesem Zustand jedoch sind wir bekanntlich noch meilenweit entfernt – und dies liegt nicht allein an den enormen technischen Schwierigkeiten, die bei dem Versuch der Herstellung größerer sozialer Gerechtigkeit auftreten, sondern auch an der Selbstgefälligkeit der sogenannten Eliten, die sich in der Regel doch einiges darauf einbilden, es »aus eigenem Antrieb« bis nach ganz oben geschafft zu haben.

Das Paradigma der Unschuld könnte ein wirksames Gegengift gegen diese *Arroganz der Macht* sein. Denn wer weiß, dass er es eben nicht seinem vermeintlich großartigen Selbst, sondern vielmehr einem glücklichen Strom der Umstände verdankt, dass er in die Chefetage der Bank X, den Aufsichtsrat des Unternehmens Y oder den Vorstand der Partei Z »gespült« wurde, der wird größeres Verständnis, Mitgefühl und Engagement für diejenigen entwickeln, die solches Glück nicht hatten. Und er wird es wohl auch vor sich selbst kaum rechtfertigen können, das Hundertfache des Gehalts eines einfachen Angestellten zu verdienen. (Eine gewisse Differenzierung des Einkommens innerhalb einer Gesellschaft mag gerechtfertigt sein, um die Leistungsmotivation zu fördern. Allerdings sollte diese Differenzierung keinesfalls solch ungeheure Ausmaße annehmen, wie sie gegenwärtig beobachtbar sind.)

Die mit dem Paradigma der Unschuld einhergehende Lektion in Bescheidenheit stünde wohl vor allem dem Finanzsektor gut zu Gesichte. In dem Moment, in dem ich diese Zeilen schreibe, sind die Zeitungen gefüllt mit wütenden Attacken auf die Raffgier und Verantwortungslosigkeit der Spekulanten, die die Weltwirtschaft in eine der schwersten Krisen der Geschichte gestürzt haben. Angesichts der Rahmenbedingungen der Finanzmärkte braucht man sich über derartige Erscheinungen jedoch nicht zu wundern. Wenn menschliche Hirne darauf programmiert werden, im Profit einen »Wert an sich« zu sehen, und man ihnen zudem auch noch den Freiraum lässt, dem memetisch geschürten Profitstreben ohne wirksame Kontrollmechanismen zu folgen, so sind Katastrophen vorprogrammiert.

Auch wenn es geschmacklos erscheinen mag: Man kann die Situation dieser Spekulanten in gewisser Weise vergleichen mit der Situation der amerikanischen Soldaten im irakischen Folterknast Abu Ghraib. Auch diese waren memetisch auf ein Ziel hin programmiert, nämlich auf den Sieg »der Guten« über »die Bösen«, und erhielten den Freiraum, ihre memetisch geschürten Obsessionen unkontrolliert auszuleben. In beiden Fällen waren Empathievermögen und Verantwortungsbewusstsein systematisch ausgeschaltet, wenngleich die Folgen in Abu Ghraib weit offensichtlicher waren als an der Wallstreet. Immerhin mussten Staff Sergeant Fredericks, Corporal Graner, Private England und all die anderen Folterwilligen des amerikanischen Militärs ihren Opfern direkt in die Augen sehen (was ihren »Spaß an der Sache«, wie ihre »Triumphfotos« zeigten, allerdings nicht trübte), während Finanzspekulanten, die mitunter ganze Volkswirtschaften dem eigenen Profitstreben opfern, mit den Konsequenzen ihres Handelns kaum in Berührung kommen.

Man mag darüber streiten, ob der moderne Memplex des unbedingten Profits in der Gesamtbilanz mittlerweile nicht sogar verheerendere Wirkungen entfaltet als der archaische Memplex des Bösen. Fest steht jedoch, dass er dem archaischen Memplex gegenwärtig auf höchst gefährliche Weise zuarbeitet. Denn das Saatgut des religiösen Fundamentalismus kommt erst auf dem Nährboden ökonomischer Krisen so richtig zur Blüte. Wie unter anderem empirische Studien in Frankreich gezeigt haben, erhält der Fundamentalismus nämlich besonderen Zulauf gerade aus jenen sozialen Schichten, die »vom ökonomischen und sozialen Wandel bedroht sind und denen die Instabilität der religiösen Formen zum Symbol ihrer beängstigenden sozialen Unsicherheit wird«.[24]

Auch der Boom fundamentalistischer Strömungen im Islam

hat hier seine Wurzeln, denn er bietet vielen »die einzig denk- und lebbare Alternative zu jener sogenannten freiheitlichen Welt- ordnung, in der offensichtlich die Armen immer ärmer und die Reichen immer reicher werden und in der ein selbsternannter ›Weltpolizist‹ namens USA eigenmächtig, aber ungestraft, inter- nationales Recht brechen kann. Von Menschen, die keinen Zu- gang zu vernünftigen Sozial- und Bildungssystemen haben, die unter solch kümmerlichen Bedingungen leben, dass am Ende die Zugehörigkeit zu einer bestimmten Religion oder Volksgruppe das Einzige bleibt, worauf sie in ihrem Leben ›stolz‹ sein können, kann man kaum etwas anderes erwarten.«[25]

Die am Anfang des ersten Kapitels beschriebene »Wiederkehr der apokalyptischen Matrix« hat also klar benennbare politische und ökonomische Ursachen. Daher kann man ihr auch nur mit- hilfe politischer wie ökonomischer Maßnahmen entgegenwirken. Reines Philosophieren hilft da wenig. Karl Marx hatte recht, als er schrieb, dass die Philosophen die Welt nur verschieden interpre- tiert hätten, es jedoch darauf ankomme, sie zu verändern.[26] Aller- dings heißt dies nicht, dass philosophische Reflexion in prakti- scher Hinsicht bedeutungslos wäre. Schließlich muss man die Welt erst einmal neu interpretieren, um zu wissen, in welche Rich- tung man sie überhaupt verändern könnte und sollte.

Tragischerweise ist eine solche kritische Neuinterpretation in der Auseinandersetzung mit dem islamischen Terrorismus weit- gehend unterlassen worden. Große Teile des Westens, insbeson- dere die Supermacht USA, liefen Osama bin Laden und seinen Gesinnungsgenossen geradezu blindlings in die Falle, als sie sich auf das irrationale Szenario einer Entscheidungsschlacht zwi- schen Gut und Böse einließen. Man hat den Vereinigten Staaten vorgeworfen, bin Laden im Krieg gegen die Sowjetunion unter- stützt zu haben, doch die größte Unterstützung erfuhr der isla- mische Gotteskrieger erst nach dem 11. September 2001, als die amerikanische Regierung ihn zur ultimativen Leitfigur der »Achse des Bösen« machte.

Eine rationale Entgegnung auf Osama bin Ladens militante Eröffnung »Wir sind die Guten, ihr seid die Bösen, und wir werden euch mit Allahs Hilfe vernichten!« hätte eigentlich lauten müssen: »Sie leiden offenkundig unter einer Wahnidee! Wir werden Sie daher aus dem Verkehr ziehen müssen, bevor Sie weiteren Schaden anrichten! Vielleicht kann Ihnen eine gute Therapie bei der Erkenntnis helfen, dass es ›das Böse‹ in Wirklichkeit gar nicht gibt …« Stattdessen jedoch bestand die Antwort der amerikanischen Administration darin, bin Ladens Wahnidee einfach umzudrehen und das zugrunde liegende Hirngespinst dadurch noch zu verstärken: »Jawohl, *das Böse* existiert! Doch *wir* sind die Guten und *ihr* seid die Bösen, und *wir* werden *euch* mit Gottes Hilfe zur Strecke bringen!«

Wie sehr die apokalyptische Matrix die Hirne vernebelte, demonstrierte in besonders erschreckender Weise die damalige US-Außenministerin Condoleezza Rice, der man als ehemaliger Professorin für Politikwissenschaft an der renommierten Stanford University eigentlich ein höheres intellektuelles Niveau zugetraut hätte. In der Sendung *NewsHour* vom 28. Juli 2005 antwortete Rice auf die (völlig berechtigte!) Frage, ob die amerikanische Außenpolitik den Terrorismus nicht eher fördere statt eliminiere, mit einem in seiner Plattheit schwerlich überbietbaren Gegenangriff: »Wann werden wir endlich aufhören, Terroristen zu entschuldigen und zu behaupten, dass irgendjemand sie zu ihren Taten treibt? Nein, dies sind einfach böse Menschen, die morden wollen … Und bevor nicht auch der Letzte es beim Namen nennt – das Böse, was es de facto ist – und aufhört, sie zu entschuldigen, werden wir meiner Meinung nach ein Problem haben.«[27]

An dieser Aussage ist so ziemlich alles falsch, was falsch sein kann. Denn natürlich sind Terroristen nicht »einfach böse Menschen, die morden wollen«, vielmehr verfolgen sie mit all ihren Attentaten »höhere Ziele« im Dienste eines »heiligen« Memplexes. Und das entscheidende Problem der Gegenwart besteht auch keineswegs darin, dass nicht auch der Letzte noch »das Böse« beim Namen nennt, sondern vielmehr, dass schon viel zu viele Menschen dieser kollektiven Wahnidee erlegen sind.

Wenn man den Terrorismus effektiv bekämpfen will, muss man nachvollziehen können, was Menschen zu solchen Gewalttaten treibt. (Der »freie Wille« zum »Bösen« ist es ganz sicher nicht!) Es gilt also, die objektiven Ursachen des Terrorismus zu verstehen – auch wenn dies die moralische Schuld der Täter »hinwegmildert« und das Bedürfnis nach Rache enttäuscht! Man darf keinesfalls den gleichen Fehler machen, den die Terroristen begehen, nämlich sich in moralischer Selbstgefälligkeit über die ganze Welt zu erheben, den Gegner im Sinne eines archaischen Ingroup-Outgroup-Denkens zu dämonisieren und dadurch jegliche Empathie ihm gegenüber zu verlieren.

Wer die Wunden der Gewalt heilen will, der muss in der Lage sein, vergeben zu können. Dies gilt nicht nur für Individuen, sondern auch für Staaten. Nelson Mandela tat daher genau das Richtige, als er in Südafrika die Wahrheits- und Versöhnungskommission ins Leben rief. Seine Politik der Versöhnung war der Politik der einstigen Bush-Regierung nicht nur in *ethischer*, sondern auch in *strategischer* Hinsicht überlegen. Zugegeben, die Ausgangslage war eine andere: Mandelas Gegenüber, Frederik Willem de Klerk, war ein argumentationszugänglicher Politiker, kein religiöser Fanatiker vom Schlage eines Osama bin Laden. Doch auch nach dem 11. September hätte eine besonnenere, vor allem weniger hysterisch-moralisierende Politik die Lage entschärfen können. Wäre die amerikanische Regierung nicht dem Instinkt der Rache gefolgt, sondern hätte sie sich darum bemüht, die Interessen der »anderen« zu verstehen, hätte durchaus die Gelegenheit bestanden, bin Laden als blinden Glaubensfanatiker in der islamischen Welt in stärkerem Maße zu isolieren. Stattdessen jedoch wurde er von der US-Administration durch Wort und Tat zu einer strahlenden, globalen Identifikationsfigur des Djihads aufgebaut. Nach dem 11. September schienen Bush und seine Verbündeten wirklich keine Chance auslassen zu wollen, um ihre Gegner stark zu machen und den Konflikt zur Eskalation zu bringen.

Was steckte hinter dieser halsbrecherischen Politik? War sie bloß Ausdruck einer memetisch bedingten Fehlfunktion im Bereich der emotionalen Perspektivübernahme? Oder gab es hierfür ganz andere Gründe? Bush-Kritiker wie der am Massachusetts Institute of Technology (MIT) lehrende Sprachwissenschaftler Noam Chomsky[28], die indische Schriftstellerin und Aktivistin Arundhati Roy[29] oder der Filmemacher Michael Moore[30] vermuteten, dass die amerikanische Administration die Konflikte ganz bewusst anheizte, da es ihr unter dem Deckmantel einer allgegenwärtigen islamischen Bedrohung leichter falle, die von neokonservativen Denkfabriken schon lange geforderten repressiven Maßnahmen in der Innen- und Außenpolitik durchzusetzen.[31]

Fakt ist, dass die einstigen Hardliner in Bushs Umfeld, etwa der damalige Vizepräsident Dick Cheney, Verteidigungsminister Donald Rumsfeld oder dessen Stellvertreter Paul Wolfowitz, es ganz hervorragend verstanden, die religiös-patriotische Stimmung für die eigenen politischen Konzepte auszunutzen. Man darf arg bezweifeln, dass sie in gleichem Maße an die reale Existenz »des Bösen« glaubten wie ihr christlich wiedergeborener Präsident, doch sie wussten: Dort, wo »das Böse« die Menschen ängstigt, wächst auch der Wunsch nach einer »starken Hand«, die die aus den Fugen geratenen Verhältnisse zum »Guten« hin ordnet.[32]

War der »Kreuzzug« wider die »Achse des Bösen« also eher das Resultat einer nüchternen machtpolitischen Kalkulation als das Ergebnis eines gestörten Empathievermögens? Vermutlich war es eine Kombination aus beidem. Denn die »Falken« in der Bush-Administration schätzten die Reaktion der »anderen« völlig falsch ein: Im blinden Vertrauen auf die Durchschlagskraft der Supermacht Amerikas hätten sie geglaubt, die Islamisten innerhalb eines überschaubaren Zeitraums vernichtend schlagen oder zumindest hinreichend einschüchtern zu können. Stattdessen jedoch erfüllten sie mit ihrer Offensive bloß einen der sehnlichsten Wünsche bin Ladens. Denn der »Krieg gegen den Terror« versorgte die Islamisten mit einem ideologischen Munitionslager, das noch für Jahre reichen dürfte, um die Welt zu erschüttern. Jeder im Krieg gegen den Terror getötete Zivilist, jedes Folteropfer in einem amerikanischen Gefängnis, jede Rede, in der Bush mit christlichem Vokabular über »das Böse« sprach, spülte ihnen Heerscharen neuer Sympathisanten zu.

Man missverstehe diese Kritik an der einstigen amerikanischen Regierungspolitik nicht als Plädoyer für unbedingten Pazifismus. Die Geschichte hat leider zur Genüge gezeigt, dass militärische Präsenz mitunter vonnöten ist, um Katastrophen zu verhindern. (Den vielleicht tragischsten Beleg hierfür lieferte in der jüngeren Vergangenheit der Völkermord in Ruanda, bei dem zwischen April und Juli 1994 schätzungsweise 800 000 Menschen ums Leben kamen. Hätten die Vereinten Nationen damals ihre Truppen verstärkt, statt sie abzuziehen, hätten Hunderttausende gerettet werden können![33])

Auch im Falle der Auseinandersetzung mit dem islamischen Fundamentalismus wäre es naiv zu meinen, dass gute Worte allein ausreichten, um die fundamentalen Rechtsgüter der Moderne zu verteidigen. Dafür ist das religiös-politische Wahnsystem in den Hirnen der Gotteskrieger leider viel zu fest verankert. Doch es hätte niemals so weit kommen dürfen, dass die Vereinigten Staaten von Amerika, denen die Welt immerhin die wichtigsten Impulse für die Entwicklung der Menschenrechtsidee verdankt, sich letztlich auf das Niveau von Terroristen begeben und die Menschenrechte so grob missachten, wie dies im »Krieg gegen den Terror« geschehen ist.

Wie wir anhand des »Krieges der Schimpansen« (Kapitel 1) gesehen haben, ist die Neigung, Artgenossen in Gruppenkonflikten wie Beutetiere zu behandeln, bereits biologisch in uns verankert. Wir brauchen daher dringend kulturelle Meme, die dieser natürlichen Veranlagung zur Bestialität entgegenwirken. Der Memplex des Bösen jedoch hat die biologische Neigung zur Dehumanisierung der »anderen« nur weiter verstärkt. Wir nutzen seit jeher die Fiktion, die anderen seien »böse« (das heißt moralisch verwerflich oder gar »Agenten finsterer Mächte«), um mit vermeintlich guten Gründen auf sie »böse« (im Sinne von wütend) sein zu können. Auf diese Weise dient der Memplex des Bösen der moralischen Legitimation des blinden Instinkts der Rache – und zwar auf solch perfide Weise, dass selbst die schlimmsten Schlächter mit dem wohligen Gefühl moralischer Überlegenheit zur Tat schreiten können.

Das Paradigma der Unschuld entzieht dieser moralischen Selbstgerechtigkeit jede Grundlage. Der Abschied von der *Selbstgerechtigkeit* bedeutet jedoch keineswegs einen Abschied von der Idee der *Gerechtigkeit*. Im Gegenteil: Wer vom Memplex der Unschuld infiziert ist, der wird die Werte der Humanität sehr wohl entschieden verteidigen, weil er begriffen hat, dass sie die besten Voraussetzungen für ein friedvolles Zusammenleben der Menschen sind. Doch er wird aus der Tatsache heraus, dass er selbst zu diesen Werten gefunden hat, kein Gefühl moralischer Überlegenheit entwickeln. Schließlich weiß er, dass sich kein Mensch je »aus freien Stücken« (im Sinne von »ursachenfrei«) für »das Gute« beziehungsweise »das Böse« entschieden hat, sondern dass jeder von uns unter dem ehernen Diktat von Zufall und Notwendigkeit nur mehr oder weniger erfolgreich versucht, das Beste aus den jeweiligen Rahmenbedingungen zu machen, die er in seinem Leben antrifft.

Wer das Paradigma der Unschuld verinnerlicht hat, der wird auch in den hartnäckigsten Feinden von Freiheit und Gerechtigkeit *Menschen* sehen – nicht *Dämonen*. Selbst im Falle schwerer Konflikte wird er versuchen, die Rechte seiner Kontrahenten, soweit es irgend geht, zu respektieren, statt, wie es in unserer Geschichte leider der Regelfall war, dem Instinkt der Rache nachzugeben.

Das Paradigma der Unschuld könnte also nicht nur zu einem entspannteren Selbstbild des Individuums sowie zu entspannteren zwischenmenschlichen Beziehungen führen, sondern auch auf (welt-)gesellschaftlicher Ebene zu einer neuen Form von Entspannungspolitik beitragen. Schließlich enthält es die denkbar radikalste Absage an die Vernichtungslogik der apokalyptischen Matrix.

Damit die düsteren Visionen der Apokalyptiker nicht als *selbsterfüllende Prophezeiung* Wirklichkeit werden, ist es höchste Zeit, mit dem moralischen Abrüstungsprozess zu beginnen. Werfen wir also die alten Moralmemplexe über Bord und schauen uns an, wie wir jenseits von Gut und Böse eine sinnvolle, ethische Existenz auf diesem kleinen blauen Planeten führen können!

Einer der großen Vorteile des Paradigmas der Unschuld besteht darin, dass man nicht auf politische Entscheidungsträger warten muss, um mit dem moralischen Abrüstungsprozess zu beginnen. Man kann ganz allein in seiner eigenen kleinen Welt damit anfangen und die *neue Leichtigkeit des Seins* erfahren. Und vielleicht, ja vielleicht, lassen sich von Zeit zu Zeit auch andere von dieser gelasseneren Art des Denkens und Empfindens anstecken. Ob eine solche »Graswurzelrevolution« am Ende auch auf der politischen Ebene ankommen wird, mag angesichts der Stärke der widerstrebenden Memplexe unwahrscheinlich sein, ausgeschlossen ist es jedoch nicht …

DIE FROHE BOTSCHAFT FÜR NACKTE AFFEN

KAPITEL 7

Der Mensch kommt unter allen Tieren in der Welt dem Affen am nächsten.
Georg Christoph Lichtenberg (1768)[1]

Der Mensch, eine kleine, überspannte Tierart, die – glücklicherweise – ihre Zeit hat; das Leben auf der Erde überhaupt ein Augenblick, ein Zwischenfall, eine Ausnahme ohne Folge, etwas, das für den Gesamt-Charakter der Erde belanglos bleibt; die Erde selbst, wie jedes Gestirn, ein Hiatus zwischen zwei Nichtsen, ein Ereignis ohne Plan, Vernunft, Wille, Selbstbewusstsein, die schlimmste Art des Notwendigen, die dumme Notwendigkeit … Gegen diese Betrachtung empört sich etwas in uns; die Schlange Eitelkeit redet uns zu »das alles muss falsch sein: denn es empört …«
Friedrich Nietzsche (o. J.)[2]

Die Lage ist hoffnungslos, aber nicht ernst!
Österreichisches Sprichwort (o. J.)[3]

Die Evolution frisst ihre Kinder:
Eine Lektion in Bescheidenheit

Wer zu früh kommt, den bestraft das Leben: Als sich der deutsche Aktionskünstler Bazon Brock 1963 in den Frankfurter Zoo einweisen lassen wollte, stieß er nicht nur auf großes Unverständnis, sondern auch auf hartnäckigen Widerstand: Der damalige Zoodirektor, Professor Bernhard Grzimek, wollte den Künstler partout nicht in die Primatenabteilung aufnehmen, obgleich Brocks Bedingungen (»3 x täglich Futter rein – Exkremente raus. Wärter(in), Schreibmaschine, Papier, zehn Zigaretten«) durchaus bescheiden waren.[4] Rund vierzig Jahre später wurde Bazon Brocks Idee dann aber doch realisiert: Im Londoner Zoo konnte man im August 2005 gleich mehrere Exemplare der Primatenart *Homo sapiens* im Freigehege beobachten. Die Zooverantwortlichen wollten mit der Aktion auf die Stellung des Menschen in der Natur hinweisen und Vergleiche mit anderen Tierarten ermöglichen.

Es gibt Menschen, und es sind nicht wenige, die sich durch derartige Aktionen tief in ihrer »Würde« verletzt fühlen. Aber millionen von Menschen weltweit können sich nicht damit abfinden, dass sie von Affen abstammen. Dabei ist die Realität eigentlich noch viel ernüchternder: Denn es ist nicht bloß so, dass unsere Vorfahren *Affen waren*, wir sind im Grunde genommen *Affen geblieben*! Zoologisch korrekt lässt sich der Mensch beschreiben als Mitglied der Ordnung der Primaten, der Unterordnung der Trockennasenaffen, der Zwischenordnung der Altwelt- oder Schmalnasenaffen, der Überfamilie der Menschenartigen und der Familie der Großen Menschenaffen und Menschen. Wir sollten uns wirklich nicht zu viel darauf einbilden, dass wir im Verlauf der biologischen Evolution die Körperbehaarung abgeworfen und Jahrzehntausende später die Digitalarmbanduhr erfunden haben.

In diesem Buch habe ich viel über den Unsinn des Stolzes geschrieben, über die unheilvolle Überheblichkeit, mit der die

Glücklichen über die Unglücklichen, die Schönen über die Häss-
lichen, die Gebildeten über die Ungebildeten, die Eliten über die
Marginalisierten, die »Guten« über die »Bösen« richten. Allerdings ist nicht nur das Verhältnis der Menschen untereinander
durch das Gift der Selbstgefälligkeit gestört, sondern auch das Verhältnis der Menschen zur nicht menschlichen Tierwelt. Wir halten uns immer noch für etwas Besseres, ja im Grunde »für das
Beste schlechthin«, für die »Krönung der Schöpfung«, den gott-
gewollten Endpunkt eines universellen Heilsplans.

Auch in diesem Fall von Überheblichkeit spielt der Memplex
der Willensfreiheit eine bedeutende Rolle. Denn es war vor allem
die Fiktion des freien Willens, mit deren Hilfe die künstliche Bar-
riere zwischen Mensch und Tier errichtet wurde. Wir maßten
uns an, etwas zu besitzen, was sonst in der gesamten Natur nicht
vorkommt, wollten »unbewegte Beweger« sein, Miniaturausga-
ben jenes ursachenfrei agierenden Gottes, als dessen Ebenbilder
wir uns wähnten.

Mit dem Abschied von der Willensfreiheit bricht diese Bar-
riere zwischen Mensch und Natur in sich zusammen. Wir stehen
nicht mehr *über* der Natur, sondern sind ein *Teil von ihr*. Wir mögen uns vielleicht die Fingernägel lackieren und auch Differen-
tialgleichungen lösen können, doch allen kulturellen Errungenschaften zum Trotz sind wir bloß »Leben, das leben will, inmitten
von Leben, das leben will«. Dies hat natürlich Konsequenzen für
die Ethik: Wenn nicht mehr der ominöse »freie Wille«, sondern
das Empfinden von Wohl und Wehe im Zentrum ethischer Überlegungen steht, müssen die Interessen nicht menschlicher Lebensformen stärker gewichtet werden, als dies gemeinhin geschieht.
Man mag angesichts der grausamen Dinge, die Menschen ihren
Mitmenschen angetan haben[5], noch darüber streiten, ob der Umgang des Menschen mit der nicht menschlichen Natur wirklich
das »schwärzeste Verbrechen« der Menschheit ist, wie Karlheinz
Deschner schreibt[6]; dass es ethisch jedoch dringend geboten ist,
den empathischen Eigennutz auch auf Lebensformen jenseits
unserer Spezies auszudehnen, steht außer Frage.[7]

Die Lektion in Bescheidenheit, die in diesem Buch den Individuen wie auch den gesellschaftlichen Gruppen anempfohlen wurde, betrifft nicht zuletzt also die Menschheit als Ganzes. Wir sollten uns dringend von der Hybris befreien, etwas ganz Besonderes zu sein oder gar im Mittelpunkt des kosmischen Weltgeschehens zu stehen. Diese anthropozentrische Vorstellung ist angesichts der realen Verhältnisse im Kosmos von einer solch grandiosen Lächerlichkeit, dass mir die Worte fehlen, sie auch nur annähernd adäquat zu beschreiben.

Bedenken wir, dass die Sonne, um die wir uns drehen und auf deren lebensspendende Energie wir angewiesen sind, nur ein unauffälliger Stern in einem unbedeutenden Spiralarm am Rande der Milchstraße ist. Allein unsere Heimatgalaxie umfasst zwischen hundert und zweihundert Milliarden weiterer Sterne. Die Andromeda-Galaxie, die sich mit etwa 120 Kilometern pro Sekunde auf die Milchstraße zu bewegt und in rund zwei Milliarden Jahren mit ihr kollidieren wird, umfasst weitere tausend Milliarden Sterne. Schon dies allein sprengt jede Vorstellungskraft. Doch neben der Milchstraße und der Andromeda-GaIaxie gibt es in dem von uns einsehbaren Universum »etwa hundert Milliarden weitere Galaxien, die im Mittel aus bis zu Hunderten Milliarden Sternen bestehen. Das ergibt insgesamt eine unvorstellbare Anzahl von Sternen. Hätten wir die gleiche Anzahl von Glasmurmeln, könnten wir die gesamte Erdoberfläche etwa bis zur Höhe des Mount Everest damit bedecken.«[8] Und damit nicht genug: Möglicherweise ist unser gigantisches Universum nur Teil eines noch gigantischeren Multiversums, das unendlich viele Universen umfasst.

Ruft man sich diese ungeheuren Dimensionen ins Bewusstsein, so weiß man, dass die Erde in der Tat nichts weiter ist als ein Staubkorn im Weltall. Was soll man angesichts dieses Faktums nun davon halten, wenn eine affenartige Lebensform, die sich zufällig auf diesem Staubpartikel entwickelt hat, eine Spezies, die es vor schlappen zwei Milliarden Jahren längst noch nicht gab und die es in zwei Milliarden Jahren wohl längst nicht mehr geben wird, Geschichten erfindet, die davon handeln, dass das gesamte Universum letztlich nur für sie geschaffen wurde? Ist es nicht Ausdruck eines kaum noch steigerungsfähigen Größenwahns, wenn sich diese Trockennasenaffen-Art, die ihre Existenz dem zufälligen Überleben rattengroßer Ursäuger nach dem Einschlag eines zehn Kilometer großen Asteroiden vor fünfundsechzig Millionen Jahren verdankt, sich einen imaginären Schöpfer des Universums (Gott) einbildet, der nichts Besseres zu tun hat, als sich ausgerechnet in Gestalt dieser Affenart zu inkarnieren (Christentum) oder aber mit Argusaugen darüber zu wachen, ob diese vorübergehende Lebensform auf ihrem unbedeutenden Planetchen Schweinshaxen isst oder nicht (Judentum, Islam)?!

Man hat Richard Dawkins sehr dafür kritisiert, dass er den Begriff »Gotteswahn« gebrauchte[9], aber ich bitte Sie: Gibt es irgendeinen Begriff, der diese alle Dimensionen sprengende Selbstüberschätzung besser treffen würde? Im Grunde ist der Begriff »Wahn« fast schon zu harmlos, um diesen atemberaubenden Blödsinn zu fassen! Und sagen Sie bloß nicht, dass es nicht sein kann, dass Millionen, ja Milliarden von Menschen einem Wahn unterliegen. Werfen Sie nur einen Blick in unsere Geschichte, diese entsetzliche Orgie der Gewalt, des Hasses, der Rache, der Niedertracht! Vergegenwärtigen Sie sich, welche Nichtigkeiten genügten, um Menschen dazu zu bringen, andere zu demütigen, zu foltern, vor den Augen ihrer Liebsten abzuschlachten! Gäbe es einen kosmischen Psychiater, würde er dem Patienten »Menschheit« angesichts seiner klinischen Vorgeschichte zweifellos eine extrem hohe Anfälligkeit für soziopathische Wahnideen attestieren. Eine lebenslange »Sicherheitsverwahrung« wäre uns gewiss.

Wollen wir die Krankheitsakte der Menschheit nicht weiter verlängern, scheint ein Abschied von den tradierten Memplexen der kollektiven Selbstüberschätzung unabwendbar zu sein. Machen wir uns also bewusst, dass wir nur »Vorläufige« sind, dass unsere Spezies rein zufällig im Prozess der Evolution entstand und mit allergrößter Wahrscheinlichkeit irgendwann einmal ebenso untergehen wird wie so viele andere Spezies zuvor. Die Evolution frisst ihre Kinder – und die Menschheit wird kaum die Ausnahme von dieser Regel sein. Wir wissen nicht, was unserer Spezies den Garaus bereiten wird – unsere Unfähigkeit, sinnvoll mit den technischen Errungenschaften der Zivilisation umzugehen; eine Virusepidemie, die die Menschen hinweggrafft; Asteroideneinschläge aus dem All, die die Erde mit der Wucht von vielen Millionen Hiroshimabomben treffen; oder erst der vorprogrammierte Sterbensprozess unserer Sonne in ein paar Milliarden Jahren[10] –, doch irgendwann wird es mit großer Wahrscheinlichkeit dazu kommen, dass der letzte Mensch den allerletzten Atemzug macht.

Dann wird unserer Spezies blühen, was jedem Einzelnen von uns ohnehin blüht: Wir werden vergessen sein und selbst das Vergessen wird vergessen sein.[11] Niemand wird sich daran erinnern, wie »großartig« wir waren und wie sehr wir uns abgemüht haben, den paar Lebensjahren, die uns zur Verfügung stehen, einen halbwegs tragfähigen Sinn zu geben. Wir sollten uns hier nichts vormachen: Am Ende aller Tage wird ganz gewiss nicht der dauergrinsende Mr. Fortschritt stehen, sondern das heillose, trostlose, ewige Nichts.[12]

Angesichts dieser bedrohlichen Nichtigkeit unserer Existenz mag es verständlich erscheinen, dass so viele Artgenossen der verlockenden Wahnidee verfallen, im Mittelpunkt des kosmischen Weltgeschehens zu stehen. Bekanntlich ist Wahn, also die Neigung, unbestreitbare Aspekte der Wirklichkeit zu leugnen und irreale Dinge in ihr zu »erkennen«, häufig eine psychische Hilfsstrategie zur Bewältigung eines Traumas. Doch das »Weglügen aus der Wirklichkeit«, das schon Nietzsche als Symptom einer verunglückten Wirklichkeit deutete[13], ist ganz bestimmt nicht die beste Methode, um die Erfahrung unserer kosmologischen Bedeutungslosigkeit psychisch zu verarbeiten. Weit produktiver als das wahnhafte Verdrängen der Wirklichkeit ist es, sich den Herausforderungen der Wirklichkeit zu stellen und daran zu wachsen. Betreibt man diese Konfrontation mit der Realität des Kosmos konsequent genug, so wird man feststellen, wie weise die diesem Kapitel vorangestellte österreichische Redensart ist: Denn in der Tat ist unsere Lage *hoffnungslos, aber nicht ernst!*

Warum dies so ist, wurde mir eigentlich erst vor einiger Zeit so richtig klar, als mich der Redaktionsleiter des Wissensmagazins der *Süddeutschen Zeitung*, Christian Weber, für eine Titelgeschichte zum Thema »Glück ohne Gott« interviewte.[14] Wir sprachen unter anderem über die »fundamentalen Kränkungen«, die das wissenschaftliche Welterklärungsmodell der menschlichen Selbstverliebtheit zugefügt hat. Bekanntlich hatte Sigmund Freud dereinst drei fundamentale Kränkungen diagnostiziert, nämlich die *kopernikanische Kränkung* (die Erde ist nicht der Mittelpunkt des Universums), die *darwinische Kränkung* (der Mensch ist ein zufälliges Produkt der Evolution) sowie die *tiefenpsychologische Kränkung* (der von unbewussten Kräften gesteuerte Mensch ist nicht einmal »Herr im eigenen Haus«).[15] In Anlehnung an Gerhard Vollmer[16] hatte ich Freuds Liste der fundamentalen Kränkungen um weitere neun Punkte ergänzt.[17] Dies alles war für Christian Weber nichts Neues, und so brauchte ich es ihm auch nicht näher zu erläutern. Ihn interessierte eine ganz andere Frage: »Sie sind sich dieser fundamentalen Kränkungen bewusst, doch Sie wirken gar nicht gekränkt«, sagte er. »Eigentlich müsste man Sie sich als unglücklichen Menschen vorstellen, offenkundig trifft jedoch das Gegenteil zu. Können Sie mir erklären, woran das liegt?«

Ich muss zugeben, dass mich diese Frage einen Moment lang irritierte. Seltsamerweise nämlich hatte ich sie mir auf diese Weise noch nie gestellt. Mein Zugang zum Thema »fundamentale Kränkungen« war ein eher intellektueller gewesen. Mir schien es zu genügen, zu wissen, dass es unsinnig ist, an Überzeugungen festzuhalten, die allen empirischen Befunden und logischen Argumenten widersprachen. Schließlich resultiert aus der Tatsache, dass wir uns *wünschen*, dass die Welt bestimmte Eigenschaften hat, ja keineswegs, dass sie diese Eigenschaften auch *tatsächlich besitzt*. Die Neigung, vom *Sollen auf das Sein* zu schließen, also von dem, was man *will*, auf das, was *ist*, hatte ich als »kulturistischen Fehlschluss« kritisiert.[18]

Doch dies beantwortete natürlich nicht die Frage, die mir gestellt wurde. Denn auch wenn es logisch zwingend sein mag, das eigene Weltbild nicht auf Wunschvorstellungen, sondern auf Belegen aufzubauen, so heißt dies natürlich noch lange nicht, dass man sich mit einem solchen Weltbild auch wohl in seiner Haut fühlt. Warum also konnten mich all die Kränkungen so gar nicht kränken? Warum amüsierte mich die Vorstellung sogar, bloß ein nackter Affe auf einem unbedeutenden kleinen Planeten am Rande der Milchstraße zu sein?

»Bei genauerer Betrachtung sind diese fundamentalen Kränkungen *Befreiungen*!«, schoss es plötzlich aus mir heraus, ohne dass ich groß darüber nachgedacht hätte (jedenfalls hatte mein Gehirn es nicht für nötig befunden, mein virtuelles Selbst über derartige Denkvorgänge zu informieren). »Man muss sie nur angemessen zu interpretieren wissen!«

Im Grunde war dies ein recht banaler Gedanke, doch irgendwie hatte ich ihn zuvor in dieser Klarheit noch nicht erfasst. Im Zuge der Arbeit an diesem Buch wurde mir immer stärker bewusst, dass wir die überkommenen Weltbilder nicht allein deshalb aufgeben sollten, weil ein solcher Schritt logisch zwingend ist, sondern auch, weil ein Leben jenseits der Illusionen summa summarum angenehmer, beglückender ist. Eine vorübergehende Lebensform auf einem unbedeutenden Planeten zu sein, ist jedenfalls nicht per se kränkend, sondern nur für den, der überzogene Ansprüche an die Wirklichkeit stellt. Es liegt also an der Qualität unserer Deutungen, ob wir die wissenschaftliche Entzauberung des Menschen als Kränkung oder als Befreiung erleben.

Natürlich kann man darunter leiden, wenn die Fiktion enttäuscht wird, dass die eigene Spezies die »Krone der Schöpfung« sei. Man kann es aber auch als Genuss erleben, nicht die »Krone der Schöpfung« sein zu müssen. Man kann darunter leiden, dass das blinde Walten von Zufall und Notwendigkeit im Universum es sehr, sehr unwahrscheinlich macht, dass ein liebevoller, allmächtiger Vater über uns wacht. Man kann es aber genauso gut als Befreiung erfahren, dass man sein Leben nach eigenem Gutdünken führen darf, ohne sich den Vorgaben eines imaginären Alphamännchens unterordnen zu müssen.

Eben dies ist die eigentliche frohe Botschaft für uns nackte Affen: Wir müssen uns die Welt nicht *schönreden*, um sie als *schön*

zu empfinden. Wir können etwas *bewegen*, ohne »*unbewegte Beweger*« zu sein. Wir können *frei* sein, ohne *Willensfreiheit* zu unterstellen. Wir können für *Gerechtigkeit* sorgen, ohne *selbstgerecht* zu
werden. Wir können uns selbst helfen, indem wir anderen helfen,
selbst glücklich sein, indem wir glücklich machen. Wir können
vergeben statt *vergelten*, können Kritik als Geschenk begrüßen, statt
vor ihr zu flüchten. Wir können unserem Leben einen Sinn geben, der *sinnlich* erfahrbar ist und nicht *übersinnlich* herbeihalluziniert werden muss. Wir können unser Selbst *verwirklichen*, indem
wir es *überwinden*. Und wir können daran arbeiten, der zu werden, der wir *sein könnten*, statt uns dafür schuldig zu fühlen, der zu
sein, der wir *sind*.

Wer es versteht, die Weisheit des Ostens mit der Weisheit des
Westens zu verbinden, der wird jene *brennende Geduld* entwickeln,
die notwendig ist, um im Kampf für eine bessere Welt nicht voreilig zu resignieren. Er wird an den Menschen zwar zweifeln, aber
nicht verzweifeln, er wird jene, die die Menschenrechte missachten, bekämpfen, aber sich nicht moralisch über sie erheben. Denn
er weiß: Es gibt kein *Gut und Böse*, sondern bloß ein *Wohl und
Wehe*, und so wird er Nachsicht üben, selbst jenen gegenüber, die
ihm aufgrund aggressiver Memplexe möglicherweise nach dem
Leben trachten.

*Als Adam und Eva das zweite Mal vom Baum der Erkenntnis aßen, so
lautet die neue unbiblische Legende, da erkannten sie die Nichtigkeit von
Gut und Böse und fielen zurück in den Stand der Unschuld. So konnten sie zurückkehren in den Garten Eden, der zwar kein Paradies war,
aber doch eine schöne ökologische Nische für aufrecht gehende Affen bot.
Über ihren alten Wunsch, gottgleiche Wesen zu sein, konnten Adam und
Eva nur noch lachen. Sie waren glücklich ohne Gott und ethisch ohne
Moral. Die alte Schlange Eitelkeit riss sie nicht mehr aus dem Schlaf. Sie
hatten sich endlich damit abgefunden, bloß vorübergehende Lebensformen
auf einem Staubkorn im Weltall zu sein. Gewiss: Ihr Leben war nicht
immer leicht. Misserfolg, Krankheit, Tod waren ihre ständigen Wegbeglei-
ter. Doch sie versuchten, das Beste aus ihrer Lage zu machen. Schließlich
wussten sie: Ein besseres Leben als dieses würde es nicht geben. Sie hat-*

ten nur diese eine *Chance. Und sie wollten sie so gut nutzen, wie es irgend möglich war. Gestärkt von den neuen Früchten vom Baum der Erkenntnis schlugen sie einen neuen Weg jenseits der alten Trampelpfade ein, einen Weg jenseits der Illusionen, jenseits von Gut und Böse, jenseits von Schuld und Sühne. Manch einer hielt sie für verrückt. Aber das machte ihnen nichts aus. Denn sie fanden ihr Glück in der neuen Leichtigkeit des Seins.*

ZU GUTER LETZT

Unsere gemeinsame Reise ist nun an ihrem Ende angelangt. Sie führte uns von Adam und Eva bis zu Eichmann, von den Protozellen der Ursuppe über die Terrorzellen von al-Qaida bis hin zu den Folterzellen in Abu Ghraib. Ich möchte mich bei Ihnen bedanken, dass Sie so viel Geduld mit mir hatten in meinem Bemühen, ein wenig Ordnung ins Chaos der Memplexe zu bringen.

Ich weiß nicht, wie es Ihnen geht: Im Grunde bin ich trotz aller Unzulänglichkeiten, die dieses Buch zweifellos hat, mit der Reise, die wir unternommen haben, zufrieden. Ich habe den Eindruck, dass es gelungen ist, zu belegen, dass das Paradigma der Unschuld dem Sündenfall-Syndrom sowohl in theoretischer wie auch praktischer Hinsicht überlegen ist. Im Moment kann ich es mir deshalb auch nur sehr schwer vorstellen, dass eine zeitgemäße Weltanschauung, ein »evolutionärer Humanismus« auf der Höhe der Zeit, auf einem anderen Menschenbild fußen könnte.

Allerdings kann ich mich hierin natürlich irren. Die subjektive Überzeugung, dass etwas richtig sei, bedeutet bekanntlich noch lange nicht, dass es auch tatsächlich richtig ist. Auch Adolf Hitler, Josef Stalin, Papst Innozenz III. oder Mohammed Atta waren subjektiv von der Richtigkeit ihrer Annahmen überzeugt. Also seien Sie bitte vorsichtig: Gehen Sie mit den Aussagen des vorliegenden Buches unbedingt kritisch um! Es enthält ganz gewiss nicht »die Wahrheit«, sondern bloß eine Ansammlung von Memen, mit denen der Verfasser des Buches im Laufe seines Lebens konfrontiert wurde. Keines dieser Meme ist »heilig«, das heißt unantastbar. Sie dürfen, ja Sie *sollten* diese Meme antasten, nach Belieben drehen und wenden, sich Ihren eigenen Reim darauf machen. Und seien Sie dabei bloß wählerisch: Nutzen Sie die Meme, die Sie weiterbringen, und lassen Sie jene einfach fallen, von denen Sie meinen, dass sie Sie oder andere behindern könnten!

Der Vorteil einer philosophischen Weltanschauung gegenüber einer Religion besteht darin, dass sie es uns ermöglicht, *falsche Ideen sterben zu lassen, bevor Menschen für falsche Ideen sterben müssen.*[1] Man sollte es daher dringend vermeiden, einen philosophischen Memplex mit »höheren Weihen« auszustatten. Leider ist dies in der Vergangenheit allzu häufig geschehen. Manches philosophische Buch mutierte zu einer Art »neuer Bibel«, zu einem mächtigen Memplex, dem »allerhöchste Autorität« beigemessen wurde.

Eine solche religiöse Mutation wäre das Schlimmste, was im Falle des vorliegenden Buches geschehen könnte. Es wäre mir lieber, es würde mit völliger Nichtbeachtung gestraft, als dass auf seinem Fundament »Kirchen der Unschuld« entstehen würden. Ich betone dies so ausdrücklich, da das Buch aufgrund seines Inhalts weit stärker als alle Schriften, die ich zuvor publiziert habe, in einem religiösen oder esoterischen Sinne missverstanden werden könnte. (Und schon bei den Vorgängerbüchern musste ich feststellen, dass einige Leute meine Bemühungen mit einer ungesunden Portion »heiligem Ernst« goutierten …)

Um Missverständnisse dieser Art auszuschließen, sei daher ein letzter Hinweis erlaubt: Wer auf der Suche nach einem Guru ist, der sollte sich dringend woanders umschauen, wenn er solches wirklich nötig hat! Ich bin bloß ein mäßig begabter Trockennasenaffe mit Haarausfall, Schweißfüßen und Tendenz zum Doppelkinn, habe weder ewige Wahrheiten zu verkünden noch wurde ich von einer Jungfrau geboren. Ich hatte in meinem Leben vielleicht das Glück, ein paar kluge Leute zu treffen, und auch die Zeit, ein paar kluge Bücher zu lesen. Mehr habe ich jedoch kaum zu bieten! Meine eigenen Bücher sind voll von Fehlern – nur ist mein eigener Denkhorizont leider so arg begrenzt, dass ich sie selbst nicht zu erkennen vermag. Wer auf solchem Fundament tatsächlich eine Sekte oder Religion begründen möchte, der ist, Mensch sei's geklagt, nichts weiter als ein veritabler Vollidiot!

So, nachdem auch das gesagt ist, bleibt mir nur noch, mich von Ihnen zu verabschieden. Machen Sie es gut! Und wenn Sie klüger sind als ich und in diesem Buch Fehler entdecken, die ich in meiner Borniertheit übersehen habe, so tun Sie sich keinen Zwang an: Belehren Sie mich eines Besseren! Sie wissen ja: Kritik ist ein Geschenk …

ANHANG

Das starke, naturalistische Emergenz-Prinzip: Warum das Ganze mehr ist als die Summe seiner Teile

Als ich am Manuskript von »Jenseits von Gut und Böse« arbeitete, stellte sich die Frage, ob ich das komplexe Thema »Emergenz« im Buch behandeln sollte oder nicht. Eigentlich wäre dies im Zuge der Diskussion um Determinismus und Fatalismus notwendig gewesen, aber ich scheute mich davor, ein theoretisches Problem anzuschneiden, das mir selbst schlaflose Nächte bereitet hatte. Das Buch sollte schließlich trotz seiner Informationsdichte möglichst unterhaltsam sein und auf keinen Fall ernste Kopfschmerzen bei der Lektüre verursachen! Also fasste ich den Entschluss, die Frage »Was ist Emergenz?« nicht explizit im Buch zu erörtern.

Im Nachhinein betrachtet war dies vielleicht ein Fehler, denn einige Leserinnen und Leser hatten offenbar Schwierigkeiten, nachzuvollziehen, warum ich das »Eigennutz-Prinzip« als »Naturgesetz des Lebens« beschreibe oder »Kultur« als den entscheidenden »4. Akt der Evolution« darstelle. Hatte ich denn nicht ausgeführt, dass es in Natur und Kultur »mit rechten Dingen« zugeht? Warum also sollten für das »Reich des Lebendigen« andere Gesetze gelten als für das Reich der toten Materie? Wäre es im Rahmen einer naturalistischen Weltsicht nicht viel angemessener, Biologie und Kultur als bloße Folgeerscheinungen der Physik zu begreifen?

Diese Frage lässt sich nur beantworten, wenn man eine Vorstellung davon hat, welche Rolle »emergente Systeme« in der Natur spielen. Ich möchte deshalb in diesem Nachwort ansatzweise nachholen, was ich im Buch aus Rücksicht auf die Allgemeinverständlichkeit des Textes versäumt habe. Zwar fürchte ich, dass die nachfolgenden Ausführungen zum »starken, naturalistischen Emergenz-Prinzip« schwerer zu verdauen sind als die sonstigen Teile dieses Buches, sie sind jedoch, wie ich meine, von solch grundlegender Bedeutung für eine naturalistische Sicht der Dinge, dass sich eine Beschäftigung mit dieser komplexen Thematik (trotz erhöhten Kopfschmerz-Risikos) lohnen dürfte.[1]

Fragen wir uns also: Was ist »Emergenz«? Abgeleitet ist der Begriff vom lateinischen Verb *emergere*, das »auftauchen, hervorkommen, sich zeigen« bedeutet. Ernst Mayr, einem der Pioniere der »Synthetischen Evolutionstheorie«, zufolge meint »Emergenz«, dass »in einem strukturierten System auf höheren Integrationsebenen neue Eigenschaften entstehen, die sich nicht aus der Kenntnis der Bestandteile niedrigerer Ebenen ableiten lassen«.[2] Der Begriff »Emergenz« kennzeichnet also jenes merkwürdige Phänomen, das den griechischen Philosophen Aristoteles schon vor rund zweieinhalb Jahrtausenden beeindruckte: Gemeint ist die Erfahrung, dass das *Ganze offensichtlich mehr ist als die bloße Summe seiner Teile*.[3]

In unserer Welt können wir überall emergente Phänomene beobachten. Ein triviales Beispiel hierfür ist eine Uhr, die, sofern ihre Bestandteile funktionstüchtig und in der richtigen Ordnung zusammengefügt sind, Systemeigenschaften aufweist (nämlich das Potential zur Zeitmessung), die ihre Einzelteile (etwa die Zahnräder oder Schrauben) nicht besitzen. Nun ist eine Uhr ein recht einfaches, mechanisches Ding, dessen emergente Systemeigenschaften wir (zumindest auf den ersten Blick) leicht physikalisch erklären können. Völlig anders sieht dies jedoch aus, wenn wir uns komplexere Emergenzphänomene vor Augen führen, wie etwa das folgende:

Das emergente System, das den Namen »Michael Schmidt-Salomon« trägt, besteht aus Atomen und Molekülen, die zuvor möglicherweise Bestandteile der Flosse eines Hais waren, des Blatts eines Ahornbaums oder des Kots einer Riesenschildkröte. Wie erklären wir uns, dass ein System, das aus solch merkwürdigen physikalisch-chemischen Einzelteilen zusammengesetzt ist, in seiner jetzigen Konfiguration ausgerechnet scharfe indische Küche liebt, dicke Bücher über Willensfreiheit schreibt und über den skurrilen Humor von »Monty Python's Flying Circus« lacht? Allgemeiner gefragt: Lassen sich biologische oder kulturelle Phänomene *restlos* auf chemische oder gar physikalische Prozesse zurückführen oder sind derartige Erklärungsmuster bei genauerer Betrachtung doch nicht *hinreichend*?

In den letzten 100 Jahren wurden viele unterschiedliche Konzepte von Reduktionismus und Emergenz entwickelt.[4] Das Spektrum der Ansätze reicht vom radikalen »eliminatorischen Reduktionismus«, der meint, alle Phänomene der Biologie und Kultur *vollständig* auf physikalische Prinzipien zurückführen zu können, bis hin zur Idee einer »starken, anti-naturalistischen Emergenz«, die unterstellt, dass emergente Prozesse (etwa philosophische Gedankengänge) eben nicht durch Ursachen auf niederer Integrationsebene (etwa neuronale Aktivitäten) determiniert werden.

Mikrodetermination: Das universelle Kausalprinzip

Meine eigenen Überlegungen laufen auf ein Modell hinaus, das ich als »*starkes, naturalistisches Emergenz-Prinzip*« bezeichnen möchte. Naturalistisch ist dieses Konzept, weil es in ihm selbstverständlich »mit rechten Dingen zugeht«. Das heißt, dass das (zumindest oberhalb der Quantenebene) universell gültige Kausalprinzip durch das Auftreten emergenter Phänomene nirgends durchbrochen wird. Mein Begriff von »Emergenz« steht also nicht im Widerspruch zum naturalistischen Prinzip der *Mikrodetermination*. Vielmehr müssen wir weiterhin den Strom der »aufwärtsgerichteten Verursachung« beachten, demzufolge physikalische Prozesse chemische Prozesse determinieren, die ihrerseits biologische Prozesse bestimmen, welche wiederum kulturellen Prozessen zugrunde liegen.

Es gibt demnach *keine kulturellen Prozesse, die den grundlegenden biologischen, chemischen und physikalischen Determinanten widersprechen!* Das heißt: Wenn auf emergenter Ebene (etwa der Kultur) ein Ursachen-Wirkungs-Verhältnis vorliegt (»Die emergente Ursache $U1^\star$ erzeugt $\rightarrow$ die emergente Wirkung $W1^\star$«), so muss ein damit korrespondierendes Ursachen-Wirkungs-Verhältnis auch auf niederer Integrationsebene (etwa der Biologie) existieren (»Die basale Ursache $U1$ erzeugt $\rightarrow$ die basale Wirkung $W1$«). Man kann diesen Sachverhalt noch etwas deutlicher ausdrücken, indem man die spezifische Richtung der Mikrodetermination berücksichtigt: Ohne $U1 \rightarrow W1$ auf niederer Integrationsebene (etwa der Biologie) gäbe es kein $U1^\star \rightarrow W1^\star$ auf emergenter Ebene (etwa der Kultur). $U1^\star \rightarrow W1^\star$ kann also auf $U1 \rightarrow W1$ zurückgeführt werden. Nur weil dies so ist, haben *reduktionistische Erklärungen* ihre Berechtigung.

In »Jenseits von Gut und Böse« gibt es zahlreiche Formulierungen, die sich dieses wissenschaftlich eleganten, reduktionistischen Denkmusters bedienen. Ich zitiere zur Illustration eine Passage aus dem zweiten Kapitel des Buchs: »Das, was uns als Personen auszeichnet, was wir denken, wie wir empfinden, was wir lieben und verachten, was uns erfreut und abschreckt, was wir können und was uns beim besten Willen nicht gelingt etc. – all dies ist bestimmt von neuronalen Prozessen, die unter unserer Schädeldecke ablaufen, ohne dass wir dies (außerhalb eines neurologischen Labors) wahrzunehmen vermögen. (…) Wir müssen uns daher wohl oder übel damit abfinden, dass Gedanken, für die es keine Hirnschaltmuster gibt, nicht gedacht und Emotionen, die neuronal nicht abgedeckt sind, nicht empfunden werden können.«

Man erkennt an dieser Stelle deutlich das oben erläuterte reduktionistische Erklärungsmuster: Emergente Phänomene wie Gedanken und Emotionen (die ihrerseits emergente Wirkungen, nämlich menschliche Handlungen, verursachen) werden zurückgeführt auf Ursachen-Wirkungs-Verhältnisse auf niederer Integrationsebene, nämlich der biochemischen Erregung und Verschaltung von Neuronen.

Die Frage allerdings ist, ob damit schon alles geklärt ist: Ist das reduktionistische Deutungsmuster, das in den Wissenschaften so fruchtbar genutzt wird, wirklich *hinreichend*, um sämtliche Phänomene in der Welt zu erfassen? Lassen sich komplexe Empfindungen und Gedankengänge tatsächlich *vollständig* auf biologische, chemische oder gar physikalische Prozesse zurückführen? Kurzum: Ist U1* → W1* (etwa ein Gedanke, der zu einer neuen Einsicht führt) wirklich *nichts anderes* als U1 → W1 (etwa eine neuronale Aktivität, die ein neues Muster von Hirnschaltkreisen bewirkt)?

Makrodetermination: Das evolutionäre Selektionsprinzip

Ich meine, dass die Akzeptanz des Prinzips der Mikrodetermination uns keineswegs dazu veranlassen sollte, einem *eliminatorischen Reduktionismus* zu verfallen. Dieser würde uns nämlich zu der Annahme zwingen, dass alles, was in der Welt existiert, *letztlich bloß Physik ist – und nichts weiter*! Diese Positionierung hätte nicht nur fatale Konsequenzen für unser Selbstverständnis, wie ich weiter unten zeigen werde, sie dürfte auch empirisch falsch sein! Denn wir haben durchaus Grund zu der Annahme, dass das Reich des Lebendigen uns nicht bloß als eine »eigene Welt« *erscheint*, welche wir *phänomenal* von der Welt der bloßen Physik abgrenzen können, sondern dass dieses Reich des Lebendigen *tatsächlich* eine ganz eigene Welt *ist*, in der eigene Gesetzmäßigkeiten gelten, die zwar den physikalischen Prinzipien entsprechen, aber dennoch in dieser spezifischen Form in der Welt der bloßen (anorganischen) Physik nicht vorherrschen.

Das Problem, das mit der Annahme einer solchen *Selbstorganisation emergenter Systeme* verbunden ist, ist offensichtlich: Sie setzt voraus, dass es neben der *Mikrodetermination*, der Bestimmung des emergenten Systems durch Ursachen auf niederer Integrationsebene, auch so etwas geben muss wie *Makrodetermination*, also die Rückwirkung des emergenten Systems auf die niederen Integrationsebenen. Denn: Gäbe es solche Rückwirkungen nicht, so wäre Emergenz nichts weiter als ein phänomenaler Spuk, der in der physikalischen Realität nicht von Bedeutung wäre.[5]

Die Frage allerdings ist: Wie sollte Makrodetermination in einem nachweislich von Mikrodetermination bzw. aufwärtsgerichteter Verursachung bestimmten Universum möglich sein? Dass physikalische Prozesse die Grundlage für chemische und biologische Prozesse bilden, ist jedem Naturalisten einsichtig, doch wie könnte umgekehrt ein Gedanke Auswirkungen auf Moleküle und Atome haben? Würde das nicht bedeuten, dass es im Universum letztlich doch nicht »mit rechten Dingen« zugeht? Mit anderen Worten: Beruht die Idee der Makrodetermination nicht per se auf anti-naturalistischen Annahmen?

Ich denke, dass es einen Weg gibt, das Prinzip der Makrodetermination zu berücksichtigen, ohne hierdurch die wissenschaftlich sinnvollen und erfolgreichen, naturalistischen Grundannahmen zu verletzen. Die Lösung dieses Problems besteht darin, dass man die abwärtsgerichtete Wirkung emergenter Systeme eben nicht im Sinne des *newtonschen oder einsteinschen Kausalitätsprinzips* versteht, sondern vielmehr im Sinne des *darwinschen Evolutions- bzw. Selektionsprinzips*.[6]

Hierzu muss man sich Folgendes vergegenwärtigen: Emergente Systeme (etwa unterschiedliche Individuen, Familien, Kulturen, Institutionen, Begriffsbildungen, Moden, Musik- oder Lebensstile) sind nicht gleichermaßen stabil und erfolgreich. Einige sind höchst flüchtig, andere haben länger Bestand und pflanzen sich fort. Wir können hier also von einem »darwinschen Wettbewerb der emergenten Systeme« sprechen. Was aber hat dies mit den Teilen auf den niederen Integrationsebenen zu tun? Nun, der Wettbewerb der emergenten Systeme ist letztlich ein »Wettbewerb der Ordnung der Teile«! Insofern kann man die abwärtsgerichtete Wirkung emergenter Systeme als ein Resultat des Wirkens von emergenten Selektionskräften verstehen, die bestimmte »Ordnungen der Teile« begünstigen oder diese unwahrscheinlich machen.

Wenn ich mich nicht irre (was ich keineswegs ausschließen mag!), so handelt es sich hierbei um ein *allgemeines Emergenz-Gesetz*, das auf unterschiedlichsten Ebenen zu beobachten ist: Wenn sich in einem See eine bestimmte Fischart gegen andere Fischarten durchsetzt, so hat dies keinen Einfluss auf den grundlegenden Mechanismus der Vererbung, der darauf beruht, dass Erbinformationen mithilfe von Adenin, Thymin, Guanin und Cytosin gespeichert werden, wohl aber hat es Einfluss auf die *Häufigkeit*, in der bestimmte Anordnungen dieser Nukleinbasen auftreten. Wenn in einer Kultur Horrorfilme erfolgreicher im Kino laufen als Liebesromanzen, hat dies keinen Einfluss darauf, dass romantische Gefühle durch das Neuropeptid Oxytocin und Stressreaktionen durch das Hormon Adrenalin ausgelöst werden, aber es hat sehr wohl Einfluss auf die relative Häufigkeit der Ausschüttung von Oxytocin und Adrenalin in einer Kultur. Gleichermaßen hat Katja Ebsteins erfolgreicher Schlager »Wunder gibt es immer wieder« keineswegs das »Wunder« vollbracht, den physikalischen Mechanismus der Entstehung und Übertragung von Tonfrequenzen bzw. den biologischen Mechanismus der Interpretation von Schallwellen im Ohr bzw. im Gehirn zu verändern. Wohl aber sorgte dieser Schlager dafür, dass eine spezifische Anordnung von Tonfrequenzen in einer ganz bestimmten geografischen Region (deutschsprachiger Raum) in verstärktem Maße auftrat und von lebenden Organismen neuronal verarbeitet wurde.

Den grundlegenden Mechanismus der Makrodetermination können wir also folgendermaßen formulieren: Der Selektionsprozess $S\star 1$ bewirkt auf emergenter Ebene, dass $U\star 1 \rightarrow W\star 1$ häufiger auftritt als $U\star 2 \rightarrow W\star 2$ (beispielsweise könnte eine Verschmutzung des Wassers bewirken, dass Fische der Spezies 1 häufiger geboren werden als Fische der Spezies 2). Das wiederum hat auf basaler Ebene zur Folge, dass U1 → W1 häufiger auftritt als U2 → W2 (etwa die molekularen Prozesse, die für Spezies 1 und 2 typisch sind). Mit anderen Worten: Die »abwärtsgerichtete Verursachung« des emergenten Prozesses U*1 → W*1 wirkt nicht in einem kausal-deterministischen Sinne, da U*1 → W*1 nicht U1 → W1 hervorrufen kann, aber sie hat sehr wohl einen selektiven Einfluss auf die *Häufigkeit*, in der U1 → W1 auftritt.

Wie man sieht, beruht das von mir vertretene Konzept einer starken, naturalistischen Emergenz auf der Annahme, dass emergente Systeme *tatsächlich* (nicht bloß *scheinbar*!) eigene Gesetzmäßigkeiten aufweisen, die *nicht restlos* auf Ursachen auf niederer Integrationsebene zurückzuführen sind, weil sie aufgrund ihres höheren Informationsgrades (»Information« = »In-Formation-Gebrachtsein« der Teile) selbst *selektiven Einfluss auf die Häufigkeit* des Auftretens von Prozessen auf niederer Integrationsebene haben.

Das bedeutet beispielsweise, dass die unterschiedlichen menschlichen Sprach-Kulturen zwar allesamt biologisch bedingt sind, aber nicht *hinreichend* über biologische Prinzipien erklärt werden können. Ebenso müssen wir einsehen, dass Leben auf spezifischen physikalischen und chemischen Voraussetzungen beruht, jedoch nicht auf diese reduziert werden kann, ohne dass wir dabei Wesentliches (etwa die Bedeutung des Eigennutzprinzips) übersehen.[7] In Formelsprache übersetzt heißt dies: U1 → W1 (etwa eine neuronale Aktivität) ist zwar die notwendige Voraussetzung für den emergenten Prozess U*1 → W*1 (etwa einen Gedankengang), aber U*1 → W*1 kann deshalb noch lange nicht vollständig auf U1 → W1 reduziert werden!

Der Reiz des hier vorgeschlagenen Modells besteht darin, dass es erklärt, auf welche Weise emergente Prozesse ihren »Fußabdruck« in der physikalischen Welt hinterlassen, *ohne* dass wir hierfür eine geheimnisvolle fünfte Grundkraft der Physik (neben der Gravitationskraft sowie der starken, schwachen und elektromagnetischen Wechselwirkung) postulieren müssen. Wie aber ist das möglich? Ganz einfach: *Die Rückwirkungen emergenter Systeme auf niedere Integrationsebenen »bedienen« sich der Gesetzmäßigkeiten dieser niederen Ebenen, weshalb sie aus deren Perspektive »unsichtbar« sind!*

Denken Sie an das oben angeführte Beispiel: Wenn Fischspezies 1 Spezies 2 verdrängt, so heißt dies, dass die spezifische Anordnung von Atomen, Molekülen etc., die für Spezies 2 charakteristisch war, nun nicht mehr auftritt. Auf physikalischer Ebene ist dabei nichts Ungewöhnliches passiert (es gab keine Verstöße gegen die Gesetze der Gravitation oder der starken, schwachen oder elektromagnetischen Wechselwirkung) – und doch ist in der Welt etwas Bedeutsames geschehen (zumindest für die Mitglieder der Spezies 1 und 2!), was sich letztlich auch im physikalischen Kosmos niederschlug, ohne dass dies aus einer rein physikalischen Perspektive überhaupt als Besonderheit verbucht werden konnte!

Abschied vom »Nichts-weiter-als«-Syndrom

Da die Rückwirkungen emergenter Systeme aus der Perspektive der niederen Integrationsebene »unsichtbar« sind, kann der Ansatz des eliminatorischen Reduktionismus, der reale Wirkungen emergenter Systeme bestreitet, als plausibel, ja sogar als »wissenschaftlich elegant« erscheinen. Allerdings fordert diese denkmögliche Position einen hohen Preis! Denn dieser Ansatz läuft darauf hinaus, dass sämtliche Erscheinungen in der Welt (inklusive der menschlichen Kultur) nichts weiter sind als *Epiphänomene physikalischer Prozesse.* Unter dieser Voraussetzung würde es uns nur so *erscheinen*, als ob unsere Überzeugungen, Überlegungen, Gefühle etc. von Bedeutung sind, *tatsächlich* aber wären sie bloß vernachlässigbare Folgeerscheinungen der vier physikalischen Grundkräfte (Gravitation, starke, schwache und elektromagnetische Wechselwirkung).

Jede Berufung auf die Wirksamkeit von Gründen, von Aufklärung und Selbstreflexion, jede Diskussion über die Güte von

Argumenten, wäre damit hinfällig! Denn unter dieser Voraussetzung würden wir irrationale und/oder inhumane Standpunkte (etwa den Fundamentalismus bin Ladens) nicht deshalb kritisieren, weil wir uns dank rationaler Argumente von der Richtigkeit dieser Position überzeugt haben, sondern weil gänzlich unintelligente, physikalische Prozesse unsere Gehirne so determinieren, dass wir exakt so und nicht anders denken können (was im umgekehrten Falle für Osama bin Laden selbstverständlich in gleichem Maße gelten würde).

Glücklicherweise ist ein solcher »physikalischer Fatalismus« keineswegs die einzige denkmögliche, naturalistische Position, denn das starke, naturalistische Emergenz-Prinzip lässt sich, wie wir gesehen haben, ebenso gut mit naturalistischen Grundannahmen vereinbaren. Das Einzige, was von der naturalistischen Seite in diesem Zusammenhang verlangt wird, ist eine Überwindung des eliminatorischen »Nichts-weiter-als«-Syndroms[8], welches in naturwissenschaftlichen Kreisen leider stark verbreitet ist!

Statt weiterhin zu behaupten, dass kognitive Überlegungen »nichts weiter« seien als neurobiologische oder gar physikalische Prozesse, sollten wir uns auf die nüchterne Feststellung beschränken, dass *jede* Abwägung von Gründen *notwendigerweise* von entsprechenden physikalischen und neurobiologischen Prozessen hervorgerufen wird. Jenseits des Physikalischen und Biologischen gibt es keine Gründe! Doch das heißt keineswegs, dass biologische und physikalische Erklärungsmuster *alleine* schon ausreichen würden, um zu verstehen, warum sich Person A für einen kritisch-rationalen Denkansatz entscheidet, während B einer okkulten Sekte beitritt!

Mit anderen Worten: Wir stehen hier nicht vor der Entscheidung zwischen einem »Nur-Physikalismus« (eliminatorischer Reduktionismus), der ausschließlich (!) physikalische Prozesse berücksichtigt, und einem »Nicht-Physikalismus« (Supranaturalismus, Dualismus etc.), der meint, physikalische Prozesse in irgendeiner Weise ausblenden zu können! Zur Auswahl steht uns auch ein »Nicht-Nur-Physikalismus« (emergentistischer Physikalismus, Materialismus oder Naturalismus),[9] der die Allgegenwart der basalen, physikalischen Prozesse berücksichtigt, aber trotzdem anerkennt, dass sich auf emergenter Ebene eigene Gesetzmäßigkeiten entwickelt haben, die einen realen, wenn auch physikalisch »unsichtbaren« (weil im Einklang mit den bekannten physikalischen Gesetzmäßigkeiten stehenden!) Einfluss auf die niederen Integrationsebenen haben.

Emergenz, Reduktionismus und die Einheit des Wissens

Diese Grundausrichtung der Argumentation hat weitreichende Konsequenzen, beispielsweise im Hinblick auf die wissenschaftstheoretische Debatte: So ist etwa die Ausdifferenzierung der Wissenschaft in verschiedene Disziplinen darüber legitimiert, dass die Forschungsgegenstände von Ökonomie, Pädagogik, Linguistik, Literatur- oder Musikwissenschaft als emergente Systeme jeweils *eigenen Gesetzmäßigkeiten* folgen, die sich nicht vollständig in Biologie, Chemie oder gar Physik überführen lassen. Allerdings liegt dieser Vielfalt der Disziplinen eine von vielen übersehene »Einheit des Wissens« zugrunde, die durch den unaufhörlichen Strom der aufwärtsgerichteten Verursachung (Mikrodetermination) bedingt ist. Dabei gilt: *Je höher der Emergenzgrad eines Systems ist, desto größer ist auch das »reduktionistische Erbe«, das ihm zugrunde liegt!*

Dieses »reduktionistische Erbe« muss in der wissenschaftlichen Erforschung emergenter Systeme berücksichtigt werden. Jedem Forscher sollte klar sein: Etwas, das physikalisch unmöglich ist, ist auch ökonomisch unmöglich; etwas, das schon biologisch absurd ist, ist auch philosophisch absurd! Trotz alledem haben Geistes- und Sozialwissenschaftler recht, wenn sie vor einer *Überinterpretation naturwissenschaftlicher Erkenntnisse* warnen, schließlich ist Physik (aufgrund der Wirkungen der Makrodetermination) nicht gleichbedeutend mit Ökonomie und Biologie, nicht mit Philosophie! Unrecht haben sie jedoch, wenn sie meinen, naturwissenschaftliche Erkenntnisse in irgendeiner Weise ignorieren zu dürfen, denn das »reduktionistische Erbe« ihrer emergenten Forschungsgegenstände ist schlichtweg unaufhebbar!

Vergessen wir nicht: Emergente Spielregeln können basale Spielregeln zwar *ergänzen* und sogar selektiven Einfluss auf deren Auftrittswahrscheinlichkeit nehmen, aber sie können diese basalen Prozesse niemals *aufheben* (weshalb die liberalistische Vorstellung eines »ursachenfreien Willens« schon vom Ansatz her unsinnig ist)! Von daher sollte der naturwissenschaftliche Reduktionismus nicht als Bedrohung, sondern vielmehr als notwendige Basis der geistes- und sozialwissenschaftlichen Forschung begriffen werden. Als Leitsatz der Forschung können wir somit formulieren: *»So viel Reduktionismus wie möglich, so viel Komplexität wie nötig!«*

Ich denke, dass ich diese Maxime in meinen bisherigen Veröffentlichungen berücksichtigt habe – auch wenn ich die zugrunde liegende Denkfigur des starken, naturalistischen Emergenz-Prinzips zuvor nicht explizit auswies. Diese fehlende Offenlegung hat leider zusätzliche Missverständnisse provoziert. So fühlten sich Autoren, die das Prinzip der Mikrodetermination nicht hinreichend berücksichtigen, dazu genötigt, mir gegenüber den Reduktionismus-Vorwurf zu erheben, während Autoren, die das Prinzip der Makrodetermination übersahen, meinten, ich würde nicht reduktionistisch genug argumentieren und stattdessen unnötige, anti-naturalistische »Bonus-Gesetze« postulieren.[10]

Ein Beispiel für die erste Variante eines solchen Missverständnisses (Reduktionismus- bzw. Biologismus-Vorwurf) lieferte unlängst Professor Reinhold Leinfelder, der Direktor des Museums für Naturkunde Berlin.[11] Er warf mir vor, eine biologistische Form der Philosophie zu betreiben, was sich u.a. darin ausdrücke, dass ich den »Eigennutz« nur »in humane Bahnen lenken« wolle, statt ihn zu »überwinden«. Was ist von diesem Vorwurf zu halten?

Nun, wenn es stimmt, was ich hier über Mikro- und Makrodetermination dargelegt habe, so können wir schlichtweg nicht verhindern, dass wir »Trockennasenaffen« nach Wohl-und-wehe-Empfindungen agieren und »das subjektiv Beste« für uns herausholen möchten, denn das »Prinzip Eigennutz« ist ein unaufhebbares Erbe der biologischen Evolution! Jedoch können wir sehr wohl im Sinne der beschriebenen Makrodetermination kulturell auf die Häufigkeit des Auftretens bestimmter Wohl- und-wehe-Reaktionen Einfluss nehmen! Wir können beispiels- weise mit guten, humanen Argumenten sowie förderlichen sozi- alen Rahmenbedingungen darauf hinwirken, dass ein sozialver- träglicher, »empathischer Eigennutz« (gewissermaßen ein »Wille zum Altruismus«) wahrscheinlicher wird. Wir können aber auch mithilfe von menschenverachtenden Ideologien und unfairen Sozialstrukturen die Wahrscheinlichkeit inhumaner Formen von Eigennutz fördern.[12] Somit würden statt des empathischen Eigen- nutzes vermehrt Varianten eines individuell-verkürzten Egois- mus auftreten oder aber jene begrenzt-altruistischen, letztlich kriegstreiberischen Formen des Gruppenegoismus, die ich in diesem Buch beschrieben habe (siehe das Unterkapitel »Die Hölle sind die anderen«, S. 69 ff.)

Evolutionäre Basteleien: Die gradualistische Sichtweise

Gewöhnlich stellen wir uns die Entstehung emergenter Systeme als »plötzliche Geschehnisse« vor, haben also den Eindruck, die Natur würde »Sprünge« machen, die zu größerer Komplexität führen. Wie die meisten Evolutionstheoretiker vertrete ich je- doch eine dezidiert *gradualistische Sichtweise*, die davon ausgeht, dass die Einführung neuer emergenter Spielregeln in winzig kleinen Schritten erfolgt, die im ersten Moment keineswegs als besonders bedeutsam erscheinen, aber doch auf lange Sicht gravierende Folgewirkungen haben können.

Im Buch wurde dies u. a. anhand der Entstehung von »Empfind- samkeit« beschrieben. Diesem emergenten System der »Empfind- samkeit« sind, wie ich ausführte, viele wichtige, evolutionäre Schritte vorausgegangen, etwa die Entstehung organischer Mate- rie aus anorganischer, die Bildung von Vesikeln (Bläschen), die einen Satz von Nukleinsäuren von der Außenwelt abgrenzten, sowie die Entstehung von Replikationsmechanismen, die dafür sorgten, dass sich bestimmte Anordnungen von Biomolekülen stärker ausbreiteten als andere.

Nachdem der genetische Kopierwettbewerb in Gang gesetzt worden war, bestimmte er die Evolution des Lebens bis zum heutigen Tage (ein wesentlicher Teil unseres »reduktionistischen Erbes«, wie Soziobiologen zu Recht betonen[13]). Die ersten Protoorganismen, die sich an diesem Kopierspiel beteiligten, waren allerdings noch nicht in der Lage, in irgendeiner Weise mit ihrer Umwelt zu interagieren. Erst im Verlauf von vielen Jahrmillionen entwickelten sich interne Stoffwechselprozesse, die es den Organismen ermöglichten, zwischen (für den Selbsterhalt und Kopiererfolg) schädlichen und förderlichen Umweltreizen zu unterscheiden. Diese Reizbarkeit des internen Systemzustands entstand ganz allmählich – auch hier machte die Natur keine Sprünge! Doch nachdem sich das »Prinzip Empfindsamkeit« etabliert hatte, avancierte es zu einer neuen, emergenten Spielregel der Evolution, die sich mehr und mehr selbst verstärkte! Schließlich besaßen Organismen, die schädlichen Reizen ausweichen konnten, in entsprechenden ökologischen Nischen Selektionsvorteile gegenüber Protoorganismen, die über derartige Reiz-Reaktionsmechanismen nicht verfügten.

So wie sich das »Prinzip Empfindsamkeit« der basalen genetischen Kopierprozesse bedient und allmählich (per Makrodetermination) Einfluss auf die Häufigkeit des Auftretens bestimmter genetischer Informationen nahm (nämlich solcher, die halfen, »Empfindsamkeit« auszudifferenzieren), so beruhen auch die komplexen Emotionen, über die wir Menschen heute verfügen, auf jenen alten Reiz-Reaktionsmechanismen, die sich bei unseren primitiven Vorfahren vor Urzeiten entwickelten. Allerdings sind unsere Emotionen (Liebe, Trauer, Hass etc.) keineswegs allein auf diesen Mechanismus zu reduzieren. Um sie zu verstehen, müssen wir zusätzliche, emergente Spielregeln beachten, die teilweise bereits vor Jahrmillionen in Erscheinung traten, etwa die Ausdifferenzierung der Außenwahrnehmung (»Empfindsamkeit« beruhte auf der Wahrnehmung des inneren Systemzustandes, die

Fähigkeit zur Repräsentation der Außenwelt entwickelte sich später und stachelte ihrerseits einen neuen emergenten Wettbewerb an). Andere Spielregeln, die unseren Gefühlshaushalt nachhaltig beeinflussen, entstanden hingegen erst vor verhältnismäßig kurzer Zeit, nämlich im Zuge der menschlichen Kulturevolution.

Am Beispiel der Kulturevolution lässt sich besonders eindrücklich jener Schneeball-Lawinen-Effekt verdeutlichen, der für das Verständnis emergenter Systeme wesentlich ist: *Aus minimalen Unterschieden in den Ausgangsbedingungen können im Verlauf des evolutionären Spiels Unterschiede erwachsen, die so gewaltig sind, dass man die zugrunde liegenden Gemeinsamkeiten leicht übersieht.* Ein gutes Beispiel hierfür sind die Unterschiede zwischen Mensch und Schimpanse. Biologisch betrachtet sind diese Unterschiede bekanntlich marginal. (Der Primatologe Volker Sommer weist in seinen Vorträgen gerne darauf hin, dass die genetische Differenz zwischen Menschen und Schimpansen geringer ist als die Differenz zwischen Menschenmännern und Menschenfrauen!). Wie also erklären wir uns angesichts dieser so ähnlichen Ausgangsbedingungen, dass die Schimpansen über die Erfindung einfacher Werkzeuge nicht hinauskamen, während wir Menschen lernten, Städte zu erbauen, zum Mond zu fliegen oder klassische Opern zu komponieren?

Die biologische Antwort hierauf ist erstaunlich einfach: Menschenbabys können im Vergleich zu anderen Primatenbabys besser »nachäffen«, also das Verhalten von Gruppenmitgliedern exakter kopieren (eine wesentliche Voraussetzung für das Modelllernen). Dies hat zur Folge, dass das emergente Spiel des sozialen Lernens in menschlichen Kulturen eine ganz andere Dynamik entfalten konnte als in Schimpansenkulturen. Freilich war es vor sechs Millionen Jahren, als sich die Abstammungslinien von Menschen und Schimpansen voneinander trennten, noch längst nicht absehbar, wie weit die menschliche Kulturentwicklung voranschreiten würde. Noch vor 40 000 Jahren hätte wohl niemand unserer Spezies zugetraut, dass sie irgendwann einmal über Satelliten kommunizieren würde. Doch das emergente System der

Kultur evolvierte mehr und mehr, insbesondere nachdem es mit der Erfindung von Sprache und Schrift möglich wurde, soziale Lernerfahrungen über längere Zeiträume hinweg zu konservieren. So entstand aus einem anfangs marginalen biologischen Unterschied im Laufe der Zeit eine immer größer werdende kulturelle Kluft zwischen Menschen und Schimpansen.

Selbstverständlich sollten uns diese kulturellen Unterschiede nicht dazu verleiten, die vielen Gemeinsamkeiten zu übersehen, die zwischen uns und den anderen Menschenaffen bestehen. Schimpansen, Bonobos und Gorillas sind uns viel näher, als der erste Eindruck suggerieren mag.[14] Der Grund hierfür ist, dass die Kultur (wie jedes andere emergente System) letztlich darauf angewiesen ist, *auf der Tastatur der bereits etablierten basalen Systeme zu spielen*. Sie erschafft den Menschen eben nicht »neu«, sondern ist auf die vorhandenen, biologischen Mechanismen angewiesen. So »erhaben« uns also ein philosophischer Gedanke auch immer erscheinen mag (und vielleicht auch ist!), auf biologischer Ebene geht es dabei (wie im Gehirn einer Ratte) nur um das An- und Ausschalten von Genen, Neurotransmittern und elektrischen Impulsen.

Insofern ist es auch nicht verwunderlich, dass Eric Kandel seine wegweisenden Erkenntnisse zur Funktionsweise des Kurz- und Langzeitgedächtnisses, für die er im Jahr 2000 mit dem Nobelpreis ausgezeichnet wurde, aus Studien an einem »primitiven« Weichtier, nämlich der Meeresschnecke *Aplysia californica*, schöpfte. Früher dachten die Forscher, das menschliche Gehirn sei so einzigartig, dass man es mit dem Aufbau anderer neuronaler Systeme nicht vergleichen könne. Mittlerweile wissen wir es besser, wie Kandel schreibt: »Alles Leben, sogar das Substrat unserer Gedanken und Erinnerungen, besteht aus den gleichen Bausteinen.«[15]

Die Evolution ist, wie vor allem die sog. »Evo-Devo«-Forschung gezeigt hat,[16] eine erstaunlich konservative Veranstaltung: Sie erfindet niemals komplett Neues, sondern bedient sich unablässig des bereits Vorhandenen. Der Molekulargenetiker Francois Jacob charakterisierte die Evolution daher zu Recht als »Bastelei« oder »Flickwerk«.[17] In der Tat nutzt die Evolution wie ein Bastler »allen möglichen Krimskrams«, den sie vorfindet. Statt planvoll vorzugehen, stoppelt sie aus dem vorliegenden Material notdürftig neue Objekte zusammen.

Diese evolutionäre Bastelei steht in völligem Einklang mit dem zuvor beschriebenen Prinzip der Makrodetermination. Denn, wie gesagt: Emergente Systeme (etwa Lebewesen, Gruppen, Ökosysteme, Kulturen) können an den basalen Prozessen nichts grundlegend ändern, sondern bloß selektiven Einfluss auf die Häufigkeit ihres Auftretens ausüben! Sämtliche Errungenschaften der menschlichen Kultur sind und bleiben insofern nur Bestandteile eines gigantischen, evolutionären Flickwerks. Doch wie könnte es auch anders sein? Wenn Makrodetermination der Motor der Evolution ist, so ist Mikrodetermination der notwendige Treibstoff, ohne den die Evolution keinen Schritt vorankäme! Das »reduktionistische Erbe« bleibt uns also erhalten! Lernen wir damit zu leben …

Jenseits von Reduktionismus und Supranaturalismus

In den vergangenen zehn Jahren habe ich in meinen Texten den Aspekt des Reduktionismus zweifellos viel stärker betont als den Aspekt der emergenten Komplexität. Angesichts der vielen Probleme, die durch anti-naturalistische Weltanschauungen (etwa dem Kreationismus) hervorgerufen werden, scheint mir diese Strategie auch heute noch sinnvoll zu sein. Dennoch sollten wir nicht den Fehler machen, die Probleme zu übersehen, die sich auch aus einem allzu reduktionistischen Denkansatz ergeben können! Denn dieser eliminiert letztlich all die emergenten Eigenschaften, die für unser Leben von Bedeutung sind! Aus diesem Grund betrachte ich den eliminatorischen Reduktionismus auch nicht als eine fruchtbare, wissenschaftliche Hypothese, sondern vielmehr als eine letztlich *irrelevante, metaphysische Spekulation*, die zwar im Einklang mit naturalistischen Grundannahmen steht, aber bei genauerer Betrachtung mehr theoretische Probleme erzeugt, als sie zu lösen vermag.

Wer ernsthaft an einer »Einheit des Wissens« interessiert ist, sollte sich vom eliminatorischen Reduktionismus ebenso verabschieden wie vom supranaturalistischen Dualismus, der kulturelle Phänomene außerhalb des vorgegebenen physikalischen und biologischen Rahmens herbeihalluziniert. Ich gebe zu, dass ein »dritter Weg« jenseits von Reduktionismus und Supranaturalismus/Dualismus schwer vorstellbar ist (deshalb habe ich, wie gesagt, im Buch auf eine explizite Darstellung dieser Thematik verzichtet), aber vielleicht kann die hier erfolgte Skizze des starken, naturalistischen Emergenz-Prinzips dennoch ein wenig dazu beitragen, die traditionellen Gräben zwischen den Naturwissenschaften und den Kulturwissenschaften zu schließen.

Falls Sie an weiteren Ausführungen zu diesem Thema wie auch zu den vielen anderen Themen, die in diesem Buch angesprochen wurden, interessiert sein sollten, empfehle ich Ihnen einen Besuch meiner Homepage *www.schmidt-salomon.de*. Dort gehe ich unter anderem auf Anfragen ein, die mich mittlerweile zu »Jenseits von Gut und Böse« erreicht haben – etwa auf die Frage, ob »absoluter Zufall« auf Quantenebene möglicherweise eine Basis für »freien Willen« sein könne (die Antwort lautet: nein!), oder auf die Frage, ob ich bezogen auf das Determinismus-Freiheitsproblem eine kompatibilistische oder eine inkompatibilistische Position vertrete (hier lautet die Antwort: sowohl als auch!).

Ich habe mir vorgenommen, die auf der Website veröffentlichte Sammlung von »Antworten auf häufig gestellte Fragen« (FAQ) kontinuierlich zu erweitern. Falls Ihnen also ein Problem auffallen sollte, das weder in diesem Buch noch im dazugehörigen FAQ hinreichend beantwortet wurde, können Sie mich darüber gerne über das Kontaktformular meiner Homepage in Kenntnis setzen.

Michael Schmidt-Salomon, März 2010

Anmerkungen

Einleitung

1 Friedrich Nietzsche: *Menschliches, Allzumenschliches. Ein Buch für freie Geister.* In: Friedrich Nietzsche: *Werke in drei Bänden.* Hrsg. von Karl Schlechta. München 1954, Bd. 1, S. 948. Eine allgemeine Anmerkung zu den Zitaten in diesem Buch: Sie wurden behutsam der neuen Rechtschreibung angepasst, ohne dabei den Sinn des Gemeinten in irgendeiner Weise zu verändern. So wurde etwa aus »daß« »dass« und aus »Bewußtsein« »Bewusstsein«. Dies gilt auch für die später angeführten Zitate Schopenhauers, der bekanntlich unter anderem darauf bestand, das alte »th« etwa in »nothwendig« in seinen Schriften beizubehalten. Meine Entscheidung, dies zu ignorieren, mag vielleicht Philologen und eingefleischte Schopenhaueriner verärgern. Ich halte eine sanfte, sprachliche Modernisierung aber nicht zuletzt im Falle Schopenhauers für sinnvoll, denn die Antiquiertheit der Form überdeckt allzu leicht die Modernität der Inhalte.

Ohnehin: Viele Argumente, die heute »neu« erscheinen, wurden von Philosophen der Vergangenheit bereits formuliert, etwa von Epikur, Spinoza, La Mettrie oder Schopenhauer. In diesem Sinne sollte auch die enge Anlehnung des Titels dieses Buches an das fast gleichlautende Werk Friedrich Nietzsches verstanden werden. Vieles von dem, was ich hier schreibe, könnte man durchaus unter dem Stichwort »Nietzsche Reloaded« durchgehen lassen, auch wenn der *Humanismus* in meinen Darlegungen einen weit höheren Stellenwert genießt, als es dem »Umwerter aller Werte« gefallen hätte. Zweifellos finden sich bei Nietzsche politisch abstoßende Passagen zuhauf, doch es wäre falsch, ihn auf den reaktionären Propagandisten des »Übermenschen« zu reduzieren! Nietzsche war einer der größten Psychologen und wohl auch der bedeutendste Literat der abendländischen Philosophie. Es ist, wie ich meine, an der Zeit, Nietzsche unter humanistischer Perspektive wiederzuentdecken und beispielsweise den verschlungenen Pfaden zu folgen, die Hermann Josef Schmidt in seinem monumentalen Werk: *Nietzsche absconditus. Oder: Spurenlesen bei Nietzsche* (Aschaffenburg 1990 ff.) rekonstruiert hat.

2 Meinen Zugang zum kritisch-rationalen Denkansatz verdanke ich insbesondere Hans Albert, der neben Karl Popper wesentlich zur Ausformulierung und Verbreitung des Kritischen Rationalismus im deutschen Sprachraum beigetragen hat. Dabei zeichnen sich Alberts Werke durch einen ganz besonderen Pragmatismus aus. Da er nie auf der Suche nach *absoluten Wahrheiten*, sondern bloß auf der Suche nach *besseren Problemlösungen* war, unterlag er (im Unterschied zu Popper) niemals der Versuchung, den eigenen Denkansatz in irgendeiner Weise zu dogmatisieren. Eben deshalb stellte es für Al-

bert auch kein Problem dar, sowohl mit Popper als auch mit Paul Feyerabend in freundschaftlichem Kontakt zu bleiben, obwohl nach Feyerabends radikalem Abschied vom Kritischen Rationalismus ein heftiger Streit zwischen den beiden Vordenkern der modernen Erkenntnistheorie entbrannte. In seinem Philosophieklassiker *Traktat über kritische Vernunft* schrieb Albert, dass der von ihm konsequent verfolgte Kritizismus keineswegs bloß ein »abstraktes Prinzip ohne existenzielle Bedeutung« sei, sondern »eine Lebensweise« (Hans Albert: *Traktat über kritische Vernunft.* Tübingen 1991, S. 95). Wer den bis ins hohe Alter geistig regen Philosophen kennt, weiß, dass er selbst der beste Beleg für diese Behauptung ist.

3 Vgl. hierzu auch Sam Harris: *Das Ende des Glaubens. Religion, Terror und das Licht der Vernunft.* Winterthur 2007, S. 13

4 Vgl. hierzu sowie zu den nachfolgenden Erläuterungen zum »Apfel, der keiner war«: Pinchas Lapide: *Ist die Bibel richtig übersetzt?* Gütersloh 1989, S. 63

5 Siehe hierzu die Ausführungen im Unterkapitel »Kulturelle Evolution und der Memplex des Bösen«

6 Genesis 1,25. (Die Bibelzitate folgen der sogenannten *Einheitsübersetzung der Heiligen Schrift,* herausgegeben u. a. von den katholischen Bischöfen Deutschlands, Österreichs, der Schweiz, der Evangelischen Kirche in Deutschland und der Deutschen Bibelgesellschaft)

7 Genesis 3,1

8 Genesis 3,6

9 Ecclesia Catholica: *Katechismus der Katholischen Kirche.* München 1993, S. 132

10 Genesis 3,16

11 Genesis 3,19

12 Albert Einstein: *Wie ich die Welt sehe.* In: Albert Einstein: *Mein Weltbild.* Gütersloh o. J., S. 7

Kapitel 1   Abschied von Gut und Böse

1 Aus der Pastoralkonstitution *Gaudium et Spes: Über die Kirche in der Welt von heute,* Kapitel 37 (»Das von der Sünde verderbte menschliche Schaffen«). Der deutsche Text findet sich auf der Website des Vatikans (Archive der Dokumente des Zweiten Vatikanischen Konzils): www.vatican.va/.

2 Aus der Rede von George W. Bush am 1. Juni 2002 in West Point, der Militärakademie der Vereinigten Staaten (Übersetzung MSS). Die Reden Bushs sind dokumentiert auf der Website des Weißen Hauses: www.whitehouse.gov/.

3 1. Johannes 5,19

4 Victor und Victoria Trimondi: *Krieg der Religionen. Politik, Glaube und Terror im Zeichen der Apokalypse.* München 2006

5 Ebenda, S. 11

6 Ebenda

7 Ebenda, S. 11 f.

8 Ebenda, S. 12

9 Ebenda

10 Ebenda

11 Vgl. Victor und Victoria Trimondi, a. a. O., S. 81

12 Die *Left Behind*-Reihe kam im amerikanischen Original bei Tyndale heraus, einem auf evangelikale christliche Literatur spezialisierten Verlag. Die deutsche Ausgabe mit dem Titel *Finale – Die letzten Tage der Erde* erschien bei Gerth Medien, im Münchner Verlag Blanvalet kam eine Taschenbuchausgabe der ersten beiden Bände heraus.

13 Aufbauend auf der Buchserie entstanden nicht nur Filme, Comics, Kinderbücher, sondern auch Computerspiele. 2006 brachte die Firma LB Games das Computerspiel *Left Behind. Eternal Forces* auf den Markt, bei dem die Spieler in die Figur von Left-Behind-Christen schlüpfen, die »Schergen Satans« niedermetzeln oder Unentschiedene missionieren können. Im Zentrum des Spiels, so heißt es im Promo-Video zu *Eternal Forces* (www.eternalforces.com), stehe die fundamentale Entscheidung, ob man auf der Seite des Guten oder auf der Seite des Bösen wirken wolle …

14 *Time Magazine* vom 1. Juli 2002, zit. nach Victor und Victoria Trimondi, a. a. O., S. 79

15 Peter Singer: *Der Präsident des Guten und Bösen. Die Ethik George W. Bushs.* Erlangen 2004

16 Ebenda, S. 22

17 Norman Mailer: *Heiliger Krieg. Amerikas Kreuzzug.* Reinbek 2003, S. 58

18 Bei der Borderline-Störung handelt es sich um ein »tief greifendes Muster von Instabilität in zwischenmenschlichen Beziehungen, im Selbstbild und in den Affekten« (Henning Saß u. a. [Hg.]: *Diagnostische Kriterien des Diagnostischen und Statistischen Manuals Psychischer Störungen.* Göttingen 2003, S. 259), das häufig durch eine dichotome Aufspaltung der Wahrnehmung in Gut und Böse, Richtig und Falsch, Alles oder Nichts geprägt ist.

19 Die strenggläubige Katholikin Gabriele Kuby, die den christlichen Widerstand gegen Harry Potter in den deutschsprachigen Ländern anführte, sah in den Werken Rowlands ein »globales Langzeitprojekt«, das u. a. durch die positive Bewertung der (heidnischen) Magie »das Unterscheidungsvermögen zwischen Gut und Böse« zerstöre. Für ihr Engagement gegen diese Gefahr fand sie u. a. Unterstützung bei Kardinal Ratzinger/Papst Benedikt XVI.; siehe: Gabriele Kuby: *Harry Potter – gut oder böse?* Kißlegg 2003.

20 *Der Spiegel*, 19/2008, mit der Titelgeschichte: *Das Böse nebenan. Wenn Menschen unmenschlich werden: Das monströse Doppelleben des Josef Fritzl*

21 Sabine Rückert: *Wie das Böse nach Tessin kam.* In: *Die Zeit*, 26/2007, S. 14

22 Max Weber: »Die ›Objektivität‹ sozialwissenschaftlicher und sozialpolitischer Erkenntnis.« In: Max Weber: *Gesammelte Aufsätze zur Wissenschaftslehre.* Hrsg. von Johannes Winckelmann. Tübingen 1985, S. 151

23 Vgl. u. a. Gerhard Vollmer: *Auf der Suche nach Ordnung. Beiträge zu einem naturalistischen Welt- und Menschenbild.* Stuttgart 1995; siehe auch: Mario Bunge, Martin Mahner: *Über die Natur der Dinge. Materialismus und Wissenschaft.* Stuttgart 2004

24 Schließlich bemühte sie sich redlich, das auf den ersten Blick unerklärlich erscheinende Verhalten des jugendlichen Doppelmörders auf rational nachvollziehbare Ursachen (Minderwertigkeitskomplexe, Verschlossenheit, exzessiver Konsum von Ego-Shooter-Spielen) zurückzuführen.

25 Siehe die Darlegungen im Unterkapitel »Prinzip Eigennutz: Die Matrix der biologischen Evolution«

26 Brigitte Luchesi: »Schrecklich und heilvoll. Furcht erregende Göttinnen in hinduistischen Religionen«. In: Silke Seybold (Hg.): *All about Evil: Das Böse.* Mainz 2007

27 Bernd U. Schipper: »Das Böse in den Religionen«. In: Silke Seybold (Hg.), a.a.O., S. 21

28 Ich greife im Folgenden auf Formulierungen aus einem Aufsatz zurück, den ich gemeinsam mit einem meiner Kollegen aus der Giordano Bruno Stiftung, Prof. Dr. Eckart Voland, verfasst habe: Michael Schmidt-Salomon und Eckart Voland: »Die Entzauberung des Bösen«. In: Franz Josef Wetz (Hg.): *Kolleg Praktische Philosophie,* Bd. 1, Stuttgart 2008, S. 97 ff.

29 Vgl. Kurt Galling u.a. (Hg.): *Die Religion in Geschichte und Gegenwart (RGG).* Bd. 1, Tübingen 1962 (3. Aufl.), S. 1343. Zum Begriff des Numinosen: Das adjektivisch von *numen* (Gottheit, göttliche Präsenz) abgeleitete Wort wurde durch Rudolf Otto in die Religionsphilosophie eingeführt. Der Begriff kennzeichnet eine »Sphäre des Heiligen«, die unabhängig von jedem »menschlich-sittlichen Moment« gedacht wird und die als »geheimnisvolle, verborgene Wirklichkeit« mit keiner realen Erscheinung direkt vergleichbar ist.

30 Ecclesia Catholica, *Katechismus der Katholischen Kirche,* S. 448

31 Susan Neiman: *Das Böse denken. Eine andere Geschichte der Philosophie.* Frankfurt am Main 2006

32 Rüdiger Safranski: *Das Böse oder das Drama der Freiheit.* Frankfurt am Main 2004

33 Vgl. Gerhard Streminger: *Gottes Güte und die Übel der Welt.* Tübingen 1992, S. 49

34 Theo R. Payk: *Das Böse in uns. Über die Ursachen von Mord, Terror und Gewalt.* Düsseldorf 2008, S. 9

35 Genesis 6,1 und 9,29

36 Theo R. Payk, a.a.O., S. 9

37 Volker Sommer: »Das Töten von Artgenossen. Kontroversen in der Verhaltensforschung«. In: Volker Sommer: *Darwinisch denken. Horizonte der Evolutionsbiologie.* Stuttgart 2007, S. 45

38 Jane Goodall, zit. nach Volker Sommer, a.a.O., S. 47

39 Volker Sommer, a.a.O., S. 47 f.

40 Adrian Forsyth: *Die Sexualität in der Natur. Vom Egoismus der Gene und ihren unfeinen Strategien.* München 1991, S. 38

41 Vgl. Randy Thornhill und K. Peter Sauer: »The notal organ of the scorpionfly (Panorpa vulgaris): an adaptation to coerce mating duration«. In: *Behavioral Ecology,* 2/1991, S. 156–164

42 Adrian Forsyth, a.a.O., S. 39

43 Vgl. Volker Sommer und Karl Ammann: *Die großen Menschenaffen*. München 1998, S. 75

44 Ebenda

45 Ebenda, S. 49

46 Ebenda, S. 50

47 Konrad Lorenz: *Das sogenannte Böse. Zur Naturgeschichte der Aggression*. München 1983, S. 53

48 Vgl. Wolfgang Wickler und Ulla Seibt: *Das Prinzip Eigennutz*. Hamburg 1977

49 »Hänsel und Gretel«. In: Brüder Grimm: *Kinder- und Hausmärchen*. 1819 (2. Aufl.)

50 »Brüderchen und Schwesterchen«. In: Brüder Grimm, a. a. O.

51 Vgl. hierzu u. a. Eckart Voland: *Grundriss der Soziobiologie*. Heidelberg 2000, S. 286 ff.

52 »Nahelegen« bedeutet keineswegs »erzwingen«! Wie wir noch sehen werden, ist das »Prinzip Eigennutz« nicht notwendigerweise mit einem genetischen Determinismus verknüpft.

53 Nicht ohne Grund zählt Hamiltons 1964 erschienener zweiteiliger Beitrag »The genetical evolution of social behavior« im *Journal for Theoretical Biology*« zu den meistzitierten Aufsätzen der gesamten biologischen Fachliteratur.

54 Bei diploiden Populationen (ohne Inzucht) beträgt der Verwandtschaftskoeffizient r zwischen Eltern und Kindern 0,5, zwischen Großeltern und Enkeln 0,25, zwischen Urgroßeltern und Urgroßenkeln 0,125, zwischen Vollgeschwistern 0,5, Halbgeschwistern 0,25, Vettern und Cousinen 0,125 etc.

55 Vgl. hierzu u. a. Eckart Voland: *Grundriss der Soziobiologie*, a. a. O., S. 5 f.

56 Stephen J. Gould: *Darwin nach Darwin. Naturgeschichtliche Reflexionen*. Frankfurt am Main 1984, S. 223

57 Vgl. zum Nachfolgenden: Stephen J. Gould, a. a. O., S. 224 ff.

58 Erklärung bezogen auf ein Gen: Wenn die Mutter die Gene A und B besitzt, der Vater das Gen C, treten bei den diploiden Töchtern die Genkonstellationen AC oder BC auf. Die Söhne besitzen hingegen entweder das Gen A oder B. Die Gene der Schwestern stimmen daher entweder 100 Prozent (AC/AC) oder 50 Prozent miteinander überein (AC/BC). Im Mittel ist dies eine Übereinstimmung von 75 Prozent beziehungsweise drei Vierteln. Zwischen Schwestern und Brüdern hingegen gibt es entweder eine fünfzigprozentige Übereinstimmung (AC/A beziehungsweise BC/B) oder überhaupt keine Übereinstimmung (AC/B beziehungsweise BC/A). Im Durchschnitt gibt es zwischen Schwestern und Brüdern also eine genetische Kongruenz von 25 Prozent oder einem Viertel.

59 Würde sich eine Arbeiterin mit der Genkonstellation DE mit einem Männchen fortpflanzen, das über das Gen F verfügt, besäßen ihre Töchter die Genkonstellation DF oder EF, ihre Söhne die Gene D oder E. Die Gensätze zwischen der Mutter und ihren Nachkommen würden also zu 50 Prozent miteinander übereinstimmen. Das heißt: Die durchschnittliche genetische Kongruenz innerhalb von weiblichen Geschwistern (siehe Anm. zuvor) ist

bei haplodiploiden Spezies größer als die Kongruenz zwischen Müttern und ihren Nachkommen.

60 Richard Dawkins' Bestseller *The Selfish Gene* erschien erstmals 1976 und wurde 1989 noch einmal grundlegend überarbeitet. Die deutsche Ausgabe wurde im Rowohlt-Verlag publiziert. Besonders empfehlenswert ist die mit neuen Vorworten und Anmerkungen versehene Ausgabe zum dreißigsten Jubiläum des Buches, die im Verlag Spektrum erschien: Richard Dawkins: *Das egoistische Gen*. München 2007.

61 Vgl. hierzu und zum Folgenden: Ulrich Kutschera: *Evolutionsbiologie*. Stuttgart 2008, S. 144 ff.

62 Ebenda S. 162

63 Besonders anschaulich beschrieben in: Richard Dawkins: *Und es entsprang ein Fluss in Eden. Das Uhrwerk der Evolution*. München 1998

64 Nicholas Humphrey: *Die Naturgeschichte des Ich*. Hamburg 1995, S. 46

65 Einen hervorragenden Überblick über die aktuelle Debatte zum Thema »Bewusstsein« liefert der von Thomas Metzinger herausgegebene monumentale Sammelband *Bewusstsein. Beiträge aus der Gegenwartsphilosophie*. Paderborn 2001

66 Das hier vorgeschlagene Konzept bildet gewissermaßen eine Synthese des genzentrierten Ansatzes der Soziobiologie und des Ansatzes der Systemischen Evolutionstheorie von Peter Mersch (vgl. Peter Mersch: *Evolution, Zivilisation und Verschwendung*. Norderstedt 2008).

67 Vgl. u. a. Stephen J. Gould, a. a. O., S. 225

68 Auch diese Sprachform beruht auf einer »metaphorischen Verkürzung« (siehe weiter oben im Fließtext). Korrekt formuliert müsste es heißen: Gene, die solche kooperativen Verhaltensweisen unterstützten, hatten einen Selektionsvorteil, konnten also besser von Generation zu Generation vervielfältigt werden.

69 Vgl. hierzu auch: Ingelore Welpe und Isabel Welpe: *Netzwerken für Egoisten. Mit fairer Kooperation zum Erfolg*. München 2006

70 Matthias Uhl und Eckart Voland: *Angeber haben mehr vom Leben*. Heidelberg 2002, S. 122

71 Thomas Keneally: *Schindlers Liste*. München 1996

72 Was der Terminus »ideologische Gründe« in der evolutionstheoretischen Übersetzung bedeutet, wird weiter unten erklärt.

73 Die Existenz dieser »Spiegelneuronen« wurde 1996 erstmalig von dem italienischen Hirnforscher Giacomo Rizzolatti bei Primaten nachgewiesen. Forscher von der University of California in Los Angeles belegten wenig später deren Arbeitsweise auch im menschlichen Gehirn.

74 Auf der Grundlage dieser Fakten hat der Neurowissenschaftler Vilayanur Ramachandran die Spiegelneuronen als »Empathie-Zellen« bezeichnet und ihre Existenz als wesentliche Voraussetzung für die Entwicklung menschlicher Ethik und Kultur beschrieben; vgl. zu diesem Themenkomplex auch Joachim Bauer: *Ich fühle, was du fühlst. Intuitive Kommunikation und das Geheimnis der Spiegelneuronen*. Hamburg 2005.

75 Franz M. Wuketits: *Was ist Soziobiologie?* München 2002, S. 69

76 Michael Schmidt-Salomon: *Manifest des evolutionären Humanismus. Plädoyer für eine zeitgemäße Leitkultur.* Aschaffenburg 2006, S. 20 f.

77 Das Buch von Alfie Kohn (*The Brighter Side of Human Nature.* New York 1990) ist nicht ins Deutsche übersetzt. Die hier gewählte Übersetzung folgt einem Zitat aus dem Buch von Peter Singer: *Wie sollen wir leben? Ethik in einer egoistischen Zeit.* München 2002, S. 187.

78 Ludwig Marcuse: *Argumente und Rezepte. Ein Wörterbuch für Zeitgenossen.* Zürich 1973, S. 84

79 Vgl. u. a. Franz M. Wuketits: *Verdammt zur Unmoral? Zur Naturgeschichte von Gut und Böse.* München 1993

80 Michael Schmidt-Salomon: *Manifest des evolutionären Humanismus,* a. a. O., S. 21

81 Marwan Abou-Taam und Ruth Bigalke (Hg.): *Die Reden des Osama bin Laden.* Kreuzlingen 2006, S. 138

82 Jean-Paul Sartre: *Geschlossene Gesellschaft.* Reinbek 1986, S. 59

83 Zugegeben: Bei Sartre geht es nicht um jene Innergruppenkonflikte, die wir nachfolgend behandeln werden, sondern um eine existenzialistische Deutung der entfremdeten Beziehungsstrukturen innerhalb einer Kleingruppe von drei Personen. Doch das mittlerweile geflügelte Wort Sartres ist bestens geeignet, die besonderen Probleme des Verhältnisses von Ingroup- und Outgroup-Mitgliedern zu beschreiben.

84 Kulischer 1885, zit. nach Eckart Voland: *Grundriss der Soziobiologie,* a. a. O., S. 119

85 Exodus 20,13

86 Exodus 20,15

87 Exodus 22,17–19

88 Exodus 23, 27–31

89 Deuteronomium, 7,16–24

90 Jesaia 13,3–16

91 Mt. 5,43–45. Ähnliche Stellen gibt es vereinzelt schon im Alten Testament (etwa im Buch Leviticus 19, 33–34), gegenüber der Vielzahl der Aufforderungen zur Abschlachtung anderer Völker gehen sie aber unter.

92 Mt. 13,41–43

93 Franz Buggle: *Denn sie wissen nicht, was sie glauben. Oder warum man redlicherweise nicht mehr Christ sein kann.* Aschaffenburg 2004, S. 120

94 Römer 1,28–32

95 Suren 14,16 und 78,25. Die Koranzitate folgen der Übersetzung von Rudi Paret (Köln 1996, 7. Aufl.).

96 Sure 6,70

97 Sure 47,15

98 Sure 22,21

99 Sure 22,19 f.

100 Sure 47,4

101 »Als die schlimmsten Tiere gelten bei Gott diejenigen, die ungläubig sind und (auch) nicht glauben werden (oder: und um alle Welt nicht glauben wollen).« (Sure 8,55)

102 Siehe Sure 9,81 ff.

103 So heißt es in Sure 8,15–16: »Ihr Gläubigen! Wenn ihr mit den Ungläubigen in Gefechtsberührung kommt, dann kehret ihnen nicht den Rücken! Wer ihnen alsdann den Rücken kehrt – und sich dabei nicht (nur) abwendet, um (wieder) zu kämpfen, oder abschwenkt (um) zu einer (anderen) Gruppe (zu stoßen und sich dort am Kampf zu beteiligen) –, der verfällt dem Zorn Gottes, und die Hölle wird ihn (dereinst) aufnehmen. Ein schlimmes Ende!«

104 Die nachfolgende Sure wird sowohl in bin Ladens erster Kriegserklärung von 1996 als auch in der zweiten Kriegserklärung von 1998 zitiert; vgl. Marwan Abou-Taam und Ruth Bigalke, a. a. O., S. 66 und 73.

105 Sure 9,5

106 Maria Wuketits und Franz M. Wuketits: *Humanität zwischen Hoffnung und Illusion. Warum uns die Evolution einen Strich durch die Rechnung macht.* Stuttgart 2001, S. 129

107 Goodall, Jane: *The Chimpanzees of the Gombe – Patterns of Behaviour.* Cambridge 1986

108 Eckart Voland: *Die Natur des Menschen. Grundkurs Soziobiologie.* München 2007, S. 27

109 Ebenda, S. 27 f.

110 Maria Wuketits und Franz M. Wuketits: *Humanität zwischen Hoffnung und Illusion,* a. a. O., S. 131

111 Volker Sommer: »Ungezähmte Multikultis. Wie Tiere Traditionen pflegen«. In: Volker Sommer: *Darwinisch denken,* S. 17

112 Vgl. Andreas Buck: *Lebensfragen. Anthropologische Antworten.* Opladen 1997, S. 20

113 Siehe u. a. Thomas Junker: *Die Evolution des Menschen.* München 2006

114 Dieser Prozess fand bekanntlich in einigen Regionen der Welt weit später statt als in Eurasien. Die ökologischen Gründe hierfür hat Jared Diamond mustergültig dargelegt in: *Arm und Reich. Die Schicksale menschlicher Gesellschaften.* Frankfurt am Main 2006. Eine kurze Zusammenfassung seines Ansatzes findet sich auch in dem sehr lesenswerten, von John Brockman herausgegebenen Sammelband *Die Neuen Humanisten. Wissenschaftler, die unser Weltbild verändern.* Berlin 2004.

115 Vgl. hierzu meine Darlegungen in: Michael Schmidt-Salomon: *Auf dem Weg zur Einheit des Wissens. Die Evolution der Evolutionstheorie und die Gefahren von Biologismus und Kulturismus.* Schriftenreihe der Giordano Bruno Stiftung. Bd. 1. Aschaffenburg 2007

116 Vgl. hierzu u. a. Christoph Antweiler: *Was ist den Menschen gemeinsam? Über Kultur und Kulturen.* Darmstadt 2007, S. 134 ff.

117 Vgl. Arnold Gehlen: *Der Mensch. Seine Natur und Stellung in der Welt.* Frankfurt am Main 1972

118 Thomas Junker, a. a. O., S. 96

119 Volker Sommer: *Ungezähmte Multikultis,* a. a. O., S. 16

120 Thomas Junker, a. a. O., S. 97

121 Vieles von dem, was ich da anhören musste, ließ mich erst einmal kalt, aber

es fanden sich darunter glücklicherweise (besten Dank, Freunde!) auch Platten von Frank Zappa, Deep Purple oder Pink Floyd, die mein klassisch infiziertes Hirn erreichen konnten. Diese *missing links* zwischen der soge- nannten ernsten und der unterhaltenden Musik bildeten gewissermaßen die Brücke, über die ich gehen konnte, um zunehmend auch einfachere Song- strukturen (Pop, Rock, Reggae, Punk, Soul, Rap) sowie improvisierte Mu- sik (etwa im Free Jazz) genießen zu können.

122 Vgl. hierzu insbesondere Susan Blackmore: *Die Macht der Meme. Oder: Die Evolution von Kultur und Geist.* Heidelberg 2000, S. 272 ff.

123 Vgl. auch Bernd Verbeek: *Die Wurzeln der Kriege. Zur Evolution ethnischer und religiöser Konflikte.* Stuttgart 2004

124 Zum »Amerikanischen Holocaust« siehe u. a. Karlheinz Deschner: *Kriminal- geschichte des Christentums.* Bd. 9. Reinbek 2008, S. 11 ff.

125 Zit. nach Matt Ridley: *Die Biologie der Tugend – Warum es sich lohnt, gut zu sein.* Berlin 1997, S. 268

126 Martin Luther: *Von den Juden und ihren Lügen.* Wittenberg 1543. Zit. nach der sprachlich modernisierten, jedoch nicht sinnentstellten Zusammenstellung von Martin Sasse (Hg.): *Martin Luther über die Juden: Weg mit ihnen!* Freiburg 1939. Vgl. auch Martin Luther: *Werke.* (Weimarer Lutherausgabe). Weimar 1883 ff. Bd. 53, S. 443 ff.

127 *Der Prozess gegen die Hauptkriegsverbrecher vor dem Internationalen Gerichtshof Nürnberg.* 14. November 1945 – 1. Oktober 1946. Amtlicher Wortlaut in deutscher Sprache. Nürnberg 1947, Bd. 12, S. 346 f.

128 Martin Sasse in seinem am 23. November verfassten Vorwort zu: *Martin Luther über die Juden,* a. a. O., S. 2

129 *Der Prozess gegen die Hauptkriegsverbrecher vor dem Internationalen Gerichtshof Nürnberg,* a. a. O., Bd. 5, S. 109

130 Ebenda, S. 108 f.

131 Ebenda, S. 109

132 Ebenda, S. 128

133 Ebenda, S. 113

134 Vgl. hierzu u. a. Hyam Maccoby: *König Jesus. Die Geschichte eines jüdischen Rebellen.* Tübingen 1982

135 Mt. 27,25

136 Joh. 8,44

137 Joh. 13,27

138 Pinchas Lapide: *Wer war schuld an Jesu Tod?* Gütersloh 1987, S. 15

139 Karlheinz Deschner: *Kriminalgeschichte des Christentums,* a. a. O., Bd. 1, S. 273

140 Vgl. hierzu etwa Gerhard Czermak: *Christen gegen Juden. Geschichte einer Ver- folgung.* Reinbek 1997

141 Pinchas Lapide, a. a. O., S. 13 ff.

142 Tragischerweise waren auch die großen Denker des Abendlands gegen die Wirkungen des antijüdischen Memplexes in der Regel nicht immun. Man denke etwa an Karl Marx und seine Erörterungen über die Judenfrage oder – noch gravierender! – an Nietzsches Auslassungen zum Thema: »Alles, was auf Erden gegen ›die Vornehmen‹, ›die Gewaltigen‹, ›die Herren‹, ›die Macht-

haber‹ getan worden ist, ist nicht der Rede wert im Vergleich mit dem, was die Juden gegen sie getan haben; die Juden, jenes priesterliche Volk, das sich an seinen Feinden und Überwältigern zuletzt nur durch eine radikale Umwertung von deren Werten, also durch einen Akt der geistigsten Rache Genugtuung zu schaffen wusste … Ich erinnere in Betreff der ungeheuren und über alle Maßen verhängnisvollen Initiative, welche die Juden mit dieser grundsätzlichsten aller Kriegserklärungen gegeben haben, an den Satz, auf den ich bei einer andren Gelegenheit gekommen bin … dass nämlich mit den Juden der Sklavenaufstand in der Moral beginnt: Jener Aufstand, welcher eine zweitausendjährige Geschichte hinter sich hat und der uns heute nur deshalb aus den Augen gerückt ist, weil er siegreich gewesen ist …« Friedrich Nietzsche: *Zur Genealogie der Moral.* In: Friedrich Nietzsche: *Werke,* a. a. O., Bd. 2, S. 779 f.

143 Vgl. die kritisch kommentierte Textausgabe von Jeffrey L. Sammons (Hg.): *Die Protokolle der Weisen von Zion. Die Grundlage des modernen Antisemitismus – eine Fälschung. Text und Kommentar.* Göttingen 1998

144 Als heißester Kandidat gilt der Chef des russischen Geheimdiensts in Paris, Pjotr Ratschkowski. Fest steht immerhin, dass die »Protokolle« u. a. auf ein Werk der Trivialliteratur zurückgreifen, nämlich auf den 1868 erschienenen Roman *Biarritz* von Sir John Retcliffe, einem politischen Reaktionär, der mit bürgerlichem Namen Herrmann Goedsche hieß; siehe hierzu die Einführung von Jeffrey L. Sammons: *Die Protokolle der Weisen von Zion,* a. a. O., S. 7–26.

145 Wolfgang Wippermann: *Agenten des Bösen. Verschwörungstheorien von Luther bis heute.* Berlin 2007, S. 69

146 Adolf Hitler: *Mein Kampf.* München 1936, S. 337

147 Wolfgang Wippermann, a. a. O., S. 77

148 Dietrich Eckart: *Der Bolschewismus von Moses bis Lenin. Zwiegespräche zwischen Hitler und mir.* München 1924

149 Ebenda, S. 49 f.

150 Ebenda, S. 49

151 Ebenda, S. 46

152 Ebenda, S. 9 f.

153 So heißt es beispielsweise in dem bekannten Buch von Joe Heydecker und Johannes Leeb zum »Nürnberger Prozess«: »Das Programm Hitlers und seiner Partei war ein Programm des Satans.« (Joe Heydecker und Johannes Leeb: *Der Nürnberger Prozess.* Bd. 2. Köln 1985, S. 293); vgl. hierzu auch Horst Jungingers Analyse des »Irrationalen in der Interpretation des Nationalsozialismus«: »Der Führer als ›höllischer Messias‹«. In: *humanismus aktuell,* 19/2006.

154 Adolf Hitler, a. a. O., S. 70 und S. 751

155 Zit. nach Jeffrey L. Sammons: *Die Protokolle der Weisen von Zion,* a. a. O., S. 24 f.

156 Siehe hierzu das überaus aufschlussreiche Buch von Michael Ley und Julius H. Schoeps (Hg.): *Der Nationalsozialismus als politische Religion.* Bodenheim 1997

157 Besonders perfide: *Der Giftpilz. Ein Stürmerbuch für Jung und Alt* aus dem Jahr

1938. Juden werden hier als Giftpilze geschildert, die man von guten Pilzen nur schwer unterscheiden könne. Die illustrierten Erzählungen sollen, so der Verlagstext, »den Juden« zeigen »als das, was er wirklich ist, als Teufel in Menschengestalt« (Internationaler Militärgerichtshof Nürnberg 1948, Dokument 1778-PS).

158 Sehr aufschlussreich sind in diesem Zusammenhang die Aufzeichnungen von Rudolf Höß, dem Kommandanten von Auschwitz in den Jahren 1940 bis 1943, der diese Ambivalenz der Gefühle sehr eindrucksvoll und insgesamt auch durchaus glaubhaft schilderte; siehe: Staatliches Auschwitz-Museum (Hg.): *KL Auschwitz in den Augen der SS*. Auschwitz 1973, insbesondere S. 103–107.

159 Aus Himmlers Geheimrede vor SS-Führern in Posen, heute Poznań (Internationaler Militärgerichtshof Nürnberg 1948, Dokument PS-1919). Der Volltext der Rede findet sich im Internet auf der Website: www.nationalsozialismus.de.

160 Dies ist auch die Quintessenz der Studien von Jessica Stern, die die Denksysteme militanter Extremisten weltweit untersuchte und miteinander verglich; siehe Jessica Stern: *Terror in the Name of God: Why Religious Militants Kill*. New York 2003.

161 Hannah Arendt: *Eichmann in Jerusalem. Ein Bericht von der Banalität des Bösen*. München 2006 (15. Aufl.), S. 57

162 Ebenda, S. 400

163 Ebenda, S. 56 f.

164 Vgl. Irmtrud Wojak: *Eichmanns Memoiren. Ein kritischer Essay*. Frankfurt am Main 2004

165 Aus Eichmanns Interview mit Sassen, zit. nach Irmtrud Wojak, *Eichmanns Memoiren*, a. a. O., S. 63 f.

166 Richard Dawkins: »›Im Einsteinschen Sinne bin ich ein tief religiöser Mensch.‹ Dankesrede nach dem Erhalt des Deschner-Preises«. In: Richard Dawkins, Karlheinz Deschner, Michael Schmidt-Salomon und Franz M. Wuketits: *Vom Virus des Glaubens. Deschner-Preis 2007*. Schriftenreihe der Giordano Bruno Stiftung. Bd. 2. Aschaffenburg 2008, S. 30 ff.

Kapitel 2 Abschied von der Willensfreiheit

1 Eduard Kohlrausch: »Der Kampf der Kriminalistenschulen im Lichte des Falles Dippold«. In: *Monatsschrift für Kriminalpsychologie und Strafrechtsreform*, 1/1905, S. 20

2 Julien Offray de La Mettrie: *Über das Glück oder das höchste Gut*. Hg. und eingeleitet von Bernd A. Laska. Nürnberg 1985, S. 66 f.

3 Baruch de Spinoza: *Ethik*. Aus dem Lateinischen von Jakob Stern. Hrsg. von Helmut Seidel. Leipzig 1975, S. 163 ff.

4 Hans J. Markowitsch und Werner Siefer: *Tatort Gehirn. Auf der Suche nach dem Ursprung des Verbrechens*. Frankfurt am Main 2007, S. 138

5 Ebenda, S. 139

6 Ebenda

7 Ebenda, S. 177 ff., siehe auch Werner Siefer und Christian Weber: *Ich. Wie wir uns selbst erfinden.* Frankfurt am Main 2006, S. 9 ff.

8 Hans J. Markowitsch und Werner Siefer, a. a. O., S. 179

9 Zahlreiche, oft skurril wirkende Fälle von Identitätsstörungen hat Oliver Sacks in seinen Büchern dokumentiert, siehe etwa Oliver Sacks: *Der Mann, der seine Frau mit einem Hut verwechselte.* Reinbek 1990. Einen guten Überblick geben auch Werner Siefer und Christian Weber in ihrer Analyse des »zerbrechlichen Selbst«, in: Werner Siefer und Christian Weber: *Ich. Wie wir uns selbst erfinden,* a. a. O., S. 9–34.

10 Vgl. u. a. Benjamin Libet: »Haben wir einen freien Willen?« In: Christian Geyer (Hg.): *Hirnforschung und Willensfreiheit. Zur Deutung der neuesten Experimente.* Frankfurt am Main 2004, S. 268–289

11 Einen guten Überblick über die Debatte gibt Henrik Walter: *Neurophilosophie der Willensfreiheit.* Paderborn 1997

12 Christian Geyer: *Hirnforschung und Willensfreiheit,* a. a. O., S. 9

13 Wolf Singer: »Verschaltungen legen uns fest: Wir sollten aufhören, von Freiheit zu sprechen«. In: Christian Geyer: *Hirnforschung und Willensfreiheit,* a. a. O., S. 63

14 Ebenda

15 Gerhard Roth: *Aus Sicht des Gehirns.* Frankfurt am Main 2003, S. 180 f.

16 Gerhard Kaiser: »Warum noch debattieren? Determinismus als Diskurskiller«. In: Christian Geyer: *Hirnforschung und Willensfreiheit,* a. a. O., S. 262

17 Ebenda

18 Auf diesen Punkt werde ich im vierten Kapitel ausführlicher eingehen.

19 Arthur Schopenhauer: *Preisschrift über die Freiheit des Willens.* In: Arthur Schopenhauer: *Werke in zehn Bänden.* Hg. von Arthur Hübscher. Bd. 6. Zürich 1977, S. 48. Zum »Sakrileg«, Schopenhauer ohne sein geliebtes »th« zu zitieren, siehe Anm. 1

20 Ebenda, S. 84

21 Ebenda, S. 81

22 Ebenda

23 Ebenda, S. 87

24 Ebenda, S. 82 f.

25 Michael Pauen: *Illusion Freiheit? Mögliche und unmögliche Konsequenzen der Hirnforschung.* Frankfurt am Main 2004, S. 107

26 Eduard Kohlrausch, a. a. O., S. 20

27 Wolfgang Prinz: »Der Mensch ist nicht frei. Ein Gespräch«. In: Christian Geyer: *Hirnforschung und Willensfreiheit,* a. a. O., S. 22

28 Eine Ausnahme bildet die Humanistische Psychologie etwa im Sinne Carl Rogers'. Allerdings wurde der Ansatz in der empirischen Forschung kaum genutzt. Rogers' Stärken liegen auf dem Gebiet der therapeutischen Gesprächsführung. Um diese Stärken nachzuvollziehen, muss man allerdings nicht auf das Konzept der Willensfreiheit zurückgreifen.

29 Siehe etwa das wichtige Buch von Judy Dunn und Robert Plomin: *Warum Geschwister so verschieden sind.* Stuttgart 1996.

30 Wolfgang Prinz: »Kritik des freien Willens. Bemerkungen über eine soziale Institution«. In: Helmut Fink und Rainer Rosenzweig (Hg.): *Freier Wille – frommer Wunsch? Gehirn und Willensfreiheit.* Paderborn 2006, S. 32

31 Arthur Schopenhauer: *Preisschrift über die Freiheit des Willens*, a. a. O., S. 62 f.

32 Die Falldarstellung folgt der BBC-Filmdokumentation *Phobie – Die nackte Angst, Teil 2: Panikattacken* (Komplett-Media o. J.). Ähnliche Fälle sind in der psychologischen Fachliteratur in Fülle zu finden.

33 Siehe hierzu vor allem: António Damásio: *Descartes' Irrtum. Fühlen, Denken und das menschliche Gehirn.* München 1995

34 Ebenda, S. 11 f.

35 Ebenda, S. 12

36 Ebenda, S. 77

37 Gerhard Roth: *Aus Sicht des Gehirns*, a. a. O., S. 162

38 Vgl. Gerhard Roth: *Fühlen, Denken, Handeln. Wie das Gehirn unser Verhalten steuert.* Frankfurt am Main 2001, S. 211 ff.

39 Ebenda, S. 209

40 Ebenda, S. 231

41 Vgl. Bas Kast: *Wie der Bauch dem Kopf beim Denken hilft. Die Kraft der Intuition.* Frankfurt am Main 2007, S. 75

42 Ebenda, S. 74 f.

43 Ebenda, S. 75

44 Vgl. u. a. Thomas Metzinger: *Being No One. The Self-Model Theory of Subjectivity.* Cambridge 2003

45 Gerhard Roth: *Denken, Fühlen, Handeln*, a. a. O., S. 340

46 Werner Siefer und Christian Weber: *Ich. Wie wir uns selbst erfinden*, a. a. O., S. 263

47 Wolfgang Prinz drückt dies folgendermaßen aus: »Wenn … soziale Akteure ihre wechselseitige Kommunikation und Interaktion … so organisieren, dass sie bei allen Ko-Akteuren ein mentales Selbst voraussetzen, trifft jeder Akteur – auch jeder neu hinzutretende – auf eine Diskurssituation, die auch für ihn eine selbstförmige Rolle bereithält. Die Wahrnehmung der auf ihn gerichteten Fremdzuschreibungen erzeugt dann Selbstzuschreibung, und der Akteur macht sich schließlich die ihm zugeschriebene Selbst-Rolle zu eigen. Er konstruiert sich selbst im Spiegel der anderen und versteht sich schließlich so, wie die anderen ihn verstehen« (Wolfgang Prinz: *Kritik des freien Willens*, a. a. O., S. 38).

48 Ebenda, S. 39

49 Ebenda

50 Susan Blackmore, a. a. O., S. 346 ff.

51 Julian Jaynes: *Der Ursprung des Bewusstseins durch den Zusammenbruch der bikameralen Psyche.* Reinbek 1988

52 Vgl. u. a. Uwe Flick (Hg.): *Psychologie des Sozialen. Repräsentationen in Wissen und Sprache*, S. 72 ff.

53 António Damásio: *Der Spinoza-Effekt. Wie Gefühle unser Leben bestimmen.* München 2003, S. 93

54 Ebenda

55 Gerhard Roth: *Fühlen, Denken, Handeln*, a.a.O., S. 231

56 Ebenda, S. 230 f.

57 Julian Nida-Rümelin: *Über menschliche Freiheit*. Stuttgart 2005, S. 36 ff.

58 Karlheinz Deschner: *Ärgernisse. Aphorismen*. Reinbek 1994, S. 9

59 Mehr hierzu im dritten Kapitel.

60 Siehe Erich Fromm: *Die Furcht vor der Freiheit*. In: Erich Fromm: *Gesamtausgabe*. München 1989, Bd. 1

61 Adolf Eichmann: »Meine Memoiren. Einleitender Vermerk«. In: *Die Welt* vom 12. August 1999. Der im Mai/Juni 1960 verfasste Text verstaubte über Jahrzehnte in den Archiven und wurde von der Zeitung *Die Welt* erstmals im August 1999 veröffentlicht, was weltweit für Aufsehen sorgte. Siehe auch: Irmtrud Wojak: *Eichmanns Memoiren*, a.a.O., S. 67 ff.

62 Erich Fromm: *Die Furcht vor der Freiheit*, a.a.O., S. 217 f.

63 Hinzuweisen ist hier vor allem auf die empirische Studie *Arbeiter und Angestellte am Vorabend des Dritten Reichs* (Erich Fromm: *Gesamtausgabe*, a.a.O., Bd. 3) sowie auf die später (im Zuge der Studentenbewegung) berühmt gewordenen *Studien über Autorität und Familie,* an denen neben Erich Fromm u.a. auch Max Horkheimer und Herbert Marcuse mitwirkten (Max Horkheimer, Erich Fromm, Herbert Marcuse u.a.: *Studien über Autorität und Familie. Forschungsberichte aus dem Institut für Sozialforschung*. Lüneburg 1987 [Reprint der Ausgabe Paris 1936].

64 Erich Fromm, *Die Furcht vor der Freiheit*, a.a.O., S. 317

65 Ebenda, S. 353 f.

66 Ebenda, S. 354

67 Ebenda, S. 354 f.

68 Ebenda, S. 321

69 Adolf Eichmann: *Götzen*. Jerusalem 1961, S. 200 f. (Das Manuskript wurde im Jahr 2000 von Israel freigegeben. Der Text liegt in digitalisierter Form im Internet vor, u.a. im virtuellen Archiv der Mazal Library, einer Datenbank zur Erforschung des Holocaust: www.mazal.org/various/Eichmann.htm.)

70 Erich Fromm: *Die Furcht vor der Freiheit*, a.a.O., S. 318

71 Adolf Eichmann: *Götzen*, a.a.O., S. 206

72 Ebenda, S. 11

73 Ebenda, S. 12

74 Ebenda, S. 552

75 Ebenda, S. 206

Kapitel 3   Falsche Konsequenzen

1 Auszug aus der letzten Rundfunkansprache Adolf Hitlers vom 30. Januar 1945

2 Aus dem Brief des iranischen Präsidenten Mahmud Ahmadinedschad an den ehemaligen amerikanischen Präsidenten George W. Bush, Juni 2006. Deutsche Übersetzung: *Der Spiegel*

3 Bobby Henderson: *Das Evangelium des Fliegenden Spaghettimonsters.* München 2007, S. 113 f.

4 Hannah Arendt, a. a. O., S. 370

5 Die nazistische Ideologie war keinesfalls »atheistisch«, wie mitunter behauptet wird. Sofern Nationalsozialisten sich nicht zum Christentum bekannten, bezeichneten sie sich als »gottgläubig«. Unter »Gott« verstanden sie keine Person, sondern eine »höhere Macht«, die den »Ariern« einen besonderen Auftrag zur Bewahrung der »Ordnung der Welt« zugedacht hatte.

6 Adolf Eichmann: *Götzen*, a. a. O., S. 592

7 Ebenda

8 Ebenda, S. 645

9 Ebenda

10 Ebenda, S. 648 f.

11 Ebenda

12 Ebenda, S. 645

13 Ebenda, S. 650 f.

14 Ebenda, S. 651 f.

15 Vgl. u. a. S. 662

16 Adolf Eichmann: *Götzen*, a. a. O., S. 652 f.

17 Ebenda, S. 13

18 Ebenda, S. 15

19 Ebenda, S. 666 ff.

20 Josemaría Escrivá: *Der Weg.* Köln 1982, S. 149 und S. 241 f.

21 Vgl. Michael Schmidt-Salomon: *Erkenntnis aus Engagement.* Aschaffenburg 1999, S. 162

22 Dies ist ausnahmsweise keine Erfindung des *Sakrileg*-Autors Dan Brown, sondern tatsächlich Praxis im »Werk Gottes«, siehe u. a. Peter Hertel: *Geheimnisse des Opus Dei.* Freiburg 1995; Klaus Steigleder: *Das Opus Dei. Eine Innenansicht.* München 1996.

23 Zu diesem »Doppelgesicht der Freiheit« siehe u. a. Erich Fromm: *Die Furcht vor der Freiheit*, a. a. O., S. 237 ff.

24 Steve Coll: *Die Bin Ladens. Eine arabische Familie.* München 2008, S. 249

25 Die Varnas gliedern sich wiederum in insgesamt rund dreitausend Jatis (soziale und familiäre Stände) auf. Obgleich die Jatis in der Praxis von großer Bedeutung waren und teilweise noch heute sind, verzichte ich im Text auf diese Differenzierung, da sie in Bezug auf die Fragestellung, die uns hier interessiert, nicht wesentlich ist.

26 Siehe: Michael Hartmann: *Der Mythos von den Leistungseliten. Spitzenkarrieren und soziale Herkunft in Wirtschaft, Politik, Justiz und Wissenschaft.* Frankfurt am Main 2002

27 Dieser Trend war schon Anfang der Neunzigerjahre klar erkennbar; siehe u. a. Heiner Barz: *Postmoderne Religion. Die junge Generation in den Alten Bundesländern.* Opladen 1992.

28 Zit. nach Colin Goldner: *Die Psycho-Szene.* Aschaffenburg 2000, S. 22

29 Vgl. *Materialien und Informationen zur Zeit* (MIZ) 1/1997, S. 15

30 Zit. nach Colin Goldner: »Das Geschäft mit der Verblödung«. In: *Psychologie Heute*, 7/1994, S. 24

31 Stefan Klein: *Alles Zufall. Die Kraft, die unser Leben bestimmt.* Reinbek 2004, S. 25 f.

32 Watzlawick beschrieb die »abergläubische Ratte« als Ergebnis folgender Versuchsanordnung: »Die Ratte wird von ihrem Käfig in einen etwa drei Meter langen und einen halben Meter breiten Raum gelassen, an dessen anderem Ende ein Futternapf steht. Zehn Sekunden nach Öffnen des Käfigs fällt Futter in den Napf, vorausgesetzt, dass die Ratte erst zehn Sekunden nach Öffnen des Käfigs zum Napf kommt. Kommt sie in weniger als zehn Sekunden dort an, so bleibt der Napf leer. Nach einigem blinden Ausprobieren (dem sogenannten Versuch-und-Irrtum-Verfahren) erfasst die für praktische Sinnzusammenhänge sehr aufgeschlossene Ratte die offensichtliche Beziehung zwischen dem Erscheinen (bzw. Nichterscheinen) von Futter und dem damit verbundenen Zeitelement. Und da sie normalerweise nur etwa zwei Sekunden für das Zurücklegen der Entfernung zwischen ihrer Käfigtür und dem Futternapf brauchen würde, muss sie die restlichen acht Sekunden in einer Weise vergehen lassen, die ihrem natürlichen Impuls, direkt zum Futter zu laufen, widerspricht. Unter diesen Umständen gewinnen diese Sekunden für sie eine pseudokausale Bedeutung. Und was pseudokausal in diesem Zusammenhang bedeutet, ist, dass jedes – auch das zufälligste – Verhalten der Ratte in diesen Extrasekunden selbstbestätigend und selbstbestärkend und damit zu jener Handlung werden kann, von der sie ›annimmt‹, sie sei notwendig, um dafür durch das Auftauchen von Futter von weiß Gott woher belohnt zu werden – und dies ist das Wesen dessen, was wir im menschlichen Bereich einen Aberglauben nennen. Es versteht sich von selbst, dass dieses Zufallsverhalten für jedes Tier verschiedene und höchst kapriziöse Formen annehmen kann; zum Beispiel eine Art Echternacher Sprungprozession auf den Napf zu oder eine bestimmte Zahl von Pirouetten nach rechts oder links oder irgendwelche anderen Bewegungen, die die Ratte zuerst eben rein zufällig ausführte, nun aber sorgfältig wiederholt, da für sie ihr Erfolg mit dem Futter ausschließlich davon abhängt. Denn jedes Mal, wenn sie beim Ankommen am Napf Fressen vorfindet, bestärkt dies die ›Annahme‹, es sei durch ihr ›richtiges‹ Verhalten erzeugt worden.« (Paul Watzlawick: *Wie wirklich ist die Wirklichkeit?* München 1978, S. 60)

33 »In der Regel nur« bedeutet hier: falls wir keine theoretischen Physiker sind, die sich mit der Kopenhagener Deutung der Quantenmechanik beschäftigen. Ob es auf mikrophysikalischer Ebene »echten Zufall« überhaupt gibt, das heißt, Ereignisse, die tatsächlich kausal unbestimmt sind, darüber streiten sich die Physiker bis heute. Die Mehrheit der Physiker geht wohl von der Existenz eines solchen »ontologischen Zufalls« aus. Einstein hingegen hielt nichts von diesem Konzept, daher auch seine berühmte Äußerung, dass »Gott« nicht würfele.

34 David Bohm: *Causality and Chance in Modern Physics.* London 1964

35 Einen hervorragenden Überblick über die Debatte zur kosmologischen Feinabstimmung des Universums gibt Rüdiger Vaas: »Ein Universum nach

Maß? Kritische Überlegungen zum Anthropischen Prinzip in der Kosmologie, Naturphilosophie und Theologie«. In: Jürgen Hübner u. a. (Hg.): *Theologie und Kosmologie. Geschichte und Erwartungen für das gegenwärtige Gespräch*. Tübingen 2004, S. 375–498

36 Michael Schmidt-Salomon: *Manifest des evolutionären Humanismus*, a. a. O., S. 58

37 Ebenda

38 Richard Dawkins: *Und es entsprang ein Fluss in Eden*, a. a. O., S. 151

39 Ebenda

40 Im Nachfolgenden greife ich auf Formulierungen zurück, die ich in dieser Form erstmalig auf dem 10. Philosophicum Lech vortrug. Die durchweg interessanten Beiträge dieses Symposiums finden sich im Sammelband: Konrad Liessmann (Hg.): *Die Freiheit des Denkens*. Wien 2007

41 Julien Offray de La Mettrie: *Der Mensch als Maschine*. Nürnberg 1988

42 Dass La Mettrie selbst dieser Metapher keineswegs eine überragende Bedeutung beigemessen hat, wie später oft unterstellt wurde, dürfte jedem klar sein, der sich mit seinen großartigen Werken eingehender beschäftigt hat; vgl. hierzu auch Ursula Pia Jauch: *Jenseits der Maschine. Philosophie, Ironie und Ästhetik bei Julien Offray de la Mettrie*. München 1998.

43 Sollte es dereinst gelingen, einen Roboter zu erschaffen, der über echte Gefühle, Bedürfnisse, Interessen verfügt (wahrscheinlich wird dies keine reine Maschine, sondern eine »Chimäre aus Biomasse und Silizium« sein), müssten diesem »eigennützig agierenden Roboter« selbstverständlich entsprechende Rechte eingeräumt werden. Wir dürften ihn jedenfalls nicht mehr als bloße Maschine behandeln. Die Schwierigkeit dabei wäre, dass wir von außen kaum zwischen »echten« und »bloß simulierten« Gefühlen unterscheiden könnten. Prinzipiell muss zudem die Frage gestellt werden, ob es angesichts unseres arg begrenzten Wissens ethisch zu verantworten wäre, ein Wesen zu schaffen, das an seiner eigenen Existenz leiden könnte. Deshalb hat der Philosoph Thomas Metzinger unlängst dafür plädiert, »vorerst alle Versuche, künstliches oder postbiotisches Bewusstsein zu erzeugen, aus der seriösen akademischen Forschung (zu) verbannen«. (Thomas Metzinger: »Künstliches Bewusstsein: Maschine, Moral, Mitgefühl«. In: *Gehirn&Geist*, 4/2006, S. 70)

44 Siehe hierzu auch Detlev Linke: *Die Freiheit und das Gehirn. Eine neurophilosophische Ethik*. München 2005, S. 16 ff.

45 Nachzulesen in: Mina Ahadi und Sina Vogt: *Ich habe abgeschworen. Warum ich für die Freiheit und gegen den Islam kämpfe*. München 2008

46 Informationen zum Zentralrat der Ex-Muslime: www.ex-muslime.de

47 Zum Thema Religionsfreiheit siehe die prägnante Darstellung von Gerhard Czermak: *Religions- und Weltanschauungsrecht. Eine Einführung*. Heidelberg 2008, S. 55 ff.

48 Vgl. hierzu u. a. Ibn Warraq: *Warum ich kein Muslim bin*. Berlin 2004, S. 241 ff.

49 Chahdortt Djavann: *Was denkt Allah über Europa? Gegen die islamische Bedrohung*. Berlin 2005, S. 35

50 Vgl. hierzu auch die Analyse von Hartmut Krauss: *Islam, Islamismus, muslimische Gegengesellschaft. Eine kritische Bestandsaufnahme*. Osnabrück 2008

51 Die islamische Zeitrechnung beruht auf einem Mondkalender und beginnt mit der Auswanderung Muhammeds aus Mekka, die nach dem gregorianischen Kalender auf den 16. Juli 622 datiert wird. Das vorliegende Buch erscheint dem islamischen Kalender zufolge im Jahr 1430.

52 Michael Schmidt-Salomon: *Manifest des evolutionären Humanismus*, a.a.O., S. 7 f. und S. 83 ff. Siehe hierzu auch: Bassam Tibi: *Islamischer Fundamentalismus, moderne Wissenschaft und Technologie*. Frankfurt am Main 1992

53 Immerhin wird dieses Problem mittlerweile von Juristen und Rechtsphilosophen thematisiert, siehe u.a. Horst Dreier und Eric Hilgendorf (Hg.): *Kulturelle Identität als Grund und Grenze des Rechts*. Stuttgart 2008

54 Siehe Necla Kelek: *Die fremde Braut. Ein Bericht aus dem Inneren des türkischen Lebens in Deutschland*. Köln 2005. Sowie: Necla Kelek: *Die verlorenen Söhne. Plädoyer für die Befreiung des türkisch-muslimischen Mannes*. Köln 2006

55 Siehe u.a. Seyran Ateş: *Der Multikulti-Irrtum. Wie wir in Deutschland besser zusammenleben können*. Berlin 2007

56 Siehe u.a. Ayaan Hirsi Ali: *Ich klage an. Plädoyer für die Befreiung der muslimischen Frauen*. München 2005. Sowie: Ayaan Hirsi Ali: *Mein Leben, meine Freiheit. Die Autobiographie*. München 2006

57 Glücklicherweise ließen sich nicht alle Zeichner einschüchtern. Besonders hervorzuheben ist die satirische Aufarbeitung des Karikaturenstreits durch den deutschen Star-Comiczeichner Ralf König (*Der bewegte Mann*), der hierfür mit dem renommierten Max-und-Moritz-Preis ausgezeichnet wurde. Eine seiner islamkritischen Zeichnungen wurde später in der Postkartenserie der Giordano Bruno Stiftung aufgenommen, die sich mit aller gebotenen Deutlichkeit gegen die »Einschränkung der Kunstfreiheit aus Rücksicht auf religiöse Borniertheit« zur Wehr gesetzt hatte, siehe: www.giordano-bruno-stiftung.de.

58 Mina Ahadi und Sina Vogt, a.a.O., S. 256 f.

59 Necla Kelek: *Die fremde Braut*, S. 254

60 Ebenda, S. 261

61 Siehe hierzu auch die faszinierende Autobiografie: Paul Feyerabend: *Zeitverschwendung*. Frankfurt am Main 1997

62 Paul Feyerabend: *Erkenntnis für freie Menschen*. Veränderte Ausgabe. Frankfurt am Main 1980, S. 233

63 Ebenda, S. 68

64 Ebenda

65 Ebenda, S. 72

66 Ebenda, S. 72 f.

67 Ebenda, S. 147

68 In seiner Autobiografie distanzierte er sich von jenem Relativismus, der ihn so berühmt gemacht hatte, und erklärte, »dass kulturelle Besonderheiten nicht sakrosankt sein können. Es gibt keine ›kulturell gerechtfertigte‹ Unterdrückung und keinen ›kulturell gerechtfertigten‹ Mord. Es gibt nur Unterdrückung und Mord, und beide sollten als solche behandelt werden, und wenn nötig, mit Entschiedenheit.« (Paul Feyerabend: *Zeitverschwendung*, a.a.O., S. 205)

69 William Shakespeare: *Der Kaufmann von Venedig*. 3. Akt, 1. Szene. In: William Shakespeare: *Sämtliche Werke*. Wiesbaden o. J., S. 175 f.

70 Eine sehr lesenswerte Einführung in die Prinzipien der am Individuum ansetzenden »interessensfundierten Ethik« gibt Norbert Hoerster in: Norbert Hoerster: *Ethik und Interesse*. Stuttgart 2003.

71 Aus Raumgründen kann hier keine vollständige Theorie der Wahrheit entwickelt werden. Zur »pragmatischen, hypothetisch korrespondierenden Kohärenztheorie der Wahrheit«, die meines Erachtens für wissenschaftliche Aufklärung charakteristisch ist, siehe Michael Schmidt-Salomon: »Was ist Wahrheit? Das Wahrheitskonzept der Aufklärung im weltanschaulichen Widerstreit«. In: *Aufklärung und Kritik*, 2/2003.

72 Vgl. Hans Albert: *Traktat über kritische Vernunft*, a. a. O.; S. 44; siehe auch die Anmerkungen zum »Geschenk der Kritik« im fünften Kapitel dieses Buches.

73 Mitunter wird »Ethik« als »Moralphilosophie« begriffen, die sich als Teilbereich der »praktischen Philosophie« mit »Moral«, also mit »sittlichen« Problemen, Haltungen, Argumenten befasst. Diese herkömmliche terminologische Abgrenzung löst allerdings nicht die Probleme, um die es mir im vorliegenden Buch geht.

74 Siehe Michael Schmidt-Salomon: *Manifest des evolutionären Humanismus*, a. a. O., S. 102 ff.

75 Dieser psychische Prozess wurde bereits von Sigmund Freud analysiert. Alice Miller (siehe etwa: *Am Anfang war Erziehung*. Frankfurt am Main 1983) übertrug ihn später auf den Erziehungsprozess.

76 Siehe das vorangestellte Zitat dieses Buches. Heinrich von Kleist: »Über das Marionettentheater«. In: Heinrich von Kleist: *Erzählungen und Schriften*. München 1986, S. 400

Kapitel 4   Das entspannte Ich

1 Albert Einstein: *Mein Weltbild*, a. a. O., S. 11

2 Sam Harris, a. a. O., S. 223

3 André Comte-Sponville: *Woran glaubt ein Atheist? Spiritualität ohne Gott*. Zürich 2008, S. 219

4 Doris Wolf: *Wenn Schuldgefühle zur Qual werden*. Mannheim 1996, S. 12

5 Ebenda

6 Franz Alexander: *The Scope of Psychoanalysis*. New York 1961, S. 129. Hier zit. nach der deutschen Übersetzung in: Wendell Watters: *Tödliche Lehre*. Neustadt 1995, S. 124

7 Die Begriffe »Existenzsicherung« und »Existenzerweiterung« (wenn auch in etwas anderer inhaltlicher Fassung) begegneten mir zuerst bei Peter Baltes (vgl. Peter Baltes: *Lebenstechnik*. Darmstadt 1997), bei dem ich in Trier studierte. Ihm und meinen beiden phänomenalen Doktorvätern Heinrich Seiler (Trier) und Rolf Schwendter (Kassel) verdanke ich viele entscheidende Denkanregungen. Ohne sie wäre dieses Buch sicherlich nicht entstanden

(auch wenn sie mitunter vielleicht erschrecken werden, welch »gewagte Thesen« ihr ehemaliger Student heute vertritt).

8 Alexander Lowen: *Bio-Energetik. Therapie der Seele durch Arbeit mit dem Körper.* Gütersloh 1986, S. 22

9 Ich beziehe mich hier auf Esther Vilars 1992 erstmals erschienenes Buch *Die Erziehung der Engel*, das 2009 unter neuem Titel im Alibri Verlag wieder veröffentlicht wird: Esther Vilar: *Die Schrecken des Paradieses. Wie lebenswert wäre das Ewige Leben?* Aschaffenburg 2009

10 Sigmund Freud: *Das Unbehagen in der Kultur.* Frankfurt am Main 1972, S. 75

11 Ebenda, S. 105

12 Paul Watzlawick: *Anleitung zum Unglücklichsein.* München 1983

13 Einen guten Überblick über das Forschungsgebiet der Positiven Psychologie gibt: Ann Elisabeth Auhagen (Hg.): *Positive Psychologie: Anleitung zum »besseren« Leben.* Weinheim 2008

14 Heiko Ernst: »Gibt es einen Maßstab für das Glück?« In: Glücksmomente. Was das Leben gelingen lässt. *Psychologie Heute Compact*, 17/2007, S. 8

15 Ebenda

16 Vgl. hierzu u. a. David Lykken: *Happiness. What Studies on Twins Show Us about Nature, Nurture and the Happiness Set Point.* New York 1999

17 David Lykken, ehemaliger Psychologieprofessor an der Universität von Minneapolis, meinte etwa: »Möglicherweise sind alle Versuche, glücklicher zu werden, genauso zum Scheitern verurteilt, wie der Versuch, größer zu werden.« (Zit. nach Stefan Klein: *Die Glücksformel – oder wie die guten Gefühle entstehen.* Reinbek 2002, S. 63)

18 Genau dies ist das Problem der Zwillingsstudien: Die Umwelten getrennt aufgewachsener eineiiger Zwillinge sind sich in der Regel viel zu ähnlich, sodass die Gemeinsamkeiten, die eineiige Zwillinge in der Tat zeigen, nicht allein auf ihr identisches Erbgut zurückgeführt werden können.

19 Vgl. hierzu und zum Folgenden u. a.: Joachim Bauer: *Das Gedächtnis des Körpers. Wie Beziehungen und Lebensstile unsere Gene steuern.* München 2004

20 Stephen J. Gould, a. a. O., S. 211 ff.

21 Vgl. das Interview mit dem verantwortlichen Schulleiter Ernst Fritz-Schubert in: *Gehirn&Geist*, 9/2008, S. 53 ff.

22 Epikur: *Philosophie der Freude. Briefe, Hauptlehrsätze, Spruchsammlung, Fragmente.* Hrsg. von Paul M. Laskowsky. München 1988, S. 98

23 Josemaría Escrivá, a. a. O., Spruch Nr. 194

24 Vgl. u. a. Klaus Thomas: *Eine falsche Frömmigkeit kann Christen krank machen.* Wetzlar 1989

25 Epikur, a. a. O., S. 67

26 Ebenda., S. 71

27 Ebenda, S. 70

28 Ebenda, S. 85

29 Ebenda, S. 87

30 Ebenda, S. 65

31 Ebenda, S. 88

32 Ebenda, S. 101

33 Ebenda, S. 95

34 Ebenda, S. 100

35 Ebenda, S. 79

36 Siehe hierzu die weiter unten folgenden Darlegungen zum Thema »rationale Mystik«

37 Vgl. Erich Fromm, Daseitz T. Suzuki und Richard de Martino: *Zen-Buddhismus und Psychoanalyse*. Frankfurt am Main 1971, S. 150

38 Wilhelm Schmid: *Mit sich selbst befreundet sein. Von der Lebenskunst im Umgang mit sich selbst*. Frankfurt am Main 2007, S. 395

39 Siehe Douglas Adams: *Per Anhalter durch die Galaxis*. Vierteilige Trilogie in fünf Bänden. München 1981 ff. (Adams' Antwort auf diese »letzte Frage« lautet bekanntlich »42«, was immer dies auch bedeuten mag …)

40 Nebenbei: Die Suche nach dem »Sinn an sich« wäre selbst dann noch ein hoffnungsloses Unternehmen, wenn es wider Erwarten einen solchen »höheren Sinn des Lebens, des Universums und des ganzen Rests« gäbe. Warum? Weil uns der Zugang zur »Welt an sich« prinzipiell verschlossen ist, da wir die Welt nicht losgelöst von unserer Wahrnehmung wahrnehmen können, also so, wie sie »an sich« – und nicht bloß »für uns« – existiert. Gesetzt den Fall, jemand hätte tatsächlich für sich einen Sinn gefunden, der einem auch jenseits unserer Wahrnehmung existierenden Sinn an sich entspräche, so wäre kein Mensch in der Lage, diese Übereinstimmung zu identifizieren.

41 Mihaly Csikszentmihalyi: *Flow. Das Geheimnis des Glücks*. Stuttgart 2004, S. 79

42 Ebenda

43 Ebenda, S. 64

44 Ebenda, S. 81

45 Ebenda, S. 214 f.

46 Im besten Fall kann er solche Gefühle aus zweiter Hand nacherleben, etwa indem er am Fernseher verfolgt, wie ein Marathonläufer seine letzten Kraftreserven mobilisiert und auf den letzten Metern noch an seinen Konkurrenten vorbeizieht. Spiegelneuronen machen es möglich, dass wir uns in diesen Läufer hineinversetzen können. Einen Teil seines Triumphes können somit auch wir nachempfinden. Allerdings sind direkte, eigene Erfahrungen meist intensiver als bloß beobachtete, empathisch nachvollzogene Erfahrungen (siehe hierzu auch die Darstellung der Grenzen des empathischen Eigennutzes im ersten Kapitel).

47 Nietzsche warf dem Christentum vor, die »Sünde« erfunden zu haben »samt dem zugehörigen Folter-Instrument, dem Begriff ›freier Wille‹, um die Instinkte zu verwirren, um das Misstrauen gegen die Instinkte zur zweiten Natur zu machen«. (Friedrich Nietzsche: *Ecce Homo. Wie man wird, was man ist*. In: Friedrich Nietzsche: *Werke*, a. a. O., Bd. 2, S. 1159)

48 Ist man sich dessen bewusst, lösen sich auch die scheinbaren »Widersprüche« auf, die einige Einstein-Biografen (siehe etwa: Roger Highfield und Paul Carter: *Die geheimen Leben des Albert Einstein. Eine Biographie*. Wiesbaden 2004) in dessen Leben zu erkennen glaubten.

49 Einige Aufmerksamkeit erregte eine Studie des amerikanischen Forscher-

teams Kathleen Vohs und Jonathan Schooler (vgl. Kathleen Vohs und Jonathan Schooler: »The value of believing in free will: Encouraging a belief in determinism increases cheating.« In: *Psychological Science*, 19/2008, S. 49–54). Vohs und Schooler hatten Studenten die Möglichkeit gegeben, bei einem Mathematiktest zu schummeln. Dabei stellten sie fest, dass jene Studenten, denen man zuvor einen Text vorgelegt hatte, der Willensfreiheit bestritt, signifikant häufiger schummelten als jene, die den Text nicht gelesen hatten. Die Forscher leiteten daraus ab, dass der freie Wille eine nützliche Illusion sei, die ein ehrlicheres Verhalten generiere. Diese Deutung allerdings dürfte nur in einem von moralischen Memen bestimmten Kontext gelten. Soweit ich dies überblicken kann, legten Vohs und Schooler den Studenten einen Text vor, der weder zwischen Willensfreiheit und Handlungsfreiheit noch zwischen Ethik und Moral unterschied und somit fatalistische und relativistische Deutungsmuster, also falsche Konsequenzen aus dem Abschied von der Willensfreiheit begünstigte. Eine Überprüfung der in diesem Buch vorgelegten Thesen bedarf also eines höheren Differenzierungsniveaus bezüglich der Operationalisierung der empirischen Fragestellung.

50 Man könnte beispielsweise (besten Dank an dieser Stelle an den Sportler und Fitnesstrainer Daniel Holzinger, der mich auf diese Thematik aufmerksam machte) die Wirkung des Appells an den eigenen »freien Willen« auf den Diäterfolg übergewichtiger Patienten untersuchen und hierzu zwei Gruppen bilden. In der einen Gruppe müsste man konsequent an den »freien Willen« appellieren (»Sie schaffen das ganz sicher, Sie müssen es bloß wollen! Werden Sie nur nicht schwach!«), in der anderen Gruppe stattdessen immer wieder Entschuldigungen aussprechen (»Versuchen Sie Ihr Bestes! Sie haben ganz gewiss noch ungeahnte Potenziale, doch wenn Sie versagen sollten, machen Sie sich deshalb bloß keine Vorwürfe! Letztlich sind wir alle doch nur Opfer unserer eigenen Geschichte!«). Stimmt die Hypothese, dass die Suspendierung der Willensfreiheitsidee zu einer Stärkung der inneren Handlungsfreiheit führen kann, sollten diejenigen, die man schon im Vorfeld für mögliches Versagen entschuldigt, signifikant stärker abnehmen. Warum? Weil ein Verstoß gegen den Diätplan in dieser »Entschuldigungsgruppe« die Selbstwertproblematik nicht weiter ankurbeln würde und daher das eigene Versagen im Gegensatz zur »Willensfreiheitsgruppe« nicht durch Essattacken kompensiert werden müsste. Dies wäre ein durchaus aussagekräftiger, empirischer Beleg für die These, dass die Aufhebung der Willensfreiheitsidee innere Handlungsfreiheit nicht untergräbt, sondern diese unter bestimmten Umständen erst ermöglicht.

51 Für diejenigen, die sich für diesen Text interessieren, hier die Quellenangaben: Michael Schmidt-Salomon: »Können wir wollen, was wir wollen? Unzeitgemäßes zur Theorie der Willensfreiheit«. In: *Aufklärung und Kritik*, 2/1995. (Der Artikel findet sich auch auf meiner Homepage: www.schmidt-salomon.de/.)

52 In der Tat habe ich im vorliegenden Buch auch einige Formulierungen aus dem alten Willensfreiheitsaufsatz übernommen.

53 Vgl. etwa die von alten buddhistischen Weisheiten getragenen Darlegungen

von Daisetz T. Suzuki in Erich Fromm, Daisetz T. Suzuki und Richard de Martino, *Zen-Buddhismus und Psychoanalyse*, a.a.O., S. 37 ff. Interessant in diesem Zusammenhang auch: Byung-Chul Han: *Philosophie des Zen-Buddhismus.* Stuttgart 2002

54 Siehe etwa Ramesh Balsekar: *Schuld und Sünde. Der IrrSinn des Verstandes.* Freiburg 2001; oder: Sri Nisargadatta Maharaj: *Ich bin.* Bielefeld 1998

55 Vgl. Dieter Voigt und Sabine Meck: *Gelassenheit. Geschichte und Bedeutung.* Darmstadt 2005

56 Siehe: Meister Eckart: *Einheit mit Gott. Die bedeutendsten Schriften zur Mystik.* Hrsg. von Dietmar Mieth. Düsseldorf 2007. Siehe hierzu auch die Darlegungen von Erich Fromm zur sogenannten X-Erfahrung bei Meister Eckart in: Erich Fromm: *Ihr werdet sein wie Gott.* In: Erich Fromm: *Werke*, a.a.O., Bd. 6, S. 118 ff.

57 Albert Schweitzer: *Die Lehre der Ehrfurcht vor dem Leben.* Berlin 1974, S. 30

58 Vgl. Anton A. Bucher: *Psychologie der Spiritualität.* Weinheim 2007, S. 50 ff.

59 Dalai Lama und Victor Chan: *Die Weisheit des Verzeihens. Ein Wegweiser für unsere Zeit.* Bergisch Gladbach 2007

60 Vgl. hierzu u.a. Colin Goldner: *Dalai Lama. Fall eines Gottkönigs.* Aschaffenburg 2008

61 Den Begriff der »brennenden Geduld« hörte ich das erste Mal bei Robert Jungk. Bob, wie er von seinen Freunden genannt wurde, hatte mich Anfang der Neunzigerjahre zu einem Treffen der Zukunftsforscher nach Loccum eingeladen. Am Abend des ersten Veranstaltungstags saßen wir zusammen, und ich fragte den großen alten Mann der Zukunftsforschung, was ihn dazu motiviert hatte, all die Jahre durchzuhalten, die Hoffnung nie aufzugeben, obgleich er doch so viel Schreckliches in seinem Leben gesehen hatte (siehe hierzu auch Robert Jungks Autobiografie *Trotzdem. Mein Leben für die Zukunft.* München 1993). Bob lächelte mich an und sagte: »Brennende Geduld!« Das hat mich damals sehr beeindruckt, und ich nahm mir vor, daran zu arbeiten, selbst einmal solche »brennende Geduld« zu entwickeln, wie sie Robert Jungk in seinem Leben gezeigt hat.

Kapitel 5   Entspannte Beziehungen

1 Epikur, a.a.O., S. 89

2 Bertolt Brecht: *Die Maske des Bösen.* In: Bertolt Brecht: *Gesammelte Werke.* Bd. 10. Frankfurt am Main 1990, S. 850

3 Everett Worthington zit. nach Martin E. P. Seligman: *Der Glücks-Faktor. Warum Optimisten länger leben.* Bergisch Gladbach 2007, S. 135

4 Die Beiträge von William Lane Craig und mir können im virtuellen Textarchiv der Giordano Bruno Stiftung (www.giordano-bruno-stiftung.de/) heruntergeladen werden (Stichwort: »Düsseldorfer Kreationismusdebatte«).

5 Hans Albert: *Traktat über kritische Vernunft*, a.a.O., S. 44

6 Siehe hierzu auch den Sammelband: Eric Hilgendorf (Hg.): *Wissenschaft, Religion und Recht. Hans Albert zum 85. Geburtstag.* Berlin 2006

7   Siehe hierzu den lesenswerten Artikel von Udo Wolter: »›Sharia is not under
    discussion here‹: Der UN-Menschenrechtsrat und sein Verhältnis zu den
    Menschenrechten.« In: *Jungle World*, Nr. 32/08, 7. August 2008

8   Die Petition kann auf der Website: www.leitkultur-humanismus.de nachge-
    lesen werden.

9   Ich muss es immer wieder betonen: Wenn ich von sehr religiösen Menschen
    spreche, so meine ich damit nicht jene aufgeklärten Christen, die nur noch
    formal mittels sprachlicher Leerformeln den Kontakt zu einer Tradition auf-
    rechterhalten, deren Boden sie inhaltlich eigentlich längst schon verlassen
    haben. Aufgeklärte Christen glauben weder an die Realexistenz der Hölle
    noch des Teufels, weder an Wunder noch an die Auferstehung der Toten. In-
    wieweit man ihren Glauben überhaupt noch redlicherweise als Christentum
    begreifen kann, darüber lässt sich trefflich streiten. Im Islam (sowie in an-
    deren Religionen) gibt es solche aufgeklärten Gläubigen selbstverständlich
    ebenso. Allerdings ist nicht zu übersehen, dass die aufklärerische Zähmung
    des Islam längst nicht so weit vorankam wie die des europäischen Christen-
    tums.

10 Offenbarung, 22,18 f.

11 Richard Dawkins: *Der entzauberte Regenbogen. Wissenschaft, Aberglaube und die
    Kraft der Phantasie.* Reinbek 2000, S. 54

12 Hans Albert: *Traktat über kritische Vernunft*, a. a. O., S. 95

13 Everett Worthington: *Five Steps to Forgiveness: The Art and Science of Forgiving.*
    New York 2001. (Leider ist dieses wie auch die anderen Bücher Worthing-
    tons bislang nicht ins Deutsche übersetzt worden. Ohnehin sind die interes-
    santen Ergebnisse der amerikanischen Vergebungsforschung bislang im
    deutschsprachigen Raum kaum rezipiert worden. Immerhin ist zumindest
    eines der Grundlagenwerke von Robert D. Enright, dem Nestor der Ver-
    gebungsforschung, in einer deutschen Übersetzung erhältlich: Robert D.
    Enright: *Vergebung als Chance. Neuen Mut fürs Leben finden.* Bern 2006.

14 Martin E. P. Seligman, a. a. O., S. 140

15 Ebenda, S. 141

16 Die Website der »Kampagne für Vergebungsforschung« listet allein sechs-
    undvierzig aktuelle, zum Teil groß angelegte wissenschaftliche Studien zum
    Thema auf, siehe: www.forgiving.org. Einen guten, wenn auch mittlerweile
    veralteten Überblick über das Forschungsgebiet vermittelt der Sammelband:
    Michael McCullough, Kenneth Pargament und Carl Thoresen (Hg.): *Forgive-
    ness: Theory, Research, and Practice.* New York 2001. Interessante Forschungser-
    gebnisse listet auch Robert D. Enright in seinem Buch *Vergebung als Chance*
    (a. a. O.) auf.

17 So stellt Enright beispielsweise zur Wirkung von Vergebungstrainings bei
    Frauen, die sexuell missbraucht wurden, fest, dass »kein anderes Therapie-
    programm für Personen, die sexuell missbraucht worden sind, so positive
    Ergebnisse erbracht« hat. (Robert D. Enright: *Vergebung als Chance*, a. a. O.,
    S. 27)

18 Immerhin findet sich das Stichwort »Verzeihen« in dem Sammelband von
    Elisabeth Auhagen: *Positive Psychologie*, a. a. O., S. 150–165; allerdings listet der

von Christian Schwennen verfasste Artikel fast ausschließlich amerikanische Forschungsarbeiten auf. Anzumerken ist hier jedoch, dass einige in Westeuropa verankerte Therapieformen sehr wohl auf das Prinzip der Vergebung zurückgreifen, beispielsweise die sogenannte Familienaufstellung nach Hellinger, die – wohl gerade, weil sie Vergebung so offensiv thematisiert – große Wirkungen entfalten kann. Allerdings sollte hierbei nicht übersehen werden, dass Bert Hellingers Methode unter anderem aufgrund der in ihr enthaltenen patriarchalen Normen zu Recht kritisiert wird. Siehe u. a. Colin Goldner (Hg.): *Der Wille zum Schicksal. Die Heilslehre des Bert Hellinger.* Wien 2003

19 Die Templeton Foundation wurde von dem Finanzinvestor John Templeton ins Leben gerufen. Die Stiftung vergibt jährlich den Templeton-Preis, die weltweit höchstdotierte Auszeichnung (820 000 Pfund Sterling) für Einzelpersonen. Mit dem Preis sollen Personen gewürdigt werden, die die Verbindung zwischen Wissenschaft und Religion untermauern. Erste Preisträgerin war 1973 Mutter Teresa. Mit dem Preis wurden jedoch auch religiös inspirierte Wissenschaftler wie Carl Friedrich von Weizsäcker und George Ellis ausgezeichnet. Durch ihre beträchtlichen Finanzquellen hat die Templeton Foundation einen nicht unerheblichen Einfluss auf die Forschung. Dies ist vielfach und auch zu Recht kritisiert worden (u. a. von Richard Dawkins). Im Fall der Vergebungsforschung scheinen die Stiftungsaktivitäten jedoch durchaus positive Wirkungen entfaltet zu haben.

20 Kenneth Pargament u. a.: »Can group interventions facilitate forgiveness of an ex-spouse?: A randomized clinical trial«. In: *Journal of Clinical and Consulting Psychology*, 73/2005, S. 880–892

21 Die Geschichte der Familie Biehl wurde u. a. dokumentiert in dem beeindruckenden Film *Der lange Weg aus der Dunkelheit*, der den südafrikanischen Versöhnungsprozess nachvollzog und im Jahr 2000 auf dem Sundance Filmfestival als bester Dokumentarfilm ausgezeichnet wurde. Zusätzliche Informationen enthalten die Websites der Amy Biehl Foundation (www.amybiehl.org und www.amybiehl.co.za). Zudem griff ich in der Darstellung des Falls auf journalistische Arbeiten zurück, u. a. auf Gregg Easterbrooks Artikel *Forgiveness is good for your health* (beliefnet.com) sowie auf Maureen Harringtons Darstellung *A Mother Forgives Her Daughter's Killers* (erschienen im *People Magazine* vom 21. Juli 2003).

22 Zeugenaussage von Peter Biehl vor dem südafrikanischen »Komitee für die Gewährung von Amnestie«; dokumentiert in dem Film *Der lange Weg aus der Dunkelheit* (Übersetzung: MSS).

23 Ich gebe zu, dass ich den diversen Presseberichten zu dem Fall zunächst auch kaum glauben konnte. Doch spätestens als ich mir den einundsiebzigminütigen Vortrag von Linda Biehl und Ntobeko Peni am 16. April 2008 an der University of Texas in Austin zu Gemüte geführt hatte, war mir klar, dass es sich bei der erstaunlichen Geschichte der Familie Biehl tatsächlich nicht um einen Fake handelte.

Kapitel 6   Die entspannte Gesellschaft

1 Immanuel Kant: *Die Metaphysik der Sitten*. In: Immanuel Kant: *Werke in zwölf Bänden*. Hg. von Wilhelm Weischedel. Frankfurt am Main 1977, Bd. 8, S. 455

2 Friedrich Nietzsche: *Menschliches, Allzumenschliches*. In: Friedrich Nietzsche, *Werke*, a. a. O., Bd. 1, S. 888

3 Karlheinz Deschner: »Warum man zu Lebzeiten nicht aus seiner Haut fahren kann. Redebeitrag zur Begehung meines 80. Geburtstages am 23. Mai 2004«. In: Hermann Gieselbusch und Michael Schmidt-Salomon (Hg.): »*Aufklärung ist Ärgernis …*« *Karlheinz Deschner. Leben – Werk – Wirkung.* Aschaffenburg 2006

4 Peter Bieri: *Das Handwerk der Freiheit. Über die Entdeckung des eigenen Willens*. München 2001, S. 17 f. (Bei Bieri heißt es – aus welchen Gründen auch immer – Raskolnikov statt Raskolnikow. Um Dostojewski-Leser nicht zu irritieren – zumindest in allen mir bekannten Übersetzungen von *Schuld und Sühne* beziehungsweise *Verbrechen und Strafe* trägt die Hauptperson des Romans den Namen Raskolnikow – wurde dies hier korrigiert.)

5 In der modernen Übersetzung von Swetlana Geier trägt Dostojewskis Roman auch den Titel, der dem russischen Original entspricht, siehe: Fjodor Dostojewski: *Verbrechen und Strafe*. Übersetzt von Swetlana Geier. Frankfurt am Main 1994

6 Peter Bieri, a. a. O., S. 325

7 Ebenda, S. 344 f.

8 Ebenda, S. 360

9 Siehe hierzu u. a. die glänzende kritische Analyse von Robert Jay Lifton und Greg Mitchell: *Who Owns Death? Capital Punishment, the American Conscience and the End of Executions*. New York 2000

10 Arthur Schopenhauer: *Die Welt als Wille und Vorstellung*. In: Arthur Schopenhauer: *Werke in zehn Bänden*, a. a. O., Bd. 2, S. 433. In ähnlicher Weise hatte zuvor übrigens schon Paul Johann Anselm von Feuerbach das kantsche Vergeltungsstrafrecht kritisiert.

11 Roland Freisler zit. nach Fritz Bauer: »Die Schuld im Strafrecht.« In: Fritz Bauer: *Die Humanität der Rechtsordnung: Ausgewählte Schriften*. Frankfurt am Main 1998, S. 274

12 Siehe Fritz Bauer, a. a. O., S. 249 ff.

13 Vgl. hierzu Gunnar Spilgies: *Die Bedeutung des Determinismus-Indeterminismus-Streits für das Strafrecht. Über die Nichtbeachtung der Implikationen eines auf Willensfreiheit gegründeten Schuldstrafrechts*. Hamburg 2004

14 Vgl. u. a. Reinhard Merkel: *Willensfreiheit und rechtliche Schuld. Eine strafrechtsphilosophische Untersuchung*. Baden–Baden 2008

15 Zit. nach Reinhard Merkel, a. a. O., S. 136

16 Peter Bieri, a. a. O., S. 335 f.

17 Siehe hierzu u. a. Fritz Bauer, a. a. O., S. 268 f.

18 Vgl. u. a. Daniel Coleman: *EQ – Emotionale Intelligenz*. München 1997, S. 141

19 Vgl. hierzu u.a. Hans J. Markowitsch und Werner Siefer, a.a.O., S. 168 f.

20 Ebenda, S. 192

21 Siehe hierzu u.a. Malcolm Gladwell: *Tipping Point. Wie kleine Dinge Großes bewirken können.* München 2002, S. 165 ff.

22 Beim Stanford-Prison-Experiment wurden Studenten per Zufall in »Häftlinge« und »Wärter« unterteilt, um dann in einem simulierten Gefängnis zu leben beziehungsweise zu arbeiten. Das ursprünglich auf zwei Wochen angelegte Experiment musste schon nach einer Woche abgebrochen werden, da die psychische Belastung vor allem für die Häftlinge zu groß wurde. Innerhalb kürzester Zeit hatten sich normale Studenten in emotional gebrochene Gefangene beziehungsweise in teils sadistisch agierende Wärter verwandelt.

23 Siehe hierzu vor allem Philip Zimbardo: *Der Luzifer-Effekt. Die Macht der Umstände und die Psychologie des Bösen.* Heidelberg 2008

24 Michael Ebertz: »Treue zur einzigen Wahrheit. Religionsinterner Fundamentalismus im Katholizismus«. In: Hermann Kochanek (Hg.): *Die verdrängte Freiheit. Fundamentalismus in den Kirchen.* Freiburg 1991, S. 46

25 Michael Schmidt-Salomon: *Manifest des evolutionären Humanismus*, a.a.O., S. 115

26 Karl Marx: *Thesen über Feuerbach.* In: Karl Marx und Friedrich Engels: *Werke* (MEW). Berlin 1956 ff., Bd. 3, S. 7

27 Condoleezza Rice, zit. nach Philip Zimbardo, a.a.O., S. 300

28 Vgl. u.a. Noam Chomsky: *Hybris. Die endgültige Sicherung der globalen Vormachtstellung der USA.* Hamburg 2003; sowie: Noam Chomsky: *Power and Terror. US-Waffen, Menschenrechte und der internationale Terrorismus.* Hamburg 2004

29 Siehe u.a. den Beitrag von Arundhati Roy: »Krieg ist Frieden«. In: *Spiegel Online* vom 31. Oktober 2001

30 Siehe u.a. den preisgekrönten (wenn auch heftig umstrittenen) Film *Fahrenheit 9/11* von 2004

31 Siehe etwa den Bericht des einflussreichen neokonservativen Think Tanks: *Project for the New American Century* (PNAC): *Rebuilding America's Defenses: Strategies, Forces, And Resources For A New Century.* Washington 2000

32 Vgl. hierzu auch: Michael Schmidt-Salomon: »Amerika und ›das Böse‹. Über den wachsenden Einfluss der religiösen Rechten in den USA.« In: *Materialien und Informationen zur Zeit* (MIZ), 2/2003

33 Vgl. Roméo Dallaire: *Handschlag mit dem Teufel. Die Mitschuld der Weltgemeinschaft am Völkermord in Ruanda.* Frankfurt am Main 2007

Kapitel 7   Die frohe Botschaft für nackte Affen

1 Georg Christoph Lichtenberg: *Aphorismen.* München 1984, S. 40

2 Friedrich Nietzsche: *Aus dem Nachlass der Achtziger Jahre.* In: Friedrich Nietzsche: *Werke*, a.a.O., Bd. 3, S. 836 f.

3 Diese feine Redewendung verdanke ich dem Wiener Evolutionsbiologen Franz M. Wuketits, mit dem ich viele anregende, in der Regel erst in den

frühen Morgenstunden endende Diskussionen in der »Stiftungsbar« der Giordano Bruno Stiftung führen durfte.

4 Bazon Brock kokettiert damit, dass er unter »Emergentia praecox« leide, also unter einer Art »frühzeitigem Erkenntniserguss«. Nicht nur der hier geschilderte Fall zeigt, dass die Diagnose wohl zutrifft, vgl. u.a. Bazon Brock: *Der Barbar als Kulturheld. Ästhetik des Unterlassens – Kritik der Wahrheit.* Köln 2005

5 Vgl. etwa Horst Herrmann: *Die Folter. Eine Enzyklopädie des Grauens.* Frankfurt am Main 2004

6 Vgl. Karlheinz Deschner: *Für einen Bissen Fleisch. Das schwärzeste aller Verbrechen.* Bad Nauheim 1998

7 Vgl. Michael Schmidt-Salomon: *Manifest des evolutionären Humanismus*, a.a.O., S. 120 ff.

8 Heinz Oberhummer: *Kann das alles Zufall sein? Geheimnisvolles Universum.* Salzburg 2008, S. 40

9 Vgl. Richard Dawkins: *Der Gotteswahn.* Berlin 2007

10 Vgl. hierzu u.a. Ernst Salcher: *Gott? Das Ende einer Idee.* Frankfurt am Main 2007, S. 247 ff.; sowie Heinz Oberhummer, a.a.O., S. 99 ff.

11 Vgl. hierzu vor allem Franz Josef Wetz: *Die Kunst der Resignation.* Stuttgart 2000

12 Dass dieses »heillose, trostlose, ewige Nichts« bei genauerer Betrachtung so schrecklich gar nicht ist, hat vor allem Ludger Lütkehaus in seinem Klassiker des aufgeklärten Pessimismus *Nichts* demonstriert; siehe: Ludger Lütkehaus: *Nichts. Abschied vom Sein. Ende der Angst.* Frankfurt am Main 2003.

13 »Wer allein hat Gründe, sich *wegzulügen* aus der Wirklichkeit? Wer an ihr *leidet*. Aber an der Wirklichkeit leiden heißt eine *verunglückte* Wirklichkeit sein …« (Friedrich Nietzsche: *Der Antichrist.* In: Friedrich Nietzsche: *Werke*, a.a.O., Bd. 2, S. 1175)

14 Christian Weber: »Das Paradies ist: jetzt«. Artikel zum Titelschwerpunkt »Glück ohne Gott. Wie ungläubige Menschen Sinn im Leben finden«. In: *Süddeutsche Zeitung Wissen*, November 2008

15 Vgl. Sigmund Freud: *Vorlesungen zur Einführung in die Psychoanalyse.* In: Sigmund Freud: *Studienausgabe.* Frankfurt am Main 1969, Bd. 1, S. 283 f.

16 Vgl. Gerhard Vollmer: *Auf der Suche nach Ordnung. Beiträge zu einem naturalistischen Welt- und Menschenbild.* Stuttgart 1995, S. 43 ff.

17 Vgl. Michael Schmidt-Salomon: *Manifest des evolutionären Humanismus*, a.a.O., S. 11 f.

18 Vgl. Michael Schmidt-Salomon: *Auf dem Weg zur Einheit des Wissens*, a.a.O., S. 30 ff. Der kulturistische Fehlschluss ist im Grunde eine Umkehrung des »naturalistischen Fehlschlusses«, der vom *Sein* auf das *Sollen* schließt.

Zu guter Letzt

1 Karl Popper formulierte diesen Gedanken in bewundernswerter Klarheit: »Wir können die Theorien an unserer Stelle sterben lassen. Wir können sie

eliminieren, ohne jemanden zu verletzen, es sei denn in seinem Stolz.« (Karl Popper: »Die Wege der Wahrheit«. In: *Aufklärung und Kritik*, 2/1994, S. 49)

Nachwort zur 5. Auflage

1 Der nachfolgende Text greift teilweise auf eine dreiteilige Artikelserie zurück, die im Januar 2010 unter dem Titel *Wege aus dem Labyrinth* auf dem Portal des Humanistischen Pressedienstes (hpd) erschien, siehe: http://hpd.de/node/8638

2 Ernst Mayr: *Das ist Biologie. Die Wissenschaft des Lebens.* Heidelberg 2000, S. 42 f.

3 Diese bekannte Redewendung geht tatsächlich auf eine Formulierung des Aristoteles zurück, der in seiner *Metaphysik* schrieb: »Das, was aus Bestandteilen so zusammengesetzt ist, dass es ein einheitliches Ganzes bildet, nicht nach Art eines Haufens, sondern wie eine Silbe, das ist offenbar mehr als bloß die Summe seiner Bestandteile.« Aristoteles: *Metaphysik.* Ins Deutsche übertragen von Adolf Lasson, Jena 1907, S. 129

4 Einen hervorragenden Überblick vermittelt Rüdiger Vaas in dem leider nur als »graue Literatur« der Universitäten Stuttgart und Tübingen erschienenen Sammelband *Die mechanische und die organische Natur.*

5 Das Problem der »abwärtsgerichteten Verursachung« ist *das* Grundproblem jeder Emergenz-Theorie, siehe hierzu u. a. Jaegwon Kim: *Emergenz: Zentrale Gedanken und Kernprobleme.* In: Thomas Metzinger (Hg.): *Grundkurs Philosophie des Geistes*, Bd. 2, S. 314 ff. Die scheinbare Unlösbarkeit dieses Problems raubte mir nächtelang den Schlaf, bis ich Ende 2008 (ausgelöst durch eine erneute Darwin-Lektüre in Vorbereitung des Darwin-Jahrs 2009) zu dem hier skizzierten Lösungsweg fand.

6 Ich stimme in gewisser Weise mit dem deutschen Philosophen Hans Poser überein, der in einem interessanten Beitrag über das evolutionäre Paradigma zwischen einer kausalen und einer evolutionären Sichtweise unterschied, vgl. Hans Poser: *Der Zufall als Schöpfer? Das Evolutionsschema und die Deutung der Welt.* In: Christoph Asmuth / Hans Poser (Hg.): *Evolution. Modell – Methode – Paradigma.* Würzburg 2007. Meines Erachtens benötigen wir beide Sichtweisen: Kausallogik, um mikrodeterministische, evolutionäre Logik, um makrodeterministische Prozesse nachvollziehen zu können.

7 Hierauf versuchte ich mit dem Vergleich zwischen einem fallenden Stein und einer fallenden Katze hinzuweisen (siehe Kapitel 3 »Jenseits des Fatalismus«). Die Katze ist mit physikalischem Instrumentarium nicht zu berechnen. Um ihr Verhalten (mehr oder weniger gut) vorhersagen zu können, müssen wir neben physikalischen Gesetzen auch biologische Prinzipien berücksichtigen.

8 Julian Huxley, wie Ernst Mayr einer der großen Pioniere der modernen Evolutionstheorie, bezeichnete die unter Naturwissenschaftlern verbreitete Neigung zu reduktionistischen Verkürzungen scherzhaft als »nothing-else-buttery« (übersetzt: »Nichts-weiter-Alserei«).

9 Zum Konzept des emergentistischen Materialismus siehe u.a. Mario Bunge/
Martin Mahner: *Die Natur der Dinge*. Stuttgart 2004

10 Siehe u.a. Andreas Müller: *Abschied von der Willensfreiheit?* hpd, 11.12.2009,
http://hpd.de/node/8446

11 Reinhold Leinfelder: *Darwin und Weltbilder ein Jahr später – gibt es ein Fazit?*
Veröffentlicht auf dem Wissenschafts-Blog *Ach du lieber Darwin!* am 28.12.09:
http://achdulieberdarwin.blogspot.com/2009/12/darwin-und-weltbilder-
ein-jahr-spater.html

12 Denken Sie bitte nicht, ich würde hier unter der Hand das im Buch widerlegte »Prinzip der alternativen Möglichkeiten« wieder einführen! Selbstverständlich können wir uns nicht in *ein und demselben Moment* unter dem Diktat der *zu diesem Zeitpunkt* wirksamen Ursachenbedingungen sowohl für das
eine als auch für das *andere* entscheiden! Es geht hier nicht darum, die Illusion
ursachenfreier Entscheidungen zu bestärken, vielmehr sollte verdeutlicht
werden, dass Entscheidungen nicht allein durch physikalische, chemische
und biologische Faktoren determiniert werden, sondern eben auch durch
kulturelle Faktoren (Weltbilder, Produktionsverhältnisse, individuelle Lernerfahrungen etc.). Selbstverständlich können die Ideen, mit denen wir uns
beschäftigen, großen Einfluss darauf haben, wie wir als biokulturelle Systeme in der Welt agieren. Wäre dem nicht so, so könnten wir es uns schenken, weiterhin Bücher zu lesen oder gar zu verfassen – und das wäre doch
jammerschade …

13 Vgl. u.a. Eckart Voland: *Soziobiologie. Die Evolution von Kooperation und Konkurrenz*. Heidelberg 2009

14 Vgl. hierzu u.a. Volker Sommer: *Schimpansenland. Wildes Leben in Afrika*.
München 2008

15 Eric Kandel: *Auf der Suche nach dem Gedächtnis. Die Entstehung einer neuen
Wissenschaft des Geistes*. München 2009, S. 259

16 Vgl. Sean B. Carroll: *Evo Devo: Das neue Bild der Evolution*. Berlin 2008

17 Vgl. Francois Jacob: *Das Spiel der Möglichkeiten. Von der offenen Geschichte des
Lebens*. München 1988

Literaturauswahl

Die hier aufgelisteten Werke könnten für ein tieferes Verständnis der in diesem Buch behandelten Thematik hilfreich sein. Weitere Literaturangaben finden sich im Anmerkungsapparat.

Abou-Taam, Marwan und Ruth Bigalke (Hg.): *Die Reden des Osama bin Laden.* Kreuzlingen 2006

Ahadi, Mina, und Sina Vogt: *Ich habe abgeschworen. Warum ich für die Freiheit und gegen den Islam kämpfe.* München 2008

Albert, Hans: *Traktat über kritische Vernunft.* Tübingen 1991

Antweiler, Christoph: *Was ist den Menschen gemeinsam? Über Kultur und Kulturen.* Darmstadt 2007

Arendt, Hannah: *Eichmann in Jerusalem. Ein Bericht von der Banalität des Bösen.* München 2006

Bauer, Fritz: *Die Humanität der Rechtsordnung: Ausgewählte Schriften.* Frankfurt am Main 1998

Bieri, Peter: *Das Handwerk der Freiheit. Über die Entdeckung des eigenen Willens.* München 2001

Blackmore, Susan: *Die Macht der Meme. Oder: Die Evolution von Kultur und Geist.* Heidelberg 2000

Brockman, John (Hg.): *Die Neuen Humanisten. Wissenschaftler, die unser Weltbild verändern.* Berlin 2004

Buggle, Franz: *Denn sie wissen nicht, was sie glauben. Oder warum man redlicherweise nicht mehr Christ sein kann.* Aschaffenburg 2004

Csikszentmihalyi, Mihaly: *Flow. Das Geheimnis des Glücks.* Stuttgart 2004

Czermak, Gerhard: *Christen gegen Juden. Geschichte einer Verfolgung.* Reinbek 1997

Damásio, António: *Descartes' Irrtum. Fühlen, Denken und das menschliche Gehirn.* München 1995

–: *Der Spinoza-Effekt. Wie Gefühle unser Leben bestimmen.* München 2003

Dawkins, Richard: *Und es entsprang ein Fluss in Eden. Das Uhrwerk der Evolution.* München 1998

–: *Der entzauberte Regenbogen. Wissenschaft, Aberglaube und die Kraft der Phantasie.* Reinbek 2000

–: *Das egoistische Gen.* München 2007

Degen, Rolf: *Das Ende des Bösen. Die Naturwissenschaft entdeckt das Gute im Menschen.* München 2007

Dunn, Judy, und Robert Plomin: *Warum Geschwister so verschieden sind.* Stuttgart 1996

Einstein, Albert: *Mein Weltbild.* Gütersloh o. J.

Enright, Robert D.: *Vergebung als Chance. Neuen Mut fürs Leben finden.* Bern 2006

Epikur: *Philosophie der Freude. Briefe, Hauptlehrsätze, Spruchsammlung, Fragmente.* Hg. von Paul M. Laskowsky. München 1988

Feyerabend, Paul: *Erkenntnis für freie Menschen.* Veränderte Ausgabe. Frankfurt am Main 1980

Fink, Helmut, und Rainer Rosenzweig (Hg.): *Freier Wille – frommer Wunsch? Gehirn und Willensfreiheit.* Paderborn 2006

Frerk, Carsten, und Michael Schmidt-Salomon: *Die Kirche im Kopf. Von »Ach Herrje!« bis »Zum Teufel!«.* Aschaffenburg 2007

Freud, Sigmund: *Das Unbehagen in der Kultur.* Frankfurt am Main 1972

Fromm, Erich: *Gesamtausgabe.* München 1989

Fromm, Erich, Suzuki, Daseitz T., und Richard de Martino: *Zen-Buddhismus und Psychoanalyse.* Frankfurt am Main 1971

Geyer, Christian (Hg.): *Hirnforschung und Willensfreiheit. Zur Deutung der neuesten Experimente.* Frankfurt am Main 2004

Gieselbusch, Hermann, und Michael Schmidt-Salomon: *»Aufklärung ist Ärgernis …« Karlheinz Deschner. Leben – Werk – Wirkung.* Aschaffenburg 2006

Gould, Stephen J.: *Darwin nach Darwin. Naturgeschichtliche Reflexionen.* Frankfurt am Main 1984

–: *Illusion Fortschritt. Die vielfältigen Wege der Evolution.* Frankfurt am Main 1998

Harris, Sam: *Das Ende des Glaubens. Religion, Terror und das Licht der Vernunft.* Winterthur 2007

Herrmann, Horst: *Die Folter. Eine Enzyklopädie des Grauens.* Frankfurt am Main 2004

Hoerster, Norbert: *Ethik und Interesse.* Stuttgart 2003

Humphrey, Nicholas: *Die Naturgeschichte des Ich.* Hamburg 1995

Junker, Thomas: *Die Evolution des Menschen.* München 2006

Junker, Thomas, und Sabine Paul: *Der Darwin-Code. Die Evolution erklärt unser Leben.* München 2009

Kanitscheider, Bernulf: *Entzauberte Welt. Über den Sinn des Lebens in uns selbst.* Stuttgart 2008

Kast, Bas: *Wie der Bauch dem Kopf beim Denken hilft. Die Kraft der Intuition.* Frankfurt am Main 2007

Klein, Stefan: *Alles Zufall. Die Kraft, die unser Leben bestimmt.* Reinbek 2004

Kutschera, Ulrich: *Evolutionsbiologie.* Stuttgart 2008

–: *Tatsache Evolution. Was Darwin nicht wissen konnte.* München 2009

La Mettrie, Julien Offray de: *Über das Glück oder das höchste Gut.* Hg. und eingeleitet von Bernd A. Laska. Nürnberg 1985

Ley, Michael, und Julius H. Schoeps (Hg.): *Der Nationalsozialismus als politische Religion.* Bodenheim 1997

Liessmann, Konrad (Hg.): *Die Freiheit des Denkens.* Wien 2007

Lütkehaus, Ludger: *Nichts. Abschied vom Sein. Ende der Angst.* Frankfurt am Main 2003

Markowitsch, Hans J., und Werner Siefer: *Tatort Gehirn. Auf der Suche nach dem Ursprung des Verbrechens.* Frankfurt am Main 2007

Metzinger, Thomas (Hg.): *Bewusstsein. Beiträge aus der Gegenwartsphilosophie.* Paderborn 2001

Nida-Rümelin, Julian: *Über menschliche Freiheit*. Stuttgart 2005

Nietzsche, Friedrich: *Werke in drei Bänden*. Hg. von Karl Schlechta. München 1954

Oberhummer, Heinz: *Kann das alles Zufall sein? Geheimnisvolles Universum*. Salzburg 2008

Pauen, Michael: *Illusion Freiheit? Mögliche und unmögliche Konsequenzen der Hirnforschung*. Frankfurt am Main 2005

Reuter, Gerson, Becker, Alexander, und andere (Hg.): *Gene, Meme und Gehirne. Geist und Gesellschaft als Natur. Eine Debatte*. Frankfurt am Main 2003

Roth, Gerhard: *Fühlen, Denken, Handeln. Wie das Gehirn unser Verhalten steuert*. Frankfurt am Main 2001

–: *Aus Sicht des Gehirns*. Frankfurt am Main 2003

Schmidt, Hermann: *Nietzsche absconditus. Oder: Spurenlesen bei Nietzsche*. Aschaffenburg 1990 ff.

Schmidt-Salomon, Michael: *Manifest des evolutionären Humanismus. Plädoyer für eine zeitgemäße Leitkultur*. Aschaffenburg 2006

–: *Auf dem Weg zur Einheit des Wissens. Die Evolution der Evolutionstheorie und die Gefahren von Biologismus und Kulturismus*. Aschaffenburg 2007

Schopenhauer, Arthur: *Werke in zehn Bänden*. Hg. von Arthur Hübscher. Zürich 1977

Siefer, Werner, und Christian Weber: *Ich. Wie wir uns selbst erfinden*. Frankfurt am Main 2006

Singer, Peter: *Der Präsident des Guten und Bösen. Die Ethik George W. Bushs*. Erlangen 2004

Singer, Wolf: *Der Beobachter im Gehirn. Essays zur Hirnforschung*. Frankfurt am Main 2002

–: *Ein neues Menschenbild? Gespräche über Hirnforschung*. Frankfurt am Main 2003

Sommer, Volker: *Von Menschen und anderen Tieren. Essays zur Evolutionsbiologie*. Stuttgart 2000

–: *Darwinisch denken. Horizonte der Evolutionsbiologie*. Stuttgart 2007

Streminger, Gerhard: *Gottes Güte und die Übel der Welt*. Tübingen 1992

Trimondi, Victor und Victoria: *Krieg der Religionen. Politik, Glaube und Terror im Zeichen der Apokalypse*. München 2006

Uhl, Matthias, und Eckart Voland: *Angeber haben mehr vom Leben*. Heidelberg 2002

Vaas, Rüdiger, und Michael Blume: *Gott, Gene und Gehirn. Warum Glaube nützt. Die Evolution der Religiosität*. Stuttgart 2009

Verbeek, Bernd: *Die Wurzeln der Kriege. Zur Evolution ethnischer und religiöser Konflikte*. Stuttgart 2004

Vilar, Esther: *Die Schrecken des Paradieses. Wie lebenswert wäre das Ewige Leben?* Aschaffenburg 2009

Voland, Eckart: *Grundriss der Soziobiologie*. Heidelberg 2000

–: *Die Natur des Menschen. Grundkurs Soziobiologie*. München 2007

Vollmer, Gerhard: *Auf der Suche nach Ordnung. Beiträge zu einem naturalistischen Welt- und Menschenbild*. Stuttgart 1995

Waal, Frans de: *Primaten und Philosophen. Wie die Evolution die Moral hervorbrachte*. München 2008

Wetz, Franz Josef: *Die Kunst der Resignation*. Stuttgart 2000

Wippermann, Wolfgang: *Agenten des Bösen. Verschwörungstheorien von Luther bis heute*. Berlin 2007

Wojak, Irmtrud: *Eichmanns Memoiren. Ein kritischer Essay*. Frankfurt am Main 2004

Wuketits, Franz M.: *Verdammt zur Unmoral? Zur Naturgeschichte von Gut und Böse*. München 1993

–: *Der freie Wille. Die Evolution einer Illusion*. Stuttgart 2007

–: *Evolution ohne Fortschritt. Aufstieg oder Niedergang in Natur und Gesellschaft*. Aschaffenburg 2009

Zimbardo, Philip: *Der Luzifer-Effekt. Die Macht der Umstände und die Psychologie des Bösen*. Heidelberg 2008